HIRAOKA MASAAKI COLLECTION OF WORKS

平岡正明

［上］

著作集

月曜社

目次

収録にあたって表記、固有名などの統一は最低限にとどめた。
あきらかな誤りは修正した。

平岡正明著作集【上】

犯罪の擁護

I　形而上的犯罪は悪の意識だ

もうじき夜が明ける。俺は悪について思索していた。何冊かの本をしらべ経験を回想した。主題は俺の思惟を拡散させるばかりである。俺の胸はつかえていたし、なにかなやましい。これはたぶん、のみさしのコーヒーのせいだろう。あと一頁すすんだらのんでしまおうと考えているうちに、しだいにコーヒーが冷えてゆくこと、冷えてゆくコーヒーが俺の枯渇をはかっていること、そいつが俺をなやましているようだ。

もしかすると、俺のまわりにある小さな品々のすべてが、こうして俺に関係している。俺は悪について考えているはずだったが、そうではなくて、たとえばスタンドの位置をかえようか、といったことで一夜を明かしたのではなかったのか？　インクびんのふたがあいていることや、本が机からおちそうになっていることが、〈俺を直せ〉と俺に語りかけているのかもしれない。けれども俺は忘れてしまった。それでいいのだ。ヒーターが警告し、スプーンが自己主張するようになれば、錯乱もいいとこだ。精神錯乱からかえってきた友人はこう語った。俺はなにもかも放棄した、けれども目をつぶると、こんどは自分の頭脳がヒクリヒクリと動いているのが見えてくる。——これはおそるべき世界だ！　自分の目が自分の目を見る、というのだ。鏡なしには俺は自分の顔を知らなかっただろう、というのは確実である。われわれの日常はこの論理的安定に腰をすえている。ところがこいつも疑わしい。たとえば、内省とはなんなのか？　いったい誰が俺をのぞきこむのだ？　内省する一瞬、悪魔が俺をのぞきこむのか、それとも俺がのぞきこんでいる俺は他人なのか？——古くさい幼稚な不可知論はよしにしよう。俺は次のようにいいたかっただけだ。

俺はこう知った。俺を俺にした状況からはなれ純粋に自分自身になることは、俺にはできない。無意識の世界にしのびよる月の光のように、俺がひっとらえられねばならぬ主題が、のみさしのコーヒーの姿をかりておとずれてくる。追求されるべきものが、即自的にではなく、外なる存在の意識へのはたらきかけとして、俺と関係をむすぶ。

俺は悪について思いめぐらせたからいけなかった。自由がいつか内容を与えられねばならぬように、悪もいつかは内容を必要とする。けれど、それはあまりにも巨大な主題である。悪はその暴力と死によって歴史のなかに入りこみ、歴史を構成する。同時に、悪は、その「極悪に向う傾向」（バタイユ）のために、至高悪と自由へと無限につきすすむ形而上的原理をもっている。けれども悪は歴史の具体性のもとに立ち現われ、歴史的な限界をもっているために、至高悪そのものに到達することはない。これに反し、理性、善、神、正義の観念はそれ自体が歴史の始源でありみずから終ることなく、存在を支配すると宣言することで、無意味であるか、あるいはそんなものはどこにもないと証明してしまうのだ。いったい作用だけがあり作用されず、始源であり同時に目的であるものとはなにか、——なんでもないものであり、存在しないものだ。悪はこれとちがって創造し創造され、つねに具体的な姿であらわれる。悪は死と暴力のもとに歴史的に傾斜したとき、革命的テロルとテルミドール反動としてあらわれる。それはすぐに反対物をよびおこし、それぞれ、暗殺とクーデタが敵対する。悪が至高性と自由のもとに主観のなかに自己を要求すると、それは反抗と犯罪となってあらわれる。その敵手は、自殺に至る行動と支配権力による刑罰である。

だから、悪は一定の相対的な状況によって、充全に転回されえない自由、死、暴力、至高性の主観であり、意識である。悪は、その場所でのみ成立する。このことは強調するべきだ。悪そのものに内在する自己悪というものはなく、また運動を超越して悪がそれ自身あらわれることはないからだ。

たとえば、——これは別な主題になるべきだが——サディズムがどのようにしてあらわれるかといったことは、問題の所在にとって参考になる。サディズムは歴史の背景のもとに屈折したエロティシズムである。エロティシズムはつねに抑圧されてきた。このために、逆に、無限にまで飛翔しようとするエロティシズムの力学が意識化されてくる。したがってイマージュとしてのエロティシズムの極点に、死の予感が、すなわち、性交が生殖であり生殖が母胎の死である性の始源的な姿が暗示されるのだ。悪もこのように意識のなかに入りこんでくるはずである。

Ⅱ　悪の根拠は大衆の抑圧だ

成文化されたものだけを歴史とよむのは、あきらかに支配者とそのイデオローグの偏見だ。ホメロスからボルシェヴィキの諸決議まで、ホメロスからサルトルまで、すべての記録が歴史の記録となるには、総和としての民衆の活動がなければなりたたず、しかも民衆の生活は歴史の裏側におしつけられてきた。かつては文字が支配階級の道具であったことを想起すれば十分であろう。暗黒のなかでエネルギーとして沸騰する歴史の素材とされてしまった大衆が、成文化された陽光のもとにとびだしてくるのは、一揆、反乱、暴動、犯罪、性風俗、建築にみられる集団芸術においてである。

ブルジョワ社会になってからは、革命と戦争が大衆の顔をみせてくれるにしても、大衆自身の発言は編集された記録文集にとどまり、ほとんどは統計的な考慮の対象とされるにすぎない。だから、次のような発言は貴重である。「人類の歴史を通して、その最下層のものの歴史記述が見あたらないということも、人類の大半を占めるこの層自身にとってさえ、それほど重視されずにきた。……われわれの任務は、プロレタリアートの行動のあとにしたがい、かれらの生活や恋愛、かれらのうけた虐待や処遇について報告することであり、プロレタリアートの風俗史をもって人類の文化発展に注釈を施すことである。」（レオ・シドロヴィッツ『性の残酷史』）

ブルジョワ革命が、この事態を、ほんのすこしかえる。ブルジョワ革命が普遍的人間を仮想する普遍的な法の武器のもとに遂行されたこと、旧制度の転覆は全国民的利害のもとに遂行されねばならなかったこと、旧制度の打倒ののちブルジョワは世界をブルジョワ的につくり変えてゆかねばならぬこと、こういった民主主義の生成が、大衆という形式を歴史の陽光にひきずりださねばならなくなる。しかしこれは人類の最下層の解放の根本的な要因ではない。ブルジョワ的秩序の成立はブルジョワ支配の力学に比例するのではなく、それに敵対する抵抗力に、第一にはアンシァン・レジームに、第二にはそのときすでに立ち現われた第四階級の勢力に、比例するからである。そう考えなければ、国王、坊主、貴族が粉砕された後にやってきたテルミドールは理解できない。

ブルジョワ革命が、資本家的生産様式による世界の同一性と、ブルジョワジーとプロレタリアートの二大階級に世界を分裂させてからというもの、大衆は自己の生活を社会生活にひきあげ、疎外されていたエネルギーのいくつかを歴史の正面におしだした。これはブルジョワ革命とともにプロレタリアの勢力があらわれ、階級闘争をとおして獲得した社会の社会化である。自由、平等、友愛、このブルジョワ革命の旗がいま、抑圧、搾取、迫害となっているのは、革命がまさにブルジョワ革命にすぎなかったからだ。

エロティシズムや悪はタブーとして、個性の主観で黒いうめきをあげ、性や幻想的福祉の現秩序から一歩を踏みだすとき、非合法におしやられる。一七八九年の革命以前には、女にうしろから交わることが法的に禁じられていたという記述をサドに見出すことができる。このことは性の解放にしてもたたかいとらねばならず、性の秩序、ことに一夫一婦の家族形態はブルジョワの歴史的生成のもとにあるということを暗示するのだ。このことは芸術についてさえあてはまる。芸術活動は、もっとも解きはなたれた人間活動の一分野であるように見える。けれども注意しなくてはならない。芸術が特権階級の享楽から解放され、現在もなお解放されつつあるものの、それは享受の面における芸術の社会化である。芸術の創造にたずさわるものは、おおむねブルジョワジーとそのイデオローグであって、人民大衆はまだ自己の芸術をつくりだしていない。芸術活動が他の自由を要求する諸活動のなかで、おおっぴらに行なわれる理由は、それが解放の代償に商品となっているからだし、だからブルジョワ社会において、その享受が社会化されるのだ。しかし芸術は本質的に創造と消化をふくむものだから、享受の社会化は創造の社会化を準備する。知的労働と筋肉労働の分業の揚棄は、現代人の水準からすればまったくのユートピアである。また大衆の圧倒的多数が芸術創造にたずさわるというのも半ユートピアだ。けれども芸術作品を商品でなくし、住民の圧倒的多数が過去の遺産を享受することならば、現代の知的水準のもとでもすぐにできる。

犯罪や性の内包する狂気の激情は非合理であり、普遍的理性を根拠としたことになっている法に自己の政治支配の正当性をもとめるブルジョワ社会にあって、それは非合法である。ジョルジュ・ソレルはブルジョワ的合理主義への憎悪から反合理主義に身を置いた。支配者がつねにおそれるものはひとつに自由思想、ふたつに性の現秩序からの逸脱であると埴谷雄高は指摘した。彼は抑圧のもとにあらわれる自由を考察した。だから彼の晦渋な思想は抽象的ではない。こころみに彼の考察を追ってみると、その根で歴史の具体性にでっくわす。〈あらゆる発想は明晰である〉というわけだ。自由思想、エロティシズム、それに第三に、強調符つきで加えねばならぬのは悪の意識であり直接的にそこに悪があらわれる犯罪である。くりかえすが悪はただちに犯罪を意味せず、犯罪は悪の一部であり、まったく悪を意味しない場合もある。たとえば衝動的犯行や、不可避の事故でしかも過失とされる場合など。犯罪は定義可能であり、悪は内容が与えられねばならないものの定義不可能である。辞書をひいてごらんなさい。犯罪については明瞭だ。内容が与えられている。悪は古語をのぞけば、反対概念の逆であり、つまり同義反復だ。そういうことがわかるだろう。こんな定義はどうでもいい。あとでひっくり返してやろう。悪の意識と犯罪の関係──関係はあるのだが──が、機械的な原因と結果と連鎖をなしていないことはたしかだ。──「ある司法官の言うところでは、彼の知っている殺人犯人のほとんど大部分が朝髭をそっているときに、今晩自分は人を殺すだろうなどとは考えてもいなかった連中だそうだ。ところがこれら平穏無事な人びとが、殺人犯のもっとも大きなパーセンテージを供給している連中なのである。」(カミュ『ギロチン』)いかにもカミュらしい指摘である。──彼は太陽のために人を殺した！　というのだ。カミュは犯罪の実存の分析から、予防的威嚇の屁理屈にのっとった死刑を弾劾している。一般に犯罪は偶然か狂気の衝動によってなされる以上、悪の意識というより正しくは罪の意識をうえつけてくれるのは裁判官と牢獄だろう。

刑罰を附したる法令に違反する行為、法的秩序からの逸脱が犯罪であるという通念の承認は、そのはじめから破綻する。犯罪が階級性を刻印しているからだ。〈ホワイト・カラーの犯罪〉は、特許権・商標権・著作権の侵害、リベート、誇大広告、ピンハネ、偽造、手形サギ、汚職であり、小ブルジョワの知的な陰謀、計画的犯行の胸くその悪さがぞろぞろやってくる。はたしてこれが犯罪だろうか？　資本主義そのものとはいわなくとも、それに不可避につきまとう主要な属性ではないのか？

階級をもっと上にのぼってみて、大ブルジョワどもの、独占資本の犯罪について言えば、これはあきらかに資本主義とその政治支配そのものである搾取、税金による強盗、武器の保有と行使の権利、弾圧装置、強制収容、死刑、外交の名によるサギとバクチ、そして帝国主義戦争。他方において被抑圧者大衆の犯罪は一般に暴力的であって、殺人、私的な復讐、強盗、脅迫、放火、かっぱらい、麻薬、ポン引、泥酔、売淫……etc. すばらしい！　浪漫的で熱情的だ。

かくして犯罪は階級によって分断される。小ブルジョワの犯罪が犯罪であるかないかは社会学の論争点である。独占資本の犯罪は犯罪とはみなされない。わずかに戦争裁判において敗戦帝国主義国の財閥が解体されるか売りに出されるか決定されるにすぎない。それにしても犯罪とはみなされないのだ。だから犯罪という概念に個々の具体性を与えた時、その概念はかならず意味をなくしてしまうし、あるいは、犯罪を被抑圧人民の法的秩序＝支配的秩序からの離反と定義しなおさねばならなくなる。そして、法的秩序に背反した犯罪者と背反された法的秩序の関係をあらわす概念は、犯罪ではなく、刑罰であり、犯罪の階級性から言って弾圧である。

抑圧された下層大衆の生活の無政府的実体が、その社会的構造において色濃くこれらの即物的な爆発性をかかえこんでいる、とわれわれは知っている。また組織された労働大衆に統計的にも犯罪が少く、未組織の、階級意識のおくれた労働大衆、そして小市民に犯罪件数が多いというのも事実である。犯罪が、ことに青少年の犯罪の急増がブルジョワ的秩序への警鐘であるという常識に俺は組しない。労働者大衆の組合への無関心とならんで、青少年の犯罪の急激は、労働指導部の日和見主義への火急な警鐘乱打であるというのだ。

いったい犯罪者の暴力というものが改良の要求にとどまっているのだろうか？　犯罪者は階級社会の悪と矛盾を肩におい、わが身の狂気にその矛盾を集約する。その男が現状の改良のみを叫ぶのであろうか？　まして、かれらは宗教的救済や共産主義の空手形の楽天性に、超越性のなかに身をおかない。愛とか改良とかの、憐れむ者と傍観するものの日常性の倫理を蹴とばして、処刑へ向う日々、断罪へ向う日々に、彼が対決するものは階級支配と国家権力そのものである。彼は改良にも超越にも身を置かず、即自性そのものにとどまり、かくして時代の意味を正面からひきうけるのだ。——あらゆる犯罪は革命的である！

Ⅲ　犯罪に敵対する法理論

犯罪の問題は、まず第一に悪の意識の問題である。そして、第二に、それは社会的な地平でしらべられねばならない。このことのイマージュをはっきりさせるために、犯罪に対する政治的なアプローチはいかなるものであり、意識からする接近がどのようなものであるかをしめす、疑問の余地のない言葉を、対比してかかげておこう。

「ちえっ！　勝手にしろだ！　それは必然のことなんだそうだからな、年々それくらいのパーセンテージ（売淫におちこむ少女のパーセンテージ）は、こういうのが出なければならないんだ、……パーセンテージ！　こう言っておけばもう心配することはない。」――ドストエフスキイ『罪と罰』

「われわれは、二人とも（レーニンとトロツキー）、あまりにも革命的で、政治的な人間だったから、全体から個を分つことができない、あるいは欲しなかった。」――トロツキー『わが生涯』

犯罪にかんする意識からの接近と政治からする接近は、一匹の小羊を救う狂信者の立場と、量的救済をむねとする赤十字のモラルとの対立のように、対等の力でかけはなれているのかも知れない。よろしい！　ドストエフスキイとトロツキーをけしかけあわせてもはじまるまい。たずなをひきしめよう。犯罪に関する考察、犯罪の立場にある俺達の理論がおもいつきであってはならぬ理由が、まさにその敵対物である刑＝弾圧に存在するからだ。ブルジョワ法理論の生成期の、古典であり、きわめてすぐれた完成に達しているチェザーレ・ベッカリーアの『犯罪と刑罰』を検討してみよう。この熱烈な26歳のヒューマニストの手になったこの本はブルジョワ法宣言の第一声であり、その完成と崩壊の暗示をかかえており、現代のブルジョワ諸法は、完全にベッカリーアの水準から後退している。かなり詳細に検討しよう。しかし明晰である本に解説を附すようなことはいやだから、レジュメ風にやってゆこう。（引用はすべて風早八十二訳、岩波文庫版による。）

1 「人類を規制する道徳と政治の原理はあくまで三つのみなもとから発している。啓示、自然法、社会契約がこれである。」また「行為の内心の善悪によって、正と不正のわかれ目をつけるのは神学者の仕事である。この区分を社会的に、つまりその行為が社会に与える利害によって定めるのは社会科学者の仕事である。」アンシャン・レジームに向ってなされたこの発言はきわめて革命的だ。旧制度は神――自然――社会がまざりあっており瀆神は第一の罪であり車裂きの刑に処せられた。国王、坊主、貴族は神と自然と社会をごたまぜにすることで恣いままに権力を行使したのだ。「このたわいない宗教が、わが国の暴君共の手にしたもっとも有効な武器のひとつであったということである。」（サド「フランス人よ！　共和主義者たらんとせばいま一息だ。」）中世的野蛮、専制者の恣意、暗黒裁判、「このような傾向は、すぐれた法律によってだけおさえられる。」ベッカリーアは法の問題を社会の問題にすえた。犯罪を社会の問題として追求し、断罪し、減刑し、人間の手におきかえることで、旧制度に抗議し、反逆した。こうして犯罪を階級社会に特有の、疎外された闘争として理解する基礎を、彼がすえてくれたのだ。かくして犯罪は超越的形而上的なものから、（魔女、黒ミサ、異端、瀆神 etc.）歴史的・社会的カテゴリーになった。形而上的な悪から犯罪への転位、――これは歴史的な経験であった。

2 社会の起源にかんする契約説の見解。人類の繁殖は自然の提供する生活手段の量より大であること、だから「人間の次第に増加し複雑多様になる欲望を満そうとすれば、どうしてもたがいに結合して自然を開拓しなくてはならない。」こうしてできる――社会に対抗する人間もまた社会をつくるから「人間と人間の永遠のあらそいは社会と社会のあらそいにひきつがれる。」このために法が必要となるのだ。各人は自己の自由の一部を社会にさしだすのである。「この各人の自由の分け前の総和が一国の主権をかたちづくる。」

3　自由な各人の社会にあたえた分け前の総和は専制的な精神によってともすればおかされる。「専制的な精神をおさえつけるに十分な強力さをもち感性にじかに作用する契機」である刑罰が必要とされる所以だ。問題は逆であって、専制的な精神が必然とされる社会から出でて、みずから社会に対立する国家の批判と、専制的な精神の内容である権力の解剖にすすまねばならない。また、感性にじかに作用する契機としての刑罰という理解は、いかにも十八世紀唯物論にもとづいた理解である。けれどもこの本の初版は一七七一年なのだ。彼は当時としてはもっとも急進的な思想をもっていた。

4　次は非常に興味のある一節だ。「大業績をうみ、もしくは大犯罪をうむようなエネルギーを、大部分の人間はもちあわせてはいないが、活動力ある政治、国民の自負心、公共の福祉のためのあらゆる努力の集まりによって支えられているような国家では、このエネルギーが発揮されて輝かしい立派な行いとおそろしい犯罪を同時にもたらすのだ。」この一節自体はアナーキズムとでもよんでいいものだ。けれども、社会契約説がもっとも急進的であった時代にすえられた社会的エネルギーの概念は、それこそすさまじい論理的変転を準備する。エネルギー、これは生産力の発展であり、するどくあらわれてくる階級闘争の激化であり、一般に、歴史的な転形期である。だから、犯罪の原因は階級闘争と結節してくる。エネルギーの概念は社会契約説の深部にすえられた爆発物だ。ベッカリーアは続ける。「国力が固定し、ととのった法制のしかれた国家にあっては、このエネルギーは弱められ、政治の形態を改良するよりも、それを維持することに適するようになってしまうようだ。」これは逆だ、固定した法制のもとにエネルギーがよわめられるのではなく、国民的な諸力が消耗したとき、法制は固定化・反動化され、抑圧の道具になる。ブルジョワ革命の衰退がそれを語った。社会契約が主であり、エネルギーが従であると理解された時、この関係に逆転がおこなわれる。けれどもこのベッカリーアの考察は二重の意味ですぐれている。第一に、エネルギーを擁護したものが中世野蛮に敵対したブルジョワ的な合理主義者であったこと。第二に、エネルギーと法制の関係をひっくりかえせばそのまま現代に通用できるまでに考察をたかめたこと。

5　私有財産を神聖視したところに、すくいようのないブルジョワ法理論の行き止まりがおかれている。その理論的な基礎である契約によってできあがったとされる公共の秩序自身が、私有財産を基礎とし、私有財産の擁護から発生しているのだから。この個別性と全体性の矛盾をいちはやくするどく意識したのは、もっとも過激で徹底した個人主義者のサドである。ハレンチ罪が手きびしく追求されるのは——どう考えてもそれは政治革命の要求などふくまないのに——それが私有財産への侵害だからである。ひとたび法が成文化されるとこの関係は隠蔽される。イギリスのように慣習法＝判例主義にのっとる国においてもおなじである。

6　ベッカリーアは死刑廃止論の先駆者である。「死刑とはいかなる権利にももとづかないのである。死刑とは一人の国民に対して国家が彼を亡ぼすことを必要あるいは有用と判断したときに布告する宣戦である。」天才的な洞察だ！「あらゆる時代の歴史は経験として証明している。死刑は社会を侵害するつもりでいる悪人どもをその侵害からいささかもさまたげなかった。」そして死刑存置論者に反対して「死刑か犯罪を予防するただひとつのクツワであるという論議は例外だが。」これらの考察は、確実に、現代人の死刑廃止論の水準に達している！そしてブルジョワ法はベッカリーアの水準からはるかに後退している。――死刑については後に見よう。

7　ベッカリーアは言っている。「犯罪、すなわち法律に背反する行為」、そして、「犯罪はそれが犯された国だけで罰されるものである。」普遍的・超越的な価値体系は中世の産物であった。この中世に反対して興ったブルジョワ社会は、犯罪と刑罰を社会の問題にすえ直したと同時に、後の方のテーゼにあらわれているように、民族国家の理論ともなったのだ。

8　全42章のこの本は、第23章「犯罪と刑罰はつり合っていなければならない」から後半の部分に、主題の陰微な転調を覚えさせる。前半の主題は中世の野蛮と権力の恣意に反抗して正しい法律をつくる必要が強調され、法治国家の世界権や人権宣言の法技術的準備ともいえる内容が述べられている。後半は法をもっていかに国を治めてゆくか、といったブルジョワ的教科書の色彩が強い。ややくわしくみよう。ここではまた十八世紀唯物論、社会契約説がくり返されている、「人間のさまざまな行動は、つまりは人間の精神のこうした物理法則――個人的利害と公共の福祉の衝突にかんする確率の政治学的計算、安楽にひとをひきつける心理的な引力、といったことども――のあらわれなのだ。刑罰は政治制度としてのそのような障害物というもので、人々の利害の衝突の有害な結果をさまたげるやくめをする。しかしそれはけっしてその有害な結果の原因であるもの、すなわち人間性ときりはなすことのできない自愛心、までを破壊しようとはしない。」これは典型的な、そしてくだらない、機械的唯物論である！　よくお目にかかる論旨だ。ここから構築されてゆく法体系ならば、歴史の条件の変化とともに必然に物神化され、反動化することはあきらかだ。犯罪の発生の原因をもとめるのに、「人間性ときりはなすことのできない自愛心」という心理学に逃げこんでいることをここでは指摘すれば十分だろう。エネルギー説はどこへ行った？

9　犯罪の区分にかんする基準をさだめたのち、具体的な犯罪の個々について考察してゆくのだが、個々のケースに出くわすたびにひとつひとつ原理を変えねばならず、社会契約説がひとつひとつ破産してゆく道ゆきをあらわしている。社会契約説は、具体的な個々の犯罪のまえには無力である。社会契約は個と全体の関係をつなぐフィクションである。犯罪はこの仮構の契約によってなりたつ社会への侵犯ではない。法的世界からの乖離ではない。犯罪は犯罪者のおかれた環境、状況、経済状態といった階級社会の産物なのだから、階級に分断されている社会ということを理解しえなかった契約説は、その前に無力である。だから具体的な犯罪についてのべる時ベッカリーアは原理を変更しなければならず、同時に法の理論家である彼はそれらをひとしく公共の秩序への侵犯とみなし刑罰の対象としなければならなかったのであるから、個人の意思や主観を徹底して排除する機械的唯物論により一層依拠せざるをえなくなった。23章のリフレーンはそのためである。――したがってこうである。具体的な犯罪を考察するに応じて、観点はそれをどのように刑罰の対象にするべきかという方向に移行し、それにしたがってますます法は物神化されてくる。

10　「密輸入は法律そのものが生む犯罪である。」これは法の問題ではない。ベッカリーアは国王のポケット・マネーのための高い関税障害をひきおろせと要求している。これは社会革命の要求である。密輸入の問題にかんするベッカリーアの発言は、マーチェントリズムからフィヂオクラートへの経済的発展のうえに位置づけられる。ところが「階級の存在は生産の一定の歴史的発展段階だけとむすびついていること」（マルクス『ヴィデマイヤー宛の手紙』）を、当時のすべての人とおなじく理解していなかったのだから、もちろん自己の発言がいかなる経済的基礎にもとづいているかに気づかなかった。こうして彼の法体系は経済的な問題を扱うと、完全な法的ユートピアになるのだ。「……すべての契約を正確に記録し、その写しを手に入れることのできる帳簿をつくり、全市民が絶えずそれを参照できるようにすること、事業がうまく行っている各商人に適当な割合による積立金を出させて銀行をつくり、不振におちいった金貨を救うために適当な額を引き出せるようにすることなどじっさい上なんの不都合もなく、数々の利点ある制度を採用することだ。」これはすべてブルジョワジー自身によって裏切られる。全住民規模の営業の秘密の撤廃と記帳と統計は、プロレタリア革命の要求である！（レーニン『きたるべき破局』、トロツキー『過渡的綱領』、ビジネスの秘密の公開は、このマルクス主義のパンフレットにふたたびうたわれるのだ。）――このことから次のテーゼが確認される。ブルジョワ社会の研究は法＝国家の研究ではなく市民制度＝経済の研究をもって完成されると。

11　神―自然―社会が国王の権力と恣意に独裁されていた旧制度とのたたかいからでてきたブルジ

ヨワ・ヒューマニズムは立法・司法・行政の三権を分立しようとした。かれらはこの三権の分立が官僚制の温床になるとは予想しなかった。警察制度、こんなものは中世にはなかった。野蛮な首斬り役人はいなくなった。けれどもかわってでてきたのはポリ公だったのだ。公安の章でベッカリーアは言っている。「大衆を保護するために夜どおし街をあかあかと照らし、各街ごとに番人を置き……個人や公共の利益を主張する論議は国家の集会や議会やその他君主の威力の支配下にある場所で行なわせること」、これがポリ公諸氏の光栄ある発生であった。警察制度がはじめてあらわれたのはフランスだったが、それを完成させた典型例はイギリスである。産業革命が都市のスラム街に人口を集中させ、富の急速な集中が、大衆の貧困を急速に拡大させた。こうして売春、児童虐待、泥酔、一般に犯罪が爆発したのだ。古い秩序は崩壊した。新しい社会の混乱とたたかう意識と経験は中世的な首斬り役人諸公にはなかったのである。死刑は厳しくなされた。しかし中世的野蛮な権力の行使によっては、産業革命がもたらした社会的混乱には対処できなかった。こうした混乱が一〇〇年もつづき、イギリスにおいては、一八二九年に現代的な警察ができあがったのだ。ブルジョワ革命は、その政治支配について言えば、絶対王政のもとでつくられていた常備軍、警察、官僚制の整備を促進し、完成させただけであった。

以上はベッカリーアの本からひきだせる結語であるが、ブルジョワ革命の経験をふまえた地点から、ブルジョワ革命の実践のなかでベッカリーアの理論がどのように固定されたかを検討し、批判的な結論をおいて見よう。(この部分の基本的な概念や、いちいちかかげないが考察の基礎となる統計的資料は、ジャン・ブロック＝ミシェルの『死刑論』に負っている)。

ブルジョワ革命は拷問を廃止した。しかし死刑は廃止しなかった。けれどもブルジョワ革命の初期において処刑方法を一様化したこと――フランスのギロチン、イギリスの絞首――は中世の処刑方法が、犯罪の多様性にみあった処刑方法の多様性からすれば一歩の前進である。論争点の比重は拷問の廃止から死刑の廃止へとうつる。現在死刑は廃止される傾向にある。

国民革命というマヌーバー的性格のもとに遂行されたブルジョワ革命は、法的支配を政治支配の根本にすえねばならず、同時に、ブルジョワ支配とは商品支配の世界であるから、ブルジョワ社会はすべての要素を国家的制度と市民的制度へ二重化させねばならない。ブルジョワ世界は市民的制度のもとで二大階級に両断され、この対立がブルジョワ社会の根本的矛盾を形成するために。支配的法はますます超階級的幻想へと昇天し、物神化されてゆく。第三者機関の仮面をつけた官僚制度はますます階級対立の力学につきうごかされて強化される。ブルジョワ社会での法の理念はすべてこの基礎のうえに展開される。

ブルジョワ社会が政治支配を法の支配として成立した以上、法のための闘争は、一切が改良の闘争でしかなくなる。死刑廃止はつねに革命期に革命的勢力が叫んできたものだが、これも改良の要求である。死刑廃止の改良的要求が実現されるのはそう遠い将来ではない。けれどもひとつの制度となった軍法会議による処刑はブルジョワの社会がはじめて見出したものである。

死刑は犯罪防止の役割りをはたしていない。死刑の社会的効用はゼロだ。これは統計的な事実である。犯罪件数の増減、および犯罪の兇暴性の上下、これは死刑によって変えることはできない。だから死刑は廃止すべきだというユマニスムの主張は正当である。けれども、死刑の存置を主張する権力の存在、ここにまさにこの事実に攻撃がかけられねばならない。この攻撃をユマニスムの名によってなすのは不可能である。

階級闘争がうみだす犯罪は、犯罪と刑罰の罪刑均衡論理によっては左右できない。このことは階級闘争の前での契約説の破綻によって、その第一歩から証明されている。だから官僚制と警察が強化されてきたのだ。階級弾圧のそれらの機能は中世的な死刑による威嚇をおぎなってあまりある。予防と内偵と密告の制度である警察の姿がそれを語っている。犯罪人の首を斬ってしまうだけの中世的能なしより、ブルジョワ社会は警察の発明によって、階級弾圧と、憎悪の体系である国家権力の温存において、たくみになったというだけである。

だから、あらゆる点から能なしになった死刑が存置されていくことはまったく権力の血なまぐさい本性にかかっている。そこには血の復讐と犠牲という古代的な血痕がこびりついている。死刑の無効が証明されてゆくにつれて、死刑が非公開になってゆく事実がそれを語る。フランス革命時のギロチンは、合法的人殺しというより、テロルであり、デモンストレーションであった。

だからこうだ！　特殊に訓練され、合法性のマヌーバーのもとに人殺しにふける武装した特殊の機関を「死刑」にすること。法的体系は契約説にもとづくフィクションである。そこでは、理性、契約、普遍的人間性のペテンのもとに犯罪は弾圧される。つまり神に殺される！　だから過渡的社会におけるテロルは、階級闘争の原理をふまえ、反革命の名のもとに、神を、善人を、理性を具体的な状況の論理のもとに断罪する。それは人民裁判という旧社会の半分をぶら下げた名で呼ばれようとも、本質的にテロルである。公然たるテロルはテルミドールをゆるさないであろう。

以上の考察から犯罪の定義が修正される。それは単に法的秩序からの逸脱ではなくなる。犯罪が成立する場は、法的秩序＝支配から逸脱するものが罰される時に成立するのではなく、（そこで成立するのは抑圧である）法的秩序からの逸脱そのものである。かくして犯罪者の主体が階級性を刻印し、このためにミスター泥棒の主観の内部にこびりついている悪の問題とも無縁ではなくなるのだ。

Ⅳ　犯罪をめぐる無政府主義とマルクス主義

犯罪の本質を、漠然とではあっても、把握した政治思想はアナーキズムであろう。そのことをまたぼんやりとマルクス主義者が感知した。たとえばトロツキーにおいてこうだ。「モスコーの監獄で、全身これアナーキズムの塊といった男に、私は始めて出会った。ルーギンという名の小学校の先生で、自分の心をひとにのぞかせぬむっつりしたあたりのごつい男たった。監獄で、彼は刑事犯人にひどく興味をもっているらしく、殺人犯や強盗の語る話に熱心に耳をかたむけていた。理論的な闘争に加わることは全然好まなかった。」（トロツキー『わが生涯』）このトロツキーの記述は、牢獄のなかでのバブーフの理論構築をおもわせる。「当時の牢獄は現代のそれとはちがって、革命の学校、陰謀の巣窟ともいうべきものであった。バブーフが、かれの共産主義を最後的に公式化したのもこの牢獄においてであり、また将来陰謀の中核体となる、気心の知れた友人がかれの周辺に集まり、バブーフをして政治的実践に踏み切らせようとかれをきたえたのも、この牢獄であった。」（豊田尭『バブーフとその時代』）そこには一般徒刑囚のテルミドールへの怒りがあり最下層のひとびとのなまの声があり、新入りの囚人によって日々もたらされる新しい報道があり、極限的な状況のもとに凝縮された熱気と連帯があったのだ。トロツキーは牢獄で学者のような生活をしたが、彼の永久革命論の構築もそこでなされたのであった。自伝のおなじページにトロツキーは、「アナーキストは否定するときには元気がいいけれども、実践的な展開力においては力がなくて臆病であった」と、やや一般的な批判を試みているが、これはどうでもいい。それよりも、俺にとっては、牢獄を革命の学校にかえるまでの（その例を現代は囚人都市ヴォルフタの暴動に見るが）革命家の執拗さに興味がある。アナーキズムに対するトロツキーの言及はレーニンにくらべてはるかにすくない。『過渡的綱領』におけるソヴェート論とアナルコ・サンディカリズムの比論をのぞけば、おおくはエピソード的に語られているのみである。トロツキズムとアナーキズムが激しく切り結んだスペイン革命においても、トロツキーはアナーキズムに原理的な批判のための一冊のパンフレットをさくとか、一章をあてるとかしていない。これはトロツキズムとアナーキズムの近親性の故だろうか、それともトロツキーに心情的なアナーキズムへの接近があったためだろうか？　逆である。永久革命論は高度に完成したプロレタリア合理論である。ここで、トロツキズムは観念的極左主義の典型だという、例のデッチあげに組してはならない。その代表はコミンテルン初期のブハーリンだ。——だが注意したまえ、トロツキーのクロンシュタット弾圧時における態度はいまだ謎である。そのことは左翼文献にはなくて、これだけの大事件なのに彼の自伝にもなくて、ひょんなところでとびだしてくる。モーリス・エーヌ「このサドの熱烈な擁護者は、彼の崇拝する人物とおなじように一徹なところがあり、その平和主義を極端にまでおしすすめたのである。彼は、一九一九年にはまだレーニンを支持していたが、一九二一年、クロンシュタットの海員の無政府主義的な暴動に対するトロツキーの鎮圧政策を理由に共産党から離脱した。」（バタイユ『文学と悪』）

ルーヂン氏が、人民の意志派とロシア社会民主党のあいだの、テロリズムをめぐる論争や、ロシアは資本主義の道を辿って発展するか否か、という論争に加わらず、なぜ強盗の話に耳をかたむけるのか？——これが俺の主題である。こたえをトロツキーに期待することは、むろんできない。アナーキズムに関する彼の立場は、それへの理論的次元での対立ではなく、それへの重要な政治的時点での具体的分析に限定されているのだから。総じて、特定の問題に対するトロツキーの態度は具体的な分析にあり、彼の最上の著作はもっぱら現状の分析にささげられている。

アナーキズムは、泥棒イデオロギーだ、という発言はローザ・ルクセンブルグにもある。「アナーキズムは、ありきたりの泥棒や掠奪者のための看板になり下っているのである……アナーキズムは、ロシア革命のなかでは、もはや戦闘的プロレタリアートの理論ではなく、反革命的ルンペン・プロレタリアートの看板イデオロギーであるにすぎない etc.」（「大衆ストライキ・党および労働組合」）ローザはよそう。俺は勉強不足だ。

次はプレハーノフだ。彼は無政府主義に一冊の論難書をあてたが、このつまらぬ本を組織だって研究する余裕がないので、権威あるレーニンを援用して偏見を強めておく。プレハーノフのこの本は、御記憶あれ、『国家と革命』の第六章「日和見主義によるマルクス主義の卑俗化」の代表としてやっつけられたものである。プレハーノフは無政府主義とマルクス主義の本質的な争点である国家の問題にはひとこともふれていないと批判したのち、レーニンは続ける、「彼の小冊子ではふたつの部分がことに目立っている。そのひとつは歴史的文献的なものであって、シュティルナー、プルードンその他のひとびとの思想史にかんする貴重な資料をふくんでいる。他の部分は……無政府主義行動はオイハギと変らないというような主題についてのお粗末な論議からなっている。」ローラン・タイヤードという無政府主義詩人に関するプレハーノフの記述は、アナーキストがオイハギであることを告発しようとするみえ透いたひねくり細工であるが、それはそれで、プレハーノフはわれわれにとって貴重な屑拾いをしてくれたのだ。それによればローラン・タイヤードはこう叫んだ。「身振りさえ美しいなら？　犠牲者なんぞはなんのその！」また「とりとめもない人類の死なにかあらん、もしその死によって個人が肯定されるなら。」プレハーノフよ、「身振りさえ美しいなら」を、〈爆弾の投げかたさえ優雅なら〉などと解釈してくれるな。ローラン・タイヤードは革命の目的と手段とについて考察したのだ。ところがプレハーノフはいかにも爆弾投擲術を連想させる一句の引用で、アナーキストはオイハギであることを他人に印象づけようとするのだ。また、彼は、とりとめのない人類の死滅よりも個人の確立を、というアナーキストの自我の声や、絶対と自由への逆説的な情熱とは無縁である。この詩人は〈そこに個人の確立が保証されれば、抽象にとどまり、サロンで語られる人類なんてものの死は、俺の知ったことじゃない！〉と言ったのだ。それをプレハーノフは屁理屈にしてしまう。「茲に於て、われわれは初めて真の無政府の道徳をみる。即ち、それは××の道徳である。朕は欲す、故に朕は命ず！」これが罠だ！　これは象徴的な二字の伏字だ。ここに国家を補ってみたまえ――たしかに欲する故に命じるのは国家の論理だ。しかし。「朕は命ず」でなく「朕はなす」であったなら、そうならば、伏字には《革命》と補うべきだろう。プレハーノフの論証は危うい主客の網にしがみつく詭弁である。よろしい、「とりとめもない人類の死なにかあらん……」をアナーキストの強盗性の証左であり「真の無政府の道徳」であると認めよう。だが何故それが「故に我命ず」なのだ？　プレハーノフがこうつづけたいためだ。「『汝の欲するところを為せ』と無政府主義者は宣言する。第三階級は第四階級を搾取せんとして、巧みにそれ全実行している、彼は斯くして、無政府主義の教訓を遵奉しているのだ、」じつにいやらしい論難ではないか！　プレハーノフははじめアナーキストはオイハギであることを証明したがった。ついで無政府主義者はブルジョワそのひとであると力説している。だがそのために、苦労したあげくに《なす》を抑圧の論理である《命ず》と抜きかえ――目的のために手段を選ばぬのは君ではないのかね？――おかげで強盗と国家権力の相違を強調しているだけである。俺の手数をはぶいて下すってありがとう！　無政府主義詩人の一句をさがしだしてきて、その言葉の背景となっている政治的状況や、国家権力の本質的な規定や、ひとつの革命思想であり運動であるアナーキズムの投げかける主観性の哲学の検討を、すべて片隅におしやって、アナーキズムはブルジョワ思想であるという原理的宇宙に駆上るとは、いったいどうしたことなのだ？「我欲す、だから我為す」という主題が、任意の感性や心理状態のうえにやってくるのではなく、歴史的な姿であらわれるアナーキズムのもとにやってきたことが肝心なのだ。プレハーノフはただ、ひとをクロよばわりしているにすぎない。これは俗流の非難である。プレハーノフがマルクス主義者のなかで第二流の地位をしか占めないのも故なきことではないのである。――さてもとにもどろう。強盗と国家権力の異相をプレハーノフが教えてくれた。彼はアナーキストのなかに犯罪が反映していることを反映したばかりであり、影のまた影はなんら犯罪の本質を語っていないのだ。

アナーキズムの犯罪理解の極点を、われわれはバクーニンとネチャーエフの共著になる『革命家の教義問答』に見る。

「革命家はこの教養ある世界のあらゆる法律、あらゆる道徳律と断絶している。彼がその世界の一部であるごとくに振舞いながらその世界に生活するのは、ただひたすらその世界をより適確に破壊するためである。……彼はより低い能力をもった革命家達をただ消費すべき資本と見做さねばならない。……ひとたび組織が設立された時は……革命家はその構成員をその個人的な悪しき性質によってではなく、革命の大義に害悪を流すさまざまな度合に応じて区分しなければならない。……或るものは捕縛されずにしばらくでもあるかぎり、怖るべき所業を敢行し、民衆を昂奮せしめることによって革命の利益を促進し、また或るものは、恐喝と脅迫によって大義の目的に役立ち利用されうるのである。……革命家の唯一の目標は手を使う労働者の自由と幸福であるが、この事態がただ全破壊的な、全人民の革命によってのみなし遂げられることを考慮して、革命家は全力を傾倒して人民がついに忍耐心をば失うだろうところの悪業をおしすすめねばならない。未来社会は、疑いもなく、人民自身のなかから生れる。吾々の事業はただ恐怖すべき、完璧な、全般的な、無慈悲な破壊をなすことにある。」

またネチャーエフは言う。「革命の為になるものならば殺人罪から些細な窃盗罪に至るまで、一切の犯罪は誉むべきものであり、正当である。」

埴谷雄高はこの思想を自己の思索に組込んだのであるが、次は彼の評言だ。『革命家の教義問答』は、「専制国の最も過酷な抑圧に対する最も凄まじい破壊意志のやむところのないすぐれた徹底性と、その目的のため悪行をも含めた価度の利用の殆んど非人間的なまでの徹底性との混淆とによって、おそらく、革命運動史上に特記すべきものとおもわれる。」(「自由とはなにか」)そしてこの書のこんにち的な意味について言えば、「その後の革命運動の内部のかたちを複雑化し、敢えていえば、革命家と陰謀家と挑発者の基準をとっぱらい、溶解させてしまったことにあるのだ。」(「暗殺の美学」)この考察につけくわえるものはない。むしろ例証をもってくるべきであろう。

「ドイツの強盗に対してフランス帝国主義の強盗の援助をうけいれるべく、同志トロツキーに全権を委任すること」——ブレスト講和にかんするレーニンの回状。現存する諸勢力すべての革命への利用という《革命の練金術》は、レーニンに見出すこともできるのだ。すべての道は革命に通ず!

もっとも凄まじい破壊意志——これだってレーニンにある。こんなのはどうだろう?「蜂起の瞬間には苛責なく文武の高官を殲滅すべきであった。」(「モスクワ蜂起の教訓」) なんとまあ挑発的な！『革命家の教義問答』から、アナーキストの犯罪理解が、叛乱のための技術的手段に限定されていることを知る。だが俺は、犯罪の力がそれだけにとどまらず、社会組織全般とその革命の継続のために、つまり陰謀家による戦術としてでなしに〈うたがいもなく人民自身のなかに〉うえられた姿を追おうとするのだ。犯罪の力とその利用はたんにアジ＝プロにとどまらない。その力とは、言うまでもなく――革命のなかのテロルである。「犯罪」は革命のなかに生々と保たれるテロルに揚棄される時、その形而上的内包を開花し、また犯罪であることをやめる。この犯罪は革命に不可欠であるというより、革命そのものだ。サボタージュし、抵抗するブルジョワ社会を粉砕しつづけるものは、プロレタリアによる容赦ない下からのテロルであり、これこそが唯一の現実的なプロレタリアの独裁である。俺はこの独裁に賛成し、独裁を社会主義ふうの軍と警察にもとめる官製マルクス主義者の強力説を拒絶しよう。プロレタリアの解放はプロレタリア自身の事業であるというテーゼは、ここではじめて実現されるべきものだからである。資本主義を打倒する闘争のなかで、プロレタリアの自己解放はなしとげられるものではない。ブルジョワ社会での犯罪は、プロレタリア独裁の過渡的な一連のプロセスにおけるプロレタリアの無制限の暴力の解放とその継続、テロルの連続的遂行へと組織化されることで、ついに歴史の正面へ指導力としてとびだしてくる。哲学とプロレタリアが相互に揚棄される形而上革命、歴史のあらたな段階で一層たかめられた欲望にもとづく犯罪革命の要求を含む永久革命のくりかえしのうえに、存在の革命がやってくるまでテロルはつづけられねばならない。この物語りは、俺にとっての、〈革命か反抗か?〉という問に帰着する、けれどもそれは、カミュ＝サルトル、ジャンソン論争の土壌のうえにはやってこない。あの論争は〈革命のなかで生々と保たれる反抗〉という一点では、三者が承認のウイを発しているようだが、これはプロレタリア独裁におけるテロルの問題であるから、かれらの論争の基盤をこえている。

俺達は、人民を憤激にひきずりだすための陰謀家の悪行ではなく、革命家を青ざめさせる人民の犯罪を煽動する。この一点でネチャーエフと袂をわかたねばならない。

黄昏からのあいさつ

I　あらゆる革命の原則には、自由という動乱の戦車に書き記された怖るべき名がある。
——カミュ『反抗的人間』[1]

各人は政治活動から自由である。おのれを組織することから自由である。アルコールの残滓をもの欲しげに啜るよこを、階級と階級との激突がうなりをあげて進展することもありうる。そのときわれわれはうつつならぬ夢、夢ならぬうつつの、心理の陥穽をさまようことも自由である。バリケードのむこう側に立ち、非武装の人民に鉛の弾丸を見舞おうとも、それはわれわれの選択の自由な決断による。かくてわれわれの過渡期を次のアフォリズムがかたるであろう。——存在するものはすべて合理的であり、合理的なものはなにも存在しない、と。すなわち過渡期は衰亡した想像をかきたてることをもって、みずからを飾るのだ。奇怪な事件が続発する。ひとりの盲人がひとそろいのマル・エン選集に触れて叫んだ。〈これが革命だ！〉このポンチ絵におどる権力の猿や、いのりをあげる狂信の徒さえ多い。これもたしかに自由ではあるにちがいない。

LIBERTÉ…なんとすばらしいことばだ！　退潮した労働運動を一方に、他方挙国団結のスローガンのもとに約束をとげた大ブルジョワ共を前にして、かくして予定調和のごとく黙了される改憲のうごきを前にし、なべての存在するものをバラ色の呪いをもって塗りこめる、官僚的ナルシサスの徒といちゃつくことさえ自由である。しかしながら、目をあけたまま眠りこんでいる労働者階級にいま階級としての自覚をよびかけること、この不可能において武装蜂起の指令と大差ない革共同の方策から、われわれが自由であることも同時に語るのだ。妄想の自由、組織化されたおのれへの自由、あるいは官僚化への自由は、それが六〇年夏以降の歴史的具体性のなかの、ひとつの状況としての、病理としてわれわれは考察する。過渡期の政治家はひとりのすぐれた心理家である、ということをマキャベリそのひとが立証した。それにわれわれは、しかして愚劣な陰謀家はゴシップ屋に堕落するとひとことつけくわえるのだ。過渡期は妄想をおりなし、妄想は過渡を頽廃へと誘う。蛇は蛇の尾を喰い、喰われる蛇は喰う蛇の尾を喰う。かくして主観と客観の濡れ場で、〈朕はプロレタリアートなり〉という陶酔の声を、われわれは飽きるほど聞くのだ。ナルシサスの徒とわかれる日はきた。あま寺へ行け、アタマで働け、首をふれ！　みせつけられた自由なる茶番の底にわれわれは認識する。われわれは資本主義の現実から自由ではない。ここから出発するのだ。われわれ自身のLIBERTÉのために。

1　アルベール・カミュ『反抗的人間』佐藤朔訳、新潮版、第3章〈歴史的反抗〉の冒頭。これは記憶ちがいであった。カミュの文章ではなく、カミュがフィロテ・オネディ（?）から引用したものである。

II　背の低い、肩幅の狭い、尻の大きな、脚の短かい種族を、美しいものと呼び得るのは、ただ、性欲のもたらす男の理性の偏見である。――ショーペンハウアー『女について』

ショーペンハウアー！　犬儒的な、この病的にも厭世的だった哲学者の女性排撃をもってしても、ことがエロティシズムについて語るべき時となると、女性の社会的地位での考察と、社会的地位での女性撲滅にかんする方策なしではすまなかった。[1]ここにわれわれはエロティシズムについてかたる時、必然に虐たげられた性としての女にぶっつかり、女性解放の綱領を必要とするという命題への逆証を見出す。エロスの本質にかんする思索は、婦人解放の政治綱領をふくまねばならぬこと、――われわれはこれをみとめよう。ここにおいて性の抑圧の社会的構造をとりあげてゆくマルキシズムに――たとえば、エンゲルスとかベーベルとか、全露無党派婦人協議会におけるレーニンとかに――われわれは加担する。だからわれわれは、エロティシズムの問題を政治的にとりあげるから、といってかれらを非難しようとは思わない。革命家の性理解が貧困であり、なによりも保守的であることをもって、かれらをやっつけようというのだ。「これらの性の論議は、――フロイトのエピゴーネンや、共産主義社会では、性の満足や恋愛の充実はコップ一杯の水を飲みほすのと同じだ、というロシア一九二〇年代の赤色ビート・ゼネレーションなど。この『一杯の水』諸君が、現在のスターリン官僚ということに注意――だいたい仮説によるものであったり、多くのばあいまったくでたらめな仮説のよせあつめであったりする。」クララ・ツェトキンとの対話でレーニンはいうのだが、これはあたっている。[2]〈エロティシズムの形而上学〉、サドやフロイトのエピゴーネン、さまざまな欲望と衝動の理論――こういった現代的であるがゆえに古典的風潮も、婦人解放の綱領、具体的にいえば、相続権が男子であったり、堕胎が禁じられていたりするブルジョワ立法の粉砕と、同一労働・同一賃金や託児所の全国的建設といった綱領と実践なしには、ペニスのもたらす恣意的な思惟にすぎない。

〈エロティシズムの形而上学〉も、階級社会と男子の特権という二重のくびきのもとにある女性大衆を保留したままの時、男におけるセックスの〈哲学的な〉構造しか語っていないのだ。その故に、エロティシズムの形而上学は方法論的に限定される。すなわち――エロティシズムの本質が、みずからを充全に開花させえぬ階級社会の諸条件のまえに屈折し、かくして隠蔽された姿にあらわれるエロティシズムの本質、というややこしいことになる。形式論理的には、背理の場でわれわれは語るのだ。以上を確認したうえで、われわれは政治的考察をしばしはなれよう。

1 ショーペンハウアーのこのエッセイのおわりの部分には、一夫一婦制の批判と男権女権の平等のヨーロッパの法習慣の攻撃にあてられている。ただしショーペンハウアーにあっては、回教徒の一夫多妻制にあこがれているのだが。
2 「婦人問題にかんするレーニンのクララ・ツェトキンとの対話」平井潔訳編『レーニン青年・婦人論』青木文庫。

Ⅲ おぞましい禁欲のあげくに、処女懐胎の壮大なグロテスクがやってくる。
――ピエール・ルイス『ビリチスの歌』

エロスの本質が謎であり、その力がサチェロスの狂憤のように強いということは、禁欲的なキリスト教の体系が、というより、彼岸を夢みるすべてのイデオロギーが禁欲的なものであるが――マリアの処女懐胎という、じつに不健康な、きたならしい、醜怪な神話を生みださざるをえなかったことで、みごとにかたきをうたれている。ギリシャ神話や、古事記や、旧約聖書が、現代のわれわれに貢献するものといえば、美しいロマネスクな口説で人類におけるエロティシズムの位置を語ったことにある。アダムとイヴが性交し、イザナミがイザナギと性交し、ジュピターがヘラと性交するところから――人類の歴史がはじまった。つまり、人間社会のはじめての姿が性を紐帯とする社会であったのだ。おすきなら、人類の最初の社会は性を紐帯とする家族関係として定立した、といってもよろしい。[1]
ブルジョワ社会のセックスの原理は、ただ一言にまとめあげることができる。すなわち、既婚女性は夫の子を産むこと——である。これ以外はすべてタブーの闇にとざされている。男色は無意識的に、慣習的にタブーである。姦通は半法律的、半道徳的にタブーである。近親相姦は法的にタブーである。これらの性交におけるタブーは生殖におけるタブーに規定されているのだ。生殖におけるタブーが、エロティシズムのタブーの根なのである。日本において、戦後、姦通は法的にはタブーでなくなったものの、いぜんとして堕胎はタブーであることに——既婚女性が夫の子を堕胎することまでふくめて、このことの証明がある。だが、なぜ女子の姦通はタブーであり、夫以外の子を産むのはタブーなのか。そもそも、夫とは何なのか？　この問は、ブルジョワ社会の病理をあばく。エンゲルスの解答をききたまえ。『家族・私有財産および国家の起源』は、疑問の余地のないまでに、ブルジョワ社会の一夫一婦制のペテンをあばいてくれる。ブルジョワ的一夫一婦制こそは男子支配のもっとも完成された姿であり、相続権にみられる私有財産継承のトリックであり、姦通の必然的な条件を設定するものなのだ。この思想は、というより事実の指摘は、マルクス主義者にあって一貫している。『共産党宣言』に見よう。「現在の家族、ブルジョワ的家族は何にもとづいているのか？　資本に、私的収益にもとづいている。完全に発展した形では、それはブルジョワジーのあいたで存在するにしかすぎない。だがそれはプロレタリアのよぎなくされた無家族と、公娼制度を補足物としている。」また、「ブルジョワは自分の妻をたんなる（私的資本継承者の、つまり子供の）生産用具と考えている。そこで生産用具が共同で使用されねばならないということをきくと、この共同利用の運命が、婦人のうえにもふりかかってくるものとしか考えることができないのは当然である。」また、「共産主義者は婦人の共有を実施する必要がない。それはほとんど存在してきた。」そして、「たんなる生産用具としての婦人の地位を廃止することこそ、吾々の目的である。」以上をすこし修正しよう。

婦人の共有の実施のみにあらず、男子による婦人の共有そして女子による男子の共有、かくして「共有」という言葉の通用する世界をおっぱらってしまうこと！　ブルジョワ社会の性構造は、その基本的理解をわれわれはマルクス主義に見るのであるから。ここでは、〈なぜ既婚女性は夫の子供を生まねばならないのか？〉という問の出てくること自体、エロティシズムの、その本性とする自由への憧憬・闘争性・無政府性を語っているのだ、と指摘するにとどめよう。エロティシズムにかんして、というよりは情念論において、マルクス主義は貧困なのだから。われわれの問題のたてかたは別である。〈われ欲情す〉という時、それはどんな構造をもっているのであろうか？　こういう問題にかんしては、弁証法にきくより、医者にきくべきである。

「生命は性欲と、自己保存欲によって支配されています。前者は種族の保存のために後者は個人の維持のためです。それ故、性欲は自然にとっては、自己保存欲より一層重要なものであります。」「性欲がその根本に於ては生殖欲に外ならないということは私も疑いません。然し、生殖欲は性欲から次第に分化されてきたことも同様疑いません。生殖欲は文化の進展とともにその強さが浸蝕されてゆきます。」だが「(女性においては) 母性へのあこがれとして、……結局生殖欲へと帰ってゆくのであります。」

「多くの知名の権威者によって、性欲は、生殖欲分子がさしひかれて、単に性交欲とだけに見なされているようです。しかし、そうではありません。」そのとおりだ！　金と時間と栄養にめぐまれたブルジョワ共だけが、生殖欲を忘れて性欲を強調する。それはみずからのスケベの反映である！

「性欲は、その根元と発露を、生殖器だけに帰することはできません。全肉体、全精神にふくまれている性的活動への欲求であります。」かくして、生殖欲はその時の社会的状況へと連鎖するのだ。

「アルベルト・モロは『性欲についての一考察』で、性欲の――ここでは生殖欲がさしひかれた欲情についていっているのだ――概念をふたつにわけました。そのひとつは接触欲、他のひとつは腫脹減退欲であります。……（モロの腫脹減退欲は）性的満足を意味するといえば、なお良いでしょう。」つまり性欲の構造は、異性にさわりたいというのと、ぶっぱなしたいという点にあるのだ。以上の引用はすべてヴァン・デ・ヴェルデの『完全なる結婚』による。この科学的な考察は、夫婦協調、つまり、ブルジョワ的夫婦関係の維持を説くこのドクターにこういわせてしまう。

「自分の性欲を満足させるためには、如何なる危険をも辞せず自分の存在さえ愛の犠牲に供しようとすることが分るのであります。」ヴァン・デ・ヴェルデよ、これはおそるべき危険思想ではないか！

　情欲は、本質的に生殖をふくんでいることは、上にみたとおりであるが、生殖は同時に、母体の死滅を暗示しているのだ。下等動物において、子孫の誕生は同時に母体の死である。そこに生殖の弁証法的な構造があるのだ[2]。

　人間をのぞいた動物についていえば、性交は直接に生殖を招来する。その有機体において高度の発展をみた哺乳動物にも、発情期が一定しており、発情期の性交が、そして発情期以外に性交をみないのであるが。受胎を決定する。けれども、人類においては、この性交がそのまま生殖を決定するということが言えない。人間の性交は生殖と、もうひとつの快楽とを属性とする側面に分裂する。すなわち接触欲が強まり、文化の発展とともに性交における生殖の側面が意識においてうすれてゆく原因が、この人間における性の構造に原因するのだ。しかしながら、性交が生殖であり、また生殖は母体の死滅と統一されるという自然の形態は、人間におけるエクスタシーの死の予感として、いまだモンゴルあざをのこしているのだ。だがここで注意すべきは、人間における性交の生殖と感受における側面の分裂である。これなしには人間における情欲の対象化、性の相対化、一般に恋愛というものの定立はなかった。恋愛のさまざまの様相が、歴史的に異なり、状況のもとに異なることは、あきらかな事実である。サドはその退屈な哲学談義[3]で時代と地理と環境の異なるにつれて情欲の対象化の姿の異なるのを指摘して性モラルの相対性を強調するのであるが、そのことが詭弁におわるのは、人間の生殖構造と性的快楽の分裂というまさに〈人間的な〉姿をみずに、ただちに自然の弁証法を人間社会にもちこむからである。このことは、アナーキスト・大杉栄にもあてはまる。[4]彼は伊藤野枝あての誌上書簡で、ポリネシア群島の原住民における性生活にふれながら、性的モラルの相対性に言及しているものの、いまだ詭弁の域を出ないのだ。詭弁が戦闘性をもちうるのは、唯一それが痛烈な逆説である点においてである。よろしい、性的モラルと性的関係が、歴史的であり、社会発展段階の規定をうけることを認めよう。だが、紀元前のエジプトの猫と資本家のヒザにじゃれついている猫とでは、その「性認識」と「性行動」において異なるだろうか？　人間のそれが異なるのは、人間の性構造にひそむ疎外された性交に帰因するのだ。かくして、欲情が対象化されて愛情になり、性的行為の一期間と一連鎖が対象化されて恋愛の一連の過程になるのだ。

　彼は欲情する。先にみた性の構造からして、彼は自身の欲情を対象化し、結晶させ、省察し、概念化させる。すなわち、娘のイマージュを呼びこませる。欲情は異性のなかに自己の解放を見つけようとする。欲情は先の、ヴァン・デ・ヴェルデの証言に見たごとく接触欲と射精欲として彼の内部にとどまり、そのことで彼に方向性をあたえる。この時、愛欲の思惟化はいまだイマージュであり、ちょうど娘が彼にとってイマージュであるのと同じ段階にとどまる。この方向性とは、徹底的に主観であり、イマージュであるところの欲望とその対象を、客観のなかにほうり出してゆくところの、内的な力である。そして、それは客観のなかに自己をほうりなげるまでやめることをしない。ホレた弱味というものさ！　そしてエロティシズムがそこに開花する場は、決定的に情欲の交換の過程に、つまり恋愛の進行のみである。片想いの過剰生産はエロティシズムの交換に恐慌をもたらすだけだ。かくして。エロティシズムは、客観過程と主観の情熱の統一としてあらわれる。男と女の関係は徹底的にセックスを紐帯とする関係であり、それ以外ではない。その関係のしかたを通してのみ、彼と娘の、いわば普遍人間性といったものが表現される。彼は娘の中に彼を見出し、また娘はその逆である。彼は娘のなかの彼に相対するのだ。ちょうど、商品の価値が他の商品の使用価値の中に等価として関係し、そのことで、商品流通の中に表現されてゆくように。我は他者なり、というわけだ。もちろん、この時、娘はイマージュではない。情熱は情熱の鉄則をもっている。けれども、この情熱がとび上るのはロダス島ではなく、娘との関係においてである。この時彼と娘の関係は彼の娘への関係ではなく娘の彼への関係のしかたでもなく、またそれ以外でもない。これが客観として定立した情欲の姿なのである。ちょうど彼と娘からはじまった子供が彼でも娘でもなく、同時に彼と娘以外には何の原因ももたぬように。客観性による規定とは、だから彼の社会的地位、出身階級そのものがいきなり娘との関係にしゃしゃり出ることではなく、関係のなかに沈澱し、暗示され、表現されるものなのだ。そしてこの客観過程で屈折し、ねじまげられ、鏡にうつしだされるために、逆に無限にまで高揚しようとするエロティシズムの力学が意識化されてくる。したがってイマージュとしてのエロティシズムの極点に、死の予感が、すなわち、性交が生殖であり生殖が母胎の死である性の始源的な姿が、暗示されるのだ。

われわれは、そのことの無意識的な表現をサディズムに見出す。無限にまでとどくはずのエロティシズムが、歴史の条件のもとに混濁させられる姿がサディズムである。だから、サディズムは時代の性の諸条件、つまり性モラル、家族形態などの正面切った敵対物なのだ。われわれは、サディズムをその残虐性において非難するのではなく、革命的な洞察のゆえに擁護する。サディズムほど、エロティシズムの戦闘的な本性を革命的に表現した思想を、ひとつの極限にまでつきつめた思想をわれわれは知らない。エロティシズムの戦闘性のゆえに、支配階級はエロティシズムを恐れるのだ。エロティシズムは人間の本性に根ざし、生活に底流し、もっとも根深い反抗の爆薬である。汝、欲情せよ!

1　生活手段の生産および再生産そして生殖による人間自身の再生産という第一次的な歴史行為というように、そこに史的唯物論の解釈をほどこすのも結構だ。けれども想像力や創造性にはからきし無縁の黒田寛一(そのことは彼のゴイの貧困をみればすぐわかる、彼の唯一の独創と言えば辞書にもない日本語の鼻祖でありハナクソである点にある)のとぼしい理論的資本と借財――彼はMLに原稿料を支払っただろうか? あまりに露骨なヒョーセツは著作権の侵害ではないだろうか?――にすがりつくより、諸神話に殆んど例外なく登場する神々の闘いが原始共同体の崩壊と階級の出現を暗示しているとでも考えた方が楽しいことである

2　「文学者の性理解」のなかで埴谷雄高は人間のセックスの構造の統一とのべたがこれは正確ではない。人間に於ては結合がかならずしも分離を、すなわち性交がただちに生殖を意味せず、このことをもって人間は欲情から愛を抽出するからである。一般に、埴谷のアフォリズム風の洞察は、われわれにあって社会科学の力をかりて具体化させてゆくべきである。

3　サドでなによりもおもしろいのは、彼のイマジネールの力と、それにもとづいて行動する人物の姿であって、だが人物の行動が人物の哲学を揚棄しないところに、例の退屈さがやってくる。

4　大杉栄の伊藤野枝宛の書簡=「処女と貞操と羞恥と」『大杉栄全集』第3巻、現代思潮社版。

Ⅳ　売笑婦を――さあどういえばよいか――彼女らを結合させ、彼女らのために職場の新聞を出してやって特別な革命的な戦闘部隊を仕立てることは意味のある仕事でしょうかね？

――レーニン『クララ・ツェトキンとの対話』

われわれは、初志の政治的な課題に立ちもどろう。ここでは、革命家の性理解の貧困に触れながら、われわれのエロティシズムに関する政治的テーゼを展開する。

ブルジョワ史家の手になる歴史に、大衆の顔がないのも不思議ではない。商品化された人間労働と、人間労働の対象化された商品との売買がブルジョワ社会の骨格だからである。ところが、奇怪なことには、プロレタリア革命家の手になる文書に、これまた人間がしめだされているのだ。ことに、エロティシズムには、恐怖の色さえうかべるほどである。

時代の進展とともに、階級闘争を通して、たしかにエロティシズムは歴史の正面へと登場してきた。時代をさかのぼるにつれて、われわれは暗黒にとけこんでゆくエロティシズムを見る。一見、ギリシャ・ローマの古典世界にエロスの灯を見るような気がする。だが、古典世界は奴隷が荷っていたすべての例にもれず、性の暗黒もまた奴隷女がひきうけていたのだ。このうえにたって、市民ははじめてソドミズムやレスボスの園を彷徨することができた。性の解放の歴史は同時に性の抑圧の歴史である。手袋の裏も手袋である。ブルジョワ社会は、たしかに、性のタブーのいくつかをうちやぶった。そしてそれは、売淫制度の完成をまっとうしたのだ。すべてのものを商品化する資本主義になって、はじめて女の肉体が商品となり、売淫がブルジョワ的家族形態の補完物として制度化されたのである。[1] 売淫制度は完全に近代資本主義の産物であり、そこでの女性解放は、徹頭徹尾抑圧された性としての娼婦の犠牲のうえにある。これはとても、フェミニズムや法規の解決できる問題ではない！ またいかなるブルジョワ的改良も、この事態に〝ウイ〟といわせることはできない。私有財産制と人間の商品化の基礎を爆破するより道はないのだ。ブルジョワ社会にあって、女性は資本と家事奴隷の二重の鎖にしばられているのであるが、娼婦は三重の鎖に身動きもできないのだ。売淫制度こそはブルジョワ社会のぬぐいがたい恥部であり、だから娼婦は、つま先きまで現代に生きるのだ。かくして娼婦はブルジョワ社会の悪を一身に受けている。

プロレタリア革命家がエロティシズムについて語ることをしないのは、すでに彼が支配者だからである。エロスに口をとざして、それでも一体革命家か！ ブルジョワの歴史は人間を疎外する。それなら革命家は人間を、ことにそのもっともなまなましい様相の性を、大いに歴史の正面にひきださねばならない。クルプスカヤはレーニンの死後一五年生きながらえた。トロツキー夫人は、夫の死後二二年後の今年の一月に死んだ。そのあいだ彼女は左翼反対派のホステスとして、敬意を表すべき活動を続けた。だが、問題はこうである。彼女らは夫の死後、夫の思想の遺産によって生き、夫の亡霊のもとに生きたのだ！

レーニンは婦人について研究し、婦人の解放を実践した。現存する諸力のすべてを革命のために動員する彼の政治的本能は、けっして抑圧された性としての婦人の社会的地位を見誤らなかったし、婦人の組織力や忍耐力の強さを革命のために動員することを忘れなかった。彼が婦人の社会的地位について政治的な配慮をなす時、こんどは逆にエロティシズムの考察なしにはすまなかった。しかしそれはほんの少しであり、漠然としたものである。これに反して、レーニンのテーゼは、次のようにうちだされるのが一般である。

「テーゼで明確にしなければならない点は、婦人の真の自由はただ共産主義を通じてのみ可能であるということです。そして婦人の社会的ならびに人間的地位が低いということと生産手段の私有が許されていることが、不可分に結びついている関係を強くうちだすことです。……これによって、婦人問題を社会問題、労働問題の一部分として考えられる土台があたえられ、婦人運動をプロレタリア階級闘争およびプロレタリアや命にしっかり結びつけることができます。共産党の指導する婦人運動は、それ自体大衆運動の一つ、つまり全般的な大衆運動の一つの部分とならなくてはいけない。」(『クララとの対話』一八ページ)レーニンの性解放の理論は共産党の指導下にあるものとして位置づけられているのだ。また逆に、このゆえに、性の解放は政治的要求として結実されてゆくような姿をとる。それは、〈婦人の不満を革命的要求へ!〉むかわせるための、政治的・組織的考慮である。(ことわっておくが、このレーニンの婦人論への批判にかんする部分では、われわれはちょっとずるくふるまっている、というのは考察の対象になる文献は、レーニン自身の手によるものではないからだ)

「きくところによると、ドイツの婦人の党員のあいだでおこなわれている読書と討論の夕べは、性と結婚の問題が、主な題目だというではありませんか。」(『クララとの対話』一六ページ)またドイツにおける売笑婦の非合法新聞にふれたのちに、「じっさいドイツには、ほかの未組織の労働婦人はいないのですか?……彼らをあなたたちの闘争に引き入れるべきではないのですか? こういう大事な仕事をすてて他の仕事に熱中することは、誤ったところに精力をつかうことになります。」そしてレーニンはこうつづける。「いまは婦人の党員の、労働婦人の一切の考えがプロレタリアや命の方向にむけられねばならない時なのです。プロレタリア革命こそが、結婚と性関係における真の革命に必要な土台をつくりだすものです。このようにさしせまった重大な時には、ほかの問題は、マオリ人の結婚様式とか古代の近親相姦のことと同様に緊張さがうすれてしまうのです。」（『クララとの対話』二二ページ）ここに、政治的な性理解の双面神があらわれてくる。ソヴィエト・ロシアでは社会主義建設の基礎工事として婦人大衆の家事奴隷からの解放が緊急事である。その政策とは、婦人の特殊な要求にみあった組織をつくれというテーゼであり、婦人大衆への呼びかけであり、託児所の創出であり、消極的には堕胎禁止法の破壊と離婚の自由の法制化である。一方ドイツにおいては、婦人解放の特殊な要求はドイツ・プロレタリア革命綱領の完全な従属下におかれる。ところが、この双面神こそ、レーニンの全体としての政治的把握の適確さをしめすものなのだ。情勢の発展段階をみきわめてこそ、この方策がうちだされる。ロシア革命は西欧の、ことにドイツ革命の動向をかたずをのんでみまもっていた。ロシア革命の徹底的遂行は、先進国西欧の、とくにドイツ革命の援助のもとにのみなされる。「われわれがひとりぼっちであるかぎり、われわれの任務は、他国で革命が成熟しきるまで、他の部隊がやってくるまで、革命をもちこたえ、革命のために、たとえそれがどんなによわく、なまぬるい程度のものであろうとも、社会主義の一種の要塞を守りぬくことにある。」（レーニン「ソヴィエト権力の当面の任務について」）この時、政治家にあっては性についての議論どころではない。そしてこれは正しいのだ。この政治的把握の正しさが、レーニンにおけるエロティシズム理解の貧困を由来させる。「すべての売笑婦をみな可憐なマドンナにしたてあげる文学界の風潮……そこには人間的同情とかお上品な金持の道徳上の偽善に対する作家の反抗がみられます。」（問題別レーニン選集2『国家資本主義論』）これでは、いかにも娼婦の新聞のために働いているドイツの女党員にたいする理解が表面的にすぎる。一九二〇年代のはじめの二〜三年、ドイツでもソヴィエト・ロシアでも性や婦人の解放をめぐる論議がたたかわされた。この転形期、革命的高揚期におけるエロティシズムの位置を、レーニンがどう評価しているかということが、次に問題になる。

「有力な国家がゆらぎはじめ、古い政治の支配形態がくずれはじめる時代、ひとつの人間社会が全体として滅びはじめる時代、このような時代には、享楽にたいする欲望、ないしは衝動がややもすると無拘束に走りやすい。ブルジョワ的意味での性と結婚の形では不満足となります。プロレタリア革命に対応して性と結婚の革命がはじまります。そこで、ここでもちだされた非常にこみいった諸問題が青年と婦人の心をとらえるということが容易に理解されます。」(『クララとの対話』二五ページ)

現象が変化するだけでなく現象の根元自体が問われる転形期の、享楽と欲望の無拘束性は、いや、これだけではない。もっとはるかに狂気の全体性のもとにあらわれるのだ。レーニンよ、もし君がこの言葉をプロレタリア合理論の背景なしに、小商品生産の利己的な自然成長性との苛責ない敵対なしに云うのなら、君は保守主義にとらわれている！　もっと正確に云おう。君がプロレタリア革命家としてではなくソヴィエト権力の支配者としていったのなら、君は保守主義におちこんでいる？　転形期や頽廃の認識ではレーニンとわれわれとでは極端に相違している。われわれとレーニン主義とをわかつものは、この現存在の病理についてであるが、このことは後にくわしく云おう。転形期における性や家族の問題は、大衆の生活の問題である。これは党の政策の問題でなく、またその無政府性において、生活は常に政策より大である。ことに、原則的にはプロレタリア権力獲得後は、政治の生活の部分となってゆくはずである。転形期の性や家族形態にかんする論議の輩出は、ブルジョワ社会のブルジョワ的家族形態の足元で進行していったその自然発生的な崩壊と、あらたな姿のあらわれが一挙に爆発したものである。プロレタリアはブルジョワ社会にあっても、歴史的に生成されてきた一夫一婦制を確立していない。プロレタリアの一夫一婦は擬制としてあったのみである。その擬制のもとにあって、プロレタリアの無家族性が、というのはプロレタリアは摘子に継承させるべき私有財産をもたないのであるから、それが進展してゆくのだ。レーニンよ、君はドイツやソヴィエト・ロシアで論議される性や家族の問題を、政治的に展望し、党のもとに方向づけようとするより、——大衆の状況と意識を測るものとして把握すべきではなかったか？

いうまでもないことだが、われわれはレーニンが〈エロティシズムの形而上学〉に無縁であったからといって彼を非難しているのではない。かれ自らが告白するごとく——「私か恋愛の教授の役割を演ずるのは愚です」（「イネッサ・アルマンドへの手紙」）というわけだ。彼のエロティシズム理解の貧困が、彼の政治的方策の悪しきくびきとなった、ということを問題とするのだ。彼は性の抑圧を革命的要求に結びつけ、そしてなによりもフェミニストのおしゃべりではなく、性の解放の物質的諸条件をうちたてたのだ。ところが、この政治性のゆえに、状況における婦人解放の方策の相対主義に陥り、彼の婦人問題への考察をヤヌスとしたのだ。そして政治的方策が党の政策として結晶し、婦人問題がその状況における最大限綱領の支配下におかれたために、二重の位置で、というのは第一に革命的高揚の西欧における退潮と、第二にそれが導いたボルシェヴィキ党の官僚化とともに、人間の本性と生活に根ざすエロティシズムと家族形態における革命的思想の後退を決定したのである。政治的である、ということの周辺に保守的であるということがうろついたのだ。マルクスにおいては事情が異なる。

赤色教授連ならば見のがすであろう一文を『資本論』から引用しよう。

「もっぱら商業民族であったフェニキヤ人にとっては、貨幣は一切の物の脱皮した態容であると考えられた。したがって、愛の女神のまつりには、他国人に身をささげた処女たちが、お礼に受けた金を女神のいけにえにしたということは、別にかわったということでもなかった。」（マルクス『資本論』第一巻、第一篇、岩波文庫、向坂訳二四八ページの〔註〕）マルクスは経済学の原理論にさえ、このような、驚異とさえいえる人間思惟の秘蹟をさしはさむことができたのである。

現代世界は、エロティシズムの歴史的形態および家族制度をとってみても過渡的である。資本主義の世界的規模でのゆきづまりのなかで、ブルジョワ的一夫一婦制は腐りかけて、崩れつつある。小ブルジョワの上層、とくに芸人のあいだで現実に一夫一婦制は崩壊をはじめている。売淫は階級の下層から上層にのぼりつつある。プチ・ブルジョワの売淫はより政治的であり、反革命的である。コール・ガールは、資本家同士の取引きにかけがえのないものとなってゆく。資本主義社会の腐敗とともにブルジョワ共までが腐りはじめたのだ。他方、プロレタリアの擬制としての一夫一婦制も崩壊を開始した。谷川雁・他の共同調査になる「失業炭坑夫の内臓は語る」（『中央公論』一九六〇年二月─三月号、谷川、上野、森崎らの共同調査。これはその後のかれらの文書にも再録されていない）というルポルタージュを見よ。そこには極度の搾取と激しいたたかいのなかで創造されてゆく新たな戦闘的な、合理的な性的関係がきざしている。大正行動隊の強姦殺人事件は、否定的な姿でそのことをひきずりだした。（『週刊新潮』二月一九日号「ある強姦殺人事件の左翼的始末記」を見よ。）それが社会の上層で進行しようとも、下層で進行しようとも、性の秩序は乱れれば乱れるだけいいのだ。さらに調査が進めば、プロレタリア下層において、資本主義社会のもとでも形造られてゆく性のあらたな関係が見出されるであろう。これが革命後の共同社会の原型であろう。プロレタリアの性的関係のあらたな創出は、まさしくプロレタリア大衆の生活と密着した行為であり、その過程をおしすすめ、ソヴィエト権力のもとにたばねてゆくことが必要であろう。現代の諸条件とたたかいのもとに形造られてゆく性的関係のソヴィエト権力への高揚──これこそエロティシズムの戦闘性と革命性を充全に展開しうる形態であるにちがいない。そこにおいてこそ、私有財産の廃止を要求し、資本主義の打倒を要求する単命綱領と、エロティシズム解放の要求とが内的に統一されてゆくであろう。そして、これが未来の生活の基礎になるにちがいない。閉鎖された家族の社会化が完遂された日、そこには性においても、〈必要に応じて、欲望に応じて〉の旗がかかげられるであろう。

1　古典世界に於てもたしかに娼婦（遊女）は存在したし、彼女らの肉体を貨幣にかえた。だが古典世界の娼婦たちは知識階級であったし、生活のために肉体の切売りをしたのではなく、彼女らは市民の出身であるかあるいは異民族の捕虜であった。それに彼女らの肉体と交換される貨幣は、価値の普遍的客体化としての、最高度の商品としての現代の貨幣ではなかった。

V　ソレルの非理性が、直接、暴力と、ひいては反ユダヤ主義に結びつくものであるに対し、ベルグソンの非理性は完全に無害で、ただ普遍的和解だけに役立つ——サルトル『ユダヤ人』（安藤信也訳、岩波新書）[1]

これまでわれわれは犯罪やエロティシズムという革命政治の立場からとりあげることがすくなく、したがって革命思想の盲点をなしきたり、あるいはしばしば敵対した、非合理な非知性的な、その故に非合法な、また抑圧された人民になまぐさく集約された〈原罪〉についてみてきた。ここで、合理と非合理の政治における密会をやや一般的な姿で追跡してゆく必要がある。まさに政治における非合理の問題こそ、ブンド崩壊後の政治状況のなかで、具体性のもとにわれわれの胸をたたきつづけた認識の中心事項である。ここでも思惟は現実のおわったところから、つまりブンドの崩壊のしかたが投げ出した諸テーマが、社学同の再建として束ねられて行った地点から始まったのだ。

「……皇帝の戯冠式を見たのち、軍隊に帰る途中、冬がはじまって或る村にとどまることになったが、そこには私の気を散らすような話の対手もおらず、また幸いにもなんの心配も情念も私の心をなやますことがなかったので、私は終日、炉部屋にただひとりとじこもり、このうえなくくつろいで考えに耽ったのであった。」（デカルト『方法叙説』）じつに静かで、自信に満ち、ゆたかな文章ではないか！コギトの喉仏をおさえてからのデカルトにはスタンダールの言う〈坊主の推論〉が待っているのであるが、――コギトに至る全章句に近代の知性は方法の確証をよみとった。こういう文章に接すると〈自己批判〉などという言葉は、綿入れチャンチャンコの人民服をおもわせる。われわれはわけもわからぬ史的唯物論や実存分析のへっぴり腰からはじめるのをよすべきだ。方法的懐疑が……ここに三〇〇年の時がながれ……組織的懐疑のお城が見えたと錯覚し、階級としてのプロレタリアの資本家的生産への全的懐疑へと身をおいたと思いつめ、非常な大河の洋々たる「逆流に抗した」はずの、だがついに懐疑の組織にまでその内実がなれはてた「革命的」なひとつまみ共が、にもかかわらずみずからを三〇〇年の発展ととりちがえて鼻をひくつかせてみたところで、それは所詮革マルの炉部屋であらぬ陰熱にあてられた為の、すすりあげる水洟の鼻毛のうずきであったらしいのだ。陰毛のすりきれるほど権力のプロムナードをへめぐり、疲労のように累々とつみあげた徒労が、かれらの実践であり、認識であり、まさにここのみに現代の価値があるらしい。おわらいだ、さようなら！

　われわれはみずから参加したものとしての、六一年秋から冬にかけての社学同に批判的である。その時の主な風潮であったマルクス主義からの目もあやな脱出行は、逆に、かえってマルクスを語っていた自分のあいまいさに根をもっていた。《社学同バーバリズム》にあてはまる力学としての、反マルクス主義がマルクス主義の引力圏内にとどまったという傾向は、ことさらイデオロギーにみられたところである。かくしてこの世界には周期的ヒステリーの法則が貫徹された。ときあたかもおこった社青同のアメーバ的拡張がこの時点を象徴する。社青同にまきこまれたものはひからびた秩序派に逆転するであろう。あいまいさは、あいまいさをとおり、母なるあいまいの乳房に還る。なるほどヒステリーも乙なことをするものだ！　あいまいさを断切るわれわれの方策は、自己に徹底することである。無節操漢反対！　流浪の民、国なきイスラエルびと、国際的ルンペン万歳！

いまもそうであり、そのときも然りであったように、われわれの彷徨はエルサレムの聖地を見出さぬ、全体としてのひとつの政治潮流が、このときほど多様なテーマを提出し、発掘し、対決したことはなかった。だが思惟の壮大はニヒリズムの発見、絶対否定、永久否定のニヒリズムにとどまったのである。われわれの課題が「猿から人間への進化における労働の役割」だとか「人間から猿への退化における哲学の役割」だとかに突進まず、永久否定の虚無の発見から、ふたたび現状までの旅を溯行し来たったのは、われわれの存在が現代のみにあること、この現実のなかのみにあるためだ。世紀を単位の歴史は、安保闘争敗北後の二年間のなかにあるのだ。全体は部分より小である！　われわれは東洋的奇怪や日本的特殊性というものが、現状を逃げだす腰つきにほかならぬと把握して、この現実にもどってきた。俺がすべてになろうとふてぶてしく叫ぶものは、すべてになるまで敗北を蓄積し、そして永久にたたかいつづけぬかぎり勝利するはずがない――そうわれわれは知った。永久にたたかいつづけねばならぬものにアパティアの影がしのびよる時。関係の絶対性はさかしまの永久否定に変貌するよりない。日本の革命を指導するものは敗北の二年から学んだものであろう。われわれは革命を起そう。

非理性的な衝動なしに行動はスタートをきらない。革命の方策が予見に満ちた綱領としてポケットに入っていても、認識と行動の橋には、まぎわの決断が、感情が、不透明な非合理が介在する。政治は人間と人間の関係であり、関係のひとつの仕方だ。合理性の腰部にうずくまる不合理についてはヴァレリーの逆証が、政治的関係の条件として政治家のなかに表現される。合理性の腰部にうずくまる不合理についてはヴァレリーの逆証が、また不条理のなかの条理については、スターリンとその一味がモデルケースというべきものだ。左翼反対派や合同反対派を弾圧し処刑するスターリンの徒の論理には、白痴的で平明な、抜きがたい状況の論理と合理主義とがある。スターリン派のテルミドール政治は機構的には合理的につらぬかれてゆく。トロツキーに言わせよう。「スターリンの各語句は、ひとつの実際的な目的をもっている。講演がそれ全体として論理的構成の高さにのぼることは決してない。この弱点が彼の力をなしている。歴史的任務には一般化を断念せねば遂行しえないものがある。」（「スターリンの暗黒裁判」、メルロ＝ポンティ『ヒューマニズムとテロル』森本和夫訳、現代思潮社版からの重引）スターリンは報告を受け、命令を発する。だがそれが、状況の総体的把握にたかまることはない。事務員や官僚の合理主義なのだ。彼は、状況に、歴史の物神性に、モノとしてはめ込まれている。まさにこの故に、歴史の姿がいまだ薄明に沈みこんでおり、過渡として彼の眼前にあり、それを論理的に名ざしえぬ時、視野が狭く、強情で非知性の本性にある事務官僚が機構のへそをにぎり強権を行使するのである。これが合理の非合理、非合理の合理という逆説的構図である。

非合理思想の復権がなされている小情況のなかで、この逆説的構図を確認することはひどく重要だ。――ブルジョワ的知性の方法は合理主義だ、それは支配的なイデオロギーだ。これはいい。ブルジョワ的合理主義への敵対のために、ソレルは非合理主義に身をおいたのだ。だが問題は非合理へのかかわりかた、現状にあっては、その復権のされかたがどんなものか、という点にある。非合理主義は合理主義との対比において復権されるべきではないだろう。非合理主義と合理主義をひきくらべるとき、その人は、まずもって合理主義の立場に立っている。それぞれは論理的等価として選択されえないものだからである。というのはすでに合理主義は支配的なイデオロギーなのだから。合理と非合理は第三者的な理性の平衡のもとに追求されない。非合理はそれ固有の論理をもっているはずである。その固有な論理のなかに、たぶん、合理主義世界への挑戦の力学をもっているのだ。それはそうである。けれども、商品社会の現状を合理主義支配の一色に塗りつぶすのも、たしかに誤謬なはずだ、非合理思想の復権という一潮流に――それはまだ糸口についたばかりなのだが――暗示的に物語られているのは、現状を合理主義支配としてひと色にしたてるといった傾向なのだ。だから、非合理性の発見は古典古代や中世のどこか、つまり過去のどこかに、あるいは観念的に修正されたコンミューン論、つまり未来のどこかにもとめられる。この傾向は合理と非合理とを論理的な等価とみなし、合理主義のイデオロギー的支配に非合理的実体ないしは観念を反射的に対置させた時に生じた誤謬であろう。このかぎりでは、非合理主義の復権はただ修正の要求にとどまるだろう。合理と非合理の逆説的密会に喰いつくことがますます必要である。合理主義はブルジョワ的知性の方法だし反動的なイデオロギーだ、同時に非合理と合理は組みあわさった指である。この二律背反は場所の設定を、頽廃をとおして過渡にいたる歴史の転形期にすえさせるであろう。トロツキーがソヴィエト・テルミドールの進行する一九三〇年代に合理性と非合理性の葛藤をよみとったのは象徴的だ。またソレルの生きた時代の力学は暗示的だ。

非合理思想の復権は、混沌とした歴史の薄明期の理論的提出につきすすまねばならない。トロツキーとソレルの転形期は現代とのアナロジーも可能である。いや、そうであるにちがいない。このときすでに非合理主義が合理主義との対比のもとに平衡理性の名によって語られる段階が、つきやぶられていなければならない。非合理は固有の論理をもち、——われわれの想像の上限を超えて突っ走るかも知れない。状況の論理を破壊する概念転倒を強いるかも知れない。しかしそれはこれからの課題だ、ここでは現在のイデオロギー潮流のなかに、非合理思想はどんな毒をあたえるかを、走り書くことしかできない。

擬似左翼は頑固に存在している。赤色帯のスペクトルを描くことなど無意味だ。安保闘争はそれらを終焉させなかった。逆にそれらはばびこった。それらを破壊しつくし、擬制的な左翼概念をなくしてしまうには、あらたな左翼と右翼の分岐点を明確に設定することからはじめなければならない。これはかなり前からのスローガンであったが、いまだに正しいし、切迫感をもちはじめた。われわれはその課題をファシズム論の提出としてひきうけることになるだろう。現状の頽廃と混乱を、すべての左翼組織は、自己の組織的・イデオロギー的野望のもとに官僚的にたばねてゆくことを思惑している。これはとんでもないことだ！　頽廃はより頽廃につきすすみ、混乱はより加熱する方がいいのだ。もはや、いっさいの先験的革命論と先験的判断が、頽廃の力学のなかで崩れつくし、世界観の眼底にまで破壊されてしまったことのあとで、うまれるべきものがうまれるよりなくなった地点へ急降下する必要がある。われわれは頽廃を美化などしない。まだこれでは足りない、と主張するのだ。先験的な価値の公準が偏見にすぎなかったと宣告される復権された非合理のなかで、はじめて、新たな政治の分岐点という主張は切迫したものになるだろう。その時、美学的で、形而上学的な非合理主義の権力形態であるファシズムは、登場すべき必然のうえに登場し、あらたに問われねばならないであろう。

1　ソレルの『暴力考』がファシズムに結節した歴史的事実はわれわれに痛切なテーマである、この問題にはいつかとりくもう。だが注目すべきことは、ソレルのサンジカリズムはレーニンにも影響していることだ。ソレルはファシズムへ、ベルグソンは和解へとサルトルは言う。しかしソレルはレーニンに作用したのであるし、〈生の哲学〉はマルクス主義にとってブルジョワ・イデオロギーである。イデオロギーの問題はこうした複雑な諸様の検討なしに一般性をもって語りえない。もっとも苦々しい逆説は、労働者階級を獲得した思想がスターリン主義として労働者階級を抑圧していることである。

Ⅵ　沈滞、頽廃、分裂、不和、裏切り、わい談が政治にかわる。哲学的観念論への憧憬がつよくなる。反革命的傾向のヴェールとして神秘主義が現われる。——レーニン「左翼小児病」

レーニンの革命退潮期、頽廃期の認識はこの小見出しのようなものだ。このわれわれといえば、レーニンのいう頽廃期の諸属性にまったく忠実である。だからそれがどうした？　われわれがだめになった人間とでもいうのか？　さあ、いってみろ！　たしかに「左翼小児病」は頽廃期の分析にささげられたものではなく、その逆である。そんなことは知っている。だが革共のように、インター・カリカチュアである反戦インターの「左翼的偏向」——読んで恥かしくなるようなうぬぼれはよしたまえ！——克服のためにレーニンのこのパンフレットをかつぎだすほどわれわれはバカではない。革共から「左翼的偏向」をひきさったら一体何がのこるのか。反戦インターを左翼的行動とおもいこみ、その「克服」のネタに「左翼小児病」をとりあげたのも笑止だが、その結果が黒寛の参院立候補だとは、ますますあきれる。だがわれわれは、この言葉がロシア革命の元首としてのレーニンの言葉であり、レーニンが自分自身の一九〇五年を忘れ去り、レーニンでなくなった点で、大いに非難しようと思う。沈滞からワイ談までをレーニンは心理的に、よろしければ、〈主体的に〉、とらえてゆくことができない。だから彼はこの後に、こうしたなかでもよくたたかい、敗北をよく学んだものはきたえられてゆく、という風につづける。われわれはこう云う――〈こうしたなかでは、もっともよくたたかったものも、敗北から学んだものも、おもわぬ弱点をさらけだし、ひどい困惑に追いこまれる〉と。レーニンは政治的である。敗北と頽廃の総括から教訓をひきだし、戦線の結集をはかろうとする。つまりこの時の政治は、――ころんでもただではおきない、ということだ！「革命は人間の精神をむさぼり食う化物である」とトロツキーはいった。われわれはこの言葉に賛成する。レーニンの頽廃期の認識は悪しき客観主義にしかすぎないのだ。そこには革命の退潮と人間心理の現象が並列されている。いかにして、革命の退潮が、頽廃期が、人間の諸心理と行動の荒廃を引きおこすのか、という内的な洞察にかけている。だから、この逃げられぬ頽廃の底をかいくぐって、状況から身をそらさず状況の意味をひきうけることで、はじめて敗北から学ぶということが可能になる、とレーニンはわからないのだ。あるのは沈滞していない部分、分裂していない部分、品行方正な部分への政治的スカウトであり、組織的要請のみである。トロツキーの言葉には客体と主体との相互過程が短いうちにもほのかにうかがいみられる。革命家がいまだ革命家である時には、こういう云い方をするものである。レーニンは支配者として教訓をたれているのだ。そこに、彼の悪しき客観主義のでどころがある。さらにレーニンよ、思いたまえ、君は一九〇五年の退潮とともにふたたびスイスへ亡命した。そこで、あいもかわらぬボルシェヴィキとメンシェヴィキとの痴話喧嘩にうつつをぬかしている。これこそ頽廃ではないのか？　君が銀行ギャングを組織したこと——この党的利害の極端なまでの追求、そして一方、沈滞し、頽廃し、分裂し、不信におちいったロシアの大衆と下部党員はロシアに残るよりなかった。これは一体何としたことだ！

われわれは党派の闘争に超然としている。われわれはふるえあう意識の共感に身をよせあう。これらの意識たちもまた徒党をなすだろう。われわれはそこを活動の場とする。われわれは党的利害と敵対する。わが徒党の成員は自己において徹底する。われわれは綱領的認識のもとに結束し、綱領は実践化することを目的としない。成員の成長の総和が徒党の成長である。すでに「認識の根拠自体が問われる」（ヴァレリー）精神の転調がおこったのだ。われわれは、ユダヤ人、売笑婦、犯罪者、黒人、部落民、すべての呪われた存在に位置し、その現存ゆえの戦闘性を解放しようとする。われわれは共産主義的モラル、思考形態を認めないのみならず、共産主義的人間などというプチ・ブルの阿片を信じない。共産主義的人間とは必然に官僚のことである。共産主義的人間は存在しない。ただ、戦闘的・革命的人間あるのみ。われわれは一切の超越に身をおかず、徹頭徹尾現存在であることにおいて革命的である。

韃靼人ふう

黄昏の眩暈を鐘の音がふるわせ、ゴビの砂に渇きが染み込み、過渡的な橋の下の鉛の波立つ水面に、屍骸の裸女が流れてきたならば俺は、邪悪なよろこびに熱くなって、頬杖をついているはずである。炎を愛した皮膚病の犬は溶解について瞑想することができない。ふくんだ鮮血でくちづけしたのであろうか、ねむたい紫の夕映えと没落がひろがった。きみ、ちょっとでいいから、この孤独に足をとめたまえ。廃屋の不均衡に喰いちぎられて、ボロぬののように頽廃してゆく太陽と情交しながら、とろけるような暗闇の、蠱惑が衣ずれの音をさせているのに気づかなかったかね？ ……ききたまえ。

ＳＭＪ—七〇二四／アトランティック／オーネット・コールマンとエリック・ドルフィーのダブル・カルテット／フリー・ジャズ

こうして三十五分二十三秒のあいだ、ぶっ続けて休むことなしにただ一回だけ演奏がおこなわれたが、そのあいだモニター・ルームでは、ふたつのテープがひとりでにグルグル回っているだけであった。——ジャケット裏の解説。

死はおまえたちにけしかけられる。処刑の肉の灼ける歴史のエクスタシーというものがあるのだ、俺の冴えた意識がまだらにねじくれて、あきあきしはじめるという時もある。闇にすえられた架空砲台のカヴァーをとりのぞけ。着座。砲身。白い太陽を狙え。

おお　あなた　ペニスをさげてほしい

したたか呪いをひっかけられた子供たちの死体が、ここに、おまえの足もとにころがっている。燃えた鱗の必然性がソドミアンのような交感のあいさつをかわした。哲学猫がもの憂いフックのしぐさで顔をあらうこと、それはみどり色の、たじれるような怒りだ。彼は男爵のようにいちべつし、するりと存在のうしろ側にまわりこむ。

ある日、マットレスやクッションの類を乱雑にほうりだした暗い部屋で、俺は、仲間達とおもいおもいの姿で身をよこたえながら、ジャズのレコードを聞いて半日をすごした。俺が仲間達を頼もしく思うのは、かれらが、ひとりびとり、孤独においてきびしい表情をしているからである。寒い日だったのでチロチロ舌をだす石油ストーヴの炎と、Hi Fi 装置のアンプの眼と、それからたまに口にもってゆくタバコの火とが、われわれの部屋の暖と光源のすべてだった。俺は石油ストーヴの、スラム街のような臭いがすきだ。そとにはまだ陽ざしがのこっていたろうし、どちらかといえば牧歌的な……まあいい、こうした情景について言っておかねばならぬことはなにもない。われわれはたてこもっていた。一杯のコーヒー。一本のコカ・コーラ。一枚のチョコレート。たばこ。ジャズ。こうしたものに、のどのひりひりする転位をかけたもの憂い情熱が眠っていることもある。とっぴょうしもないほど非連続に、つぶやくような声で言葉をかわした。言葉はテープに記録された。劇は平坦に、退屈なまま、おわるだろう。俺はそう考えた。おいぼれなら責任はとらない。だが、生のけだるさを知ることが、たしかに、われわれの意志の力を持続させるのだし、また、われわれを徹底的にさせるのである。俺がけだるさを知らなかったら、けっして激しくはならなかっただろう。けだるさは自己の内側に、意識の表層をまたぎこして、存在の謎の内実に目をむけさせる。沈黙の底によどんだものを手に入れるためには崩れなければならぬ、そしてこの秘法は、なにかひどくわいせつなものを俺に感じさせるのだ。仲間達があつまったことになんの目的もなかった。かれらは、形而上学のむくろをいだいて、都会から昇華してしまった俺を、たずねてくれた。なんの予備知識も用意しないまま、どんな膳だてもないこの偶然のような結合を利用して、自分達をためしてみよう、ということになった。いつものような応酬はなされなかった。こうして、半日、ＬＰレコードとテープだけがくるくる回転したのである。

ところで、ジャズを聞くと、俺はひどく行動したくなる。もちろん俺もひとなみに感動ということを知っている。詩や小説のある断面、偶然みかける色彩、幻影、賭博、哲学的著作のある一節、というものが俺を感動させる。だが、それらの全体に感動することは、ない。俺にとって感動とは神秘との偶然の出合いなのだ。ところが例外的に、いつでも俺を陶酔にひきこむことがある、と告げれば、これがジャズだ。感動はつねに行動的におとずれてくるものではあるまいか？

ＪＡＺＺ　このきなくさくとびかかってくる文字

行動はいかなる表現にもまして真理を表現するし、ジャーナリスト的な興味を一切無視しても、行動はそれ自体において苛烈な表現なのである。かんたんに言えば、行動はなににもましてショッキングなのだ。だが行動をもってしても沈黙した世界のすべてにどろを吐かせるというわけではない。むしろ行動は潜在をはかるものであり、心臓のあたりのビリビリするような電流にも似た潜在からの突出において、逆に行動の意味が判断される、といったものなのだ。

遠い旅行からかえってくるとわれわれは錯覚におちいる。家に落着いたことが旅行のつづきの仮泊のようにおもえ、魂を先方におきわすれた棺桶の一夜をすごすぐあいだ。通いなれた道、ききなれたあいさつの声に、磁場を喪失した、変ってしまった住民たちの排撃をきくようだ。死んでしまった特権のような態度がなかなか捨てきれない。この感覚は、多少かたちをかえてだが、容易に経験できるし、ある程度任意に再現できるものなのだ。いつもとちがう道筋を通り、いつもとちがう時間の事件にであって、君のゆくいくつもの場所におちつきたまえ。そこで畑ちがいのひとの言葉に、ながいことあいづちをうちたまえ。おそらくわれわれの思考は宿命的な回路を通りあの町角のたばこ屋や、いつもふきげんそうに下を向いているポリ公の顔などに、わかちがたく結びついているのだ。俺が、それらや、これらの光景から離れたがらぬのは、かれらをひどく憎んでいるからにちがいない。旅に出るときはどうだ。千の眼をもった小鳥の精神へと溶解するはずなのに、いまにも電話がかかってきたり重大な用件を肩にのっけてひとがたずねてくるような気がして、出発がなにか遠い未来のできごとのように思いこむ。走る車の前方の一秒と十メートルがいらだちであり、流れてゆく後方の一秒と十メートルがするめのように丸まってゆく未練だ。いやはやおそるべき不決断。この知覚をもっと純粋に経験することがある。母犬の乳房にしがみついている子犬を見ていると、急に背すじがぞっとしてきて、子犬と一緒に、より奥へ、より暗い場所へ、より熱く息のできる場所へもぐりこみたくなる。俺は子犬とおなじ思想をそのときもったのだが、ふと、十万年ばかりまえに経験した知覚がよみがえったのだ、という気がしてくる。不思議なことに、この知覚は何回もよみがえってくるのだ。もっともこれはかならず風邪をひいた前兆なのだが。俺にもそんなことがある、とそう話したとき、宮原が言った。水たまりにしゃがみこんで、彼はボーフラを見ていたのだそうだ。急によどんだ水の底にいる大きなボーフラのまわりに泡がいっぱいになって、自分の眼玉がポトリと落ち、水のなかを泳いでゆく幻影に彼は襲われた。そのあと、彼は下痢をしたそうだがね。奇異な知覚というものは、一度経験するともう忘れることができなくなり、そのまわりに、つねに俺をつなぎとめておこうとするものである。旅から帰ったときや、旅にでるときや、この種の知覚におそわれるとき、それはくずれた状態に身をおいたことなのだ。この状態にあっては、親しみの感情というものは、まったく無力である。親しさの感情には、いつも、なにか下卑た、ぐにゃぐにゃしたバランスがつきまとっている。これに反して憎しみは結晶のように無垢だ。しごくあたりまえな、いつものとおりの出来事を俺が憎んでいるから、そいつは俺をはなさないのにちがいない。こんなとき、ふといのりかけたくなるように、悪がやってくる。俺から親しさの感情をうばいとることはだれにだってできるだろうが、俺は俺の憎しみをだれにうばわせることもしない。憎しみがなければ、だれが風船に毒気をふきこめるだろうか。ちょうど、恐怖は人間を駆りたてるが、ものにあきたということが彼を沈黙させるようにだ。虚脱というヴィヂョンのぬけがらをよく俺は経験するものだが——そんなことはべつだんなんでもないことだし、そこからぬけだそうという努力をほとんどしなくなったが、かつて……——回復しようとおもえば眠ることがなによりである。ぐっすりねむれば蝸牛の憎悪に視覚があたえられるにちがいない。けれども、ばかにつける薬を忘却の淵から汲んでこい、といちがいに言えない理由もある。ものを言うのもいやになる、退屈な、習慣的な現実というものが、ほんとうのところ、穴だらけだから。親爺は毎朝かける相手の電話番号を三年かかってもまだおぼえられない。ちかごろ、いくらなんでも恥かしくなったのか、おふくろに訊くこともできなくなって、こそこそと電話帳をめくっている。この血なのだ、俺に遺伝したのは。革命のとき電話局の占領にだけはくわわらないことにしよう。俺は電話器をとりあげるたびに、自分がばかか、尻軽になったような気がして、情けなくなる。この種の盲点はごろごろしているはずだ。この種の盲点をもれなくかかげることができれば、そのひとは現実を総体的に理解しているにちがいない。親爺の異常な記憶力の悪さがからかわれている現場にいあわせなかったら、俺は、自分の盲点のひとつに気づかずじまいだったろう。こうして帰られるべき習慣的現実と——そしてこれはある特定のひとの絶対的与件なのだ——また、穴のあいた現実の習慣とのふたつをわれわれは両手にはめているのだが、では、この現実というのは、いったいなんだろう？　それを把握するとか、描写するとかいう動詞のなかに、リアリズムのうそっぱちがおっぽをだしている。現実はぶっこわされ、変形することができるだけだ。現実だとか、処女をかざっておくのは阿呆のしわざだ。それは強奪されるべきであり、そうされてはじめて意味をもつのだ。確固たる現実などありはしないのだ。確固としているのは、そのひとの、現実への表明なのである。現実の理解とは、もはやこの言いかたに答えがでている、現実の抽象のことであり、抽象において表明される現実のヴィジョンのことである。抽象において把握された現実とさしちがえるもうひとつの抽象にわれわれは感動させられる、といえばかなり正確な表現だ。だから毒気にふくらむためには、べつの抽象的なカラシにほっぺたをふくらませ、おのれの抽象的な舌にふきかけてやること、これがパンのあいだにうまいハムをはさみこむ方法である。ここでけしかけられた行動への意欲はすがすがしい解放のにおいのするものであって、ヒロイズムだとかカタルシスだとか、どちらかといえばすこし卑屈な調子で尻をすぼめられるものの、内実の激しさをあじわわせるものなのだ。ためしに、モダンをききながらウンチをしてごらん。いい気持がするんだぜ。俺の意見では、ジャズが形而上学的な音楽だからである。ジャズの魂で書かれた文学はないだろうか？　先日、町を歩いていると邦訳本で、フィリップ・スーポーが見つかった。昭和五年に春陽堂から出されたもので、ミオマンドルの『カヂノ』と一緒になっている『モン・パリ変奏曲』という本だったが、それがなんと、モダン東京円舞曲とかベルリン・ソナータとか銘うたれた他の本とまとまって、《世界大都会尖端ジャズ文学叢書》というのだ！　結局ジャズ的なイディオムとオートマティズムの関係をさぐろうとしても、たんにわれわれの興味の傾向を示すだけになってしまうのだ。

レクスロスやファーリンゲッティやヴェニス・ウェストの詩人達が求めているのは、詩を、昔の伝統的な役割り、つまり、音楽と結びついた社会的な機能をもった芸術として、単純な、復興した芸術形式に復帰させることなのである。ジャズは現代アメリカの音楽的言葉であるから、我々はジャズに目を向けたのである。現代詩はモダン・ジャズと同じ時期に生まれ、相似た歴史を持っていた。双方ともおなじ味方をもち、おなじ敵をもっている。双方ともが、印刷機から各々の芸術を解放することを目的としている。詩の場合は印刷されたページから、ジャズの場合は印刷された楽譜からの解放である。——ローレンス・リプトン『聖なる野蛮人』

じつに簡単なはなしだ。時代がちがうのである。そしてまた、ビートニクたちを参考にするわけにもゆかない。かれらはジャズと詩の男色について、まず、詩の伝統を祭典的な本来の姿にひきもどそうと試み、第二にかれらは帰るべきグーテンベルグ以前の伝統をもっている。この双方とも俺には関係ないのだ。俺にとって詩とは個人の反社会性をさぐる手だし、また、日本の詩精神からしても、日本の伝統的な詩的表現からしても、日本語の音韻構造からしても、ジャズのオフ・ビートに言葉を並べてゆくことは、まずあきらめるべきなのだ。この理由からしても、われわれはビートニクたちよりもはるかに強く、伝統を蹴とばすことからはじめなくてはならない。たしかにビートたちはジャズ的にやっている。だがギンズバークの例外をのぞけば、かれらはあまりにおとなしすぎる。俺がジャズ的にやりたい、フリー・インプロヴィゼーションでやりたいというのは、俺のエモーションと同一のジャズのエモーションに言葉をかけたいからだ。ところで、どう俺が料理するかなんてことは、きみらの知ったことじゃないさ。

テープをききなおしておどろいた。俺たちは、なん回となく、ひとつの主題をめぐった討論をくりかえしてきたが、その日ほど対話がいきているということを経験しなかった。言葉が固有の生をもっており、そのうえにはじまり、発展し、しぼむのだ。関係のないということはなんと調和したものだろうか。矛盾はどうして蛇のようになめらかなのだろうか。急にふたりがしゃべりだして、一方が唐突に口をつぐむことや、質問されて答えるまでにはしっている眼、たばこをくわえてもごもご発音する様子だとか、またマッチをする音とため息などに、思想の発生帯が、あるいは自意識の不協和が、非情といっていいほどに写しとられていて、なまなましさのために恥かしくなり、しまいまで聞きとおすことができなかった。話している当人たちは退屈さにうんざりしていたのだが。ここからひきだせる結論はひとつだ。抽象すること。本質を抽象すること。前後関係や背景の事実などはどうでもいいこと。テープレコーダーの具象感は、意識の抽象のもとによけいなものを捨て可変なものをすべて変える表現にぶつかってみて、はじめてふさわしい敵を得ることになる。これは逆説なのではない。テープレコーダーにのりうつったなまなましさは、じつは、抽象された姿で会話があらわれたことに原因している。もちろん、マイクロフォンの、特性は、人間の耳とちかってその場にあるすべての音をもれなくひろってしまう。われわれの耳はある意味で自律的な抽象の能力をもっていて必要でない音はカットされる。電車で本を読んでいるときレールの音は意識されていない。つまり、耳は抽象して音を聞き、マイクロフォンはそのまま録音してしまう。だが、その場にいあわせたひとりびとりの感じたものとちがったものを録音しているということは、抽象した、ということではないだろうか。ちょうど、「われわれ」のものではあるが、俺のものでもなく君のものでもない民主主義が純粋の抽象であるような具合にだ。抽象化するということも具象化するということも、イマージネーションにとってはおなじことなのである。そして、話したことと録音したこととでは、世界がちがうのだと理解しなければならない。すなわち表現のリアリティーを強奪することを通さなければどんなリアリズムもありえないのである。

彼はこう言ったが、それはアンプの赤い点滅を、血走った眼玉と意識したからだ、ということがわかっている。

「マックス・ローチが発狂したらしい」

「演奏中のドラムの手を休めてアヂ演説をはじめるという話しだ」

ちょっと間をおいて言葉はこのように続いたが、赤いアンプの点に血走った眼玉の比喩的な潜在を見た男にとって、黒人ドラマーの発狂の状態にかんしてなにか言うことは、意味をなしていないはずである。かれはふとアンプの赤いスポットライトが狂気の具体化として自分の意識に対立したのだと感じた。かれらが現にジャズにいかれているその偶然との出合いが、ニグロ音楽家の発狂を、第二義的に連想させたにすぎない。意識のある瞬間に、意識の内実が、外の異物に、——それもおおくの場合、塩分のつよいプラカードの味のするものに、たとえばここでは暗い部屋にうめこまれた赤い小さな光源——というものに転化されて、彼と彼の見たものの自同律に入りこむことがある。闇をおしのけようとする光の思い上がった主張もなく、こっそり手を握りあった陰微な背反に、血ばしった目をした狂気を目撃したとき、そこでは、対象と目撃者がひとつの連続した第一義的な関係をむすんでいるのだ。陰謀は黄色い目をしているのではないだろうか。マックス・ローチの発狂とは偶然にでくわしただけなので、彼にとって第二義的に連想されたにすぎなかった。赤い光源も、マットに横たわっている仲間達も、いま自分の口からとびだした言葉も、血走った眼玉の狂気と言ったときとりむすんだ秘密の関係の論理のなかで、千の影をもつ亡霊のダンスのようにゆらゆらと動きだす。関係は言うだろう。俺はけだるさについて連想する未成熟の反抗だ。言葉は逆立ちしながら道化の旋回を踊ってみせた。そしてかれは沈黙したのである。

さてここでわれわれの体に本来そなわっている有機的な生命が宿っている場所はどこにあるのかと訊かれるならば、それは極めて明瞭に、古人が実質組織と呼んだところのもの、すなわち各部分の実質そのもの、静脈、動脈、神経、一言にして言えば体全体の組織という考えを離れて、各部分の実質そのもののなかに宿しており、そして各々の部分は、それの有する必要に応じて、強さの差異のある原動力をそれ自身のなかにふくんでいる、と予はこたえる。——ド・ラ・メトリ『人間機械論』

マックス・ローチが……と、仲間のひとりが言ったことを、男Bは夢うつつで聞いた。Bは、半分眠った状態で、次のように続けていた思索をたちきられて、すこしいらいらした。俺は投げだしたマットに横になって、しばらく頭をからっぽにしておいた。頭から思想の糸くずまできれいにしめだすというのはむずかしい。もし、こうした、微妙に緊張した空白状態が何分かという単位の長さでつづくと、そうだ、この言いかたに注意すること。俺は何分間か頭をからっぽにしておけるとか、時速何十キロで走る自動車だとか。ここには無自覚に概念への信頼がかくされている。数量的単位を実在のものと素朴に考えるのはまずいのだ。一ルックスの照度や時速七十キロメートルのスピードはそれが経験されたものだから、あかるさや速度感がうかがわれるのにすぎない。だから俺が、俺は何分間頭をからっぽにしておけるというのをひとが信じたとしても、信じられたのは、空白という緊張した経過の連続ではなく共通した経験のうえに安定している約束ごとへの気弱い共感、つまり水準化した時間感覚の経験にすぎないのだ。そんなわけで、単位なんてものを、あまりあてにしてはならないと言えるのだ。マッハというような、一般的ではない速さを、類推によって俺たちは思い描いてみるよりない。一日が二十四時間というのだって記号じゃないか。ところが、この二十四の分割のうえに一日が流れ、神聖二十四分割のいつに目覚め、第何番目に食い云々、こんなのは、メソポタミアの荒地で渇きに蜃気楼を見た六十進法論者からずっとつづいた最大の錯誤である。何時から何時まで労働したというのでは問題にならない。そのあいだにどれだけ労働の量をしぼりとられたかということなのだ。これとおなじように、いつ飯にしたかということではなく、何を食い食い足り、美味かったか不味かったかということがものを食うことの実体である。ちえ、近代は何を錯覚したのか。錯覚もいいとこ、警察的錯覚という奴。一日の実体が二十四時間にではなく日が出て日が沈みまた日が出ることにあり、睡眠も食うことも遊ぶことも、実体を主観的な流動の質量意識にもっているものだから、俺は食いたいときに食い、ねむたいときにねむる。そんなわけでたいがい一日中ねむっているね。そして俺は睡眠状態というものが瞑想的叛乱の原形質だと気づいているものだが、それにしてもこの頭のからっぽな状態が何分かという長さでつづくと、もう眠りはそこまできた。こんなときにはふたつにひとつだ。ひとつ。闇のなかへ、より暗い領域にもぐりこもうと狂暴な意識の手綱をはなしたままでおくと、俺は眠ってしまう。これははげしい磁力だ。それはのっかるということである。死をおそれる。責任をはたさねばならぬ。それはかっこわるいことだ。こんなのは活動をやめた意識の仇をうっている、日常の、支配的な規律だ。こんなのはすべて、イリユーヂョンの恐怖とよんでやれば、かたがつくことだ。だがねむりに落ちてゆく磁力とは、恐怖しているイリユーヂョンのなまの姿に馬乗りになることなのだ。そこでは支配的な心の諸法則といったものがなんの役にも立たなくなる。凍死寸前の男や、溺れかけて助けあげられた男は、たまらなく眠くなり、しかもそれは甘美な誘いであり、ほとんど抗しきれないものだと語ってくれた。

俺は目をとじたが最後、細い丈夫な沢山の糸で縛りつけられたような気持になる。もう小指すらあげられない。蜘蛛の巣に絡みとられた蠅なんだ。——サルトル『水いらず』

睡眠の欲望にうちかつことはほとんど不可能である。命の賭かっている時にしてもそうであろうということも、たしかに理解できるところだ。暗黒に向かいたがる精神のある傾向は、俺の考えでは、このねむたさのなかにあるんだぜ。しかしながら「ほとんど不可能である」と言ったまでだ。もちろんねむりを殺してしまうやりかたもある。眠りにつく瞬間の意識は、むしろ明晰なのだと言っていい。これは、その瞬間のうけとるべき、だれをもってしても、なにによっても侵されることのない個人の至高の自律性によっているのだ。この時にヴィヂョンを極大にまで拡大すること、たとえば自己の能力における残忍の極、淫蕩の極、虚無の極にまでもってゆく。つまり無意識なままおこなわれようとするオナニズムを、強制的にひっぱることである。逆に言えば、眠れぬ夜はディレンマの貧困に由来しているのではない、ということでより判りやすくなるだろうか。それはヴィヂョンの過剰によっているのである。俺は過剰のなかに眠りを絞殺するのである。

そは向日葵の奇蹟ならむか。われ嘗てそこに生きたりき。——埴谷雄高『不合理ゆえに吾信ず』

「薔薇って闇のなかで見るのがすてきね」とある少女が言った。光と闇のゾロアスター教風の世界について言うこともひとはできるだろう。だが闇にむかう意識の原型はなんだろうか？　復権をねがいながらはじきだされた異端に期待することはできない。匑暗性の原理は、たぶん、ねむけのなかにひそんでいる。そして、それは反・価値と名づけられよう。理性の崩壊は夢のなかというよりも、抗しがたいねむたさのなかにあるにちがいない。ほっといてくれたまえ。俺は逆様の原理でおし通したい。

——この状態についてはたぬき寝入りとくらべてみるのがいい、と男Bは考えた。

「きみ、たぬき寝入りをしたことがあるだろう？」

「ある」

「で鼻がかゆくなったらどうだろうね？」

しばらく考えこんでから男Cはこたえた。


「かこうかかくまいかで大いに迷うことは、まず確かだろう。どちらかといえば、かくまいとおもって汗を流すほど苦労するだろうね。つまり、……もっと概括的な言い方で？　……こういうことだろう。たぬき寝入りをするほど、ねむっている状態をまねようとすること、また、自分が眠ってはいないことを気の毒なほど自覚していなくてはいけない、っていうことなんだ。だから、こうならたぬき寝入りをしているんで、規則ただしい寝息の奴、荘厳なほどからっぽなしかめっ面、虫のように身動きもしない姿は、たぬき寝入りをしてるのさ。ほんとうに寝込んじまってるなら、かきたければかくし、そうさね、寝返りだって御随意というわけだ。ひとことで言えばくずれちまっている。なにも君がいい証拠だって言ってるんじゃないけど。で、ぼくの言おうとすることは、ただみかけだけではなくて、意識の緊張が解除されているその他、ということなんだが、……そいつが当人に自覚されていることもあるだろう。でも、その状態は、当人が自覚しても、これは君にききたいのだが、なんの判断の基準、つまり起きているときの原理の、それの制約はうけていないんだろう？　ねむけそのものが固っているわけだ。で。ちょっとまちたまえ、君の質問がぼくにいいヒントを与えたので、いままとめてみるから」

こうして男Cは次のような論議をひきいれた。

「すっかり眠ってしまうまでのあいだ、いつもきみが言ってるように、自由の内実はこんなものかも知れないと考えさせる、静かさにつつまれていろ。ぼくは思うんだが、だれのためのものでもないまるごと君の時間がそれだということに、きみがぬくぬくもぐってゆける理由があると思うんだよ。このことはいい。そうじゃなくて、たぬき寝入りをすれば、やってる本人がひどく苦痛だ。ここにぼくは問題をたててみたんだ。なぜ苦痛なのかって。結論から言ってしまえばこうだ。かくされた僭越な侵犯と、ひとつの目的、ひとつの目的って言ったのはへんだがたとえば《ににんがし》と言ったときの4、というような目的性、つまり出されるべき答えがそれに向かっての動いている意識的な黄色の手。そいつがたぬき寝入りの苦労の種だ。なにへの、いかなる、侵犯と手だろうか？　無意識的な行動またはある存在の状態への、目的意識性の侵犯だし、うまくまねてみせるんだという思惑のもとへ、それ自体はどう考えても無償であるはずの睡眠状態がさん奪されることであると答えよう。逆立ちばかりつづけていたら疲れちまうよ。それで、いま言ったみたいに結論して、ぼく、きみの質問の半分にこたえたことになると、すると、虚無のもとへ、無意味なものの子宮に帰るということに、きみの形而上学の性質があるのかな。そのことはおいといても、もうすこしくわしく言ってみようか。場所が、机のうえか、会議室でか、ないしは憂鬱な仲間たちのおしゃべりの最中でか、というようなこと、眠りにおちてゆく順序、時間、まわりの人間、あるいは孤独、ねむる前の感覚といったものを、必要な条件として自分でまずおもいえがいてかかること、これがたぬき寝入りの第一条だ。たとえばたぬき寝入りをしていて、そして一方ではほんとうに眠っていて、たとえば、……いや、ぼくは問題を理論的に立てようとしているのだが、ここにノートがあるから読んでみよう。このまえわれわれのやった台本つきの醜態のまえにはしりがいておいた手控えなのだ。たばこを吸うことと、吸うことをまねることを比較してあるんだ」

「きみが猛烈にしゃべってきた理由がわかったぞ。なにかもちこもうという気だな」

「どういたしまして。ぼくは問題を理論的に立ててみると言ったんだよ。理論的にということは一般的にということなのだから、いくつかのエグザンプルを共通に貫きうるものとして、そうしたはずなんだからね。」

「そんなんでごまかされるわけにもいかないが、まあいい、やってみたまえ」

さっきこの部屋で煙草を吸ったとおりに、そのままに頭におもいえがいて、同一条件にあるいま煙草を吸うまねをしたにしても、それとこれとはべつのことだ。――ちょっとへんかな？　これでは、まえがほんとに煙草を吸ったので、後のほうはそのまねだという言いかたの同義反復におちいっているだろうか――そこでは、なによりも順序がさかさまなのだ。あるときQ氏がけむりを吐きだしているにしても、たばこを吸わねばならぬという理由をQ氏はなにも持っていなかった。マッチでか情熱によってか火がついた。また風の強い日だったか地下街に降りていたかも、悔悟するひゃっくりのようににがかったか、まるまっちい禁断の味がしたかとなったことも／思いつき得またありうるいくつかのそして可変の条件のさまざまについて考えておくこと／……それらはそれ固有の意味しかなく、Q氏が煙草を吸っている理由にはいささかも関与しないのである。――「俺は文章にすると間抜けた文章だ」――Q氏は煙草をふかしているだけであり、そのことは傍らを通りすぎた葬送の列とひとしく純潔なことだ。

専売公社を打倒せよ！

いくつかの条件はそのあるがままの状態において、煙草をふかしているQ氏の時間的に前にあるか、同時か、やってくるかにすぎない。それらはQ氏の考慮の外だ。これに反してP氏が煙草を吸うまねをしたとしよう。そしてひそかに論理体系が税金のように予定されており、演技すること自体がいや応なしに論理体系にのっかり、巧妙に仕組まれたペテンの位階性と一体になる。

わたしは初めアクセサリーのつもりで煙草を吸うようになったのですが、「たばこなんて税金を吸っているようなものだぜ」と言った男のひとの言葉がうそじゃなかったと、近頃くやまれてなりませんわ。――『週刊平凡』一九六三・一・三十一号「たばこをチャーミングにすう十二のポイント」

演技者の気付かぬ地点ではじめから終点が用意されているのである。

「十三段目に落っこちるんだろう？」

「そのとおり。Ｐ氏がそれを知っていようと知るまいと遠慮なしにだ」

これが演劇の力学である。また、演出者の意図にも無関心な演技の政治学なのだともいうことができる。アナーキーな、さまざまの可変のスナップ・ショットが、たったひとつの、煙草を吸うという行為を、なりたたせるための与件に変わる。秩序の要求、あるいはありもしない関連にパクられて珠々つなぎになること。

演技は有罪だ！

　経験は有罪だ！

　　理性は有罪だ！

時間の流れに顔をあらわした食い残しの行為が意味づけられた順序にかわるのだ。たばこがくちにくわえられ次にマッチがすられる。この順序は意識され、意識の順列の姿をとり、演劇の世界ではこうして煙草の先端に火がつくのである。そしてなにがなされたか？　たばこを吸ったにちがいないという、事実らしさが手ごめにされた。トリックはどこからはじまっているのだろうか？　経験がもちはこんできた帰納的な想定のなかに、すでに、いわば先験的に演技がはじまっている。ここにである。想像力とは経験の帰納的なトリックなのだろうか。より事実らしくふるまえるようにという判断のもとに、条件が剝奪されてくる時にである。ここにだ。Ｐ氏は煙草を吸った順序を想い出したか、想いうかべたとき、すでに演劇的に想定しているのだし、それより術がないはずなのだ。

「そうだろうとも。P氏がすいがらでやけどしたんだって、宇宙的なスケールの必然によっているんだ。まちたまえ。俺は逆のことを言いたいのだ。P氏の精子の前身の、その七代うえの父親の父、そのまた七代うえの父親の、そのまた七の七乗代うえの父親は、由緒正しいイソギンチャクだったかも知れないぜ。たばこにしたって地理上の発見時代いらいの産物だ。そういうことになれば、きみの言うとおり、たしかに剝奪だ。ね、現実的または現実主義的その他なんていうのは、無限のなかにぷかぷか浮かんでいることだろう。俺はせめてねむりこけながら、子宮のなかの記憶をとりもどそうとしているのがせいぜいだ」

「動物の生活を一般的経験と関連させて考察すれば、動物界は——たとえ微々たる蛆虫であっても——吾々はこれを原始的な人間同類と目しなければならない」即ち、人間の出現以前には、地球は、アヴェナリウスの「同格説」とアヴェナリウスの哲学とを救済するために「中心項」の職務を果していた蛆虫の「経験」だった——レーニン『唯物論と経済批判論』

もっとも真実らしい、ということがもっとも真実から遠ざかるという犠牲のうえに逆説的にぶら下り、十三階段は復讐を呑みこんで闇にとじられた。したがって、真似をするということは、無意識に支配されている行為に理智の侵犯をなし、償いのない行動を演劇的な糸の思惑でひっくくったのち、はじめて成立する技術の磁場と定義することができる。だから、ここにふたつのテーゼをひきだして、一応の結語をとどめるであろう。

一、リアルな表現、ないしはリアリズム風の表現というものはありえない。表現は一様に抽象である。ただ表現のリアリティーだけが存在するのだ。P氏の表現はリアルだと言われた。だがその内実をなすのは、現実の再現ではなく、その裁断のしかたであり、つまり現実への恣意的な侵犯のしかたにかかったものである。上手な演技とは上手なまねかたではなく、現実のたくみな意識における抽象にほかならない。

二、そして決定的な問題は、リアリティーというものが、P氏が煙草を吸うときにおわるものではなく、そこに始まるのだということである。これが演技の溶解点をなすはずである。

「きみの説によると、演技の苦痛というやつ、たぬき寝入りでも煙草を吸うまねでもいいけど、理由が、先験性にあるのか、理性にあるのか、どっちでもいいということになるね。理性という言葉は俺をとまどわせる。合理主義の最初の言葉が理性だったというのはいいがね、ところが理性の実体というのはなんだろう？　合理的精神のことだ、とひっくり返るのだろうか。それは論理的精神のことなのだというぐあいにしか俺は考えていない。やりたくてしようのない花嫁をうつむかしているものはなんだろうか？　論理的精神がではないぜ。羞恥が、というよりもまだコケットリーが、といった方が正確だ。ところがそんなものはどれも一括して、やりたいという気分の敵なのだ。そう言ってしまったただけで、よりたしかなことなのだ。行為の外にあるいやらしい蛙みたいな概念、概念に行為の手足をしばってしまうこと、それがきみの意識に、目的論的にタメにされるという姿でしのびこむものだからだし、ちょうど諸行為の商品棚から行為をひとつ買いとってもまだ棚がのこっているという奴、概念のさき走りで胸がつかえちまうという主張は、俺にも判らぬことはないのだよ。俺に言わせればこういうのは坊主の厭らしさというのだ。もったいぶってワイロをとるからな。ところが、きみは、タメにされるのをいやがりながら、もう充分に俺たちをタメにしたがっているんだぜ。もっともこれを君の個人的資質に帰してしまうわけにもいかない。論理というものがもともといやらしいところをもっている。それは、論理的精神たろうとすることが、ひとに侮られたくないという感情の、かくれた情熱をもっているからさ。それよりも俺の気にくわないのは、問題を中途半端に切上げたからだ。さあ遠慮せずにずかずか踏み込みたまえと言いたいね。どこで溶解するかなんて借金とりみたいに思いなやまず、さっさと溶けちまいなよ。きみは問題を一般的にたてすぎた。いらいらした感情は意志の緊張に原因するというのもけっこう説得力がある。俺とは反対の行きかただが、意志を緊張させるのもわるくはないぜ。たぬき寝入りもたしかにものまねであり、演技であるにちがいない。だから、そこでは目覚めている時の判断や感情のうえに、ねむっている状態がまねられているのにちがいない。理性の支配をうけているのさ。ところが俺の意見ではこのこと自体にいらいらの苦痛はないのさ。含みとは逆に、たぬき寝入りが他の判断の基準や目的によるひっぱりこみをなくしてしまうことに、不快感がやってくる。なんのためにたぬき寝入りしているのかを忘れさせてしまう。娘たちにちょっと寝顔でも見せてやろうとか、ひとを油断させようとか、――まあそのたぐいの、反抗のふりをした、ひとに甘えた、ひとに依存している雌の感情がたぬき寝入りをさせた原因であるというのはよくあることで、そんなのは、ケチな気苦労のあらわれだ。しかしその類のかあいいテクニックより、たぬき寝入りの苦労の方がずっと大きいので、しまいにはなんでそんなことを続けていなけりゃならないのかさっぱりわからなくなる。たぬき寝入りの理由が消えてたぬき寝入りが目的になる。とうとう砂漠が見えはじめるよ。そして、この感情というものが、昼間の理性に立っているのだからね。この疑問がとけないうちは、起きあがることも、つまり自分がねむったふりをしていたんだと白状することも、眠ることも、つまり思考を捨ててしまうこともできない。最初のうちは、他人に依存し他人を意識した芝居だ。だからといって、そいつなり娘っ子なりが部屋から出ていってしまっても、のこのこすわりなおして、『ちえ。まずったか』とも言えなくなる。いいじゃないか。世界をぶっこわしたくなるのはこんな時にはじまるんだ。君とちがうところは、きみが演技を理性の変貌かあるいは理性から半分はみだした仮象としていることに対し、俺はものまねをそれ自体の実存と考えている……こんなことはどうだっていいことだ」

「精神の細胞から行動をあばきだすこと」男Aがここで口をはさむ。

「こいつの方法をきわめ、実験してみたい。ぼくが沈黙しているすきまを、きみたちがつめこんでくれた。ローチの発狂を連想したのだって、まったく関連ないことじゃなかったらしいぞ。きみたちのひとりは、おなじようにものまね、このニュアンスはぼくにとって総じて形而上学的でない意識の方向をさししめすのだ、ものまねをきらいながら、反抗に心をひかれ、もうひとりは即自性へと向かうのだろうか。オブヂェ／オートマティズム／インプロヴーゼーション／あるいは純粋知覚の胎内時代／究極までに原理的な、理論的にその所在を仮想できる純粋はあるのだろうか？　……解放とはなにか？　暴力だ。自由とはなにか？　暴力だ」

インプロヴィゼーションに関する男Aのテーゼ

一　インプロヴィゼーションは、第一に、その世界にひとを投げこむ問いかけである。その問いは自由に出されていい。いきなり殴り倒すというのは、みごとな問いかけである。

二　もっとも素朴なインプロヴィゼーションが、ぎゃーと叫ぶことだったり、急に笑い出すことであるから、インプロヴィゼーションの基本的な用意は、感じたまま表現する態度だと言っていい。

三　インプロヴィゼーションをたんなる比喩的な表現からきわだたせるものは、そこに、ひとつの内的な世界を直観が前提しているという点にある。

四　根源的暗喩を見出したときインプロヴィゼーションがはじまっている。暗喩は対象の諸属性をえがきはしない。それは対象との直観的な同一のなかにうまれる。直観は自己をここで総体的に回復している。直観的な同一は、沈黙の領域に、行為的に入ってゆくことだ。

五　総じてインプロヴィゼーションは、エロチックであっても、詩的であっても、感覚を決定的な契機としている。インプロヴィゼーションがエロチックな色彩をもっているのは、たぶん、行為的に沈黙の領域を犯すからだろう。この関係はひどくこみ入ったものだが、ピエール・クロソウスキーに代弁させせよう。「わいせつな事柄を認識するとは、言葉を変えれば、それらの事象が沈黙のなかにあると認識することに他なりません。……奥さん、いいですか、あなたが言葉を検閲して非難すればするほど、けっきょくわれわれは、自分に拒絶された肉体をつくりあげるのです」――『ロベルトは今夜』

六　インプロヴィゼーションにおいては、行動とヴィヂョンが分離する前の原型をもっている。もし無垢のインプロヴィゼーションがあるとすれば、それは胎児たちの合唱であろう。

七　インプロヴィゼーションにおける行動と意識について。無意識の存在というものは、ある意味では存在できない。無意識は行動としてあらわれてはじめて存在することができる。たとえばくしゃみ。だが行動一般を、無意識ないし理由の根にさがしもとめること、つまり行動をなにかの表現されたものと考えるのもあやまりだ。行動は逆に、無意識ないし関心の反撥において意味づけられる。そして、インプロヴィゼーションは行為的にしか表現することができない。

八　行為的に表現する、ということはオブヂェにおいて主と客とが溶解することである。あるいは、逆に、オブヂェは主体と客体の分解以前の姿である。この、意識におけるオブヂェの——つまり、展覧会に作品として並べられているオブヂェでないもの、無の様相で眺められた存在——の表現がインプロヴィゼーションである。

九　インプロヴィゼーションは死においてつっ走っている。この死はオブヂェから暗喩への自己テロルによってもたらされる。だから足跡はわだちのようではなく、非連続である。インプロヴィゼーションは、自己の足跡などに関心はなく、現在あるところのものとしてしかありえない。いま殺し、いま殺し、いま殺し、いま殺し、いま殺し、いま殺し、いま殺し、いま殺し……言葉を変えればインプロヴィゼーションは、より遠くへ行くという原理以外をもたないためにあらゆる価値判断を超越している。

けっきょく、俺はここで男Aのテーゼをひきついで、動かしがたいと思われる問にたどりついたようだが、インプロヴィゼーションとはなんであり、そして、その全行程とすべての形態があきらかにしようとするものは、なんであろうか？　——現存在である。

子供は、都に出てきたのはよかったが、なに分にも人が多くて、誰が誰やらさっぱりわからない。父親にも、いままで会ったことがない。すっかりこまりはてているとき、たまたま、頭のツルツルの坊さんに出会った。

この子供、その坊さんのところへ飛んで行って、ペコンと頭を下げて、

「僕のお父さんでしょう」

「いや違うよ」

「だって、僕が母さんの腹の中にいるときさ、毎晩やってきて、一杯の牛乳のようなものをくれた人は、ちょうど、あなたのような頭の人だったよ。父さんに違いないよぅッ」――『漫画サンデー』、一九六二・十二・十六号、三谷清人「五色のムード」

その存在のしかた自体が暗喩である、なにものかが存在する。たとえば、悪とか、自由とか、価値とかがそれだ。抽象名詞は一般にそのようなものとして扱っていい。たとえば悪だ。それは言葉にすぎない。倫理上の、あるいは刑法思想的な言葉があるにすぎない。だが、悪は時として、一見、実体をもつかにみえることがある。ナイフや、ロープや鉄格子の錆あとに、あるいは一冊の本のなかに実体をもったかも知れない。けれども、悪は、結局、現象学の対象たりえない。それは存在のしかた自身が暗喩である以外にない。暗喩的な存在はイマーヂュの細胞形態ではない。細胞はただ小さすぎるという理由で見えないのだ。レンズで拡大するときには、そのもとに、たしかで、てがたい実体があらわれる。比喩――つまり、文学的な技法や文学史的な傾向のものとしての比喩のことだが――は、

ただ小さくて複雑なために見にくいものを見やすくするための悟性のレンズである。これに反して、暗喩的な存在はたたいてもひろげてもころがしても見ることができない。ただ可能なひとつの方法はと言えば、それ自体が暗喩へとゆらぎのぼる形而上学的なさぐりによるべきであり、そうして、行為的な表現のもとにその所在を裏返してみせる、というやりかたなのである。

Oったまげた
Mぃをまかせてきた
Aのむすめっこ
Hぁもまだはえていないのに
Nぃくのぷっくりしたくちびるには
Kぇがはえていたというので
Oどかされたものだ

無償にしてかつ無垢の、悪逆非道のかぎりをつくせ。永久テロルは絶対性にいたるまでに明晰である。邪教徒風の大時計が、革命暦十一年花月の三日をしめしたまま、原色の大空にすごんでいる。生首の噴水をふきあげる永久ギロチンが地底で笑いつづけていることもある。犯罪よ、ぼくのやさしい心根よ、さよなら。含みはあまりに知的すぎる。きみはギャングと蛇にふさわしい。

屠腹された塩ゆでの娘がひどく俺をゆさぶった。無償にしてかつ無垢の悪をなせ。

シルヴィー、シルヴィー、おれはあつくてかわいている。
シルヴィー、シルヴィー、おれはあつくてかわいている。
シルヴィー、シルヴィー、おれはあつくてかわいている。
シルヴィー、シルヴィー、おれはあつくてかわいている。
シルヴィー、シルヴィー、おれはあつくてかわいている。
シルヴィー、シルヴィー、おれはあつくてかわいている。
シルヴィー、シルヴィー、おれはあつくてかわいている。
シルヴィー、シルヴィー、おれはあつくてかわいている。
シルヴィー、シルヴィー、おれはあつくてかわいている。

——ベラフォンテが歌ったチェインギャング・ソング「シルヴィー」から。

火とかげの腹を空かした舌。あびるほど飲んでみたい欲望。死骸のあばら骨をころがすバグスのヴィブォラホーン。屍体置場の純情。彼のあごにかくされた殺意。蛇の胃袋で溶解について瞑想する蛙。練獄しかゆびささない磁石の痙攣。そして洞穴で出合った魚たちのすべすべした敵意。そこにはいつも形而上学的悪のリフレインが罠をかけている。

無償にしてかつ無垢の悪をなせ。

かつてこういう日々をおくったことがある。

　とろけるような太陽が、俺はときどき紫外線を見たような錯覚におそわれる。とろけるような太陽が陽炎のようにぶつかった岩やふじつぼをとろかしてしまう紫の溶解にひらひらした指を見るのだが、すでに、俺のヤスにかかった魚体から屍骸のにおいを硬直させていた。俺は魂がニグロの色にそまるまでこうして肌を灼くのが好きなのだ。水中眼鏡のくもりを落ちている海藻でふき、なければたばこの吸いがらでふき、こうするとどんな作用なのだろうか、潜って眼鏡がくもってしまうということがない、ジュラルミンのパイプでつくったヤスをひきよせ、波がふくれあがったときに海のなかにすべりこむ。波がひくときにとびこむと、身体をもってゆかれ岩にぶつけられることがある。波がふくれてくるときに突っこむのも、ひどくもぐりにくいものだし、自分の足場にぶっつけられてしまうことだってある。波がひきおおったときにとびこもうとすれば、数秒をためらわすような恐怖感のためにだめだ。これは不可解なものだ。水面がほんの数十センチ後退しただけで、次のことは判っている、すなわち頭をぶつけるような岩角がないことや、またたっぷり水面が深いことも判っているのだが、首の骨をへしおりそうに思う。また空間がほんのすねの長さだけひらけただけである。そして水面に足がひたっている場合だって眼玉が身長だけの墜落を目撃するのはたしかなのだし、わかっていることなのだが、まるで水が空気とおなじ圧力しかなくって海底のぬるぬるしたものと頬ずりさせられるような錯覚におちいってしまうのだ。もちろん水の抵抗力は地上に直立しているわれわれの抵抗感覚をこえたものなのだが。

「中隊、気をつけ！　……捧げ銃！　……用意！　……狙え！　……撃て！」ファーカーはもぐった。できるだけ深くもぐった。水が耳の中でナイヤガラの瀑布のようにうなったが、それでも一斉射撃が鈍くひびき渡るのを聞きとることができた。ふたたび水面さして浮き上かってゆくと、妙に平べったくなったキラキラ光る金属片が、ゆるやかに揺れながら沈んでゆくのに出会った。その一つが衿と首筋とのあいだに止った。不気味に生暖かったので、急いで払いのけた。――アソブローズ・ビアズ『アウルクリーク橋』

圧力感、距離感と、それに速度感とショック、圧迫感、こんなものの複合が、ちょっとしたためらいの心をおこさせるのだろうが、神経の言葉っていうのはつかまえどころがないんだよ。ひと息ためこんでぼくは沈んだ。この時、もう感覚がかわっているんだ。ちょっと水にもぐっただけで。別の感覚の世界がひらけてくるんだ。岩のくぼみにゆれながらすべりこむと、魚の白いような、キラキラするなにかの必然性といったものを感じさせる鱗と妙にちぐはぐで、白っぽい腹なんだろうが、魚の白い憎悪が横目をつかってかすめてゆく。俺の腕は、のめるようにそっちに向かうんだ。こんなとき、ときどき、遠い昔の英雄に殺された、小屋のような魚竜の白骨が沈んでいるような気が、俺にする。息がとまってしまうまで潜って行ってみたい気になるんだ。

もう別れてから五年にもなるが、ぼくの友人にＴがいた。すばらしい大男で、よく小さなグループにあっては、たとえば○○横町という界隈にひとりぐらい伝説化されるような武勇伝の持主がいるものだが、彼もそうした男のひとりだったのである。Ｔは不思議な男だ。ぼくの前に、かれは時間を経るにしたがってますます神秘化してくるのだが、そんな姿で現われてくるのだ。いや、Ｔ自身が神秘的なものに惹きつけられる男だったし、そのくせそういったことを大きな身体に似合ず、へんなぐあいに怖がっていた。たしかに彼は変り者だったのだ。常人に不可視のものを見る、霊媒体質だったのかも知れない。事務的なセンスはゼロだったが、抽象的思弁の能力、ことに数学をやらせれば誰もかなわなかった。彼はおばけを見るそうである。Ｔならほんとうに見るのかも知れない、と思わせることがよくあった。ぼくは昔から放浪へきの強い男だ。ぼくは連絡のつけにくい男だと人からこぼされているが、Ｔにかぎっては、ぼくに用事のあるときや、ぼくに会いたいとき、かならずゆく先々でぼくを待ちかまえている。おまえのゆくところはわかるんだよ、と彼は言うのだ。ぼくはこれをいまでも、額面通りうけとっている。結局ぼくはなにを忘れてきたのだろうか？　ぼくの仲間たちにも変り者は多いし、というより全部が変り者なのだが、なにしろあの時分からくらべればずい分年をとってきているし、また勉強もした。そして、その知的にふやした部分だけ、ぼくは感覚をすててきたのだ。やっと自分を見出したか見出しかけた時代の情緒は、もうもどってこないのだとあきらめている。ぼくは『ナヂャ』を読んだとき、だれにでも自分の全域をひとつことに賭けるような原理があるか、あったかにちがいないという風に理解できたし、もっと、記憶という姿で死んでいるもののエモーションに入りこめたのだが、それから、かえって自分の鈍さに恥かしくなってしまうのだ。――Ｔが、なにかの拍子で暴れだしたとき、これはもう霊の力を借りたのだ、としか思えないことがある。校門の鉄柵をねじまげたり張出し窓の鉄棒をひっこぬいたりしたことだ。これが誰の仕業かは今だにわかっていない。ぼくらを集めてがみがみ言った学校側のやつらには。それが集団のしわざだったと思いこませておけばいい。その他、その他、いろいろあった。もちろんＴは図抜けたスポーツ・マンだった。

かれは水泳が好きで、プールの底にあお向いてはりついたまま、上を泳いでゆく女たちの腰を眺めるようなまねを雑作なくやっていたが、水のきたない澱んだプールにはどうしても入らなかった。プールの底に鰐がいる、と言ってきかないのだ。ぼくが飛込んでみて、なにもいやしないよと大声をあげてみても、かれはくつがえさない。

その時だ。海底に魚竜の屍骸がのびているような気分につつまれながら、俺はふと、胸がいたくなるほどTのことがなつかしく思いだされ、一挙に彼の意識の世界を把握できた、と信じたのだ。その時いらいTはまた俺によみがえったのである。彼はわれわれが水もぐりする時に経験するような感覚の世界——水のつめたさを発想にすえた熱っぽい自意識、血というものは熱いものだということ、こころされた速度感と連続してすべる動作の流動感、未知、暗い色彩、周囲の抵抗が大きいほど推進力となる蹴っとばしかた、時間感覚の溶解、無方針という文字をあてはめられている行動原理、——に似たものを日常のなかで知覚していたのである。それは自己テロルにまで張りつめた生と死の意識なのだ。論理の姿をなすまでに三日を要するような瞑想にゆさぶられて、そのあいだ、俺のヤスは手なれた正確さで獲物を追っている。ロン・パリの魚が頭に来ている敵意かあるいは呪いたっぷりの哀願にすり抜けようとしても、この時の俺の残忍さにかなうことはできない。悪の形而上学はこういった腹を断割ってくるものではないだろうか。岩に走った溝にかくれながら俺の攻撃をみつめすぎた魚の判断は、たちまち憎しみのすばやさに似た鋼鉄製の鋭角と交叉する。どうやら、やわらかな胴をつらぬかれた魚の痙攣が、ヤスをふりちぎってしまわないように、俺は硬い頭骸をねらうのではないらしいのだ。俺は自己の死の意識なしにテロルの細胞状に溶けている。ふつう他人の血に戦慄するのはそこに自己の死の代償をよみとるからだ。殺意には自己の死の予感がからみついている。しかし、そうであり、それがすべてだろうか。他人の殺害の影のない純粋の自殺欲、形而上学的速度感の誘惑をもっているところの、そうなのだ、死への形而上学的な誘惑の階梯は速度と直感によってひかれているのではあるまいか、たとえば回転する大きな車輪の接近、また墜落の加速度に支えられた空中分解のイリューヂョンなどに、死の誘惑があるように、おなじように、純粋の、快楽の秘法のとりこになった暴力、破壊、殺害の欲望があるはずだ。理由もなしに血がさわぐということがある。正確に言えば、それはやってくるものの予感なのである。

突撃する群集と彼らの進路を遮断する兵士が接触する危機の一瞬間には、さらに危機的な一分間が存在する。それは、灰色の障壁はいまだ崩れず、肩をならべて一体となっているが、すでに動揺しはじめ、将校は最後の意力をふり絞って「撃て」と号令する時である。群集の絶叫、恐怖と威嚇の叫び声は、この号令を打ち消すが、しかし完全にではない。ライフル銃は動揺する。群集は突き進む。すると将校は彼のピストルの銃口を一ばん怪しげな兵士に向ける。決定的な一分間から、いまや決定的な一秒間がはっきりとあらわれる。すべてのものが無意識的に指導を期待していた一ばん大胆な兵士の死。一伍長が死んだ兵士の小銃をもって群集にむけて発射する一弾、すると障壁は閉鎖し、小銃は自動的に発射され、群集を路地や裏庭に追い散らしてしまう。だが、一九〇五年以来、この反対の現象がいくたびおこったことだろう！　将校がまさに引金を引かんとする危機の一刹那、群集——カユロフやチュグリンのような勇者をもつ——の中から発射された一弾は、将校の機先を制する。これは、一街路上の衝突の運命ばかりではなく、おそらくは、その日全体の、いな全叛乱の運命をも決定するのである――トロツキー『ロシア革命史』

群集が痙攣する。兵士たちが痙攣する。鉛色のエクスタシーが時間のハンドルにとびつく。将校が痙攣し、伍長が痙攣し、最高の決意は非武装のままでいることはできないと知った決意が痙攣する。歴史が痙攣し、革命は痙攣的なものだ。小銃のエクスタシーとピストルのエクスタシー。街路樹の射精。射精する叛乱者の額。

銃火と黒煙とともに銃口から悪の形而上学が発射されたらどうだろうか？

無限大螺旋状の思惑をぶる下げた、立場が一瞬の後にはどう変わっているかわからない、攻撃者とウニのような銃剣の蠕動とが、たがいの瞳をのぞきあったのだ、と言っていいだろうか？　見たはずだ。敵対者が他人の顔をねらわずに――ところで、俺のいつも気をやっているやりかたは、目と目の間をぶちぬくことである――不満そうに沈黙しているか、足元ばかり見つめていることは、あきらかにたがいが恐怖しあっている図だ。けれども、相手の表情から腹のうちをさぐりあっている状態にあっても、まだ決定的行動はとりにくいものなのだ。ずっとまえ、まだTと親しくしていたころ、ぼくは思うところがあって、ひとりで芦ノ湖畔に出かけ一週間ほどキャンプ生活をした。四月のことで管理人以外だれもいなかった。不器用に薪をわって飯のしたくにかかっていたときだ。アベックのハイカーがやってきてぼくを見てわらった。ぼくがいぶった煙で泣いていたからだ。ぼくはそいつらの品の悪い笑いが腹にすえかねた。まきわりに使っていた斧をもって男の前にとびだした。殺すつもりだったのはたしかだ。おもえばチャンスだったのだ。殺ってしまってもばれる心配はまずなかったように思う。ぼくはさして病的な男ではない。ただすこしたちがわるいといえば、誰もがもっている殺意というものを知っていることだし、まだ殺意が足りないのを惜しがっていることだし、意識的に殺意を増幅しようと試みていることだ。アベックをゆすったことのある男によると、恐怖の衝撃から最初に立ちなおるのは女の方だそうである。大声をたてるのも女の方だ。たぶん男には見栄というものがあって叫び声は立てられないのだ、というのは理解できる。タイミングがむずかしい。失敗すると女は理屈をこねだすそうだ。ものの道理に屈してしまうようならはじめからゆすりの資格なんてないわけだから、当然こいつは無視してかかることだ。ところがこれじゃまずいのだ。相手の男が立直って「まあ俺に任せとけ」といった風の顔ででてくるわけだが、もともとアベックをゆするような連中はたいして気合も入っていないのは当然で、また当人だってすっかりこわがっているのだよね、相手の男の反撃にあってはやばくなる。しかし、ここで、ぼくならこうするところだ。最初の一撃から攻撃につぐ攻撃をかけること。それには第一に男と女の依存を断ちきってしまう。男の胸ぐらをつかんで「この前はしゃれたことをしてくれたな」とでも言って煙草くさい息でもかけてやればいいだろう。しかもこのセリフは物語り性を暗示している。女の知らない、男どうしの過去があって、そのために男と女の依存を疑惑という形で断つことはできそうだが、物語り性は正統性や当然さをひきいれることになってしまう。それとも「てめえどこのどいつと歩いているのだ」という論理で女をはりとばしたらどうだろうか。女は男の暴力というものが愛撫を内包していると本能的に知っているから、そいつをこえてひっぱたけばがっくりきそうだ。そして男に疑惑をうえつけることができる。しかしこれは男と女の関係がどの程度のものであるかに左右される。いずれにしても、男と女の依存を断ちきり、たがいが頼りにならないという長持ちのする感情をうえつければ、まず成功するにはちがいない。けれどもこいつは後味の悪いはなしだ。殴り合いは爽快なものだが、ゆすりの後味の悪さは、ゆすりという行為自体にあるのではなく、ゆすっている当人の解放がなされないという点に、大半の理由をもっている。相互の依存を断ち切ってから料理するという手口を変えないとしても、結局、俺の考えでは、ゆすりの技術の観点から言うのだが、直接行動、暴力なのである。暴力の契機なしにはケチなゆすりを強盗に高めることはできない。ところで、人間が手足をジタバタさせる暴力はたがいにおなじ程度の破壊力しかもたないのであるから、これをより効果的に用いるとなれば、突発的な暴力が必要とされる。これは物語り性を断っている。オブヂェ化されたげんこつは、相手が男であろうと女であろうと、これはもう確実に作用するのだ。けれども、これもやはり芝居にすぎない。潜在意識からとびだした左フックが「さあ財布をおいてゆけ」というのではどうもしっくりこないね。というわけにもゆかず、真に暴力を行使すればどうしても形而上学的な内実をひきだすわけだし、相手からなにかをまきあげる強盗というわけにもゆかず、やはり殺すことがふさわしい。逆に、真の暴力というものはかならず死を賭けているものなのだ。次のことは賭けをしてもいい。アベックにいやがらせをやったものの話しを聞いても、けっして形而上学的なものをひきだせないということだ。形而上学的ではだめだ。実証的でなければならぬ、というのだ。目をつけ、相手の関係をさぐり、弱身をにぎってからとりかからねばならぬ。そして暴力はなるべく行使しない。こいつは悪くないはなしだ。直接行動は神聖なものだから、あまり安っぽくまきちらしたくはないのである。ところがぼくの意見はすべてくつがえされる。かれらは、情ないことに、尻ぬぐいと合法性にひりあがっているのだ。そんな手をつかうとポリにやばい、というわけだ。実証的に、そして合法的に、という原則が第一義だ。こんな類の社会民主主義的な意識が支配的だから、そこらへんのエテ公をいやがらせ屋にとどめさせているのだ。暴力の内実が自己解放にあることを気づかないうちは、かれらは決っして犯罪者になれないのである。警察制度は、わが栄光あるべきはずの泥棒様をどれだけ卑屈にしたことだろうか。ぼくは思い出す。Tの発作的な暴力には、この種の卑屈さが、というよりもいかなる意味の卑屈さも、見いだせなかった。彼のこころは、たとえば理智や、たとえば心理学的な——といっても保健衛生的なという意味の——反省という、たとえばはた目の、そういった緩衝装置を経ることがないのだ。自己破壊やカタルシスがほとんど純粋に彼の暴力に現われてくる。たぶんそうした理由からなのだろう。彼はいきなり相手をなぐり倒す。そうして、熱病にかかった後のうわごとのような状態に彼は入る。一見、彼はひどく後悔しているように見える。だが彼はカタルシスを完了しようとしているのである。彼は私闘を完成させることに、ちょうど芸術作品を創造するみたいに熱っぽくなる。「なあ、あいつはどうして最初の一撃をかわせたのだろうか」というような話しばかりをしたがった。ぼくが斧をもって飛び出したとき、相手の心理的な予測や反応のあらゆる意表外にとびだしたのではなかったろうか。男も女も棒立ちになった。こんなときには殺れるものだ、てきぱきと連続した斧がてきぱきと連続してふたりの首筋にたたきこまれたら声も出さずに死ぬだろう。意表外の速度感というものはひとを行動そのものへとまきこんでしまうのだ。芦ノ湖についてはなかば伝説なかば風聞のうちに、こう言われている。湖底は深く、まだらに冷たく、陥没でできた湖のために、原始林がそっくり眠っている。底の模様もわからない木の枝には、溺死者や自殺屍体がからまってしまって浮くことができない。それは骨でできた花のようだ。ぼくはこの原稿を箱根の自宅で書いているので、当地のために宣伝しておけば——人知れず死にたいかたの形而上学的な名所。ところがぼくは、ふと、相手の目を見てしまったのだ。

俺は、痙攣するもの、虚無へとびのろうとする情熱に、ひどく気をそそられる。けっして凝固することのない血と、ふるえつづける爪跡が、目をパチクリさせている理解をせせら笑う至高性について、ヴィヂョンをふきあげるのはなんと魅惑的なことだろう。だが男の目つきを想いだしてしまったのだから、俺はこの瞑想をつづけることができなくなった。たったそれだけで、悪に実体を与えようとする試みを断念しろと迫る急降下であり、転回点なのだ。だが、人間の意志と行動の空隙には、それが連続にしても断念であるにしても、絶望的な謎がかくされているのだ、と一般的に言いのけるのは、きたないやりかただろうか。

ぼくは胸の高さに斧をつかんでいた。そしてそれをふりあげることも、ゆっくり下げることもできなかった。ふりあげたら自動的にふりおろす——人間の頭のうえに——鉄の必然にしたがうだけだ。だらりと下げてしまうことはひどく恥かしいことだ。ぼくの行動は威嚇でもなければ、ひとを殺してみたいなあ、という類のちょっとした欲望でもなかった。

誰だって殺したがっている。むしろ日常茶飯の部類に属した感情だが、これは当人が理性で抑えつけ、理性で判断していることよりも、意外にふかく、意外に大きな領域に発しているのである。次のことに関しては、俺はおおっ面をして言い得る。人殺しをおさえているのはじつは理性ではない。生の輝きと死の混沌が生意識のエロチックな姿なのである。この一線をこえて死を透明に見るものが、アパテイアであり、テロリストの原理であるといえる。ところで、あの時の俺の行動は、確実に意味を失なっていたし、エロチックのラチ外から衝撃された。それは形而上学的なというよりないものだ。生自体が、先験的な寿命というものを与えられていて、小出しに保存し維持してゆくというものではなくて、無と有とのあいだを運動してゆくものだ。このことはいい。だがある一瞬に虚無の声をきき、虚無にとびこんでゆきたい理解のつかないショックを経験したとき、その時いらい、地底のギロチンのようにふるえつづけて、ぬぐいがたい断面をとじることがない。そいつは至上の世界であり、絶対的命令の世界であり、どこまでいってもモノローグである世界だ。このような記憶は消えない。沈黙した意識に食らいついている。そしてある時、一挙にエモーションをとりもどす。ぞっとするほど明晰になった自己に気づいた時はたぶん、この磁場の階梯に足をかけているのである。うつむいたままグサリと相手の胸をえぐることが可能なのかもしれないのだ。そして俺のエモーションは、心象的に言って、斧を胸の位置ににぎりしめたまま、ずっとつづいてきたのである。

ぼくは失神しかけるくらい緊張していた。あとになって、ぼくは激しいデモや、なぐりあいをやるようになったが、この時ほど純粋な姿で、暴力や、殺意や、死や圧迫に、かたまって襲われたこと、がない。意志の力、テーゼ、そして情況の力学にふりまわされて、白状してしまえば、そんなものはお義理にやっているのだ、という感覚が後の方になるほど強くなっていた。そうしているうちにぼくはすこし臆病になってしまったようだ。なにが欠けていたのか？　解放感が、である。しまいには神経が象皮病にかかるだろう。もしも根ぶかくて、血腥い、あるいは本能よりもっと黒い潜勢をひきずりだす錬金術があるならば、へへ——この世は壮観だろうぜ。

兵士と群集は見つめあうだろう。こうしてすこしずつ距離がちぢまってゆくのだ。有効射程距離内にはとっくに入っている。関係は兵士だけにではなく、威嚇と恐怖の叫びをあげるデモ隊にも現われなければならない。相手の容姿や顔がはっきりみわけがつき、体温さえ感じられるほどの距離では、しかも先験的に関係を判定することが断念されている不安定な均衡のなかで、さらに、国内戦という性格も考慮すること、また、叛乱というプロパガンダと大砲とがたがいに転身しあっている時、ただちに決定的な行動をとりえないはずだ、という点はさして想像に困難ではない。強固な論理的精神が意志のささえとなる内乱というものは、われわれ日本人は経験していない。われわれは意気地なしだ。しかし決定的行動というものが、一体どんなものであろうかということについては充分想像できる。また、堂々とした密集と意気の圧力によって敵を押しつめてゆく階級の正面衝突で、うつむいてしまうことはすなわち敗北を認めることだ。緊張が飽和点に達するだろう。まさしく決定的な一秒が次にあらわれるのは必至だ。このときもし、蛇の尾っぽに始まってたぐりよせたものが竜の頭骸であったならば、リビドーの震撼が暴力の内実をなす解放という血に走ったならば、弾丸は将校のわめくのどちんこをつらぬいたにちがいない。あるいはまた、それはヒロイズムという口径であったかも知れぬ。この一発の、発射された手ごたえに残っているものは、形而上学的な啓示であるというのも、またまちがいない話しではないだろうか？

こうして腕の重くなる魚のひとたばが、白い腹と塩で洗った淡紅色の鰓を、そろそろ傾きかかった日光のなかにぶる下げられているのだ、が、俺はいつだってそいつをもてあましている。興味というものは貪欲な表情をしているものだ。海水浴客のなかに、俺の腕で首をくくっている魚について、きいてくるものがあればくれてやってしまう。捨ててしまうものでも、きいてこなければ一匹もやらない。「塩焼にすれば食えますよ」のじつ全然不味いのだということを俺は知っている。水着の娘たちが、砂に血をすわれて死んじまう光景を俺は期待している。

だが夏は暗示にすぎなかったのである。俺はしだいにためらいを知るようになっていた。こうしたなかで、回想のうちにTとの交友を追いながら、俺は俺の行動と俺の意志のはじまりが結晶していた遠い知覚に耳をかたむけるようになった。

ところが今日、僕はふと、「寒い」と思ったのだ。……僕は恐らく夢を見て来たのに違いない。

——原口統三『二十歳のエチュード』

暗示と神秘と、そしてケシの花の匂いを俺はもとめていた。季節を想いだしたようである。頽廃と野蛮がすえた匂いに溶けているのを見たときに、俺は戦慄した。遠い日のいつか、俺は季節を知っていたのだ。幼児の記憶のうちにだろうか？　そうではなさそうなのだ。そこでは、さむさの感触が存在の根をゆさぶり、永遠の一瞬をもたらした、ということはなかった。まるで精液の記憶であったというにちかしい。それは俺の薄明だった遠い前身が、はじめて冬の海に立ったとき心に刻みつけた印象か、あるいは、奴隷女の脚を口からはみだした怪獣が、おのれの瞳を恐れるようにゆるく沼の底に沈んでゆくときの、復讐のちかいがよみがえってきたのにちがいない。ところで、寒さの感触の内実は次のようなものだ。他人の存在は俺の、他人が存在するということへの、純潔が感染する戦慄に似たものによって、明証をえているものである。自意識のこの相は、同時に、他人の意味、ないしは必然性への、にがい否定によってもたらされるものなのだ。コミュニケーションには存在という上歯と罪悪という下顎に嚙みつかれたよだれがぬめっている。だからにがい味の料理が出されるのかもしれない。粉チーズの臭いのする南方人に、疲労と不潔感がまといついているのは、かれらが寒さを知らないためなのだろうか。以上が、寒さと、秋の感傷の全面的決算である。君の外套はまだ質屋にあるのかい？

秋には懐疑を深めたまえ。懐疑が男性的な心情のもとにすすめられることを疑かってはならぬ。のりこえてはならぬものをずかずかと踏みにじってゆくものは懐疑だ。そしてここにひとつの問題がでたのだ。規範や秩序は外的な強制であると同時に、倫理としてくわえこまれるものだ。ちきしょうめ、あらゆる思想、あらゆる哲理、あらゆる世界観が堕落の末に発することばは、倫理だ。しかし倫理の岩盤もぶるぶる震える懐疑のドリルで穴をあけられるだろう。それは邪魔なものを容赦なくけずりとってしまうダイヤモンドの攻撃性をもっている。琥珀の結晶のなかに小さな普遍性の潜勢をもったところの、方法的懐疑などというものはありえない。

あるいは、真理が奇蹟的に彼らの思考を占めることがあったとしても、それは、彼らが真理を目的として考えているからであって、真理それ自体を考えているからではない。確実さの客観性、これについては少しの困難もおぼえず論争してきたものである。確実さの実体、これについては誰ひとり思ってもみようとはしなかった。——アラゴン「現代神話のための序文」

懐疑に、いかなる目的をもたせようとすることにも、反対である。無効ないくつかの方法のかわりに、懐疑をかつぎだすことは、ほんらい懐疑のなんであるかを知らないことだ。懐疑は固有の生命をもっている。不安や恐怖のゆれうごく部屋の青白い閃光に見るものは、懐疑にひそんだ、反抗、嘲笑や、ユーモアや、テロルである。胃弱な二日酔と、こんなのは歴史過程の第三義的なメンスだ、そして、爆発のきりもみ旋回とをとりちがえるのはばかだ。懐疑の力学の静的な断面をつくってみれば、エレクトラ・コンプレックスだといえよう。懐疑の子を産んだ老いた子宮や懐疑の原因、懐疑の磁場を憎んでいる。懐疑の原因が消え失せても懐疑は消えない。懐疑はそれ自体において解き明されるまで固着しつづける。その道程にはさまざまな影がつきまとっている。ふつう懐疑は存在の問題をみずからに見出す。懐疑はアパテイアまでとどくのではないだろうか？　ちょうど、熱狂的ないのりや極度の坊主的推論のすえに、恍惚状態がやってくるのに似て、不安や恐怖を心理的な実体とする懐疑のはてにひとはアパテイアに達するのではないだろうか？

アパテイアと恍惚／サドの創造と行動の根／単純再生産とわかれて弁証へ／有の弁証法から無の形而上学へ／さらに虚無へ。彼の墓銘は、象徴的なことだが、「俺の記憶を消せ」であった。／アパテイアと恍惚。これは或る心情のもつ裏と表ではない／サディズムとマゾヒズムの断たれた反転。つまり、それぞれの別の世界が超越のなかに開花したものである。アパテイアの内実・ある異常な存在感覚・たとえば直観的な無、これは懐疑によってもたらされる。

恍惚は、比喩的に言えば、論理性のヒステリーである。そして恍惚の内実をなすものは、世界との一体感、つまり存在感覚の喪失なのだ／矛盾している、それぞれは矛盾している。すなわちこうだ。アパテイアにおける無の存在感覚、恍惚における世界の謎をにぎっているような全所有感にあらわれる喪失／しかしながら、恍惚は論理性の痙攣よりも熱狂的ないのりの後にやってくるということが、一般に承認されている。それゆえに、恍惚とアパテイアのくり返しで極北に向かうというのが、悪の原理だ。また、このことは、たがいに対極をなしている賭博と麻薬に共通している。逆に言えば、恍惚とアパテイア、言葉を変えれば刺激と弛緩のくりかえしで、賭博と麻薬は共通した様相をもっている。

懐疑とアパテイアの連続性は、不安や恐怖といったショックによってもたらされている。かりに存在の問題と呼んだものは、それを正確に言えば、ひとが異常感覚といいならわしているものを手がかりにした、物への意識の侵犯の姿なのである。直裁的、一回的な感覚の体験を経て、一挙に形而上学的実体とでもいうよりしようのないものに意識を

作者註　形而上学的実体というのが形容矛盾であると認めてもいい。だがわたしは、形而上学ということを、ジュネに関する論及でサルトルが言ったといわれる（これはまごびきなのだ。調べなおしてみたが、当の文章を発見できなかった）次のような意味で使っている。こうしたものとして使えばさしたる誤謬ではないだろう。「形而上学は経験から逸脱した抽象的概念についての不毛の議論ではなく、心の内部で人間の条件をその総体において把握するための生きた努力なのである」

とびあがらせる。この、感覚の体験を「経て」という言葉に、すくなからず当惑しているのだが、「同時に」と言い変えることはより正確ではない。感覚的な体験と形而上学的な暗喩の表現の出現とは、同時なのだが、しかしそこには論理的な順序がおかれている質的に同じものではないと言えば正確だろう。感覚の体験を経ることなしでは、形而上学的な一点に到達することができない。

a　この体験は意識の一形態に他ならないのであって、探求の対象を具体的に示すことはない。むしろ意識をもつこと、これを体験の本質そのものたらしめようとするのである。

b　能動的、個人的な内面の体験を出発点とするが、その体験のなかで、永遠にして唯一の実在、全実存の根元と合一している。すなわちそこには、自らを世界の中核であり、全実存の源泉であり、一切がそこに帰着する中心であろうとする熱狂がある。——アンリ・セルーヤ『神秘主義』

むすび目のついた縄梯子を、すでに自己がのぼっており、安全を確かめてある地点まで、回想を背負ってよじのぼることは比較的容易なことだ。あまり熱狂的なことでもないんだよ。懐疑したまえ。だがゆきつくさきは知らないぜ。そして、アパテイアと恍惚は形而上学的な時空で統一されることもある。また、それぞれは別の世界から発してきたものだ。だが両者を統一させる超越の場とはなんだろうか？　それは悪の世界にきまっている。

アヂテーション

犯罪革命は、プロレタリア権力の胎内でうまれるあらたな歴史的欲望にもとずいた、革命の、さらなる広汎化、すなわちより遅れた層を行為的に革命の熱源へおっぽりこめと主張するところの、過渡的な要求である。それは、現状において、革命を進歩のとりあげ婆あと思いこんでいる意識から、永久混沌の意識へ移行するための、準備的な序曲としてあらわれる。したがって犯罪革命論は現状の十全な概念転倒の要求と、旧意識の集約的な継続との混交であるがゆえにリアルである。あらゆる犯罪は革命的である。無意志的、衝動的な犯行は、自己を解放させるために重大な犯罪である。さらに、形而上学的悪は、情熱的なニヒリズムとして姿をあらわすよりないだろう。これに反して知的犯行は初めから次のようにつぶやいているのだ。「目的は手段を浄化する」。なんと改良主義的な！　ガイストの官僚支配とはこういうものをさすのである。目的なんてどうでもいいのだ、行動の手段だけが実在である。手段だけがどんな目的でも許容する。と犯罪者は語るであろう。そして悪は革命家の領域である。社会改良家が悪について夢想することはできる。夢想だけである、彼は根底の悪業をなしえないのみならず、彼のなすであろう犯罪は、状況悪の悪による打破、あるいは暴力に抵抗する暴力といった文脈のうえになすこと――すなわち、進歩の幻影の招来にすぎない。

拍手。われるような拍手。親衛隊の唱和。聖三位一体第十五日の、黒く燃える太陽のふちどりに堕天使は闇の精髄をひろめるだろう。ひびわれた卵からもれるすすりなきに、いたちの幼虫たちが、もう眠るすべを忘れてしまった。

犯罪あるいは革命に関する諸章

序説　ねずみの夢

革命家の挨拶とともに百八匹の豪傑諸兄に檄す。

地球上に人類の覇権が確立してから、数十万年がたった。神話的な爬虫類も、ブルドーザの巨象も、獰猛な肉食獣も、森に棲む狒々や猩々の群れも、体毛の退化したこのつるつるの新生物に敵しえなかった。だが人類の発展とともに、ごきぶりや細菌の類とはべつに、人類の覇道に挑戦する一高等動物の種族があらわれた。ねずみである。

ねずみの武器は敏捷な神経ではない。自衛のための本能的な狡智ではない。かまわずかじりちらす、鋭くかあいらしい歯ではない。ひたすら繁殖である。

ねずみにあっては無智と近視眼が行動のための勇気である。そしてふたたび武器は繁殖である。

ねずみに個々の英雄はいない。三井寺の頼豪阿闍梨はねずみの亡霊であった。ここでも力は繁殖である。

ねずみは神聖な人類文明のいたるところに入りこむ。ホテルから、飯場から、官庁から、駅から、印刷所から、地下水道から、屋根裏から、寄宿舎から、キャバレーから、広場から、学校から、乗物から、木賃宿から、団地から、コーヒー屋から、路地から、新聞社から、組合事務所から、郵便局から、スラムから、個人住宅から、オフィスから、商店から、工場から、警察から、城から、台所から、便所から、スカートの中まで、神聖人類のゆくところすべてに、ねずみは、深く、騒々しく潜入する。それだけではない。ねずみは人類の脳髄に住み、電線の中に住み、虚空にさえ住む。そしていまや、あそこでカサコソ、こちらでカサコソ、ななめでカサコソ、空中でカサコソ、足下でカサコソ、あのかあいらしい前肢でさえ、かあいらしい神経質な目をキョトつかせ、かあいらしい牙牙でつつしみ深く、神聖な文明をかじりちらしている。そしてまたもや、側溝の中で、穴の中で、ヒューム管の中で、ゴミ捨場の中で、ボロの中で、繁殖し、繁殖しつづけている。

パパの手。ママの手。ぼくの手。やっぱり手が出る万引野郎。

あるときにはパチンコにはさまれ、または陰険な猫の爪にかかり、または毒饅頭をくらい、または車輪にひかれ、または焼かれ、または溺れ、またはお縄を頂戴し、またはファントム爆撃機にやられ、または梅毒にかかり、または飢死にし、または解剖され、または軍手手袋につかまれ、こうして、数百万の仲間と別れたが、あらゆる障害もねずみにとっては屁の河童であった。そしてまた繁殖だ。あらゆる殲滅戦はますますかれらに繁殖の要を教えたにすぎない。

とうとうねずみはブルースを歌いだしたのである。力と、疲労と、情感と、土臭さと、情熱と、活力とをねずみは歌いはじめた。感情の幅は無限だが、無限の振幅はA A' Bという単純な法則にもとづいており、起承転であり、結をもたぬままブルースはひらかれている。これこそ人類に挑戦していらいの感傷の全幅と原理の偏狭さとを、過剰と偏執とを体現した、ねずみの歌であった。こうして、埃及ねずみとドブねずみと家ねずみと二十日ねずみのインタナショナリズムは、ねずみ対文明、文明対自然の梁山泊に、ひとつの、現実的な大風呂敷に血盟したのである。

同志諸君！　繁殖されよ。梁山泊は砦門をひらいて吐きだすだろう。本格的げぼげぼ運動を！　深く、騒々しく、潜行せよ。噛みちらし、よごしまくり、狂いまわり、追まわし、逃げまくり、消耗戦を蕩尽せよ。さわげ。あばれろ。しかして………

同志諸君、繁殖されよ！

e　権力意志

犯罪者同盟は自分自身の権力を追求するために行動部隊が必要である。われわれは行動戦線の獅子の分け前なんていらない。行動戦線が権力をもったとき、その権力の一部分になろうとする考えかたは大衆組織を実体として考えすぎている。われわれは行動戦線のなかで、盟友たるべき活動家のひっこぬきをもふくめて、犯罪者同盟を追求する。

行動戦線が権力を追求して何が悪い。スローガンが有効であり、戦術が新鮮であり、行動が戦闘的であり、この実効が大衆の信頼を獲得したときには、自動的に、行動戦線の権力がうまれる。大衆の信頼もまた権力だ。権力をただちに組織的体系だと考え、前衛主義だとか、某氏のふんどしをかつがされるとか、某グループの下知にしたがうとか心配するものは、超革命的な超無政府主義者か、パルタイ的組織にいじめられすぎて、すっかり卑屈になってしまったものかである。断乎たるエゴイズムが必要である。われわれの社会には突然の連坐制があり、自分は行わず、何も知らなかったのに、他人の過失がわが身にふりかかったり、保証人になったおかげで他人のしりぬぐいをしたり、ある店の形式的な名儀人になったためにわけもわからずパクられたりする。俺は「関係」や「組織」を防衛するものではなく、こんなときに自分を防衛するにはどうすればいいかと考えてきた男だ。犯罪者同盟が他人の犯罪を背負いこむなんてのは絶対に恥である。こうした社会に住む人間にとって、次のテーマはあたりまえだ。

エゴイズムを。個人を。個人を。個人は集団を守らぬ。集団が個人を守る。

俺が組織を必要とするのは、俺が弱い人間だからだ。だから、弱い組織は俺にとって足手まといである。組織の、物神化された強権が、俺の権力を消滅させるならば、組織にとどまっている俺は、組織から飛びだしている俺よりも相対的により弱くなっているのだから、俺は組織を必要としない。いずれの場合も組織はみかぎられねばならず、俺が組織をみかぎらないという時には、つねに、俺は組織のなかで権力を追求している。どこまで？　独裁まで。前衛論的な、ごちゃごちゃした組織論にごまかされるのをやめて、自分の利益をごまかさなければ、権力の問題はごらんのとおり単純明瞭である。物神の狐憑きを落さねばならぬ。

権力のいきつくところは独裁である。独裁とは、誰からも命令されず、強制されない、自由な、無制限の権力である。独裁は法に依らず、暴力によって貫徹する。犯罪者同盟の追求するものは、一大衆組織の器のなかでも、犯罪者同盟の独裁である。

独裁においてのみわれわれの権力はブルジョワ権力をうわまわることができる。ブルジョワ独裁、金融独裁ということばは、国民諸階級のなかでブルジョワの政治権力が圧倒的に優秀であり、絶対王政によらず、ボナパルティズムによらず、軍部によらず、連立政権によらずに、ブルジョワ支配の政治形態が、ブルジョワ内閣によって十分にやっていける状態を指すにすぎない。民主主義の神話とはブルジョワ独裁の謂である。真の独裁をなしうる階級はプロレタリアのみだ。ブルジョワはプロレタリアなしにやっていくことができないが、産業資本主義が前世紀におわってから、ブルジョワの社会への寄生化、時としては無用化さえも進行している。他のすべての階級は、二大階級のいずれかに依存することなしにはやっていけない。住民の圧倒的多数者、プロレタリアだけが、真の征服者の階級である。

志を同じうする「君たち」よ、悩み、苦しみ、狂いまわれ。

f　エゴイズム

ここで提起しておきたいのは、権力とは力だという単純素朴な認識である。イデオローグたちは、複雑で、精巧で、人工的で、文明的な権力論の諸教説をさまよい歩いた結果、エゴイズムを失ってしまっている。

　エゴイズムの原理は、ドゥ・サド氏の時代のようにそれがどのくらい革命的であるかを徹底させることではなく、二十世紀のテーマとしてとりあげんと欲するなら、個人主義はどのくらい反動であるかをリミットまでひっぱってみせる方向に成立させることができる。

　ブルジョワ民主主義の要求が日本に再生産されるのは、日本の前資本家的要因よりも、独占資本の支配形態からであるが、この要求に、市民主義・個人主義を「根づかせる」というイデオロギーをかぶせるのは時代錯誤である。帝国主義時代に産業資本主義時代のイデオロギーを根づかせるなんてことはできない。それは資本主義の民話にすぎぬ。あきらかに、プロレタリア革命が個人主義の問題を解決せねばならないという条件が存在する。エゴイズムが反動であるか、あるいは時によってちょっぴり進歩的であるか、という符号上のプラス・マイナスをめぐるポンコツ左翼《レフト・オールド・タイマー》の議論とは別に、いまだにエゴイズムは破壊力を失っていない。利潤追求のイデオロギーにかつては堕し、功利主義としてブルジョワ的に定立させられていても、エゴイズムは力であり、さらに爆発すべき余地をのこしている。

　組織エゴイズムなんてものはない。それは組織防衛の名を借りた弱々しい個人の保守であり、エゴイズムの破壊力は俺でもおめえでも変りはねえと認めぬための遁辞にすぎぬ。

　エゴイズムの解放にてらしたとき、左翼反対派の分派的利害は貧血している。犯罪者同盟は威厳のない分派主義者を、いささかなりとも、敵だとも考えない。エゴイズムと権力とを結びつけた人格には威厳がある。こうした言いかたはかさかさした主体性論者には納得しかねる印象論とうつる。しかし権力の肉体は威厳である。不幸にして個人の前進力の根を枯らしてしまった社会で、威厳ある権力者というイメージは遠くなった。ブルジョワ支配者は商人的であるか、ヒステリックであるにすぎない。かつては頭山満や内田良平の右翼反対派に見られた尊厳をになうものは、残念ながら左翼反対派ではなく、最下層の労働階級だろう。

犯罪者同盟は、下層の労働階級のなかで、頑強なエゴイズムが根をはりつづけていることを認める。かれらは社会の分け前をうけとるために、組織に頼ることができないで自分の腕に頼る。かれらの主張は階級としての政治的表現に集結しておらず、ばらばらなために、民主主義支配の調和をやぶり、ブルジョワ的進歩のためには反動としてあらわれてきているが、しかしかれらの存在は社会の深層に大きな回転が生じつつあることを語る。第一に、かれらは家計簿のうえに恐慌がおこりつづけているにもかかわらず、ブルジョワ的に生きのびることをしめしている。絶対的貧困が来て、賃金奴隷を揚棄するためにかれらがプロレタリアとして蜂起するという絵に描いたような革命理論どおりにかれらは行動せずに、全体の社会的生産のブルジョワ的形態を超えずに、ブルジョワ的に、かれらは生きのびる。第二に、かれらの存在は、俺たちにむかっては現在の支配形態ではいかんともしがたいのだという宣言である。民主主義権力では歯が立たない。かれらを掌握するためにはさらに強い権力が必要である。誰の権力か？　ファシストか、軍隊か、やくざか、前衛党か？　組織されたプロレタリアの権力によってだ。組織されたプロレタリアは、現状のいかんにかかわらず、かれらの前衛である。組織されたプロレタリアの現状はなにによってかわるか？　ブルジョワか、警察か、既成指導部への批判によってか、新前衛党によってか？　全体的・社会的な生活のなかでの、より下層の労働大衆との接触によってだ。どこで？　統一戦線でだ。

労働階級の二つの層、一方は組織され、大企業に働き、定着した層と、他方は組織されておらず、中小企業や下請会社や商店で働き、農民、職人、浮浪人の要素を混在させたままの、より不定期に流動する層とが闘争のなかで接触したとき、現在の限界が吹飛ぶ。

犯罪者同盟は、下層社会の人間のエゴイズムが、たとえ組織労働者の利益に反する場合にも、全面的、無差別に、正当であり、かつけしかけられるべきであると認める。

行動戦線は、下層大衆のエゴイズムが、かれら自身の共喰い、盗みあいにおわる危険を分析し、かれらの要求が社会全体から当然の分け前をひきだすことができるように、かれらを全面的かつ無差別に援助しなければならぬ。

g　自立か征服か

下層階級は、その政治的表現が時代の、世界史的意味での時代の、要求におくれているような場合でさえも、また右翼社民から左翼反対派にいたるまでの政治スローガンがかれらにとって高嶺の花であっても、むしろ社会の変化に対する慢性的なたちおくれのゆえに、いぜんとして社会全体のなかの熱源であり、日本社会の韃靼草原である。

最下層の人々の存在が思想の根底だ。かれらの階級意識が低く、団結力が弱く、けっこうな社会主義理論を知らず、あらゆる既成の労働指導部の下知にしたがわず、あらゆる左翼的言辞と実行がさじを投げだしたくなったときにも、かれらの存在は思想の根底である。

しかし、はたしてかれらの階級意識は低いか。とんでもない。顔を合わせただけで、かれらは相手がおなじ階級の人間であるかどうかを見抜く階級的本能をもっている。階級対立の苛酷さを下層階級より知っているものはいない。かれらにとってブルジョワとは、資本家、管理職、高級技師のみならず、家主、商人、質屋、役人、インテリであり、社会はよそよそしく、労働指導部もよそよそしい。

失業者、住込み店員、水商売の一部を含む未組織の、居住地や国籍の雑多な、職種や賃金体系を異にする、驚くべき尨大な、広汎な、下積みの労働階級——その最大の部隊は建築労働者である——と、ルンペン・プロレタリアとの区別のつかない者は、革命家ではない。ルンペンは少数者であり、乞食であり、奴隷の地位に安住することが心地よいなまけものであり、社会の例外的な聖者である。たしかに両者は混在することがある。あるときには居住地の一致から、あるときには人格の上にさえも。だがルンペンと労働大衆をわかつ基準は断乎として存在する。基準はなにか？　まず両者の感情的な反撥だ。貧困な家庭の子弟が、その兄弟の上に、ひとりは労働者として、ひとりは浮浪人の予備軍として、微妙な階級の反撥を開始してゆく光景を、ウヌらも目撃していよう。第二に道具と技術だ。労働を道具と技術にむすびつけるときのかれらは、威厳に満ちるとさえ言っていい。「労働は苦痛だ」と言おうが「快楽」だと言おうが、そんな反対派の萌黄色の脳髄がひりだした原始キリスト教的テーゼでは通じない。長年の出来高払い賃金で身につけてきたかれらのエゴと競争心とプロ意識は、より能率的な機械の導入や、労働組織の合理化を前にしても、頑固に抵抗する。たくましいものはブルジョワ的に生きのこるが、敗北したものは他の職場や他の職種へと流動する。

この世界では、道具が武器に変ることは当然だとされている。陰謀家にとって武器は他人のものを拝借するものか、外国から輸入されるものとしてしかうつらないが、かれらは武器を手なれた道具からつくりだす。かれらはあらかじめ殺人用に設計・製作された兵器を手にする前に、そこらの道具や備品を、土一揆的・ゲリラ的に転用することができる唯一の階級である。

かれらは唯物論者であり、ゲンナマの感覚を身につけている。小切手、手形、株、債券の抽象的な流通感よりも、したがってそれに対応する空約束、マヌーバ、左翼的空文句、詭弁の抽象的な相互扶助よりも、欲望の直接的・物質的実現をとる。それだけかれらの生活は豪華である。

俺が心配するものは、長年の野党主義と、あまりにも大好きな疎外論のひとつおぼえのために、ルンペン的なものと、下積みの労働階級との区別がつかなくなった反対派の意識の方である。ルンペンとは階級的規定ではなく、むしろ人間のある種の失速状態を指している。社会の官僚的な紋切り型が進行したり、軍隊のように露骨な階級分化をとげたり、生産性高揚のための狂人じみた根性主義がはびこるときに、自堕落になり、ルンペン化することが有効であるが、戦線がアナルコ・ルンペンやシュール・ルンペンで埋まり、超革命の幻想に満ちることはやりきれぬ。

例解＝糞奸解説珍糞漢

労働階級下層の物質感覚についてひとつ見本をしめしておく。「糞奸地獄」と銘打たれた次の檄文の一節は、配管屋を生業《なりわい》とする友人Kの手になるが、注意しておくが、これは彼の生活記録ではなく、ひとをして不快に駆ることがまこと快感であるという、Kの趣好を満たす文章だという次第。あらゆる発想の自由は個人の神聖な権利であり、かつ、出るものは出ている。

しょせん便所屋は技術と精神の過度に微妙に立ち、便槽に首をつっこんで、柄杓の椀にひっかかりきれいな大きさで柔軟に抵抗する半溶解物の通信に、市販されざるそーせーじ、うんこ腸詰の、美学的一瞬の精華のおもいをひそめればいい。考えてもみろ。最下級下民くそくみ屋の思想には革命も叛逆も入りこむ余地はなく。あるのはひたすら、糞、糞、糞。糞のなかから糞が湧き、糞便の飛沫を浴びたおのれが、糞色濃密な背光の前にぼんやり佇ずみ、それは、糞の連なるかなたに、人間業苦、懊悩を、みすかす予言者の彫像と見てとれぬこともない。

親愛なる同志諸君！　一節は、二千枚におよぶ稀代の小説「糞奸」の序説よりわが糞奸派宣言の香気ある一節を適度にひっこぬいたもの。余輩、ことウンコに関しては、いささかのオーソリチィを自負しておる。ドゥ・サド氏をいただくチンコ派、バタイユ氏流のマンコ党の高遠の哲学に比して、なにゆえにウンコはおとしめられておるか？　古来、三者はともに、親切・隣接・猥褻の節操かたき共同体であったはずだ。しかるに共同体が崩壊し、三者の階級対立が生じていらい、なぜすえっ子のウンコひとりが、下腹部構造のプロレタリアであるか？　ひとり淋しくたれねばならぬのか？　男根と女陰のボナパルティズム風悉皆成仏を下から見守っていなければならぬのか！

ことここにいたり、わが犯罪者同盟はウンコ支援に赴いた。サド侯の永久男根や女王陛下の007メーターへそから下という、貴族や支配者にサーヴィスする有閑哲学に叛逆し、糞奸プロレタリア綱領を採択せんとなす。もとより、わが冷静な糞類と規定の前に、アルフレッド・ユビュ氏の「糞ったれ王」など鎧袖一触に蹴倒してくれよう。

さてかくする余輩の興味も加味されたものだから、すでに具眼の諸兄も喝破されたとおり、Kは精力的な読書家でもあり、理論にも精通しておる。くそくみ屋の頭に革命も叛逆も入りこむすきはありゃしねえというクレージーかつクールな揚言を諸兄はどうきいたか。だがね、技術と精神の過度に微妙に立つ、というのはプロフェッショナルにしかできねえよ。生産手段が柄杓であり、商品がウンコであるといった局面では、労働はますますいまわしいものになるが、疎外は、柄杓の先から哲学の彼方へ逃げていってはくれない。疎外か！　こんなことばは今となっては小ブルにふさわしく、頭のなかであっさり遂げるプロレタリア化が階級移行の「主体性」なら、逆の、あわててプロレタリアから小ブルに舞戻ってくる往復切符には疎外という文字が印刷してある。その下には三等とも印刷してあるがね。一九六〇年まではこのことばは鮮烈だった。もうじき、間男に逃げられた有閑婦人が「お疎外あそばされる」ようになるだろうさ。

　労働は、現場で呪わしいだけでなく、宿命的で、逃れられないものとうつる。罪業であり、懊悩である。精神はつねに危機であり、過度であり、半溶解物の手ごたえと、椀から溢れ出そうなゼラチン状の抵抗を椀におさめる技術のあいだを往復することしかできない。精神とは本からしいれてきたありあわせの理論のことではなく、技術と商品が、柄杓と糞が、Kのドタマに来て、直腸のあたりで同化するときに、ほんの一滴ほどこぼれ落ちる。精神は、その一滴が社会意識や貧乏物語の教説にいかずに、Kの実存感とリズムと美学にかかわる。傍観者が不幸のなかに不幸しか見ないでいる現場で、Kの不幸はKのやる気になる。糞奸とは一瞬の美学的精華にほかならねえ。同情はいらねえ、俺の救いは俺だ、俺がメシアになるよりメシアになるものは誰もいねえ、とこうなる。

　われらはウンコを守る。同志諸君、糞喰らえ！

糞奸理論は、物質を内視し、物質を通して思考していく、思考の典型的な例であり、そして労働者階級の典型的な思想営為を告げている。この能力が、この階級的本能が、ブルジョワ社会の底から、消極的にはブルジョワ政治支配の現形態では社会の最深部を掌握しえないものにさせ、積極的にはかれら自身による社会の再征服へとつきうごかす。

大衆の生活記録などにあらわされたものがそのまま大衆の思想ではないという理解が、吉本隆明の理論的努力によってあきらかにされつつあるが、なおかつ、プロレタリアの思想はプロレタリアによってつくられる。プロレタリアの利益にあらかじめ奉仕するためのものではなく、ブルジョワも、小市民も、ルンペンも、それぞれの利害を露骨なまでに尖鋭化する理論であって、ただ全破壊的であり、遠慮なくもっとも遠くまで展開できる力量においてプロレタリアのものであることを証明するだろう。微力ながら、犯罪者同盟は拷問技術にいたるまでの人間の全テクニックの殺戮を追求した『犯罪大全――原理篇・実用篇』を集成するつもりだ。

知識人の組織が、労働階級下層の戦闘力を掌握するか吸収しようとする時に、その自立のためにと言おうがその征服のためにと言おうがかわりはない。ことわっておくが、知識人が知識人であること、そして知識人の組織を作って動くことに、なんら文句を言う理由はない。そして現在のところ、東京行動戦線はまことに知識人の組織らしい組織である。

下層の労働大衆が独自の政治組織、行動組織をつくりあげる可能性はいまのところまったくない。下層社会の住民がつくりだしたか、またはかれらを組織した実例として、やくざと、軍隊と、ソヴェートの三つについて考察する。

やくざは下層社会の共喰いの形態であり、下層社会が下層社会に寄生するときの姿である。しかし、単に下層社会にうまれる犯罪結社のひとつとして片づけるわけにはいかぬ。比較的類似したものはシシリー島のマフィアとナポリのカモラであり、これらは南イタリアの鉱山、ブドウ園の苛酷な労働からうまれてきている。韮山の代官江川太郎左衛門と伊豆の侠客台場の久八の結合にみられるような農民から建築労働者がうまれる過渡的な形態としてのやくざと、筑豊炭田開発期における玄洋社縁故の侠客吉田磯吉にみられるやくざと炭鉱夫の微妙な結合と分離、またやくざの発達が極に達して、自動的に、十手捕縄をあずかる二足わらじと渡世人が分裂した地点で、渡世人の群れが初期自由民権運動の農民側に立ち二足わらじと対立したこと、これらの幕末―明治初期の例からのち、ほんのエピソード的な例外はあるだろうが、やくざは革命の側に立ったことはなかった。

軍隊は、プロイセン陸軍の発明になる不断の軍事検閲や、社会的特権（運賃がロハなどの）の魅力、ブルジョワ社会の複雑きわまるヒエラーキーを一足飛びにこして天皇の絶対権力に直結する統帥権のルートをもって、権力の上層から下層大衆を直視する上からの体系と、大衆みずからを権力に帰順させる下からの体系の二面から、農民的日本を半世紀以上にわたって掌握してきた。地主、資本家、商人たちによって搾取され、無権利の状態に長くとどめられた大衆が、権力に参加できる可能性は軍であり、戦功であった。陸軍こそは、明治維新にはじまった日本の近代国家の方向を、権力の最上層と無権利の最下層からつかんでいく組織だったのである。これに反して、戦後日本の性格のひとつは、農民の時代がおわったということである。労働階級の多数は都市に定住し、プロレタリアの二代目、三代目である。未組織の労働大衆もすでに百姓の顔をしていない。農村から都市への人口流入はますます大であるが、ひとたび都市に入ったものは農村に帰っていかない。なるほど零細農業からは季節労働者や日傭労働者が都市に送り出されてくる。かれらは農村から離れることはできない。かれらは農村に帰る。なぜ？　働いて得た賃金で妻子を喰わせるために。農業生産が都市に相対的に独立しているためにではなく、逆に農村が疲弊しているために、父親が農村を離れるのである。若者はもう帰ってこないだろう。そして父親も、住居が見つかり喰っていけるメドがたてば、妻子を都市によびよせるだろう。すでに農民は農民のままではなにも産み出せなくなっており、大衆は市民権を用紙一枚で獲得し、買収される権利を有している。この基盤から民主主義神話はうまれるが、国民軍はうまれない。軍は近衛兵と常備軍の昔に逆転した。下層大衆を吸いあげる魅力をなくした。三矢研究に見られる通り、現在の支配者は、軍に関してはおよそ無能である。仮想敵国に対してはみっともない対米従属、国内鎮圧に関してはヴェトナムでグエン・カオ・キ氏が、アルジェリアでブーメジエン氏がやっていることの焼直しである。軍人将棋なら王手だが、没落していく小ブルのヒステリーを労働階級にぶつける、かつてベニト氏やアドルフ氏によってその実効を証明された政治的配慮が欠けている。軍隊は直接的に戦闘の組織である以前に、まず階級の組織である。国家防衛のテクニックならばすべからくスターリン主義の研究をされよ。職業軍人がペーパー・オペレーションに没頭するだけ進歩派も恐怖に没頭している。なんだかシャアねえがおっかなくてシャアねえや、と、進歩的ケロケロ蛙が第二次大戦から学んだものは、戦争と軍隊はおっかねえ、というアレルギー症状だけであった。これが戦争体験論のとどのつまりであった。

だがプロレタリア独裁こそかれらにとって真に恐怖すべきものである。全住民の武装と言ってみたまえ！　プロレタリア独裁とは、住民の絶対的多数者による、上と下からの実効である。下からは、蜂起し、拠点から出撃し、さらに戦線と部隊をさながら地から湧出すように創造する、武装した住民によるブルジョワ機関への攻撃であり、上からは、命令し、宣告し、配置する赤軍の、人民委員会の、革命政府の、ようするに国家になった貧乏人による攻撃である。上からと、下からだ！　まあ半分喩ばなしとして言うのだが、プロレタリアの権力が穏健な場合でも軍部クーデタ規模の迅速さと制圧力が、徹底的な場合には、安心したまえ、俺たちが軍事力をふるう前に消すべきおめえらは自殺でもしているだろう。

大衆の創意に全面的に依拠する組織の第三は、ソヴェート＝コンミューンであった。ボルシェヴィキの規定では、ソヴェートはなおかつ未組織の労働大衆をエピソード的にまきこんだにすぎぬとされている。革命の瞬間には、大衆はソヴェートを超えて進んだとも述べられている。ソヴェート＝コンミューンは具体的なものだ。しかし、具体的であるゆえに、ますますエピソード的な大衆の参加という事態が不思議に思えてくる。パンの配給がソヴェートを通じてなされ、電車のダイヤグラムがソヴェートによって組まれているとき、大衆の参加がエピソード的であるか。ソヴェートの会議や政治委員会のメンバーに参加したことがエピソード的であったというのなら、大衆の参加はエピソード的なもので十分だ。闇市は、露店の地割りがテキ屋的であり、またたとえテキ屋委員会のようなものができたとしても、革命的であり、民主的であった。

ありもしないコンミューンの伝統を日本に輸入してきて前衛主義者をおどかすよりも、行動戦線新聞のII号における石井恭二のように闇市を闇からひきだすことの方が正当である。とは言っても物々交換にしてかのゴージャスな闇市をブルドーザの蹂躙にまかせ、おいらたち学童の弁当のおかずにあらわれるイカの輪切の闇市と、成金のガキとの階級差を、給食の脱脂粉乳の民主主義にあけわたしてしまったのは、かつての闇屋よ、おっさんたちがだらしなかったからだ。

コンミューンの条件も当然変化する。相互扶助論は後退している。相互扶助の最初のあらわれは失業者と就業労働者の連帯であろう。はたして現在の、地縁、同好会、同窓会等のサークル的結合の内部での、就職口の紹介、金の貸し借り、共同投資、または労働金庫の利用などが、相互扶助と階級連帯に成長していくかどうか。萌芽はどこにあるのか。一方、労働階級の政治的経験と成熟の機会は増大したが、これこそソヴェートの条件を洗い流していく当のものだ。

たしかに政治闘争は増大する。労働階級は政治的スローガンとともに街頭にあらわれる。あらわれるだけだ。経済闘争を政治闘争に転化させる論理が成立しないわけではない。資本家の意図―政府の意図―資本家階級の歴史的方向―政府の政策という図式で経済闘争は政治闘争と癒着し、労働者の利益―指導部の利益―党の利益というういつも見る筋書だ。

自由化、安保、合理化を、日本資本主義の合法則的発展過程としてとらえ、階級闘争の立場をつらぬきえた安保全学連や左翼反対派も、現在、国民諸階級の運動のダイナミズムをとらえることに失敗している。だから運動の退潮とともに政府の政策に向ってデモをしかけるか、闘争の敗北を既存指導部の責に帰すか、つまり、既存指導部批判の色眼鏡で世界をながめる批判的批判の野党に自己をおとしめた。これではコンミューンは難産する。(ただし左翼反対派は谷川雁と吉本隆明を擁することを誇りにできる。世界革命論や国家独占資本主義論からデテールにむかって展開し下す発想が、一民族社会の階級支配と被支配の形態を歴史的、動態的に分析し、つみあげていくかれらの方法の軍門に下ったことを、失礼な言い方をすれば、かれらの理論が実用的かどうか、という討論の具体的細目とは別に、問題の所在をつきとめる基本的な方法としてわれわれは認めるものだ。)

安保闘争――新聞世論はこれを安保騒動と呼ぶまでに後退した――はその高揚期に数十万人単位の暴徒(なにしろ騒動とくれば暴徒だ!)を動員した。組織されていたものだけではなく、いままで組織されずにいた大衆が闘争のなかで組織された。

また大衆の解放は、国家権力が崩壊し、飢餓状態が支配した敗戦時に、テキ屋的に、闇市としてあらわれた。三池では、強固な国家強力に対抗するために、疑似軍隊があらわれた。日本の統一戦線は「闇市＋軍隊」として現われるかも知れない。

革命の大業は、民衆の生活がどのようにかわったか、という数百万から数千万の単位で支えられるものであり、たかだか組合運動史の字面の上や、なかんずく細々とした前衛工作の短見で計られるものではない。したがって、あるグループの思想的な歴史ではなく、安保闘争の歴史が、新しい条件のひとつである。

労働階級が小市民と一緒にやって来た。ひとり基幹産業の部隊だけではなく、未組織の、圧倒的多数の、全労働階級の三分の二以上をしめる大部隊も小市民としてやって来た。東京行動戦線は「安保のように負けるな」と警告しているが、今の状態では安保のように負けることもできないだろう。労働階級はさらにジリ貧になっている。労働階級はますます小ブルジョワの旗をかかげるだろう。

独占資本に毛穴をふさがれてブルジョワ民主の要求がおこり、闘争の渦中で、この要求がそのまま固定されるか、一歩をつきぬけるか——この課題が大衆のド真中でどう回転するかに勝負がかかってくる。意識的な分子や前衛主義者が頭の中でどんなに遠くへ行くことよりも、大衆がほんの一センチでも働くことの方が根底的である。国民的ということと民族的ということが古典的な均衡を保っており、大衆のスローガンが民主主義的だろうと社会主義的だろうとそんなことは委細おかまいなしに、民衆を圧迫する権力に対して、民衆が反抗し、蜂起することは、勝とうが負けようが、つねに正しく、絶対的に正しいとする大陸的な思想から、竹内好のような徹底したナショナリストが安保闘争を満腔の情熱をもって勝利だとしたおなじ地点で、われわれは全体の要求がブルジョワ民主主義にとどまっており、民主主義が小市民の民主主義とプロレタリア民主主義に分解しないままでは、それはブルジョワ民主主義を補完するものであり、民主主義神話を完成させるだけのものであると満腔の憤激をもって指摘するのだ。敗北後に急速に右旋回していった市民主義学者と異って、尊敬すべき思想家の姿を崩さぬ竹内好も、民主主義が支配の原理であるという一点を見失っていたのだ。この地点での前衛主義批判はこうである。第一に、ブルジョワ民主主義の要求が、イデオローグたちによって誘導された擬制であるとし、それをうみだした大衆の実体と意識の把握を忘れたときには、大衆の前に何もすることができない。第二に、プロレタリア革命なしに民主主義の貫徹なし、という高次の民主主義をさししめすスローガンは絶対に正当であるが、これは大衆の意識から逆立ちしている。労働階級はブルジョワ民主主義的な要求から社会主義に進むのであり、日常の要求を社会主義のかなたからひっぱってくるのではない。第三に、プロレタリアが単にブルジョワと対立しているだけではなく、ブルジョワさえ眉をひそめる極反動とも対立し、また自分たちの後の、そして横の同盟者とも対立しているときに、プロレタリアは国民諸階級の前衛として登場している。

こうしてわれわれは前衛主義の批判から、ついに、前衛主義者が工作しようとする階級、つまり工場労働者が、既存指導部に裏切られて切歯扼腕しているのではなく、現在の指導部は工場労働者の停滞、現状維持的気分、惰性に依拠しているのではないかという疑問につきあたるのである。

h　地域インタナショナルあるいは大江戸混沌党

安保が、新らしい条件のもとの新らしい理論的課題のほかにさらに遺したものは、数十万単位で、首都の人口の百分の一単位を動員する組織的な技術である。二十世紀都市の全機能をあげ、都市を都市たらしめる技術は、歴史上、日本の安保闘争がはじめてあみだしたものである。世界の大都市の大衆闘争は、一九六〇年の東京に近似したものになるにちがいない。われわれは都市の全機能をあげた闘争を経験し、都市の全機能をストップさせるあらたな都市戦争、あらたな市街戦、あらたな市民戦争、すなわち都市全体を蜂起の一単位とする大衆ストライキの一歩手前まで行った。

ナショナルな領域においてもインタナショナリズムの原則が適応されねばならぬ。安保闘争の限界のひとつは、国境が東京であり、他の諸都市が東京に従属したことである。単産でもなく、企業別組合でもなく、住民の多数者を結集させうる器は地域であり居住地であり、その闘争である。東京地評および市民主義的グループがよく戦えた理由は、居住地域を単位とする、ゆるやかな結合が、雑多な大衆のさまざまの階層をよく結集しえたからだ。組織の下辺へいくほど流動状態が存在した。そして上層へいくにしたがって前者は総評民同の色彩を、後者は学者グループの色彩を強くし、決定的な時点で、地評は羽田で、市民主義者は六・一八から六・二二の国鉄ストの過程で、上からつぶれたのであった。だから拠点を横にむすべ。ピラミッド化させるな。地域共闘を広汎に生んだことは安保の成果であった。それは生まれるのである。そして闘争の終熄とともに消えるのである。なぜならそれは大衆の戦闘組織だからだ。安保で生まれた市民会議を存続させようという意図こそ誤謬だ。大衆の組織はまた生まれる。地域の個性が必要である。それぞれの地域には、強力なサークルか、単産か、革命家の下宿か、陰謀家のたまり場か、それぞれの個性をもった拠点が成立する。行動戦線は各自の頭蓋骨のなかに組織されるが、この段階でコンクリートの地表にばらまかれる。拠点を横へ、全国的にむすべ。村会、町会、区会、市会、県会、国家というぐあいに、あるいは党の末端と中央のように、ピラミッド化するな。地区固有の性格と魅力を失ったところに住民の参加はない。浅草は上野と、新宿は池袋と手をむすべ。（ヨヨギ地区ぐらいは日共の自由にしてやるが。）一地区はより上級の地区に代議するより、他の都市の地区と手をむすべ。強力な兄弟戦線が可能なのは、おそらく、東京―大阪―博多。東京は世界史的な尖鋭な不毛さによって、大阪は独立心とブルジョワ意識の定着によって、福岡は情熱的な荒々しさによって、それぞれの住民の蜂起が、そして蜂起した住民同志の都市連合が、革命の個性とテンポを方向づけるだろう。かつてアメリカを単一国家《ユナイテッド・ステーツ》にした交通網の発展が、都市の一地区の自立した判断と責任とポケット・マネーでオルグや情報を相互に交換することを可能にし、また、国家機関を山手線の輪の中に包囲してしまうことを可能にした。そして都市の構造の近似性と中央集権および周辺の諸地域に対する影響力が、それぞれの伝統や特色によるナショナルなクッションを提供し、しかし明治維新を準備した、萩、鹿児島、水戸、会津の諸都市のように別箇に発展するのでなく、諸都市の同時的蜂起を必要にしているのである。

われわれは先祖の助六様の御遺志を継ぎ、この組織を大江戸混沌党と呼びたい。他の都市の洛中党や梁山泊をよびさまし、地霊のように呼応したい。

大江戸混沌党は農村人口の都市流入を組織的に分析し、都市と農村の呼応、および都市の中の村の揚棄を追求するだろう。

大江戸混沌党はスラムを要求するだろう。ビート村を追求し、ポンコツ・コンミューンを追求するだろう。２ＤＫ団地は、子供が二、三人うまれたときから、スラム街に転落する可能性をもっている。群生と安い家賃がなによりも魅力である。先住サラリーマン民族には気の毒であるが、陰謀家は三人ずつ組になり、異様な風体、野卑なみぶり、猥雑なことば、薄気味悪い会話、破廉恥な行為の腕によりをかけ、先住者が出ていくようにしむけ、一部屋の橋梁堡から一階を、一階がさらに仲間を呼び一棟を、さらに団地全体を占領すべくつとめねばならない。

この方策は私有財産の根底にはいささかも手をふれず、所有の関係を名義変更するだけであり、われわれの生活の権利であるから、条件のあるもの、機会のあるものは、遠慮せず今日からとりかかってもらってけっこうだ。

j　混沌党の過渡的綱領

ポンコツ・ソヴェートはヒプスター叛乱の恒常的コンデンサーである。

われわれの目標は手をつかう無産階級の解放である。人類の解放などと大風呂敷はひろげない。無産者階級の解放なしに人類の解放などないからだ。

われわれの行動は解放を直接に追求するためにある。目標は小さければ小さいほどいい。すべてをつつみこむ大風呂敷は思想の無思想化のはてにあらわれる。

われわれは自分たちの解放に賭ける。自分たちの解放なしの解放なんて空文句だ。人類全体の解放なしには部分的解放はなく、無産階級の解放なしには個々の労働者の解放なしなどと呑気な論理的誤謬の上に脚を組んで、机の前でつめでも磨いている事務屋とわれわれはちがう。

ではきくが、労働階級の蜂起は労働階級の解放か？　ちがう。プロレタリア独裁は労働階級の解放か？　ちがう。プロレタリアがブルジョワの権力を打倒することに、そしてその先の、ブルジョワの反革命を国家に組織されたプロレタリア自身が粉砕することに、プロレタリアの解放はない。解放はプロレタリアが社会の主人になってから後の遠く長い将来の過程にゆだねられるものである。

では解放とはなにか？　そんなものは存在しないのか？　けっして！　解放は、自分を解放したいと願う努力のうちにある。解放を原則的に定義しようとあれこれ考えても無駄である。自由あるいは解放は、時代の制約をうけて、相対的にさまざまな表現を得てきたが、そしてそれぞれの規定にみちびいた力が、まさに定義する以前にわれわれを強烈にひっぱる力が存在することを疑うわけにはいかぬ。解放とは解放への努力であり、或る男の一日の生活のなかに解放と抑圧とが並存することがあっても不思議ではない。

労働階級の蜂起が即階級の解放ではないが、蜂起の正当であること、武器をもって立ちあがることの正しさが、大衆の感情のド真中に、意気軒昂とぶっ樹つことをもって、われわれは解放と呼ぶ。自由が認識された必然であるように、解放は抑圧の認識を通して感覚された自由である。

われわれは自分自身の解放なしに階級の解放などないと考える。解放を、時間的にか、あるいは空間的に設定して、ここからさきが解放区でここまでがゲットーだとするようなこざっぱりした考え方をとらない。トルストイ風に言えば、光あるうち光のなかを歩めだ！

ポンコツ・ソヴェートは私有財産の根底には手をふれない。解放は水道の蛇口のようなものだと思ってくれればいい。文字どおり蛇口を解き放つのだ。出たがるものは出させる。抑圧されているからほとばしる。しかしなお水圧と蛇口開閉の関係はのこる。解放へのわれわれの要求は過渡的なものたらざるをえない。

自己組織からはじめ、手持の条件からはじめ、過渡的な解放のポンコツ・コンミューンに向ってすすむとき、組織論は単純で実用的であることをもってよしとする。二十人の、筋金入りのグループが死にものぐるいになり、火の玉のように活動すればまずだいたいのことはできる。

非マルクス主義的な言いかただとか、ブランキズムの歴史的限界を知らぬとか、プラグマチズムの亜種だとか、失敗をきわめつくしてきた路線という、そんな非難は問題にならない。

二十人もいれば、日本社会の全体を模倣する最小の細胞的な、ユニットを構成できるだろう。

二十人！　まことにぜいたくな数だ。

ではどうして少数精鋭をひりだすか？

p　テロか長征かはたまた犯罪か

人類はあと一万年ばかりはふてぶてしく生きながらえる。くたばるのは進歩主義の方だ。歴史はだんだん良くなってきているはずなのに、だんだん悪くなってきた。進化論者はどこに目玉をつけて歩いているのか。

俺たちのエゴイズムは、土豪や田園紳士にふさわしい個人主義ではない。前衛的混乱、理論的錯乱はその裏で民衆の生活と意見に回転が生じている証拠であるから、つねに好ましい。混乱を表現するなべての思想、モダン派のあらゆる感覚実験にたいしては、ただいきたいところまでいかしめよ。われわれのエゴイズムは、犬死の蠱惑とボルシェヴィズムの頑固さを通底する反動的・破壊的エゴイズムとして定立させることができる。

一、大量死とわたりあう血塗られた観念。
一、形而上学の発生地点を具体的に分析する偏屈かつ狭隘な現実主義。
一、人間性を弱点において知りつくしたマキャベルリ精神。
一、変事、突発事を前にして高揚する冷酷な分析力と狂冷派作戦。

この四つの前思想的なドグマこそが階級対立の無辺の視界をつらぬくものであり、また、ざっと見積っても六千年はつづいてきた階級史のなかで、親から子へと遺伝していき、ドタマのひだひだのひとつひとつに刻みこまれてきた階級対立の結果なのである。

さておめえらのことを言おう。自称テロリスト、またテロリスト的傾向の個人、またテロリストがでてくるのではないかと噂されたセクト6社のなれのはて、等、ようするに十九世紀的であり古典的であるテロルの願望者が、テロったということはなかった。なぜならかれらの前にはこんな問題が待っている。

一、テロは算盤にあうか？　原則的にいかんという理由はなく、世界でも例のないほど右翼テロが有効であり、かつこっちはいつもやられっぱなしという次第だったのだから、肉親や知人に累のおよぶことを極力避けるといった形で支援するものが出てくるとして、計算はどう出るか。

一、公闘とは何か？　私闘のない公闘があるか？　マックはナイフをふりかざし、毒を一服モリタート。

一、テロを口にする者のヘゲモニーと優位について。その場の空気を極端に集中させるという心理上の駈引きでヘゲモニーを握ることができる。しかしつぶれた時には惨めだ。

ざっとこんなところからテロの帳尻は赤字と出るか黒字と出るか。おそらく日本の赤色テラーはしばらく出ないだろう。ここまでくるとテロリストはプロの殺人者にかなわなくなる。

ではおめえは下層社会の暴力に尾をふるか？　たとえば——行動戦線の新聞で石井恭二が犯罪の復権をともないエゴイズムのおどろおどろしい登場と擬制《アンシャン・レジーム》の崩壊と言ったり、関西ブンドのごみためからギャングスターの心意気につづけなんて見解が鳴りだすと、俺はかつて浪漫的に犯罪を構想したことがあるものだから、自分の穴へ逃げこみたくなる。よしてくれ。もしおめえが犯罪者なら警察をどう考えるか？　警官も闇米で生きているのだから、不幸にしてでくわした場合には、ただ技術的に、チョロマカし目を逃がれればそれですむ存在だと、石井恭二のように考えていれば結構である。警察に追われた人間にはわかっていることだが、警察というものは、社会の片隅からうそうそとわいてくる。権力の上級機関の命令によって上から強圧をかけてくるという印象をあたえない。下僕であり、下司である。わくのである。蛆のように。隅からわくのではなく、上からくると思うものは、犯罪者でなく左翼である。犯罪者はこと露見におよんだときに、自分の生活をおびやかす国家権力などと、人のよい警官の目玉を丸くさせるような言辞を吐かず、運が悪かったと考えるだけだ。

警察の登場はつねに疑いぶかく、陰険なために、かえってたたかう前からこちらの気力を沮喪させてしまうような妙な性質をもっている。ひとびとに恥辱をあたえることがかれらの伝統的なテクニックであり、また犯罪の烙印をあたえることが刑罰のひとつであるが、これにたいして、大愚のような誇りをしめすか、どなりつけるか、徹底的に自己をおとしめ卑屈になってわたりあうというテクニック、精神の不毛さを維持しつづける能力と技術と資質とを、諸般の犯罪研究者や憧憬者に見出すことができぬ。まさにこの点が甘い。ホワイト・カラー犯罪者、職業的犯罪者、および政治犯は犯罪の烙印から逃がれる手段、または犯罪の烙印を屁とも思わぬ度胸の点で、将来の犯罪イデオローグ諸君に比して、はるかによく武装している。

政治犯はいくら前科を背負い込んでもどうということはない。そんなことにくよくよされるようではこまる。この点は職業的犯罪者とともに、陰謀家、思想家、党に属する活動家等の政治犯は特権を有する。おなじ政治犯でも、ストライキ労働者や学生活動家にとっては、犯罪の烙印は有形無形の圧力となってのしかかる。おなじ政治犯でも大衆は保護されていない。この光景はいやというほど目撃した。犯罪者同盟が関心をよせるのはこの点である。一八九〇年から一九二九年のあいだのアメリカでの統計だが、ホワイト・カラー犯罪のひとつに分類されている不当労働争議、たとえば会社側のロックアウトと、組合側のピケ、サボタージュについて、会社側を刑事訴追にしたのは27%、組合を刑事訴追したものは73%であり、サザーランドは言っている。「このことから、司法省では、従来、事業会社よりは労組に対して、犯罪の烙印の附着した手段を用いる傾向の方が強かったことが分る。」

　下層の犯罪者たちについては、警察から自分たちを防衛する方策を諸々に研究しており、職業的犯罪者は犯罪イデオロギーとも呼べるものを形成し、符諜や綱領を案出し、裏切りを防ぐための警察組織をつくりさえするが、尨大な、前犯罪層にしても、巣窟や監獄で不断の犯罪学校を開講している。神戸警察署で犯人たちにアンケートした結果、かれらは次のような職務尋問逃れの教理《トラノマキ》を有していることがあきらかにされた。

一、職務尋問をうけたら礼儀正しく返答すべし。機先を制して挨拶すべし。

一、若い警官、威張る警官につかまったら幸運と思え。前者は経験が浅く、後者は単純な人間だからチョロマカすことができる。威張る警官には「民主的でない！」と抗議すればよく効く。

一、注意すべき警官のタイプは次である。地理に明るいもの。ユーモアを解するもの。温和に話しかけてくるもの。矢つぎばやに質問してくるもの。顔をじっとみつめて質問してくるもの。

　さよう。生活の知恵である！

　ビッグ・ビジネスの、犯罪の烙印から逃がれるための手段は、レーニン式に言えば「ブルジョワジーと国家をつなぐ数千の糸」であり、十重二十重に保護されている。独禁法は反動立法で、摘発は官僚統制だとわめきたてる弁護士とイデオローグ。示談屋。犯罪が消費者大衆のあいだに広汎かつ長期にバラまかれていること。司法官とホワイト・カラーの階級的同一。マス・コミ機関と実業界の利害の一致。組織されたホワイト・カラー犯罪に対して組織されずにいる世論。刑罰の差別的実現等々。一般に犯罪は法に先行するが、ことさら実業界の犯罪は、事業規制の法律が比較的新しく、しかも年々複雑になり増大していることにしめされるように、生産は上部構造に先行するという意味において、いわば独占資本の死命を賭けて法律に先行するのである。ホワイト・カラー犯罪は、自由競争ではなく、独占の登場とともに、巨大独占によって決定されているのである。しかもますますビッグ・ビジネスは処罰から遠ざかる傾向を有す。そして烙印から遠ざかる傾向の根底にあるものこそ、ホワイト・カラー犯罪の階級的ベクトルなのである。この事情をサザーランドから要約してみよう。

一、先に述べた、労働組合よりも会社の方が刑事問題から遠ざかる傾向と、両者のパーセンテージ。

一、マッキンレイ、ハーディング、クーリッジ等の実業界とのコネが特別に強かった大統領の任期中、シャーマン反トラスト法にひっかかったホワイト・カラー犯罪件数が少なかったこと。

一、刑事訴追で実業家がパクられた件数は、一九二九年にはじまった大恐慌の時代が最大値をしめす。この期間に、実業家の威信は地に墜ちていた。

一、会社という組織体が有罪判決をうけた件数に比して、会社を支配するものが有罪判決をうけた件数は少ない。

すなわち、ブルジョワ社会はブルジョワ犯罪をおし隠す可能なかぎりの手段を用い、ブルジョワ社会のブルジョワ犯罪の件数は、ブルジョワと民衆の力関係に対応するということがここから分る。一般に、犯罪白書や犯罪学のデータからわれわれがひきだすものは、摘発され、訴追された、裁判所の記録を基礎にするものであるから、現象の因果関係と、犯罪の階級的性格の分析をただちに同一視しないことが必要である。犯罪の発生は、裁判所へまわるか、警察のご厄介になったか、訴えられたか、報道されたかしたものの総件数よりも、おそらく十倍も二十倍もしきりなのである。そして自己を防衛することを知っている犯罪者よりも、なにも知らないでいる犯罪者の方が三倍も四倍も多いのだ。

ではどうするか？　警察の湧出に対して自己を防衛するために、手段を講じるべく研究するか、犯罪者にきいてくるか、精神の不毛さを維持する技術を身につけるか？　大いに結構だ。権力から自己を防衛することは大いにやれ。しかし革命家の仕事は、警察の介入や、存在するだけで人類の品性をおとしめる警察的発想から自己を防衛することではなく、それをぶったおすことである。

犯罪者が警察や牢獄を意識することは、左翼にくらべてはるかに少ない。ヤバイというのと、ポリ公帰れ！　ということのちがいだけはある。まさにこの故に、反権力闘争に犯罪軍を利用するというだれもが考えつきそうな方式をわれわれがとらず、その故に周辺から不満の声をきいているのである。どうだい、革命家も犯罪者も警察を中心にして世界を見てやしないのだ。

犯罪の登場もおなじように陰性である。微温的で、曖昧で、わが民族が草食動物であることの宿命的なまでのいやらしさとともにあらわれてくる。リンチ民主主義の乳を呑んできたヤンキーとはちがうのだ。下層社会の暴力、犯罪に同盟しようとする前に、次のスフィンクスの謎をきけ。

一、あらゆる犯罪は革命的であるが、それは魔がさす瞬間だけである。

一、プロの犯罪者とは手口を完成した犯罪者のことである。

一、プロの犯罪者は、犯罪の技術よりも、盗品の捌きかたを重しとする。

一、犯罪の手口は指紋とおなじようにひとりの犯罪者にとって固有のものである。したがって多方面にわたる犯罪の天才はいない。
一、たくみな犯罪、天才的犯罪というものは、ようするにわからない犯罪である。
一、ホワイト・カラー犯罪を除けば、手口の多様さと生活の春秋に富むものは、スリとサギ師である。金庫破りとならんでかれらは犯罪社会のトップ・エリートである。
一、犯罪社会の階級性《カースト》は一般社会の階級性《カースト》とおなじである。知的・計画的・熟練と技術を要するものは、蛮行、衝動的、単純労働よりも上位であり、倒錯はない。
一、犯罪者をさらに搾取する犯罪者の存在がますます犯罪を陰気なものにしている。しかしこのふたつの犯罪者の関係に入りこめないものは、犯罪者を工作することができない。
一、天才的犯罪者による発明は、都市におこり、しだいに他の地方に伝播していく傾向（タルドの流行犯罪説）があるが、この傾向は財産犯罪よりも人身犯罪に著しい。犯罪にとって人身犯罪が鮮烈であり根底的である理由のひとつは、発明は多くアマチュアの手になるからである。
等々。俺は刑事ではないのだから、こんなところでいいだろう。魔がさす実存的な地点と犯行の実存をみわけることが、ことに、犯罪は空想においてリアリティをもち、やろうとしたときが一番犯罪的であり、さらにやりおわったときがもっと犯罪的であり、そして犯行はからっぽだとする。聖者とも悪人ともつかぬ、前犯罪者と極犯罪者のあいだをゆれうごく潜在的な人口の前には不可能に近いいじょう、犯罪の混沌たる復権を願うとか、ギャングの意気に感じるとか、同盟するとか、同調するとか、とんでもないはなしだ。

なにしろウヌらは紳士であるから犯罪に対してはたたきふせるのがまっとうである。ようするにみんなだめだ。テロチシズム（？）の発想は御破産だ。

なにがあるか？　精神の長征がある！

社会の最下層で起っている歴史的な大回転、物情騒然たる自立に投ぜよ。下層社会の自立は暴力的たらざるをえない。

下層社会を工作するうえでまず覚悟してかからねばならぬことは、かれらを自立させることの方が、かれらに既存の権力に尾をふらせぬことよりもはるかにむずかしいということだ。下層社会はしたたかにアナーキーである。同時に容易に権力へ帰順したがるという性格ももっていて、このことを見失った無政府主義は、権高いボルシェヴィズムよりもかえって邪魔なのだ。反権力運動などというものを下層社会に期待してはならぬ。この甘いことばは、内乱に勝利した革命は独裁たらざるをえない、という鉄の定義をおとしめるブリキ細工である。権力が必要だ。権力の揚棄とか国家の死滅などという空約束を考える必要はない。権力が必要である！

おめえや俺が、権力をもったことがあるか。エゴイズムの権力の外に何があるか。権力を行使したことがあるか。行使されたことしかないぞ。権力を行使すれば、行使した側が変質する。おそらく、権力が相対化され、ついに死滅する方向に変質するよりも、俺たちが権力を用いれば、権力は強まるだろう。それがどうした。歴史の不幸は、下層社会から出てきた権力者が強圧者であったことによっている。プロレタリアの解放はプロレタリア自身の事業だが、ブルジョワ権力を打倒する闘争でプロレタリアが自分を解放することはない。権力が必要だ。闘争において階級の解放とは階級の解除を意味することになる。

下層社会にあっては金も権力もおなじようなものだ。持ったこともないし、使ったこともない。金も権力もいくらあってもありすぎるということはない。

しかし、金である！　下層社会が国家権力への帰順へ走ることをとどめているものは、国家は自分たちをひとつも保護してくれず、邪魔ばかりしているという認識の他に、金であり、どんな名目もなく、自分のために金をもうけることが断乎として正当であるという観念が、戦後、下層社会に根をおろしている。これは大きな回転だ。だが問題は、金だけでは行きつくところまで行けないということにある。

拝金主義によるプロレタリアの堕落、三百年おくれのプロテスタント主義、自由競争の資本主義的民話、というだけで批判をおわったとすましているものはなにも知らないものである。俺は下層社会の住人がブルジョワまで堕落できぬことの方を残念に思う。独占が社会の分割を完了している時代に、松下幸之助がでてくるわけがない。小さなモータのついた機械、手に奉仕する道具の延長までが、下層社会の住人がまっとうに働いて贖うことのできる限界である。これ以上は不可能である。これ以上は一万人に一人の例外である。銭による自立が購いうるのは、職人世界では親方の位置までである。この限界をつきやぶるものは金ではない。どこまでつきやぶるか？　プロレタリアの独裁へとつきやぶる！

俺にとってプロレタリアの独裁というのは、あの運転手や、この旋盤工や、そのハツリ屋や、れいの配管工や、俺をふくめた連中の独裁であって、小気味のいい、胸のすくイメージだ。ごちゃごちゃ文句をつける上役だとか監督官だとか親会社の渉外員だとかを、うるせいと言ってひっぱたくのを合図に蹶起し、資本家や経営者の歯の根をガチガチ言わせてやり、伝票、帳簿、賃金支払基準、タイム・カードといった自分をしばる証文の類を焼払い、機械ぶちこわしというほど無知ではないだろうが、労働監視装置だとか自動制禦装置なんてのは遠慮なくぶちこわし、旗なんかさかんにもちだしてうらみのある人間を追いまわし、この部分社会のできごとは外で起っていることのひとつであり……しかし、幻想はどうでもいい。金の方向に自己権力の道をひらくか、支配権力の末端にとり入るか。ここをにぎっている下層社会の地点が現在、下請け―孫請けの系列化、整理、競争とともに大きく回転している。この関係を、下層社会の流動と意識の変化についてあらわすものが、道具と武器の反転および技術と犯罪の相関なのである。俺はここで、論文の筋道における時間の前後を無視して、現実のふたつの行動、ふたつの事件についての分析を提出してみよう。第一は、ほかならぬ東京行動戦線のアンモニア事件であり、第二は早稲田闘争である。少数突撃派および大衆闘争の双方の極から武器の問題が提起されきたった。のち、われわれは、日本の民衆がいかに蹶起にみちびかれるかを、座頭市についてみるであろう。

u 犯罪と革命

犯罪の原因について、体質的欠陥や、うまれつきの手くせの悪さや、衝動や、心理的原因に解答をもとめる諸犯罪学説が有閑理論であり、貧困に原因を認める学説が左翼的だとする一般的風潮があるが、これほどいいかげんなものはない。デュルケム、キンバーク、ソローキン等の興味ある学説や、サザーランドのような、一般社会学の論文としてもすぐれている、真に勇気のある例外を認めるにしても、一般に、法律家や犯罪学者はこちこちの反動なのである。貧困が犯罪の母であるという指摘自体は、腹をへらしたガキと腹のきついガキとでは、腹をへらした方が先にパンに手をのばすだろう、というのとおなじくらいあきらかなことである。かれらの思想は貧困のなかに貧困を見出したところでとまるのである。そしてこんどはデカといっしょに調査し、検事といっしょに判例の山にもぐりこみ、最後に弁護士といっしょに泣くのである。われわれの研究は犯罪学とすれちがうこともあるが、そして貧困と犯罪の相関を疑う余地のないものとして考察するが、犯罪における階級性の打倒を念頭に置いている。

犯罪における階級性の打倒とは、第一に犯罪社会における階級組織の打倒であり、第二に犯罪の階級的原因の打倒であり、第三に犯罪を階級によって差別的に実現させる国家機関の打倒であり、ようするに階級社会の消滅の展望につながる犯罪の解放である。解放された犯罪を何と呼んでいいかわからぬし、人類はその光景を目撃するまでどのくらいかかるかもわからぬ。しかしアウフヘーベンの思想を意識の地平に置きながら、まず固めよう、溶けないように固めようとするのがわれわれの立場なのだ。

座頭市における道具から武器へのテーマにひきつづき、盟友KやTとともに今までにあきらかにした道具と武器、技術と犯罪のテーマを再論しよう。

相関のテーゼ

①下層社会にあっては金あるいは権力への憧憬は、絶望そのものといっていい生活への惑溺、庶民的感情の決定されつくされている限界からうまれる。
②道具が武器としてながめられる。

③下層社会の犯罪のひとつの特色は、隣人憎悪と遠人愛の原理による私闘の論理がおなじ階級内部で貫徹されていくことにある。

④武器が道具のようにあつかわれる。

左官職は、それによって稼ぎ、それがあるために自分を左官屋以外のものにしない仕上ゴテで、変心した情婦を殺す。大工が口やかましい親方の女房を即死させるのは、毒薬によってではなく、ノミの一撃によってである。熔接工は給料不払を契機にロッカー破りに転身する。ここでは、ふだんはありふれた道具であったものが、魔がさす瞬間に、とつぜん武器＝兇器としてながめられている。シュルレアリスムの用語で言えば、道具から武器へのデペイズマンなのだ。犯行が日常労働の段どり、リズム、道具からとりだされてくるために、行動形態が労働から規定されているために、一犯罪者にひとつの手口という関係がうまれる。ここにあらわれたものは疑似解放と悲しい蜂起であり、犯罪である。

そして下層社会の犯罪は多く横に行なわれる。盗みっこである。上級の階級の接触するときは（サザーランドのいう差別的接触＝diferential association）ほとんど一様に軽い窃盗の場合が多く、野蛮で血なまぐさい犯罪はほとんど同一の階級内で行なわれる。異る階級に対する犯罪をしばしば行なうものは職業的犯罪者になっていくのであるが、このときには、犯罪組織内に階級分化と分業が生じる。テーゼ③の内容をなすこれらの事情から、だから、そこらの犯罪主義者が期待しているようには、憎悪が遠い支配の上層に向けられて、犯罪手段を活用して権力を攻撃することなど起らないのである。手なれた道具で身近な者を倒すという私怨の表現が多いのである。

しかし武器を道具のように扱える階級は、道具を武器としてあつかえる階級の外にはいない。野戦とその武器は、ゲリラにおける道具の武器への転換として、軍団と階級部隊とを結びつける重要な認識であった。一揆の筵旗からヴェトコンまで、ミサイルから肥柄杓まで、武器と道具の反転はつづけられている。蜂起とは、道具から武器をとりだしてたたかい、次に武器を道具のように扱う一連の軍事的過程である。

したがって革命家は、犯罪と革命をつなぐ媒介的な努力が必要であり、擬似解放から解放への道を、犯罪から蜂起への道を執拗に追求するだろう。われわれは下層階級の暴力がおなじ階級に向けられることを警戒し、手口の固有と職業化していく犯罪の最初の地点を見失なってしまうことに注意し、私闘を公闘にするために私闘の憎意を、憤怒する解放への念に転換させる装置をまさに民衆の生活実体の中に探る——紙にかけばそれだけのことだが——じっさいには精神の長征ともいうべき大回転を自分に課することができる。

y　魔党

犯罪者同盟は俺の部隊だ。断乎たる盲信であって、偏愛の深さは不具の子供への親の愛や、権高い女がやくざな男にころりとやられる体《てい》の次元にひけはとらぬ。諸グループの同志的紐帯はもっと冷たく、近代化されており、その偏執のポテンツが弱いために、えげつないエゴイズムも、おぞましい独裁意志も露呈されずに、分派的利害の組織「エゴイズム」でストップしているのだと俺には写る。魔党を組織せねばならぬ。前衛党じゃたりない。

われわれは現在の必要において結束したのではない。われわれの原罪がそうさせた。生まれる前からおまえと俺は結びつくのが運命だった。水滸伝風の血盟意識だ。俺はおまえを踏台にするかも知れないし、俺はおまえを売るかも知れぬ。現世の利益によってそうしたのだから、にっこり笑って、地獄なり天国なりで俺たちはまた一緒になる。

この発想からは、われわれは反抗のエリートである。類似した発想は職人世界にも支配階級にもある。支配者は自分の子弟を、生活環境や教育方針のあらゆる手管を使って、次代の指導者に育てあげようとする。が、類推による批判ではなく、組織論と権力論の母胎の地点を俺たちのように発想することがはたして、「その基礎は志をおなじうする君たち自身云々」とするおべっか使いの前衛主義に劣るか。自立学校とは自立と学校という本来矛盾したものの矛盾の精華であり、無政府共産党とは無政府共産と党という対立し矛盾する概念を永久に追求する永久革命であり、行動戦線の組織的実体とは流動する問いであり、こうした問いそのものが思想的・組織的中味であるというスフィンクス主義が——不協和音を美であるとするインテリ野郎の神経症的趣好にはこころよく響くだろうが——平民の中で生きられるか。すくない経験で言えば、対立概念操作の技術が、俺のすこしは恃むところある舌先のテクニックをもってしても、平民の心を高揚させたことはちっともなかった。間接話法では手ぬるい。「生活を豊かにしよう」という穴木照夫の直接煽動の方がいい。あなたのお気に召すやりかたで攻撃し、生活を豊かにしようというアジテーションは、くる日もくる日も退屈している民衆の欲求不満につき刺さる。さあ混乱しろ、頭を三角にしぼって考えろというやりかたで、「そういうむずかしいことはわかりません」というひと言を残して穴のなかに入ってしまう平民のドアを蹴やぶり、もとでなしでかれらの精神を占領できると思っているのか、え、おい。兄弟！

われわれの掘りあてたエゴイズムにドイツの弁証法はないが、ガソリンとかショベルという物質にふさわしい物質感のエゴがある。個人主義が前進のための基地ではなくなり、反動的にパワーを発揮する時代のエゴイズムは、マックス・シュテルナー氏の変人《エゴイスト》共産団よりもいささか粘液質だ。組織的利益から個人の利益が流れだすのか、エゴイズムから組織エゴイズムが生まれるのか、両側面をたたきあげていって、たたきだしたあげくのどんづまりを洗いだせばなにがでてくるか。エゴそれ自体が裏切りの契機を内包しているという合金があらわれる。相対的に短いキャリアのなかで、俺たちは何度かにがい目にもあったし、つらいおもいもした。前科のないエゴイズム、裏切る危機のないエゴ、純粋なエゴが、かえって危険である。おくれたジステンパーはそれだけきつい。

とりあえず、裏切りを知った者はゲー・ペー・ウーには役立とう。陰謀的かつ大衆的な組織にルンペン的性格は濃くなるだろうし、同時にスパイの危険も日程にのぼるだろう。分派闘争の敗者や、干された学生活動家に公安のデカがくいついてくる光景はよくある。スパイされる危険はわれわれがいよいよ恐怖すべき結社に成長した記念として光栄であるか、同時に、敵の権力とわれわれの権力のどちらがタフであるかを、現物教育の上で問われることでもある。ルンペン・プロレタリアにとって、自分の権力をうち立てることよりも、既存の権力に尾をふり、既存の権力の手先になることの方が容易である。下層階級にとってまことに不幸な事態である。

陰謀組織にとって、スパイの危険は、ルンペンの口の軽さ、つつしみのなさとしてあらわれるよりも、職業的革命家や陰謀家がうまれでる瞬間の危機の表現としてあらわれる。極端な、熱病的な陰謀家のなかには、プロレタリアをうらやむ者もいる。
かれらの不安定な生活や、危機的な精神、権力という蠱惑的な果実の前での不断の緊張が、プロレタリアの、身についたいささかの技能、もっている職業さえ、陰謀家より安定したものに映り、うらやむべき市民生活と映ってくる。弱い、裸の、自己を防衛して敵権力をうわまわる自己権力を追求するか、官僚化するか、敵権力の囚になるか、ルンペンを敵に売り渡すか、ルンペンをしてプロレタリアと同盟する道をもとめるか、この地点を制圧するわがスメルシュは、ひとり廉恥心の高い道義家のなすわざではない。

犯罪者同盟好みの冒険小説と笑うは御勝手。不徹底なエゴイズムは時として足手まといという次第。

座頭市オゥ・ゴー・ゴー

座頭市はクラウゼヴィッツ理論の権化だ。彼のドメクラ斬りは本質的に防禦にはじまる。そしてこのことは、座頭市において、日本の民衆蜂起の原型としてあらわれる。

武器を外的なもの、その時代の技術を殺人用に外化したものと考える人々は権力の側につく。武器を、人間の防禦の延長と考え、道具の転化かあるいは道具の延長と考えるものは民衆である。かなたでは武器は武器倉からとりだされ、武器の操作を習熟することが技術であるが、こちらでは、武器は道具からひきだされ、武器をつくりだすことが技術である。

武器をその時代の到達した殺人技術の頂点と考えるものは、火器、探知機、動力等の目録上の武器としてしか知らず、最終兵器の登場とともに、武器はけっきょくたったひとりのものとなり、それと同時に闘争のイメージがひとつとなり、観念化される。武器を道具からとりだすものは、社会的総体を潜在的な武器と考え、武器は無数である。武器は、かなたでは兵器であり、こちらでは兇器である。権力は階級弾圧の必要において社会的生活の一片に触れているために、かろうじて武器のイメージを空無化してしまうことから免かれているが、ようするに弾圧装置の域を出ない。これに反してわれわれの側では、武器の問題は組織論の問題である。

以上のいっさいがドメクラ斬りにかかっている。——「あっしはメクラでござんすから、逃げることができやしません。それで向かってくるものを断ってしまうより助からぬのでござんす。」と座頭市は言った。

さむらいは刀を青眼にかまえるか、上段にふりかざす。刀は腕の延長であり、敵に向かってつきだされているか、敵に向かってふり下ろされようとしている。市は仕込杖で身をつつむように立ち、刀は敵に向けられているが、切先が自分に向けられており、そのままでは自分を斬ってしまうように逆手にもち、顎をひき、あさっての方角を「幻視」し、脚をひらき、腰をおとした自護体で待つ。したがって仕込杖は眼である。こうして双方はにらみあった。

御存知! プシュウー。ピチュー。スパッ。プツリ。「あっ、座頭市だ!」いっちょうあがり。拍手。歓声。――いいねえ座頭市は。そりのない刀は鞘におさまり、杖になり、もうひとつの使用価値になる。いかすなあ。

座頭市にたいする偏愛に気づいたのはいつのことだったか。座頭市以外に興味がわかなかった。俺の頭の中の英雄たちは、グロテスクで、弁証法の化身のようなめくらにみんな斬られてしまった。ゾクゾクときて、これは魔神のしわざだと考えたことは、日本人の作品では二度しかない。夢野久作の『犬神博士』のラスト・シーンと、『座頭市関所破り』の大団円のくだりである。

初期筑豊炭田の利権をめぐり、玄洋社と福岡県令(知事)の対立が爆発した。かたや磯政の親分ひきいる玄洋社系やくざと双思水流の柔術をふるう玄洋社員連合軍、かたや県令下の警察軍となんとかというやくざの連合軍のあいだに、なぐりこみ合戦がくりひろげられ、血の雨がふった。流血の渦中に登場したのが、まだ十歳にもならない犬神博士で、そもそもが乞食芸人にさらわれてきて、博多の町であねさんまちまちという腰ふりダンスをやっている洟たれ小僧だ。このガキがすごい。瘤の仙左衛門という六尺ゆたかの極道爺がくびり殺される。知事がやかん頭をたたいて号泣する。芸者がすそを乱してひっくりかえる。巡査がキリキリ舞いする。頭山満と肝胆相照らす。濡れてぬぐいをぶつけられて脅迫やくざが悶絶する。ばくちうちがまきあげられる。行く先々が片端から火事になってなんにもなくなる。蝗の大群みたいな小僧で通った跡が死にたえるのだ。「東京行動戦線は、『戦線はあるのか?』『何かやるであり、やるとは何か?』を追求するつむじ風ふうの『行為集団』である」なんてものじゃない。ぜんぜん凄い。ところがこの小僧がどんな方法にもとづいて荒れまわるのかといえば、そんなのはなく、無邪気さとナイーヴさと無知を発揮しているだけなのだ。一種の虚体である。これが動き出すと手がつけられない。林家三平のナレーションでやっていたテレビの『ちびっこ大将』を思いだしてくれるといい。こちらの方はダダイズムでアナーキズム風だが、「犬神博士」は玄洋社ナショナリズムを通過しているだけに、土着ボルシェヴィズムの味がすると思ってくれればいい。

さて話は大づめに近づいて、磯政党の面々が、知事派の拠点の、なんとかというどでかい料亭におしよせてくる。二階では頭山満と知事とが膝詰談判中で、怒り心頭に発し神気の失せた知事が階段からころげ落ちる。火鉢をひっくりかえして火の手があがる。上を下への大騒ぎ。そのすきに大喰いで腹ペコ坊主の犬神博士が台所にしのびこみ、飯をごてもりにし、冷たいすまし汁と鯛の焼きものとかまぼこを手づかみにしてガツガツ喰いにかかる。時あたかも、ハンマーの源という、豪傑とあんちゃんと軍事指導者の原基形態みたいのが、血だらけのハンマーを両手にふりまわして飛んできて、ハッタとねめつけると、なんと、紅蓮の焔の中に、これまで散々いたい目にあわされてきた小僧がちょこんとすわり、ムシャムシャ飯を喰いながらこっちを見てにっこり笑うではないか。さてこそドグラ・マグラ使い、というのでハンマーをブーンと投げつけると、ちょいと飛びあがって、茶碗と箸を手にしたまま逃げだした。

悪代官と悪親分が結託して弱いものいじめばかりやっていた。可憐な高田美和のねえちゃんと角兵衛獅子が拐かされた。座頭市は怒り心頭に発した。市の来襲いまやおそしと手ぐすねひく関所に斬りこんだ平幹二郎の美学的浪人との念願の果し合いにいい勝負で勝ち、悪代官をたたき斬り、木ッ端役人とやくざの群れを斬りまくった。御用提灯と松明の光の輪のなかで、市は悪鬼のように立ち、一群れを屠り、れえのあさっての方向を幻視するフィニッシュの姿勢をとった。また一群れが襲いかかり、これもかたづけ、フィニッシュの姿勢をとった。その間、市は一歩も動いてなかった。また一群れをかたづけ、フィニッシュの姿勢にはいり、市は客席に向かって歩き、また一群れを処理し、フィニッシュの姿勢をとり、しだいにクローズ・アップしながら、画面からこっちへ去った。

なんだか『関所破り』と『二段斬り』がごっちゃになったような気もするが、まあいい。なんと言っても犬神博士は邪気のない子供である。純文学畑では、子供の眼から大人の世界が歪んで見える、という魚眼レンズのパターンがあって、たかだか、ゆうべ父ちゃんと母ちゃんがへんなことをしていましたぐらいの小品ができあがる。ところが断乎たる大衆小説であり、活劇小説である『犬神博士』の魚眼レンズは、一方では無意識から意識を追う超現実主義の一方法に接近すると同時に、他方、社会の家族的構成とそのイデオロギーである血の意識、骸《カバネ》の意識を、主著『ドグラ・マグラ』における胎児の夢と、犬神博士にみられるような行動の底にある虚体意識とに両極分解させながら、右翼と左翼の地中におけるからみあいの根を久作はここで掘りおこしているのである。

ここでひとこと註釈しておけば、玄洋社イデオロギーが黒龍会イデオロギーに自己疎外していく以前の地点に、谷川雁の原点構想は根ざしていく。共通根は筑豊炭田のナショナリズムとインタナショナリズムである。玄洋社の第二維新革命論が日本資本主義の原動力を自覚しはじめた筑豊炭田の尖鋭な表現であったならば、谷川雁の構想は、没落期筑豊炭田の死滅していく悶えにもとづいているといえるだろう。彼の「筑豊炭田への弔辞」と久作の短篇「斜坑」または『犬神博士』をくらべてみよ。(いけねえ、久作の本が手に入りにくかったな。選集なり出版しようと努力してます。)原理の輝きにおいて谷川雁が、爆発の予感において茂丸―久作父子が、北一輝曰く「日本民族の魂をドン底からひっくり返す革命」の炭層を挟撃している。

さて市は申すまでもなくメクラだ。座頭は検校の下位であり、びわ法師の首座であるから、メクラのなかでは佐官クラスだが、びわを弾いて食っていたのではなく――いや食えるかな？ 座頭市オゥ・ゴー・ゴーは当然エレキーで奏されねばならず、かのエレキーこそびわをマイクでとった音そっくりで、電気びわ節と呼ばれるものだから――あんま稼業であったから、ばかにされることは非人なみだったろう。なにしろパンマが女神の一種とあがめられる時代ではなかった。市は、社会的ヒエラルヒーのなかで自分が押さえつけられているという点では蜂起しない。からかわれたり、ののしられたりして、忍び難きを忍び、耐え難きに耐えちまう。このとき彼は卑屈なメクラである。やくざの浪人のあいだでは、イカサマをしたり、二股膏薬をはったりのあくどいまねをする。このとき彼はやくざである。まぶたの父や、恩人や、子供や、バワリー街風のぐうたら爺や、足をあらいたがっているやくざに対しては、自分の境遇を身にしみて知っているために、貧しい者と弱い者の交感やおもいやりがあり、このとき彼はナイーヴな弱者だ。そしてひとたび、自分より弱く、自分を助けを必要とする者が危険にさらされるとき、はじめて彼は防禦の仕込を抜く。この構図は一貫していて、子母沢寛の股旅物につきものの均衡を乱さない。弱いもの同士の救いのない争いの場にたちいたったとき、彼は原罪そのものであるような高周波をふくんだあんま笛をふいてたち去る。市のたち去る姿、賭場荒し、ものを喰う場面、殺陣の四つはつねに座頭市シリーズのよびものになっており、それぞれ、①メクラと②やくざと②弱者と④蜂起者に対応している。シリーズはじめの『座頭市物語』『続座頭市物語』の二巻をのぞいて、悪人としての市の姿が薄れ、任俠としての姿が強まるに比例して、殺陣がめっぽう強くなっていくという変化はあるが、四つの基本点は崩れぬ。堂々たる安定だ。これがまたいい。斬るぞと思ったツボで必ず斬り、俺は小田原の三本立て一五〇円の小屋でみるが、ここの客種は漁師や土方が多く、四つの基本的イメージにぶつかるたびドッと湧く。期待通りにやっちまうと拍手だ。新宿の深夜映画ででくわす光景が、田舎では真ッ昼間からおこなわれている。この基本的構図とそれへの反応をもっと下降していくと、映画屋や敬愛する勝新氏の知らぬまに、クラウゼヴィッツ理論へぐっと深まるというしかけだが、まあ、もうちょっと散歩しよう。

今のところ最新作の『逆手斬り』、地獄へ行ってもまだ痛え、市の新手の逆手斬り、というやつから、名場面ハイライトに火をつけよう。

二秒間に五人斬る座頭市。
弓を射る座頭市。
岩頭に立つ座頭市《ザトウイチ・オン・ザ・ロック》
はじめて海を知る座頭市。
「塩っぱい風だな」とつぶやく座頭市。
「海は利根川より大きいかい?」と問う座頭市。
海とお天道様崇拝の座頭市。
見えない太陽にこがれる座頭市。
太陽の恩を子供に話す座頭市。
泣かす座頭市。
尻をかくまって河を渡る座頭市。
西瓜を喰らう庄皿市。
ユーモラスな座頭市。
あんまをする座頭市。
双刀をふるう座頭市。
鯨網を円くきりぬいて立ち上る座頭市。
銚子の浜でたたかう座頭市。
砂丘を歩み去る座頭市。
ゴー・ゴー・ゴー・ゴー・ゴー・ゴー

われわれはふたたび市の大哲学にもどる。「あっしあメクラでござんして逃げることができやしません。それで向かってくるものを斬ってしまうのでござんす。」市の殺人剣はこの防禦と攻撃の転換大テーゼの上に築かれる。初発の地点で、市の仕込杖はエクセントリックなふたつのテーマをもっている。第一は、市が、民衆の本来的な姿である受身の立場に立っていることだ。第二は、市の殺人剣が武士の堕落した活人剣の批判であり、武器の対人用使用に忠実だということである。幕府御用の柳生の活人剣だろうと、剣禅一如だろうと、袋竹刀だろうと、それが戦国武士からの堕落であるにはまちがいない。市の殺人剣にはへんな精神主義がない。必殺である。だから、市は仕込をぬくこと、ぬいたと同時に殺人技術が冷酷に貫徹するプロの殺人者としてあらわれる自分に罪を感じる。市はうつむいて斬るし、人を斬るところをみせたがらない。後を向かせている間に斬り、子供をあやしながら斬り、おむつをとりかえながら斬る。これは股旅イデオロギーに似ていて、すこしちがう。

股旅の基本的イメージは去っていくもののイメージだ。伊那の勘太郎の歌詞の分析から、森秀人は、股旅が、農民の自己疎外の姿であると指摘した。一方やくざには、渡り職人とやくざの類似に見られるような、町人や職人から出てくる一傾向があり、座頭市に職人の影がつきまとう。彼の居合抜きは繊細な技術を感じさせるのだ。彼はやくざ以下でさえある。親分も盟友もいない。しかし居酒屋や茶店や木賃宿にいるときの市は嬉々としており、下層社会にとけこんでしまい、一匹やくざの孤独感さえなくなる。市は一事件を斬りおえて去るが、去る影に、股旅とすこし異なったニュアンスがあるのはこのためだ。つまり股旅はふたたび農民からしめだされていく亡命者の影をもつが、メクラが人を斬るという不可思議さにしめされる市の原罪の構造と、乱闘後のカタルシスが市の去っていく姿にはある。百姓＋おかま＝旅鴉にくらべて、目こそ見えないが、座頭市は鳥のように自由である。

これが市の身許証明だ。世界のどんな活劇よりもエクセントリックでもの凄いたちまわりがうまれ、エイゼンシュタインの典型論なんて屁の河童の類を絶した典型がうまれた理由である。

剣は片手でもち、突くか叩くかする目的で発達してきた。両手で斬ることを目的として発達してきた日本刀とその操作技術は例外的なものである。座頭市の独創は、ソリのない仕込杖を片手逆手にもつことにある。日本刀は片手で操作することに不向きだ。第一に重すぎ、第二に刃を相手にあてにくく、第三に力を加えすぎると剣が流れて自分を斬ってしまう。逆手にもつことによってこの不満は解決できる。逆手もちは想像以上に力が剣先にくわわるものである。そして逆手もちの最大の長所は、どんなバランスからでもふりまわすことができ、さまざまの刀法に均一の力がくわわり、かつ日本刀操作の常識では考えられぬままでふところに入った敵を倒すことができることにある。日本刀があの凄まじい切味をしめすのは、刀が振られてきて、ひじがのび、グリップがしぼられたときの刀の先端三寸であるが——左手で柄のこじりを、右手でつばもと一寸をささえるにぎりかたではどうしてもそうなるのだが——片手逆手では、ひじの角度と腰を沈めるタイミングによって、真横の敵に対しても、最大の力で打撃をくわえることができる。ストレート・パンチに対するアッパー・カットやフックだ。市の刀法は接近戦で無類の偉力をふるう。

いましも、東洋チャンピオン・スカウトの、第四ラウンドの二分二十三秒、沼田義明が黒人ラフ・アロッテイに、奇怪な右フックで倒されたところだ。脚とストレートの沼田に対して、アロッティはウィービングとフックでたちふさがり、接近戦にもちこまれた一瞬、沼田の左顔面上の奇怪な空間からひっかけてきた右フックにテンプルをうたれ、たった一発でひっくり返ったのである。

下段から巻きあげる太刀筋は手練者でなければつかえない。しかしこれにしても逆手斬りにとってはごく自然のスウィングである。それだけではない。背面の敵を後向きのまま突くなどは、日本刀の刀法では想像もできないことだ。文字通りメクラ斬りだ。もともとメクラにとっては前も後もたいしてかわりがないのであって、弱点をつくつもりで後へまわったものがあっさりつっつかれてしまうのだ。

座頭市はすれちがいざまに、細身の仕込の負担にならぬやわらかい胴を斬る。逆手斬りの弱点は、リーチが短いことと、相手の剣をうけとめにくいことにあるからだ。逆手の構えは、相手の水平の刀法には応じやすいが、垂直の刀法には応じにくい。ことに下段から籠手へ巻いてくる剣にたいしては防ぎようがない。したがって、相手の剣と打合わずに一瞬はやく斬ってしまうことが必要である。ことに日本刀の刀法は、上段から面を打つのが基本技であるから、ますますカウンターパンチの要領が要求される。すれちがいざまの胴斬りが多い所以である。この刀法もメクラの長所からあみだされてきた。遠くはなれては音だ。近ければ目だ。接近すれば触覚だ。風圧や、肌のにおいや、呼吸がはっきり感じとれる接近戦はまさに市の独壇上である。遠い者は音にきけ、近い者は目にも見よ。もっと近けりゃなめてみろ。われは座頭市なるぞ。しかも市はあんまである。人体の急所や神経のつぼを心えているのだからたまらない。一撃で即死であり、地獄へ行ってもまだ痛えという次第だ。

座頭市いらい、逆手斬りの剣士もふえた。霧の遁兵衛、三匹の侍の一匹橘一之進（加藤剛）、そして近衛十四郎扮する柳生十兵衛まで、ときどき逆手斬りをみせる。それぞれなかなかの太刀筋を披露するが、いかんせん、相手の剣を逆手で受けすぎる。逆手斬りは、刀をあわせずに、ひとなぎで斬るのが極意である。

次にバランスの問題がある。逆手斬りは動的なバランスが可能であった。市は鞘を左手にもちながら仕込をふるう。なにしろ杖なのだからこの鞘を捨てるわけにはいかない。この鞘がまた恐ろしい。敵に案内させるとき、この鞘をひかせて市はついていくのだが、逃げようとしたり、へんな動きをすると、敵の手に鞘がのこり、市の手に抜身がのこる。そして座頭市の戦闘中、左手の鞘はつねに右手の刀身と対応した動きをしている。鞘は犬の尾のようなはたらきをし、右手の刀身とバランスをとるのだ。このことから、市は遠からず二刀流を使うにちがいないと予測できたのだが、この「マルクス主義的展望」はピタリと適中して『座頭市二段斬り』では、市は双刀をふるったのである。そのとき左手はふつうのもちかたをしていたが、新作の『座頭市逆手斬り』では、ついに双刀の逆手斬りをふるうまでに発展したのだった。

——すなわち、座頭市殺法は、メクラにおける防禦と攻撃の転換というポイントからはじまり、以後一貫して合理的な精神につらぬかれているのだ。座頭市はデカルトの明証性を有している。

コギトへの到達とともにデカルトが坊主のように推論しはじめたのとそっくりに、技術の極で座頭市は魔神にかわった。

犬神博士は子供だ。座頭市はメクラだ。かれらは民衆の受身の立場と弱者の立場を捨てぬことにより、権力の盲点へと出て権力を倒すルートを見出したのである。犬神博士と座頭市の偉大さは、庶民感情のどまんなかに蜂起の正当さをぶっ立てたことにある。蜂起、叛乱、武器をとりだして闘うことの正しさが、民衆の感情のどまんなかにおっ立つこと、つまりドーンと胆がすわることをさして、われわれは民衆の解放と呼ぶ。

犬神博士と座頭市をふたつの焦点とした楕円形の肖像が、日本民衆の蜂起の肖像となる。かつて大杉栄は、いかけ屋の次郎吉を評して、彼がいかけの道具をガラリと捨てて、怪盗ねずみ小僧として立上る瞬間を蜂起のイメージだと言った。それは、大工が、左官が、鳶職が、それぞれの道具をガラリと放りだすだろうイメージの一部分として定立している。かれらは自分の仕事道具を放りだす。しかしかれらは道具をあつかう感覚を放棄しはしない。道具の感覚が武器の感覚にかわるのであり、大工を大工にし、左官を左官にしばりつける生産手段としての道具をひとまずすてなければ、蜂起における解放はない。たしかなことは、かれらはまず武器倉を襲うことをしないことだ。身のまわりにある長いもの、鋭いもの、切れるもの、破壊力あるものをひっつかんで外へとびだすのだ。ここに、道具から武器へ、防禦から出て攻撃へのテーマが総体的な民衆の次元で実現される。秀吉の刀狩り以来ウンヌン、われわれには武器がないカンカンと嘆くな。汝、プロレタリアートが戦闘力疑うまじ。

犬神博士は魂の非権力・無政府の虚体を動かすことによって、座頭市は、まず忍び、ヴォルテージをあげ、自分より弱い者への同情によって放電し、という四つのパターンをかならず通過することによって、ドン・ピシャリ、叛乱の図式通りに仕込杖をふるうのである。このふたつの典型的なケースが、民衆蜂起の総過程、道具から武器を、防禦から攻撃をというテーマを挟撃しているのだ。

座頭市への俺の偏愛はまさしくこれであった。が、俺はほりすぎた。座頭市はたっぷり娯楽に富んでいるのだから、それを避けては失礼にあたる。

座頭市はゆきづまったか？　はじめ批評家によって、次は映画制作者がゆきづまりを感じたらしい。最初はつつましく四、五人斬っただけだったが――このなかに平手造酒がふくまれる！――しだいに二、三百人斬るように、居合の見せ場も、碁盤、さいころ、ざぶとん、燃えつつあるろうそくの芯、薄紙、階段のてすり、銭、飛ぶ蛾、飛ぶ独楽などを斬ってしまって、こんどはつり鐘でも斬るよりほかにないだろうと制作者はぼやいている。
アトラクションとしてはそうだろう。逆手斬りの自己発展としてはほぼ完成しているからだ。われわれは技術の二つの頂点を見る。ひとつは『座頭市逆手斬り』における双刀をふるう座頭市である。他のひとつは『関所破り』のラスト・シーンで、火照りと血しぶきにつつまれて魔神のように斬りまくる座頭市である。
ゆきづまりに対して三つの打開策が考えられる。一つはマンネリズムの徹底的持続、二つはセックス座頭市、三つは、俺はまだ見ていないのだが、原《ウル》座頭市としての『不知火検校』への回帰だ。キリスト生誕一九六五回目の十二月二十五日、市は『座頭市地獄旅』において復活する。いまから楽しみにしているが、そこではもうひとりの居合抜の名人が登場するらしい。

「居合の腕は俺より凄い。どえらい奴があらわれた!」

ようするにこういうことだとおもう。ヘーゲルによれば、支那の歴史は非歴史的な歴史で、国家形態がつねに家父長社会とむすびついているために、支那社会の内的矛盾が発展しない。だから矛盾は蛮族の侵入という外的なものとしてあらわれたが、この交代した王朝もまた家父長的社会とむすびつくので、いつでもつくっては壊れ、つくっては壊れをくりかえしているので、非歴史的な歴史だという次第。したがって、「ヘーゲルの意見では」、座頭市の生命は非生命的であり、斬っては腕をみがき、斬っては腕をみがいているうちに、内的な死滅の契機がないのだから、敵役はもうひとりの居合の名人、座頭市ダッシュとしてあらわれた。ヘーゲルと一緒に逆立ちしている制作者の頭にはこんな構図が出没したのだろう。

ところがマルクス主義者はこんなことは言わない。じゃあ、メクラが刀をもつ座頭市の原罪意識はどこへいっちゃったのか？　源泉へ回帰せよ、と、こうなる。

『座頭市関所破り』のクライマックスは魔神の業であった。メクラの弱点を一貫して技術的に活用してきた結果、御存知の逆手斬りが編みだされたとわれわれは理解していたが、そうではなく、もともと座頭市は化物だったのではないか。そう疑念するに充分の迫力があったのである。この感覚を通過するとともに、座頭市を超越的存在にすることができる。


かつて外崎正明とこんなことを計画した。大学の映画祭は『鉄路の闘い』や『地下水道』ばかりやるのが能じゃない。今年は「闇のなかの自立」と銘打って座頭市をやろう。講堂前に高さ五メートル、幅四メートルのパネル大写真を三発。一枚は仕込を抜くところ、一枚はにぎり飯を喰っているところ、一枚はおどけているところがいい。パネルの前で公開討論会をやる。講師は谷川雁、勝新太郎。俺たちは町へ行って、あんちゃんやねえちゃんをしいれてきて、さかんにワイワイやる。うけるだろうぜ。会場、フィルム、写真、講師その他は大映と大学に出させる。大映と大学の大の字を重ねて串刺しにすれば、大うけは必至だから、入場料をかっぱらって逃げる。ゴダールの『軽蔑』を上映する。お好みの仏文学者にさんざん提灯をもたせておく。御承知のように『軽蔑』のプロローグは、すっ裸のブリジット・バルドーがぜんぜん実存的に悶えておるから、まあそのへんをこってり見せた後に、フィルムをちょんぎって、座頭市をはさむ。市がゆるフンをもぞもぞさせて、ごっつあんですという顔で出ていくところがいい。もちろんB・B嬢は「イッツァン・ジュ・テエム」と言わない。言われてはこまる。これでゴダールの苦心作が一発でこわれる。騒ぎをよそに金をかっぱらって逃げる。そのままではゴダールにわるいから、日仏合作で『座頭市パリへ行く』でもつくる。


カフェテリヤでスパゲッチを喰う座頭市。

カンカン諸嬢に顎をなでられててれる座頭市。

手風琴ながしと踊る座頭市。

凱旋門広場の交通混雑をすりぬける座頭市。

ラテン区のボヘミアンとカルタをする座頭市。

エッフェル塔上でリノ・バンチュラと斬り合う座頭市。

OΛSの秘密組織員を斬る座頭市。

……背後に流れるはイエペスの「禁じられた遊び」。いいだろうなあ。このアイデア売った！


座頭市へのわが偏愛は、道具から武器へ、防禦から攻撃への転換を、俺の無意識の領域で、座頭市にもとづいて考察していたことにはじまる。ちょうどその頃、日本の進歩派は、ヴェトナムについて誤謬をしあげつつあった。それは次のような論理へと集約されていった。戦争は政治の延長であるという周知の命題があまりにも常識になりすぎたために、戦争とはすなわちヴェトナムの内戦と北爆であり、政治とは、すなわち諸帝国主義国家間の、十何反目かの空打ち《クー・デタ》で人形の座についたグエン某氏とテーラー閣下のあいだの——ただしグエン・カオ・キよりもテーラーがお先に失脚したことは考察に値する——ヤンキーと支那人のあいだの、ソ連と中国のあいだの、それぞれの思惑、牽制、かけひき、おどかしっこのことであり、戦争がかくかくであり、政治がしかじかであるから、このふたつの関係をあれこれ推量すれば、なにしろ戦争は政治の延長であるから、政治的解決のみとおしがひらけるにちがいない。こんな論理に帰結していったのである。こうして政治的展望は、最良のものでも次のようなブルジョア的共通項に頭をたれた。ジョンソン氏とエスカレーション政策は、①より大きな戦争への拡大の危険と、②デモクラシーの旗をみずからふみにじり、資本主義諸国の団結を危うくし、③平和共存路線を弱めて中共の立場を強めるだけだから、④やめた方がいい。これらの良識ある意見の前でも、ヴェトナム戦争とはヴェトコンと米軍の軍事対立以外を意味しなかった。政治は政治であり、戦争は戦争である。しかも、進歩派の誤謬にもかかわらず、戦争は政治の延長である。政治はどこにあるか。ヴェトナム人民が道具から不断に武器をとりだすゲリラ戦、ヴェトナム人民がグエンA、B、C氏の国家に不断の蜂起をくりかえしていること、ここにある。軍事的展望から入っても、外交から入っても、ヴェトナムにおけるナショナルな領域、ヴェトナムの階級闘争を忘れた人々の空中インタナショナリズムは、戦争と政治を一歩もちかづけることができなかった。武器の批判の意味がちがっているのである。武器の進歩が戦闘を変化させ、新しい戦闘隊形を、そして新しい組織論を必要とするという命題は、歴史上何度も確認されている。しかしエンゲルスはこういうのだ。

「目でみてもわかるかぎりは一大隊をも射撃できる大砲と、一人一人の兵士をねらい射ちでき、しかもその装塡のためには照準するだけの時間もいらない銃をそなえているからには、野戦のためのこれ以上の進歩は、もはやおおかれすくなかれどうでもよいことである」(『反デューリング論』中「強力論」)。おおかれすくなかれどうでもいいことである! エンゲルスは、この断言までに横隊から縦隊へ、さらに散兵戦へと変化してきた野戦の隊形と火器の発達にアウトラインをひいてきたが、このおおかれすくなかれ満足すべき水準に達したときに、野戦の組織論的基礎をガラリと一変させねばならず、純軍事的見地をふたたび階級闘争論に転化させねばならぬ点に達したはずである。しかし彼は、その時代の条件に限定されて、どうでもよくなったと考察された地点から、戦争の決定的側面が大艦巨砲主義に、海戦にうつり、軍艦をつくるための一国の生産力水準が問題であり、したがって暴力《ゲヴァルト》は経済的規定《エコノミーの》に従属するという方向にそれてしまった。純軍事的側面ではたしかにそうであり、人類は第一次大戦の制海権、第二次大戦の制空権をとおして、総力戦が生産力の戦争であることを経験している。他方、野戦における人殺しの効用論の面でも、エンゲルスの時代から、純軍事的分野でより多くの発展を見ている。一定の単位時間内に一定の空間に何発の弾丸を流しこめば人間は生きていられないという計算にもとづく自動銃、しゃへい物の陰にひそむ兵を倒す手りゅう弾や臼砲、トーチカごと焼払う火焔放射器、毒ガス等の出現、これらはおおかれすくなかれどうでもよくなっており、飽和したと考えられた野戦の必要と発展の証拠である。かりに野戦の戦術は武器の一定段階で飽和しようとも、野戦が必要でなくなることはない。それどころではない。その後の戦争史が証明したところでは、野戦はますます重要であり、戦争の最後の勝利は歩兵の突撃が制するということであった。だからエンゲルスの飽和点は何を意味するか。戦争と政治の結節の問題であり、階級闘争の見地は純軍事的見地と異るという認識を意味する。階級闘争においては、すべての武器が決定的な意味をもつ。したがって、野戦に関する考察は、ある歴史的段階で軍事的に飽和点に達した武器の考察ではなく、武器を手にすることの考察であり、ことさらに、道具から武器への転換に関する考察にかかわらねばならぬ。われわれはこの地点からゲリラの抵抗を得ている。

民衆の蜂起にあたってバリケードからゲリラへの発展があらわれたのは一九五〇年のモスクワ蜂起

であった。その長く遠い背景は、ヨーロッパにとってはメリメ描くマテオ・ファルコネであり、群盗であり、スペイン流のナイフの使いかたであったかも知れないが、日本では座頭市や犬神博士ではないと誰が言えるか。仕込がカチリと鞘におさまったときには、座頭市は水もたまらず、フリードリヒ・エンゲルスを斬ってしまったのだ。

市ッつあん、斬りまくれ。おまえはすでに日本の革命領域を斜に折り下げている。

諸君、座頭市が行く。

市ッつあん……市ッつあん……市ッつああん……市ッつあああ……ン！

ジャズ宣言

どんな感情をもつことでも、感情をもつことは、つねに、絶対的に、ただしい。ジャズがわれわれによびさますものは、感情をもつことの猛々しさとすさまじさである。あらゆる感情が正当である。感情は、多様であり、量的に大であればあるほどさらに正当である。感情にとって、これ以下に下劣なものはなく、これ以上に高潔なものはない、という限界はない。瀆神、劣情、はずかしさ、憎悪、うぬぼれ、卑怯……かれらはひとまえでだしにくいが、しかしそれらの感情をもつことがただしいのみならず、場ちがいで破滅的な感情がめばえたときにでも、その感情をもつことは絶対的なただしさがある。

われわれは感情をこころの毒液にひたしながらこっそり飼い育てねばならぬ。身もこころも智慧も労働もたたき売っていっこうにさしつかえないが、感情だけはやつらに渡すな。他人にあたえるな。真の感情をもつものは現在あまりにもすくなく、人間を定義して感情の動物というのはあくどいドグマである。現代人の感情はけもののレヴェルに達していない。また感情を制御するものは理性だとする立場も悪辣なドグマである。感情を制するものは感情である。地獄的な感情の塊がいまは衰弱しているのであるから、理性は抑圧の具であり、支配の走狗である。

神経の磨耗と感情の退化こそ、黄色い観念論者のさえずる疎外ということばの正体だ。自分の現在の立場や、していることを心底から憎み、それをどのように破壊し、どのように裏切るか、いつぶちこわしてやるかということを日毎夜毎に考える力が必要である。自分のやることが重要であり、自分が有用な人間であればあるだけ、ますますそれをどうぶちこわしてやるかについて考えねばならぬ。つねに破壊に焦点をあてないではわれわれに充実した生というものはない。現代において、真の感情をもつものは、破壊的か、自己破滅的か。このふたつにひとつしかない。

弱い者いじめはなんとたのしいものか。蝶々は弱く、美しいから羽根をもがれるのである。弱いものは、ただそれが自分より弱い存在だということのために、それを殺すことがわれわれの快楽なのである。羽根についた粉が目に入ると毒だからという理由や、前身のイモムシがおぞましいからというのは、殺してしまってからの理屈であって、われわれは、蝶を、弱く、美しいがために殺すのだ。自分の助けを待っているものを前にして、彼を裏切り、彼を破壊してやることのたのしさは、彼が自分を必要としている程度が強ければ強いほど、より確実なものになる。彼を救って得るよろこびよりも、純粋なきまぐれを満足させるために彼を叩き潰すことの方が、悔いという感情の持続性と刺激の量が確実に大であるという予測を甘酸っぱい不吉な官能のざわめきとともにわれわれは知るから、われわれは加害と裏切りの道をえらぶのである。感情はより大きな感情のなかでしか揚棄されない。感情はより大きな感情へとふくらみたがる自律的な法則性をもっている。そしてこれは正当である。

感情の猛々しさは、ついに生き死にが問題でない瞬間へとひとをうながす。優秀なジャズメンはくたばり急ぐ。まるでそのような法則でもあるかのように早死だ。俺はかつてそれを名づけて言った。

——自己テロル。

はっきりいうが、前衛ジャズの愛好者のなかで、前衛ジャズに共感しているものは少数派である。

ハナ肇万才！『スイング・ジャーナル』六七年二月号の油井正一との対談でこういった。「それぞれ。あのちんぷんかんな音楽をさもわかったふりをして陶酔しているファンの姿こそわれわれにとって絶好のネタですぜ。云々」野々山定雄はまだジャズを忘れていない。しかし彼は前衛ジャズの少数派を理解できない。

前衛ジャズを理解することは前衛ジャズ・ミュージシァンの生活を理解することである。もちろんわれわれはかれらの生活を直接に知らないわけだ。アップル・コアの、若い、貧しいジャズメンと友人になることができないのである。しかしわれわれはかれらに関するいくつかの報告と、レコードをもっている。レコードをね。かれらのレコードを聴いてわれわれはかれらの生活を想像してみるのであって、レコードからかれらの実際のステージを想像してみるのではない。鑑賞の態度とでもいったものがあるならば、前衛ジャズの出現は、ジャズをそれ自体の価値において享受しようとする――もちろんわれわれはそうしたいのである――態度と、ジャズを、ジャズメンの生活の総体の一部としてみていくことのちがいに道をひらく。すきこのんでそうするのではない。ほんらいならばレコード一発でスイングできる方がよほどいい。水面に頭をのぞかせた氷山の総体積をはかるために、意識のもりを海中に投じてみなければならないというのは、ジャズにとって不幸である。レコードというものが三十センチ直径の円盤にたたきこまれた小宇宙をはなれて、ほんらいの、「記録する」という動詞にかえってきている。別の表現もあっただろうし、別にいいたかったこともあるにちがいない。それらはかくされている。むしろやりたかったことの方がずっと多かったにちがいないので、われわれは、たまたま、ディスクの上に何十分かにわたってひっかかれた傷を、演奏の総体とも、まして生活の大きな一部ともおもわないのである。

ジャズの歴史にとってレコードは相当程度に大きな役割りをはたしてきた。ジャズにおける、それぞれの時代、スタイル、動向については、ほぼ忠実にレコードがマークしてきた。それが変ろうとしている。前衛ジャズメンは生活の総量のほんのわずかしか記録していないし、インサイダー・ジャズメンの方からも、演奏の長時間化という線にそってレコードをはみだしてきている。その典型例がジョン・コルトレーンである。

ジョン・コルトレーンは、典型的なインサイダー・ジャズマンだ。彼のレコードなり、ときおりの発言なり、まわりの者の発言なりをたどることによって、ほぼ正確に、彼の成長の全過程をわれわれは検証しうるからだ。彼は演奏のうえに自己史をもっている。『至上の愛』一枚をもってしても、彼のジャズ的自伝を手に入れることができる。彼は成長・深化するというドラマツルギーをもった、最後の、輝やかしいヒーローである。

オーネット・コールマンやエリック・ドルフィーについては、かれらに関する情報やデータが豊富であり、レコードも、論評も多く、彼ら自身がおしゃべりで機会をみては一席ぶつにもかかわらず、全体像はきれていている。オーネットがエレヴェーターを最上階にとめてアルトサックスの練習をしていたのをみつかり、クビになったという記事は、記事としてユーモラスで、ニヤリとしたくなる味わいをもっているが、これと彼の演奏がどうかかわっているかは見当もつかない。が、ひとたび彼の生活の次元にたちいたってみると、叱責、失業、空腹、疲労……というブルースが彼を圧倒しているにちがいないのだ。じっさいこの小事件は、オーネットの音楽には屁でもないが、彼の生活の次元、たとえばオーネット・コールマンという個性の尊厳のうえでは重大なできごとなのである。

エリック・ドルフィーは豊かな表情をもったミュージシァンだったし、さまざまな表情の振幅と表現の多様さが彼のテーゼであった。だから、馬のいななきか、それともフルートによるリリシズムか、そのどっちがドルフィーの素顔かという珍談義がでてきたとき、ジャズをば、完結した表現の世界が、生活の深部を経て反射された現代というものの、そのいくつかの可能な表現とうけとるか、まさにジャズの亀裂に対応した論戦へと道がひらかれたのである。俺の知るかぎりでは、エリック・ドルフィーを、鳥のように囀ることもできるし、労働者のように気合をいれることもできるし、大都会の喧騒そのものと化すこともできるような。ジャズと原ジャズの領域を通底することのできるスケールの大きなミュージシャンだといったのは相倉久人だけであった。じつにこのあたりで差がついたのだ。

だが、オーネットやドルフィーは例外児である。俺は臆面もなく前衛ジャズということばを使った。前衛ジャズを実体化しようという試みはまず無駄である。なぜなら、個々のジャズメンの固有名詞からも離れてしまいそうな、ジャズのある状態をそれはさすからだ。バレーボールやテニスの前衛とはわけがちがう。政治の世界でいえばほぼ一九二五年代に前衛というものはなくなったことになっている。前衛ジャズをば、不可視の、痙攣的な瞬間にだけあらわれるある種のジャズの状態と定義すれば楽なのだが、もうすこし意味を限定する努力をしてみる。

十年前の、一九五五年代のジャズを評してファンキー・ジャズということよりも前衛ジャズを定義することははるかにむずかしい。黒人的なものの最大公約数へもどり、黒人的な要素を回復しようとした努力とともにファンキー・ジャズはうまれた。だから、黒人的なものを正しいとし、価値あるものと認め、その方向へ黒人を駆りたて、その方向で黒人の感性を解放したときには、ファンキーズムは前衛ジャズだったのである。黒人を一皮剝ぎ、黒人的なものを強調すればファンキーがでてきた。しかし前衛ジャズは一皮剝けば出てくるような筋肉組織ではない。ファンキー・ジャズのリンゴは内側から腐ったのだ。五年間の持続とともにファンキーズムは内的な諸力を使いはたした。その方向では黒人の感性を解放することができなくなった。前衛ジャズの次のレヴェルが必要になったのである。この間の事情を比較的正確に、そしてうんざりするほど受動的なかたちで、ジャズ評論がつたえている。ソウル談義からジャズ形而上学への転換である。ソウルだ、ガッツだ、パンチだ、ハッピーだ、よだれだという風潮が一転して、やれ行為としてのジャズだの、疎外だの、響きと神だの、合一だの、芸術だの、アブストラクトだの、呪文だのと、ピー・ピー騒々しいところだけは本家の前衛風ジャズに似ておいでだ。俺をしていわしめれば、これらの猫たちは三周おくれてやっと発情しはじめたのである。前者は裏返しの人種的偏見である。後者は一転して無葛藤理論、無媒介観念論、空騒ぎのナルチシズムに飛びうつっただけのはなしである。われわれは過去なんどもこういう光景を見てきている。三文文士の地口をジャズの世界にもちこまれてはたまらねえ。

われわれはまだ人種的偏見から足を洗えないでいる。御承知のように、偏見というのは感性と行動を短絡させる回路であるから、もっとも抵抗のすくないところに電流がとおるというルールにしたがえば、いまただちにわれわれにやれることは、都内のジャズ喫茶をながし、ジャック・ルーシェの『プレイ・バッハ』をリクエストしている奴を見つけだしては撲りまわって歩くことだ。

さて、前衛ジャズは、ファンキーズムとはことなって、それをネガティヴなものとして限定するということをわれわれは承認できる。ありうべき状態の顕示ではなく、どうにかしなければこまる図太い壁の抵抗が、そのむこう側にある次のレヴェルのジャズを黙示しているのである。この壁がはっきりたちふさがったのが一九六〇年なのだ。したたかな壁のてごたえを実感できないでは前衛ジャズに共鳴できないのである。世界の同時性、等質性がこの実感の根拠である。おそらく、ハナ肇は自分がはねかえされたものが壁だと知らずに自己陶酔にふけっている連中を、こっけいであると笑った。俺はハナ肇の側に、批判者の側に、一票を投じたい。コルトレーンは前衛ではないが、挙手多数の多数決原理によればいちおう前衛ということになろうから、かりにそう前提して周囲をみまわしてみると、コルトレーン礼讃者よりも、批判者の方にしたたかな人物が多い。一方、コルトレーン礼讃の質はといえば、これは相当程度にくだらないのである。現在の前衛ジャズ礼讃のひとくさりは、そのほとんどのかたちが、ウェスト派ジャズとマリファナにラリっていた五〇年代ビート族に見出される。解放とか、自由とか、呪術ｅｔｃ。アングロ・サクソンの血をひくかれらには疎外ということばはお口にあわなかったが、これらの文学小僧の辞書には、残念ながら暴力という文字が記載されていなかった。ジャズの世界では、ある朝、ワーデル・グレイが路傍で撲殺されてころがっているようなことがあってもびっくりしてはいけない。暴力の契機のないジャズなどというものは、両者ともに逃げまわっているボクシングの試合のようなものだ。

ファン気質という点からすれば、いまの卵頭は確実にファンキーズムの時代から後退している。ちんぽこくさい臭いと、あでやかにふちどりされた壁のしみと、ゴキブリと、ボロ装置がお嫌いで、チンマリしていて、こぎれいで、ビート風に画一化された店で静寂主義に耽っている図は、当方はハナ肇氏よりもっとてきびしいのであるが。語の正確な意味における小ブル観念論である。

かれらの発言の空虚さは、前衛ジャズ批判者よりもいっそう、前衛ジャズメンの生活の実相からとりのこされてしまったことから生じる。われわれは前衛ジャズの意味を限定するべく二、三の努力を経たのちに、けっきょく、それは疎外のジャズだという認識をもってもよろしい。ここでもそのことばを臆面もなく用いていることに御注意願いたい。

疎外とは自己疎外であって、自分のつくりだしたものが非和解的に自分に対立することをいう。前衛ジャズはジャズからも疎外されているのだ。かれらは実際の生活の場とジャズの双方から二重にしめだされているのであり、はたしてこの状態が、ブルースの——あの抱擁力があって強靭なブルースをもってしても——地下層に定着することができるかどうか。ゴスペルは自暴自棄《ヤケクソ》気味に歌われており、ファンキーの枠組みのなかでスィングすることはアメリカに顕著な他人志向型の疎外形態であり、前衛ジャズは原曲というテキストを否定している。そしてブルースの反動としてフォーク・ソングが——アメリカにフォークがあったっけ？　アメリカっていうのはどでかいネーションに見えるがね——気の抜けた「素朴さ」でまきかえす。

アルバート・アイラーはテキストをみとめていない。彼はいつでも、スコットランド民謡をおもわせる単純なリフにもどっていく。たぶんそれが彼のジャズのゆりかごで、原基のジャズなのである。彼はその素朴なリフを土台にしてメロディー・ラインを再展開していくが、彼がイマジネーションを展開していく過程は、ブルースにもどろうとする求心的な試みと俺にはきこえる。彼はたしかにジャズから疎外されているし、ジャズは彼を解放してくれないが、しかしその文法はジャズの文法にのっとっているために、彼はジャズを継承しているのである。

ソニー・ロリンズは、彼の巨人的な力業によって、ブルースと現代の砕けちった感覚の橋わたしをこころみている。むかし、一九六一年だったと記憶するが、岩浪洋三は、前衛的風潮のなかでひとり保守的なスタイルを踏襲しようとするロリンズの方が前衛であると指摘したが、そのとおりであって、レコードのうえでは、彼の前衛的演奏は「オレオ」と「ドキシー」の自己批判にはじまっている。ロリンズは前衛ジャズに歩みよったのではなく、それを内包していたのである。いつまでも他人に見られるとおりの自分であることをやめること、そうロリンズはいいたかったのである。じっさい、彼は近作の『アルフィー』で、およそ古めかしい、ファンキーというよりもレース・ジャズに近いリフのなかに、ずばぬけて現代的な感覚、反抗者が肩をゆすって街中を歩きぬけるようなイメージをたたきこむことに成功した。ロリンズはブルースの磁力がまだ弱まっていないことを証明したのである。これは例外であるか？

　われわれは、前衛ジャズメンの生活の実相を、理解するというよりも、直感したときに、はたして黒人意識の総体としてのブルースは蒸発してしまったのか、変質したのか、現代の状況を先取りしたのか、すなわち、ブルースは閉ざされているのか、ひらかれているのかという疑問にぶつかる。演奏にあらわれたかぎりの「前衛」ジャズについていえば、ブルースによるイメージの惹起力は、弱まってきているような印象をうける。オーネット・コールマンの「淋しい女」は、あきらかにバラードであった。

　前衛ジャズのなかに、ジャズの、ブルースの太い線に直結する正統の発展を見ているものはリロイ・ジョーンズだ。彼のジャズ史のテーマはブルース現象学といったもので、黒人のなかにはブルースという豊かな堆積があって、それは、一枚岩ではなく、複合的に構成されている。それぞれのジャズのスタイルにブルースの含有度がどれほどあるか、ブルース・インパルスの突出力がどのくらいあるか、ということをめやすにするわけだ。この線に沿ってリロイ・ジョーンズは、ニュー・ブラック・ミュージック――彼にもなんらかの実体化の希求がつよいことをこの命名法にみるわけであるが――こそが、さらに深く黒人の魂にくいこんだブルース衝動の発現であると主張する。ブルース・インパルスは黒人意識の歴史的な転換点にあらわれ、そのたびに、白人社会に順応しかけた黒人の旧世代に対立して、より若い層に、浄化された黒人の地金を掘りおこさせる作用をもつとする。この不死鳥は炎をくぐるたびにより黒くなって出てくるのだ。

　ロリンズの奇蹟的な力業を除外すれば、ジャズの歴史に後退戦というものはなかった。後退すればジャズの尾についてくるコマーシャリズムにからめとられる。前衛ジャズの方向にしか突破口はなく、したがって最良のエネルギーはそこに集中され、最高の燃焼はそこでおこなわれるだろうということはみとめる。

　しかしそれはブルースの力に直結したものだろうか？　いままさに、ブルースに革命をおこすべきではないか！

　問題はそのようにたてられる。

　ブルースはアメリカン・ニグロの神話的体系であった。綿つみ労働も、牧歌的な汽車も、銭も、メカニックな都会生活も、ブルースとともに生々しい情念を黒人のこころにきざみつけた。このために、器楽としてのジャズは、楽器操作がいかに上達しても――ジャズメンはすでに技術の平均レヴェルにおいてパガニーニの水準に達しているだろうし、パガニーニの指づかいは、一九世紀において、手を使う人間労働の記念すべきあかしとして老エンゲルスを驚嘆させたものだ、そして産業社会の高度の分業化とともに、テクノロジーは人間性をニュートラルなものか無機的なものへとおしやってきた力であるにもかかわらず――ジャズは無機物のきしみあいへと乾燥せず、アメリカ的巨大社会の毛穴のひとつひとつにまで、人間くささをすっかりは失なわせなかった。これがブルースの磁場であった。

　ブルースは、奇蹟的なことだが、ひとつの、あるいは最後の共同体だった。共同体的な感情、あるいは感情の共同体が近代社会の内部で形成されたのではなかったか。左翼は、社会的形態としてのコンミューンを築きあげようとする前に、内部のコンミューンとして、感情世界という限定さえ承認すれば、そのときから緊密に構築されていることをたやすく指摘できるところの、内部の、自由の王国をブルースのうちに見出せたのではないか。その感情が、あるいは感情の火照りでさえも、一文化を内側から規定する共同体の生きた姿を見出せたのではないか。われわれはここで、ロシアにおける共同体《ゼムストヴォ》が直接に社会主義社会に成長するか、資本主義的に再編されるかというロシア革命前期の論争と、われわれの仮定、ブルースは未来に直結するか、それとも崩壊し、ついで揚棄されるかの設問のあいだに類推の橋をかけたいとさえおもう。

物理学ではこういいますが、数学ではこうで、絵画ではこうなりますけれど、ジャズではこうです、といったフランク・コフスキー流のサイバネティックスが、類推のかなり低いレヴェルにおけるこけおどかしにすぎないことを知ってはいるが、にもかかわらず、われわれもまた垂直の連想を試みたい誘惑にかられるのである。確実なことはこうだ。この「共同体」は近代社会の内部で、黒人奴隷によって集団的に形成された。したがってそれは神話的体系にまでたかめられた歴史観であり、階級意識の総計であり、二重に幻想的な意味でのもうひとつの国家《カントリー》であった。リロイ・ジョーンズが、黒人にとってもっとも根強いもの、根底的なものをブルース衝動というなら、彼はさらに、黒回教の国家《ステート》観や、ブラック・パワーも、ブルースから発想されているというところまで論理を徹底させるべきであった。

われわれの眼前で進行しているやや錯乱した前衛ジャズのフレーズがつたえてよこすものは、この共同体の崩壊ではないか。この展望はひどく絶望的である。絶望的な眺望をブルースは喰えるか。それともブルースが喰われるか。

ジャズの形成過程はほとんどジャズの蒸溜過程といってもいい。ジャズは黒ン坊の音楽とさげすまれ、街の楽隊や、淫売宿や、密売酒場や、ハーレムや、ボロ雑巾のなかで育ってきた。アメリカ社会の暗部で、正規ならざる発育をとげてきた。ジャズは激越なアジテーションとしての一機能ももっているが、音楽という最高度の抽象性と、正規ならざる発育のおかげで、社会のダイナミズムからすれば、処女を守ってきたのである。それが、価値あるものと主張され、価値あるものとして受入れられた瞬間に、現代の最先端にとびだした。不均衡発展の法則……これこそ……ジャズこそ、ひとつの永久革命にほかならない。

しかしジャズはまだ処女である。伝統的なもの、ヨーロッパ的なもの、有閑階級的なもの、芸術的なものに痛撃をくらわし、ジャズの外縁にふれるものを百八十度ひっくりかえすべく攻撃にかかっていない。

にもかかわらず、第一に、ジャズが急進化しつつあるアメリカにおいては、ジャズから進撃するイデオローグがあらわれてきている。たとえばリロイ・ジョーンズ。条件つきでナット・ヘントフ。にもかかわらず第二に、根底的な意識の転覆を招来する力はジャズから上の「芸術」にはない。前衛演劇は商品である。アブストラクト絵画はアカデミーの囚だ。最良の革命的精神はジャズのなかに後継者を見出すだろう。

おそらく現在はジャズにとって大空位期である。不毛を持続させる力を養うべし。ブルースは、ランベドゥーサのきざないいかたを借用して、「変らぬためには変化する必要がある」のか、それとも革命されねばならぬのかを迫られるだろう。が、ジャズはすすんで身を焼く力を失ってはいない。次の理由による。

一、ジャズの創造においては、社会的には最下層、意識形態のうえでは暴力に依拠した感情とエネルギーの不断のつきあげによって。

二、ジャズは、自分の生死をいとわない、猛々しい情感をもつ若い一群のミュージシァンを有している。「エロチシズムは死にまでいたる生の頌歌である」というバタイユのテーマが、エロチシズムの定義ではなく、精神の崇高な状態をうたいあげたものなら、まさにジャズにこそだ。「芸術」の零度はひっきょういかに死なせるかである。詩や散文では死にきれない。しかし狂ったようにスィングして狂い死にするならしてみてえや。

三、現代にあっては、真の感情は、二重に破壊的かつ破滅的である。社会の深部に、意識の幽暗部に、木石の芯に、リンゴの核に、スィングの爆薬を装置できるものはジャズである。ニグロ労働者の革命にブルースの革命が先行することはありうる。

四、前衛ジャズを実体化しえない理由がニグロの分裂にあることは明確である。六〇年代のジャズの多元化、現在進行形のジャズの並行的な多岐化は、模索の段階における内在的な方向設定であった。われわれは、ローチの方向（マックス・ローチ　アプローチス　コックローチ）、マイルスの方向、ミンガスの方向、オーネットの方向ｅｔｃにむかって、ゆっくりと、しかし確実に、ジャズが複線化してゆくのを見た。ファンキーズムの統一されたイデーが解体された。表現の複線化は個性の限界をこえて進んだ。かくしてわれわれの展望は前衛ジャズの直面している壁に、しかも多元の壁に、ジャズが統一され、歩調をあわせてうちかかるときに壁が崩れるのではなく、もっともするどい表現が急激にとびだす過程で実現されるだろうという方向に成立するのである。一九六〇年の予備演習はこのことをしめしていた。

五、しかしながらわれわれはジャズにはまだ突然変異の可能性もあることをみとめる。

六、ジャズがゆきづまり、方向を見失うことがあっても、雲散霧消することは決してないという理由のひとつは、黒人ジャズメンと楽器の関係は、手を使う労働者と道具の関係に対応し競合しうるからである。技術以前、表現以前に、すでに、楽器が鳴るというよろこびをかれらは手に入れる。これに反して、白人「前衛」派、ことにドン・エリスなどにあるものは、機会便乗主義《チャンス・オペレーション》的衰弱、ジョン・ケージ的衰弱である。

七、前衛的サウンドの神話は前衛的誤解のなかでもずばぬけてくだらぬものである。サウンドにおいては、前衛ジャズは疑う余地なく伝統派に劣る。宇宙的共鳴とか、東洋的調音《チャルメラ》とかアフリカ泣きとか、だまされるにもほどがある。ジャズの音は肉声の延長である。半羊神やシレーヌの歌声ではなく都会の騒音と静寂である。踏みつぶされたときのムギュという声である。あるべき姿の前衛的サウンドなら二言でいえる。とほうもない不協和音。

大略、以上の潜在力を秘めたまま、ジャズはここしばらくの不毛を持続させるだろう。かつてわが国の炭鉱夫は次のスローガンをかかげていた。

去るも地獄。とどまるも地獄。

コルトレーン・テーゼ

七月十八日、むし暑い火曜日。夕刻、雷鳴。午後五時、ジョン・コルトレーン死亡の報をうける。二日前の日曜夕刊にニューアークの黒人暴動がつたえられている。

歴史にとって、もっとも強烈で深刻な原動力は民衆の暴力である。人間精神の力動感は革命の含有量によって決定される。われわれは敬愛する人物の死や、敵対者がとつぜんいなくなってしまうことや、奇怪な犯罪や、国々の戦争や、注目すべき実験の局所的な制覇やに、感動したり、動揺したり、ショックをうけたり、狂喜したり、パンツなしでズボンをはいたようなおさまりのわるさをおぼえたりするが、そしてたしかにこれらの、現象あるいは事実は、それ自身の力によってアピールする力が大であるが、それらはすべて、民衆の暴力がわれわれの心の基底部からつきあげてくる心臓のビリビリするような感動、青ざめた不安の細片を秘めた鋭い解放感のスケールにくらべれば、とても比較にはならないのである。いかに鋭い、すぐれた表現も、民衆の暴力の波がひくにしたがい、能うかぎりの後退戦をたたかいながら、時とともにその核質を腐蝕されていき、ウニのように敵対的な緊張を失い、したがってある表現なら表現が世界にしめるエロチックな関係が衰亡していき、世界の距離が遠のいていく。

思想にとって、思想の重力の契機となるものはうたがいもなくひとつは国家であり、現存する最高次の、自分以上の権威を認めない苛酷な権力としての国家の権力であり、そしてもうひとつは民衆の暴力である。

内部破壊の暴れ狂う時代、動乱期、革命期には芸術は不毛であり、貧弱な果実しかならない季節であるという考えかたはおよそ底の浅い認識だ。人々は忙しいから芸術活動は貧弱だろう。しかし民衆の暴力からふんだんに暗い虹が発散されている時ほど、芸術的でエロチックな時代はない。完成度――ここでは立体的構成の巧妙さとやすりのかけかたのきめのこまかさといった程度に理解してほしいが――という点では、転形期の作品はつねに可能性という段階にとどまるのであるが、民衆の暴力に加担するか離反するかという選択の角度をこえて、第一義的な原動力に直結した表現は、完成度以上に時代の面白さというものをわれわれにメッセージしてくる。未完成でも重力がある。シュルレアリスムは二〇―三〇年代という時代の、バップは四〇年代という時代の、安保闘争期の諸思想は安保闘争期という時代の、その時代の狂暴さの面白さなのである。シュルレアリスム系のジャズ・クリティシズムというものがあるけれども、そして、それはたしかに超現実主義のセオリーの尾っぽやディテールを知ってはいるのだが、それがつまらないのは、個々のディテールから時代の狂暴さを透視できないところに原因している。

これらのことはすべて六〇年から六五年にかけてのジャズについて言えることである。

一、ジョン・コルトレーンのジャズは、六〇―六五年のジャズの目であった。したがってジョン・コルトレーンの批判は六〇年代前半期のジャズの批判である。

二、六〇年代前半期のジャズは、ファンキーズムの超克のしかたのさまざまな試みを指すといいうる。ニュー・ジャズはファンキーズムのいきづまりと、フリーダム・ライダースからワシントン行進までの黒人意識の再編成に対応している。ナット・ヘントフ監修になるキャンディッド盤、ことにマックス・ローチの『ウィ・インシスト』。チャーリー・ミンガスの『ミンガス・プレゼンツ』、セシル・テイラーの『セシル・テイラーの世界』の三枚は、ジャズの肉声化と具体音化、肉声の器楽化、小編成による音のオーケストラ化という共通した試みをもつのであるが、これはファンキーズムの批判的継承であった。このうちミンガスとローチが公民権運動レヴェルでの黒人意識の闘士であったことは周知の事実である。かれらは明晰なイデオローグであるが、これとブラック・パワー論はかなり縁遠い印象をうける。

三、モード奏法でもなく、キャンディッド盤の三人でもなく、それらがファンキーあるいはハードバップとの格闘を経てきた側面で共通項をもつなら、それとは全然ちがった角度からうまれたオーネット・コールマンこそ、やはり真の前衛ジャズマンである。世にいわれるほどオーネットのパーカーがえりはいちじるしくないし、ましてファンキーズムとは、地域的な意味での東海岸ジャズといわれるものからさえへだたっている。オーネットは六二年から六五年まで失業していた。この期に前衛ジャズといわれたものは、プリンス・ラーシャやアンドリュー・ヒルやポール・ブレイまでふくまれていたのであり、ジャズにおける前衛の概念が極度に混乱した。この時期にもっとも充実した演奏をしていたのがエリック・ドルフィーとジョン・コルトレーンであったことは注目に価する。コルトレーンは絶頂期にあって、あらゆるジャズの実験を試み、成功し、うたがいもなくジャズ・シーンの中心人物であった。コールマンの突破口はこの時期にコルトレーンによってジャズの歌い方の重要な一つとして溝づけられたのである。

四、ファンキーズムから前衛ジャズにジャズ・シーンがきりかわった前後から、卑屈さや劣等感を額のしわにほりこんだ黒人くさい黒人がジャズの世界から減り、人間的な尊厳にみちた人物が数多くあらわれた（ミルト・ジャクソンとアーチィ・シェップの顔を比較せよ）。コルトレーンの顔はこの両者の中間にあって、人間界のジャズ・シーンを駈けぬけるときには威厳に満ちているが、「神」に対しては卑屈である。この構図はコルトレーンの一生につきまとったドラマの内攻性、つねに自分の感情世界を、裏返したり、放りだしたり、かきまわしたり、つぶしたり、空気を抜いてみたり、ねじったり、つまんだり、ふくらませたりする宿命的な内攻性の最後の姿であった。だから、神さま経由、神話経由、神秘主義経由でコルトレーン・ファンになったものとそうでないものとのあいだに話が通じないで、好きか嫌いか、すべてかなんにもないか、という単純な二元論しかなりたたなかったというできごとは、まさにコルトレーンの宗教が小乗主義であってコルトレーンの内攻的ドラマそのものにほかならなかったこと、コルトレーンの神経症的葛藤がこちらに投影されたにすぎないことを意味するのである。第一にコルトレーン神学はセシル・デミルの聖書スペクタクルみたいにてんでつまらないものであるし、第二にコルトレーンの神秘主義に心酔するむきは、人間精神のもっとも覇気のないところから発しているお人好しのだらしなさを印象させられる。

五、ここ五年ほどのジャズ・シーンをみると、次のような諸現象が並行してあらわれてきたことに気づく。ビートの細分化、モード、演奏の長時間化、不協和音への尖鋭な自覚、ポリリズムの一般化、フォービートの一般的な衰弱、音色のさまざまな追求、多様な楽器のジャズ的再マスター、ピアノの打楽器的奏法、三管編成、インプロヴァイザーの編曲者化、ヴァイブレーションの復活、ベースおよびドラムスの新奏法の確立、歌手の一般的退潮、ゴスペルの極端なニヒリズム化、諸民族音楽のモードへの関心、現代音楽の手法の再吸収、第一線プレイヤーのヨーロッパへの転戦がしきりになったこと、ファンキーズムのジャズロックへの完全な衰弱、インタープレイの重視、古強者の再帰、無調主義の根づき、テキストの否定、言語によるジャズメンのコミットメントの増加など。リズム、ハーモニー、メロディーにわたってかなり大きな変化が現われており、そしてこれらの努力は方向がランダムであり、矛盾しあうこともあり、逆行的であったり、白人的であったりした。そしてこれらのいさかか相互に混乱した努力のほとんどすべてに、コルトレーンの手がのびており、コルトレーンが影響したか、コルトレーンが吸収したかという関係を有している。コルトレーンの最大の誤謬は、これらの問題をまるがかえにして「神さま」のスカートの中に逃げこんでしまったことにある。

六、コルトレーンは六〇年代ジャズの一方のオルガナイザーであった。ジャズ主流派の文法をコルトレーン風奏法に改作するテナーマンをうみだしたという側面、他の楽器奏者にシーツ・オブ・サウンズの影響をあたえたという側面、新たに登場してくるテナー奏者にコルトレーン風奏法がこの時代のテナースタイルの中心だとみぞづけした側面（蛇足までに言いそえておけばコルトレーン派の新人といわれるもののイントネーションはどれもウェイン・ショーターに似ているのはどうしたことだろう）、そして、ジャズ十月革命——ESPおよびフォンタナ・ラベルに蝟集する前衛ジャズメンを『蒸発』『沈々』といったレコードでプロモートしていった側面、これらが、コルトレーンを六〇年代ジャズの最大のオルガナイザーであるとよぶ理由である。六〇年代ジャズはじつはもう一つ、より若い世代のミュージシァンによる組織の目をもっている。ジャズ十月革命——ESPおよびフォンタナ・ラベルの新人がそれで、事務局長といった位置のビル・ディクソンや顧問格のリロイ・ジョーンズ、ユダヤ人——という白人！——的な組織の要素はあるが、しかしここに集まるミュージシァンの大半は、コルトレーンではなくオーネット・コールマンの翼の下で孵化したのである。ここにあらわれる黒人と白人の結合のかたちはあきらかにコルトレーン・スクールとは異質である。拡大の原理よりも胃袋運動の原理が先行し、神様よりブラック・パワー論のイデオロギーの臭いが先行し、黒人と白人の結合における黒人のイニシァティヴが先行している。フランス映画『熱風』を評してかつて埴谷雄高が、没落する白人の眼による黒人との結合のかたちではなく、反抗する黒人のイニシァティヴによって没落する白人が結合されていくかたちがあるはずだとのべたが、一般にジャズはそのようなかたちの黒人と白人の結合であるが、ジャズ十月革命こそ、黒人排外主義の偏向をもたないブラック・パワーのひとつの実現であると言ってもいい。

七、パーカーが死んでバップがおわったといわれる。おなじく、コルトレーンの死はジャズ・シーンにおけるコルトレーンの影響を急速に消滅させるだろうということはほぼまちがいない。コルトレーンが死んだからふたたびロリンズの影響力が顕著になり、次のランナーまでつなぐかもしれないという可能性もほとんどない。ジャズのある曲り角で鋭く、深くつきささった杭は、次の波がやってきたときに、つきささる角度が最初より鈍化するという法則性のようなものをわれわれは経験的に知っている。

八、コルトレーンもいないしマルコムXもいない。「ジャズ宣言」で、俺は、ジャズ・シーンにあってはジャズの諸王の半ダースほどが死んでもおどろいてはいけないと書いたし、また近い将来ジャズの空位期がくるかもしれないとも書いた。これは絶望の表明ではなく、ジャズ的楽天主義の表明なのである。コルトレーンに即していえば、『蒸発』『沈々』の時点以後、ジャズがコルトレーン的に前進することよりもコルトレーン的に窒息する可能性の方が大であったかも知れない。コルトレーンの演奏は「晩年」にいたっても依然として狂暴であり、烈しく、白熱していたが、しだいに暴力の核質が空洞化していった。『蒸発』『沈々』の二作は、彼自身の『チェイシン・ザ・トレーン』やオーネットとドルフィーの『フリー・ジャズ』に比較して、グロテスクさや、衝撃力で劣っている。そして象徴的なことに、コルトレーンの死と、ニューアークにはじまる全米を席捲する黒人暴動が同時におこった。このブラック・パワーこそ、うたがいもなく、次にはじまるジャズの再編成の直接の契機であり、動力である。おそらく、いま、ジャズの内部で、この爆発をつたえる伝導装置が組立てられつつあるだろう。

九、アドリブをこえるものはアドリブである。それ以外にはない。アドリブの極限はすでにきわめられたと言われたのはコルトレーンがはじめてではなかったし、事実、パーカーが生きていた時代、他のインプロヴァイザーはどうせパーカーみたいに吹けっこないのだからと意気消沈させられることもあった。にもかかわらずジャズの生命はアドリブだったしこれからもそうだ。アドリブの限界というものは正確にいえばある表現の系におけるスタイルの限界のことであり、有限の音域と有限の音色および限られた技術をもって、限られた時間のなかで、本来無限である表現——われわれはイロハ四十八文字とか有限な言語的音声でほとんど無限の語をつくり無限の文をつくりうるわけである——を追求していくときに、その時代なり、その環境なりの外的条件、およびそのように表現することがもっとも訴えかける力をもつと考えられている表現主体の内的条件によって、そのようにみぞづけられた表現の系が限界に達しているということを意味しているのである。ここにはひとつの系が膨張をつづけ、しだいに混乱の要素をはらみながらついにそのぶれを安定させることができずに死滅していく、あのエントロピーの理論を見ることができる。ファンキーズムがそうであり、宿命的内攻性の世界を発酵させたコルトレーン・ジャズがまさにそれであった。したがって、アドリブがアドリブを超克するということは、ジャズマンのジャズによる世界認識が別の表現の系のもとになりたつことを意味し、また前提するのである。

十、アメリカン・ニグロは精力的であり、ジャズメンに有能な人士が数多くいる。これがもっとも本質的な意味でのジャズ的楽天論の一根拠である。なぜなら、歴史をば人類の総労働と規定することができるし、ジャズはレコードをターンテーブルにのせてピックアップをおろせばうまれてくるものではなく、ジャズメンの演奏（労働）によって創造されることが自明だからだ。この性格はジャズにあってはクラシック音楽にくらべても一段と露骨である。実際、次にくるジャズはジャズではなくなっているだろうとか、わたしの表現しているものをジャズではなくミュージックと呼んでほしい、というようなことを評論家も言うしジャズマンもいうが、まあそういってみたい気持もわからなくはないが、経験的に言って、ジャズからネイティヴな色彩をとりのぞくような発言は九割かた眉唾である。ジャズはジャズだ。ジャズがさらに下向し、ネイティヴな世界へほりすすむことによって復活するというリロイ・ジョーンズのブルース・フェニックス理論は正当であるが、しかし、スピリチュアル、ゴスペル、チャント、チェインギャング・ソング、ブルース、ワーク・ソング、フィールド・ホーラー等、ジャズの根といわれたものはファンキーズムの時代にすべて掘り起こされてしまったのだから、ジャズにとってネイティヴなものはもう屑しか残っていないのではないか、と反論されることも予測できる。しかしこれはジャズの根を歴史的な起源によってつかまえようとした努力であって、現代アメリカ社会の下層にはさまった黒人大衆の構造的な特殊性はさらに別のものである。おそらく社会人類学者にとっても興味ある構造であろうが、一文化の胎内にもう一つ別種の文化が存在していて、しかも後者は強大な前者によって保護されているのではなく、前者と鋭く緊張し、接点で相互に変質したり溶解しあったりしながら成長しつづけているということ、これである。これがアメリカというどでかい実験室でのできごとであり、アメリカが、ヨーロッパ世界とはおよそ異質の、黒人文化の「国家」――はたしてそれが現存の国家であるか――にもなりかねない可能性を秘めた、ちょっとした実験である。コルトレーンの死とともにジャズはなんらかの段落をむかえたように思う。怪物の内部に別の怪物が成長しているという規模で展望した場合、ジャズは、このときから、ジャズが世界を喰うか、世界がジャズを喰うかという闘争の磁場にさらされることになる。ジャズ・シーンはこれからちょっと面白くなるぞ！

さてわがジャズ兄弟よ、ボチボチ進撃にかかりませんか。

ジャズ・シーンにおいて理論の先行は可能か

ジャズ革命の理論的根拠

現代ジャズの基本的なテーマをめぐってこれから喧嘩がはじまる。どうやら嚙み砕きがいのある喧嘩相手をえて、俺はジャズ理論をジャズ地獄の泥深い層までくわえこみ、本質的な論戦をくりひろげる自信がある。当面のお立合の諸兄よ。せいぜい論争のハネをあげ、諸兄にたいしても俺は律気に喧嘩を売り、ひきずりこむつもりであるから、そのさいはアクシデントであったとお逃げなさらぬよう、いまからご注意もうしあげる。

俺のプロパガンダにたいする朝比奈民雄の批判（「平岡ジャズ宣言との対話」、『ジャズ批評』二号）をほぼ次の四点に集約することができる。

第一に、ジャズはいつ「世界史の次元に突入」し、そして、壁のしたたかなてごたえを実感したのは一九五六年であったか、六〇年であったかという問題がだされている。朝比奈は言うのだ。「ジャズの世界性――ひっ！　びっくり音についてては後述――を五六年におさえておきたい」。だってそうじゃないか、「赤軍戦車のキャタペルに踏みつぶされるハンガリア・コンミュンのムギュという声」

を――「偶然の弁証法」の蚊のなく音を朝比奈の成熟した政治的肉耳がききとったかぎりでは――「チャーリー・ミンガスの不協和音が鋭く拒否している」からだ。ここには歴史を偏平足で歩き、ぺちゃんこに見るという朝比奈民雄のもっとも弱い点があらわれているので、のち、この意見を凸凹になるまでたたきのめしてみよう。

批判者の第二の論点はこうだ。ブルース・インパルスの内的構造を記述することができるか？　ここに「今後の論争を発展させる鍵」を見つけだした朝比奈民雄は正しい。このフレーズの前半にこうある。「ジャズにおける複合的な抽象――そうだ！――としてブルース・アージ（Bluse urge）を認め、指示表出に向うブルースに――そのとおりだ！　リロイ・ジョーンズのブルース理解は、われわれの目からみてあまりに自己表出の側面を強調しすぎたように見える――共同体を求めようとする試みは今後の論争を云々。」

第三にこうだ。いささか混乱した前衛ジャズのフレーズがつたえてよこすものはブルースの崩壊ではないかと俺が提起した問題の深さを認めたうえで、いや逆だ、「ジャズ・コンミューンと呼ぶにふさわしい共同体」がより強化されていて、「確実に崩壊が約束されているのはアメリカ市民社会そのもの――え、なんだって、市民生活とは非身分社会のことであり、したがって人種とか貧富とかをとりあえず超越した範疇概念だぜ。が、まあいいや――ではないのか」と主張するのがそれである。

そしてこのことから、平岡はバカだが、おいらならこうだとささげもってきたジャズ・スープが、第四点、「実践的ジャズ」の問題である。俺は前衛ジャズの展望を、もっともするどい表現が急激にとびだす過程に、朝比奈風理解の便のためにもっと露骨に言ってやろうか、排他的に、分派的に、極左冒険主義的にとびだす過程に成立させた。あるいは、成立するだろう、と言った。それを「戦闘的テロルを自己表現とする下層黒人大衆のそれぞれのジャズ形式なのか」、それとも「宣言」以後を俺が言っているらしい――と朝比奈は俺のものわすれを補ってくれている――「実践的ジャズ」をさすものか、平岡ははっきりさせていない、自分で問題をだしておいたくせに平岡は、「ブルース革命の問いかけに対する解答はどこにも直観することができないでいる」。どこにも直観することができないでいるだって？　あたりまえだ。俺は一九五六年にはやくもジャズの――ファンキーズムの絶頂で！――ぶつかる壁を予感できたような、朝比奈のもっているようなジプシーの占い玉をもってやしない。

あとは派生的な問題である。第四点に関連して、朝比奈が妙に前衛ジャズをになう主体を問題にしたがることから、彼がおおざっぱなところ、前衛ジャズという用語でどのていどの魚をカリブの海からつりあげようとしているかというような範囲の問題もでてくるが、これについてはあきらかに山口健二が俺を皮肉っている文章を引いておく。「たかが映画やジャズじゃないか、前衛もクソもあるものか。」（「抗戦」、明治大学シンポジウム「過渡期の革命主体形成論」）

朝比奈民雄の批判はわるくはない。俺のプロパガンダの理論的核心がどこにあるかを射ているし、問題のたてかたが、ついにというか、やっとというか、ジャズ評論というものが成立するための肝腎の柱をたてはじめたことはたしかである。しかし古い歌だ。朝比奈は俺の宣言からもう一つ重要な柱を読みぬけなかった。俺は「ニグロ労働者の革命にブルースの革命が先行することはありうる」とか、正規ならざる発展をとげてきたジャズが価値のあるものだと認められたとたんに現代の最先端にとびださざるをえない、といった箇所に、ジャズ永久革命論を予告しているのである。後述するように、これが朝比奈民雄における歴史の偏平足をみちびいて、複雑な屈折をしめす歴史の実相につれもどす盲導犬となる論拠であるのに。

ところで、朝比奈よ。素姓はかくせねえものらしいな。たぶんおめえは革マル主義のはじっこのほうにいてのち、自立派の周辺におでましになったのだろうことがおめえのあやつるフレーズから推察できるんだがね。ちょっと絵解きをしようか。コルトレーンのモンクからマイルスへの、「乗りうつり疎外」と言ったな。このあたりは、コルトレーンの乗り換え列車という相倉久人のフレーズのヴァリエーションであると同時に、柳田謙十郎が安保後、党はじつに立派だったと感心して代々木に入党したことをさして、黒寛氏が「乗りうつり疎外」と言ったことを想い出させるぜ。五六年のムギュが悲劇なら、六〇年のムギュは二番煎じの茶番だとカッコよく俺を皮肉るあたりもそうだ。また「抽象的なものは具体的である」とするルカーチの「階級意識論」からの密輸入をやったあとで、それを、ビッグバンド形式に対応するコンボ形式のうちに、前術ジャズメンの実生活を測定するためのメルクマールであると朝比奈が主張しツツ――この「つつ」という接続詞のつかいかたによる美人局《つつもたせ》構文も黒寛氏一党のお好みだったな――ブルース・コンミューンの現実値を暗示させるあたり、その手のこんだ論理のはこびかたも、俺を遠い遠い五年もむかしの思い出にたちかえらせるよ。

ところでこの件に関しては、ジャズ・コンボを組織論として考察しなければジャズそのものがとけやしないのだとまさに俺によって主張されてきたことを朝比奈は知らないのだ。「現代の小集団の原基的イメージを俺はジャズ・コンボに見出す」というフレーズののち、三頁にわたってこの問題を追求したことがある（「テニヲハのピッチが狂ったねずみの叛乱」、『犯罪あるいは革命に関する諸章』、現代思潮社、一四七―一四九ページ）。また、「演奏の現場でのジャズマン同士の関係をつかまないかぎりジャズの秘密はとけない。これはジャズを音場としてみるとどうじに組織論としてみることだ。」（「中堅テナーマンたち」『三田新聞』六七年一〇月一八日号)。

いっぽう、「神話に依拠した前衛主義者」が五万人とか、「指示表出」だとか、「黒いコンミューン」だとか、つい俺の鼻の下がデレーンとのびてきそうな語彙も用いている。朝比奈民雄よ。OUR JAZZ同人の政治意識あたりを左翼的殺し文句のコピーライターの角度からおどかすのは俺ともどもおめえも好きらしいが、平岡正明という男はちっとは観念ゲームのピンポン球をとばしてきた陰謀家であることをお忘れなく。

朝比奈民雄よ、おめえのパンチはいい角度からは出ているさ。おめえが俺と近似した問題意識をもっていたのは、たぶん、俺の理論的な努力と並行するようなかたちでおめえが思想のつまみぐいをやってきたからにちがいない。俺とおめえがどこでつながっていてどこできれているか、このあたりの機微になるとジャズ批評を逸脱するかもしれない。あるていどの並行した思想態度をとってきたものが、共通の問題領域のしきいをまたいでジャズの内側に入りこんだときには、同志的な関係から非同志的な関係に変ること、しかも増幅して変るというセクト主義の力学をおめえはまだ忘れてはいないだろうな。わが親密の準タワーリシチよ! そこで、俺は敬意をこめて朝比奈民雄のアタマをひとつ、たかだかと音がでるほどひっぱたくのである。

朝比奈民雄は現代史の再編成を一九五六年のハンガリー革命にもとめる論法をどこからひきだしてきたのか。革マル経由で、埴谷雄高に学んだのか、高知聡に学んだのか。めったやたらに五六年を強調すること、これは五八年から「左翼スターリニズム運動」として、代々木からの組織的分裂を開始したブンドに対して、革マル主義者が毛並のよさを誇ってみせる有力な論拠の一つだった。しかし、ハンガリー革命が黒人闘争にショックをあたえただろうなどとはてんで考えられない。マーチン・キングのとっつあんが穴からのこのこはいだしてくるのだって五五年十二月だからな。ジャズ史と黒人闘争史の年表で一九五六年という時代をおさえていただく。ハンガリー革命とつながるだろうか。そりゃ二千万人のアメリカ黒人のうち二人半か三人はハンガリー革命にショックをうけたものはいたろうさなんていうよりも、ただの一人もいなかったという論のほうがおもしろいくらいだ。こんな単純な事実誤認をなぜ朝比奈民雄はやったのか。この男らしく、この箇所ではもうすこし手のこんだ筋書きをつくってあるわけだが、じつは、俺のある種のカンによれば、朝比奈はここのところがいちばん言ってみたかったのであり、俺の議論に正面から敵対しているようにみえてそのじつここのところで俺にたいして甘ったれた声をだしているのにちがいない、これはニューモードの近親憎悪なのだな、とそう俺には理解できる。

彼はこう言うのだ。「ここには平岡イズムが漂っているし、ジャズと状況の癒着が巧妙に表現されている。世界の同時性、等質性を実感の根拠として、したたかな壁を一九六〇年とするならば平岡はジャズ世界において、まさしく遅れてきた青年であると言った奴がいるし、僕もそう思う。」ははあん。歴史的なものは構造的なものであり、歴史の形成過程は論理の生成過程であるという構造主義の場の理論をひきいれて、俺と心中するつもりだな。しかし、客観的なものは主観的なものだというドグマはたやすくは出てきてくれない。ここで朝比奈のいいたいことは、ジャズの問題を世界の問題に翻訳し、世界の問題をジャズの問題に翻訳できれば、ジャズを状況論の一環として考えることができるのだから、世界思想としてのジャズをわれわれは語ることができるということなのだ。これは正しい。別の表現をすれば、一人の黒人の苦痛は世界の苦痛に通いあっている、ということである。

俺の知るかぎりでは、「世界苦」というドイツ・ロマン派の用語をつかってジャズの今日的な価値について演説したのは、六七年九月十七日、「ジャズ会議」三日目の北沢方邦だった。しかし「世界苦」のジャズを朝比奈が一九五六年にもとめるのは完全にまちがいである。朝比奈の指摘は、主観的なものと客観的なものを世界の同時性、等質性によって俺が性急に合致させていることをついている。だから、ハンガリー革命の血の海での沈没とジャズのいきづまりをパラフレーズさせることは、「偶然の弁証法の鋭さを増す」どころか、ますますカリカチュアである。なるほど、心中しても両者が同時的、等質的にこときれるものではなさそうだ。ここで問題は次のように立つ。ジャズの歴史は朝比奈や俺の意志とは別のものである。世界の歴史もそうだ。ある認識主体がいて、ジャズの歴史が世界の歴史に喰いこんでいることに気づく。気づいたのが一九五六年であったか、その四年後であったか、という問題と、ジャズが世界思想の一つとして考えられなくてはならない段階に突入していたのがいつかということは別である。この問題を解くには、われわれの――朝比奈と俺のと、ここで限定しておいてもいい――認識の直接の契機となった世界の同時性、等質性ということを、歴史およびジャズの内的証言にもとめなければならない。

派生した問題についてひとこと。朝比奈は「ジャズの世界性」というやや不正確な表現をしているが、空間的な意味、量的な意味では、ジャズの世界性は一九二〇年代以後にはじまっている。サッチモやグッドマンの例。モダン・ジャズの時代にはいるとともに、ジャズの世界性という観念は、それ以前のジャズの民族性や伝統主義に対立していわれているのだということは、相倉久人が強調するとおりである。（たとえば、『モダン・ジャズ鑑賞』〔荒地出版社〕のあとがきなど）。またジャズの国際性というように理解するとそれはジャズのはじまりが諸民族音楽の混淆であったことを指摘できるのであり、諸音楽がアメリカ黒人の民族音楽としてたばねられ成立していく過程を意味する。だから俺は、現在、ジャズの世界性というときに次のメルクマールとともに考える。第一に、モダン・ジャズのひらかれた諸力が、各国、各地方の音楽的伝統と葛藤したり、その地方の音楽理解の線にそって変化したりしながら、それぞれの、ジャズの地方言語とでもいうべきものをつくりだしていく創造の局面において。この点については、論争であるから時間にこだわるが、朝比奈の批判の書かれるより以前、一九六七年六月に書かれた本稿の1をなす小論「なにが焦点になるか」によっておおざっぱな展開がなされている。第二に、都市生活や大工業生産のリズムによって筋肉のリズムをならされている人々の思考に、それに並行するかたちでふかぶかとつきささるモダン・ジャズの現代性によって。

さてわれわれはジャズ革命をその本質的理解にそってデッサンするところにきた。

ジャズの一九五六年は東海岸派のまきかえしが勝利しつつある時点である。五四年、イースト・コースターの胎動がはじまり、五五年、ファンキー・ジャズの中核が組織される。MJQ成立、ブレイキーとシルヴァーの初代ジャズ・メッセンジャーズ結成、マイルスのオールスター六重奏団吹込み開始、ローチ＝ブラウン西海岸遠征などが五四年。五五年にパーカーが死んだが、ジャズ・メッセンジャーズ、シルヴァーのグループ、ローチ＝ブラウンの確立、マイルスの五重奏団の組織など、ファンキー・ジャズの組織化がすすむ。そしてジャズは五六年の昂揚をむかえる。この年、レコードの上では、ロリンズの『サキソフォン・コロサス』、モンクの『ブリリアント・コーナーズ』、ミンガスの『直立猿人』が吹込まれ、この三枚は、油井正一の「ジャズ史をかえたエポック・メイキングなレコード」（SJ誌、一九六六年五月臨時増刊号）において最高度の評価をあたえられたものであった。ちなみに、油井論文では二〇年代から六〇年代にかけて二十枚のレコードがとりあげられているが、五〇年代のジャズは六枚がピックアップされており、うち、同じ年に三枚というのは一九五六年だけである。

　このことから五六年がジャズ史にしめる重要さをみることができる。この年に、マクリーン、リー・モーガン、チェンバーズ、コルトレーン、ドナルド・バード、マル、ウイントン・ケリー等がジャズ・シーンの第一線におどりでてくる。ローチ＝ブラウンの『ベイズン・ストリート』や、ジジ・グライスの『ニカス・テンポ』、MJQの『フォンテッサ』が出たのもこの年だ。ロリンズはこの前後から、バルザック的情熱を感じさせる傑作の濫発時代に入る。彼の『トゥール・ド・フォルス』も五六年。この盤はミンガスの「直立猿人」とともに六〇年代ジャズさえ暗示させるものだ。そして、クリフォード・ブラウン、ジェームス・ディーン[1]、ジャクソン・ポロックの三人があい前後して死ぬ。生者も死者もともに青春を感じさせる年、一九五六年はジャズ・シーンにとってこんな年だ。

　黒人闘争史のうえでは、一九五六年はモントゴメリーのバス・ボイコットとリトルロック事件の間の休止符である。ローマックスの『黒人革命』（山田進一訳、みすず書房）によっても、五六年は、革命運動史の対象ではなく、社会学的な、ないしは統計論上の考察の対象とされた年にすぎない。次に黒人闘争史の年表をかかげてみる。

一九五五年十二月　モントゴメリーのバス・ボイコット。とっつあん登場。
一九五七年九月　リトルロック事件。
一九五八年……　KKKの暴力さかん。この年ロバート・ウィリアムズ（後キューバ亡命）の黒人自衛論『クルセーダー』誌に掲載。
一九六〇年二月　スナックにおけるすわりこみ戦術開始。ナッシュビル物情騒然。

同年十二月　於ジョージア、黒回教ＫＫＫとの秘密協定、相互不可侵。
一九六一年五月　フリーダム・ライダーズはじまる。ＣＯＲＥのジェームス・ファーマの言動注目される。
一九六三年三月　バーミングハムの叛乱。キング日和る。
同年八月　ワシントン行進。
一九六四年三月　マルコムＸ、黒回教から組織的分離。
同年四月　マルコム、アフリカ行き。
同年八月　公民権法案通過。白色テロルさかん。
同年十月　ディーコン党、黒豹党など結成。黒人自衛論さかん。
一九六五年一月　マルコムＸ、ＫＫＫへ挑戦状。
同年二月　マルコム暗殺。
同年八月　ワッツ暴動。
一九六七年七月　ニューアーク暴動。米全都市を黒人暴動が席捲。カーマイケル、ハバナ会議にて、アメリカ国内に五〇のベトナム、国外に五〇のベトナムをと主張。

六〇年代に入るとともに、ニグロの蜂起がラッシュの様相をみせ、ことにマルコムＸの黒回教離脱とともに、まず量、次におそるべき左傾化をみせて展開されることがみてとれる。このことが世界の革命史上にしめる独自性と深さについては、長篇の論文を書かねばつくせないとおもうが、このわれわれの眼前に展開する二〇世紀後半のイベントについてあとでデッサンしよう。いまちょうど、これとジャズとの関係について、相倉久人が鋭く総括した文章を書いたので引用してみる。

「一九六七年は、ジャズがその歴史上はじめて、情況によって追いつかれ、追い越される危機に直面した年として記憶されるだろう。」――「都市ゲリラの新たな段階とジャズの危機」(『日本読書新聞』六七年一二月二五日、のち『ジャズからの挨拶』音楽之友社)。まさにそのとおりである！　三月、俺は「ニグロ労働者の革命にブルースの革命が先行することはありうる」(宣言)と展望した。八月、ごろとおもう、朝比奈は「リンゴを内部から腐敗させるシンが、黒いコンミューンであり、同時的(理想だが)にジャズ・コンミューンではないか」と俺に反論した(傍点平岡)。俺の展望をけとばし、朝比奈の理想をつぶし、黒人暴動はジャズ・コンミューンに先行したのではないか。ジャズがびっこをひきながら、黒人蜂起の後を追うように、逆転したのではないか。そうなら、ジャズ・コンミューンに先行する黒人闘争の原基体はなにか。これこそ、「第三世界」なのである！　人種暴動というある意味では一国的なモメントをこえて、黒人闘争を世界革命の最先端にとびださせた力は、アメリカ北部の都市に深々とつきささっていた第三世界なのであった。朝比奈の革マル的革命史観からは、けっして第三世界がでてこない。ロリンズの肉体主義的な過剰さを「挫折ムードに泣きを入れ」たものであるといい、たかがアンドリュー・ヒルごときに脱帽したりする朝比奈のジャズ感覚がしめしているものは、あんがい彼の先進国主義なのではないか。君はさっぱりした料理がお好きなのかね。また、すわりこみ――フリーダム・ライダース――公民権運動、あるいは組織主体のいいかたをすれば、南部キリスト者同盟――CORE――前期SNCCとつづく、ある意味で一国的な、黒人闘争の合法則的な、その発展の上に現在の黒人闘争を位置づけることもできない。むろん反スタの発展の上に現在の黒人蜂起があるわけでもない。それらとは全然別の要素から出発しているのである。ローマックスが書いている。「この回教徒は、たかがアメリカにいる回教の信者くらいにしか思っていなかった。」また「かれらは、みごとなほど完全にアメリカから離脱している。」また「諸条件の改善を、他のニグロ指導組織がやっているように、アメリカ社会の枠内で実現しようとせず、黒人回教徒たちはこの社会にすっかり背を向ける仕方でこれに対応している。」（『黒人革命』邦訳一七四—一八八ページ）。ローマックスは、社会学者ないしはジャーナリストが位置しうる左翼の限界にいる。彼の著作は信頼できる。にもかかわらず、彼が北米都市のスラムに入り、黒回教にはじめて接したときに自分を異邦人のように感じた。彼をバロメーターとして考えたときに、黒回教——マルコム——カーマイケルと結ばれる都市ゲリラの線が、それまでの黒人運動家の行動形態、政治的蓄積とは別の系列に属していることが見てとれるのである。もちろん、マルコム——カーマイケルにいたる過程で黒回教のいじの悪い世界観や排外主義が急速に克服されて現在にのりあげてきているが。で、われわれはここで一国的展望をはなれてみよう。世界史年表から革命的時点をざっとリストアップしてみると次のようなことがわかる。

一九五四年十一月　アルジェリアFLN結成。
一九五五年二月　スターリン批判。
一九五六年十月　ハンガリー革命開始。
　同年同月　スエズ事件。
　同年十二月　カストロらグランマ号でオリエンテ州上陸。
一九五七年三月　ガーナ独立。エンクルマ。
一九五八年十月　ギニア独立。セクトーレ。このあたりアフリカ諸国の独立つづく。

一九五九年二月　キューバ革命。
一九六〇年四月　李承晩ぶっとぶ。
　同年六月　安保闘争昂揚。
　同年九月　フランス人民ＯＡＳ撃退。
　同年十二月　ヴェトコン結成。ゴ政権ぶっとぶ。
一九六一年四月　キューバ干渉軍撃退。
　同年六月　トルヒーヨくたばる。
一九六二年七月　アルジェリア革命成る。
一九六四年一月　ザンジバル武装人民革命により独立。中ソ対立激化。
　同年八月　北爆開始。
一九六五年四月　ドミニカ反乱。アメ帝露骨にでしゃばる。
一九六六年八月　紅衛兵あふれでる。
一九六七年七月　ハバナ会議。南米、北米のゲリラ結集す。

ことわっておくが、このリストの「偏向」については俺自身がよく知っている。ほとんど自分自身が一喜一憂した諸事件だけが強調されているといってもいい。合衆国の闘争が、港湾ストや、新聞ストや、ティーチインや、反戦デモが入っていないが、これは黒人闘争とともに、別に考察すべきなのでリストアップしなかった。
不完全なリストから俺が強調したいのは次の諸点である。第一に、二〇世紀後半の階級闘争の舞台からヨーロッパの役割が後退したこと。第二に、勝利した革命はかならず暴力革命である。第三に、アフリカ諸国をのぞいて、激化する独立闘争にはかならずアメリカの影があらわれてくること。これは、世界帝国主義の元兇がアメリカであるというあたりまえすぎることを意味しているが、同時に、次のいくつかの特徴的な性格とならんで、現代の革命闘争の特殊な性格をしめしている。すなわち第四に、過去十年間、ヨーロッパとソヴェートは平穏であった。第五に、階級対立の激化は、ヨーロッパおよびソヴェートをのぞいて、全世界的に無差別であった。日本、中国およびアメリカは、内部からゆさぶられたのである。第六に、闘争が激化し勝利する地点は、世界の帝国主義的な環からみても、国際共産主義の環という観点からしても、さして重要性をもたないと考えられていた地点であったこと。ソヴェート・ブロック以外で、よく組織された共産党をもつ諸国は、イタリヤ、フランスのように平穏にすごすか、六六年九月から現在にいたるインドネシアのように、党組織および左翼の全面的な壊滅にいたっているかである。

だから、第三世界（Le Tiers Monde）――この語をだれがはじめに用いたかは不明であるが、ボーボワールの自伝などから、フランスとアルジェリアの緊張をアルジェリアの側から表現したところにはじまったとみることはほぼ妥当である――が世界につきだしている問題の質を次のようなものだということができる。

「東西緊張」の末端から矛盾が火を吹くという新聞世論に反対していること。革命づくりにしろ、クーデタ・メーカーにしろ、世界の緊張をつくりだす主体は、国際共産主義のブロックにはなく、アメリカにある。世界の対立は帝国主義と「社会主義」の矛盾にあるというヨヨギ主義のみならず、先進国の階級闘争の尖鋭化ないしは後進国闘争に先進国革命の路線をもちこむトロツキズムの世界革命論の破産を第三世界は指摘している。同時に、先進工業国が内部から革命をおこすエネルギーをすっかり使いはたしてしまったわけではなく、アメリカや、ある意味で日本も、内側から国家をふりまわす力をもっているが、それ自体で革命につきすすむ可能性はほとんどない。民族闘争は無条件に社会主義革命を掲げねば民族解放もかちとれない。コミンテルンの時代より、植民地闘争ははるかに尖鋭化しているのであって、母国のプロレタリアートの蹶起をうながすことによって植民地革命が世界革命の最前線である。植民地、低開発国の叛乱はアメリカと正面衝突し、そのたびにアメリカの階級闘争を刺激する。われわれは、一九六〇年代を第三世界が質的にも先進諸国に先行しはじめた時代と考えることができる。「いちばん後れたものがいちばん先頭に立つ」――アルジェリアの革命家フランツ・ファノンのテーゼである。

ここで、一九五六年という時点を、世界史一般、黒人闘争史、ジャズの三つで横にきってみよう。〔十月〕ハンガリー革命、ブダペスト蜂起。〔同月〕スエズ事件。〔十二月〕グランマ号オリエント州上陸。黒人闘争はバス・ボイコットとリトルロックの中間期。南部黒人の組織的再編成開始。ファンキー・ジャズ昂揚す。

このときジャズの世界では、合衆国を南北で分かつよりも、東西で分かつ立場しかない。ジャズ史には南北の契機とともに東西の契機があって、これらは相互に回転しあっているのである。

さて、これら諸事件相互間にはまったく関係がない。しかし、ほぼ十年の後、ジャズと黒人闘争をむすぶ線と、植民地闘争をむすぶ線とは、疑う余地のない自覚的なかたちでよりあわされるのである。そして、それは南米ゲリラとカーマイケルの結合に象徴されるように、真のインターナショナリズムとしてわれわれの前に強烈な光を放射している。カーマイケルはこういうのだ。ブラック・パワーとは「どんな手段を使ってでも解放を戦うための、黒人住民の団結である。世界の他地域の被抑圧人民とアメリカ黒人住民との団結である。内部では、われわれを抑圧し、外部では諸君を抑圧している資本主義と、帝国主義に反対する闘争である。」（ハバナにおける発言、『日本読書新聞』一九六七年九月一一日号）

ジャズのぶつかっている壁は、世界史そのものの壁である。朝比奈民雄が楽観しているように、一九五六年にまぐれあたりにジャズが世界の壁とぶつかり、壁を表現し、世界「性」をもったはずがない。ハンガリアがジャズにもってきたものはガボール・ザボーぐらいのものさ。六〇年代に、ジャズはジャズが深化する過程で壁をえらびとり、つくりあげたという自覚的な側面を強調しておくことはむだではない。朝比奈の指摘するとおり俺はこの点赤面するのであるが、ジャズが「民族独立」の枠をこえ、世界史の突端で壁に頭をぶちつけているのだと気づいたのは、六二年ごろであった。

こう仮定してみよう。ジャズ・コンミューンがアメリカ黒人のソウルと筋肉組織のあいだに蓄積された幻想的共同体であるという理解に――デュボワや、ラングストン・ヒューズや、リロイ・ジョーンズや、そして相倉久人や朝比奈民雄や俺のだいたいのところ共通して持っている理解――をはずして、諸国の被抑圧大衆の、なかんずく第三世界人民の魂のなかにあり、それらの魂を結びつける共同体的な感情の母胎であると仮定してみよう。そして、それらの魂が「白い世界」から全体として離脱していく過程とジャズの深化が対応していると仮定してみよう。この仮定の正確さは、ジャズが世界中で理解されることの根拠としてあらゆる社会の下層にはなんらかのブルースがあること、非西欧世界のすべての音楽に音声の上でジャズ的イントネーションがあり、胴間声やヴァイブレーションや持続低音を社会的価値の体系として保持していることを客観的に証明することによってささえられるものとしよう。このように仮定することによって、ジャズの直面している本質的な問題を解くことができる。すなわち、フランツ・ファノン——マルコムX——エルネスト・ゲバラとつなぐ第三世界の革命家の行動と主張のなかに、ジャズの思想化を読みとることができるのである。

フランツ・ファノンは六一年刊行の主著『地上の呪われたるもの』のなかで言っている。「非植民地化とはつねに暴力的な現象である。」また「闘争自体が、その展開の中で、その内的進行のなかで、文化を異った方向に発展させ、新しい文化を粗描する。」また「低開発国の民族文化は、その国が行なっている解放の戦いの、中心に位置づけられなければならない。」そして、「暴力とは、被植民者である民衆が、自分たちの解放は力によるべきであり、それ以外に方法がないということを直観的に知ることだ」。ソレルの暴力考には驚かないにしても、植民地の解放とはつねに暴力のことであり、この暴力が文化なのだというファノンの主張はかなりショックである。ロシアや中国や日本において、文学が革命思想の代用物としてあらわれたことをわれわれは知っているが、暴力が文化を破壊するというPTA的文化論の逆も逆、暴力が文化だというのは徹底している。もっとも草原の韃靼族にとってはかれらの戦闘そのものが韃靼文化だったことはたしかだが。が、ジャズがファノンの文化の意味をになっている側面をもっていることは疑うことはできない。ジャズから暴力をうばったらなにがのこるか?

ちなみに、ファノンはマルチニャック島産の黒人である。パリで医学を修め、白人女と結婚し、アルジェの病院に勤務し、後、フランス国籍を捨てFLNの革命戦線に参加する。六一年十二月、白血病のためニューヨークで死亡。三十六歳。マルコムX、ゲバラともに三十九歳で死んでいることも象徴的である。ファノンについて詳しくは、堀田善衛、鈴木道彦「アジア・アフリカにおける文化の問題」（岩波講座「現代」第十巻『現代の芸術』）を見よ。[2]

俺は神秘主義者としての一面を強くもっている男だが、俺のハイエナのような鼻は、都市の一室にいながらに、暴力と死の臭いを敏感に嗅ぎとるのである。サハラ砂漠、カリブ海、ニューヨークのアップタウンのあたりから、だいたいおなじような鼓動と死の臭い、あの過激な死の臭いがつたわってきた。エロチックな歴史の発情期という澁澤龍彦の概念を用いれば、このような臭いを出している時と場所では、かならず、創造としての破壊が創造されているのである。なかんずくジャズである。「ジャズ宣言」がニューアーク暴動の鼻先で発表されたという妙にタイムリーな偶然によって、俺はジャズに関する自説を発表するたびに何人かの屍骸を売りに出すはめになったが、このことが、こけおどかしをそぎおとしたところで証明するものは、ジャズと第三世界を通底する基本的なタームとなっているということである。その民族が天国と地獄に関するどのような観念をもっているかを知ることは社会人類学の方法の一つであるけれども、そのような意味で、第三世界が、死についてどんな覚悟をもっているかを考察したときに第三世界の主体的な力量をかいまみることができる。じつはこのことに注目したのは松田政男なのである。第三世界の革命家たちはちっとも死をおそれない。フィデル・カストロがキューバ上陸を宣言したときのスローガンは「一九五六年にわれわれは自由を得るであろう。さもなくば死を得るであろう」であったし、ゲバラの「別れの手紙」は「勝利よ永遠なれ！国家か死か！」と結ばれ、「世界の人民にあてたメッセージ」は機関銃の連射音が自分の読経となれば満足だという有名な一節で結ばれている。五六年のスローガンを笑った連中も、それが嘘いつわりでないことをその後の革命行動で知らされて、六七年のゲバラを笑うものはいなくなった。革命家たちはこの生か死の二者択一をことあるごとに強調し、日々の具体的実践に巻きこまれ一般理論の創造を断念せざるを得ないかれらの、革命的行動の指標になっているのではないかとさえおもわせる。自分の役割を自覚し、死を怖れぬ屈強な男たちの死にものぐるいの行動の連続、これにはちょっとかなうものはないのである。宗教改革期のヨーロッパや維新の日本からはとうにうしなわれたエネルギーの放射がこれだ。このことも、また、ジャズ・シーンにそのままあてはまる。

ついでまでに言っておくが、反スターリニズムの展開を現代史の展開過程として把握するトロツキズムからアナーキズムにいたる潮流をたたくために、俺がここに粗描したものは、日本の若い無党派左翼がおおかれ少なかれ共有し、相倉久人と俺によってジャズ革命としての方向に根拠づけられ、政治的には松田政男によってしあげられつつある思想なのである。（なお、その後の資料として栗原登一の『世界革命』三一新書を参照）。

去年の秋、松田政男、相倉久人、平岡正明のコンビネーションができあがってから、われわれのジャズ理解の左旋回は急激であった。たちまちにして、たがいにそれまでの領分を荒らしまわりはじめたのである。俺の理解では、この急激さというもの、愛でいえば速度の愛＝強姦、状況発展の力学でいえば歴史の複合的発展の法則、物理学的にいえば融合反応というものが第三世界をはかるわれわれのものさしになったのである。たとえばカーマイケルについてみよう。

「われわれは、非暴力という哲学的あるいは宗教的理想をわれわれの目的、われわれの信念の前提条件、そしてわれわれの行動の方式として確認する。ユダヤ教的・キリスト教的伝統のなかから育ってきた非暴力は、愛に貫かれる正義の秩序を希求する」。このフレーズはなにかに似ていないか？　さよう、一九六五年のコルトレーン神学である。が、実際はこの文章は一九六〇年五月臨時学生非暴力調整委員会の名称でＳＮＣＣ（スニックと発音するようだ）が発足したときの趣意書の冒頭なのだ。結成当時の十五人ほどの学生指導者のなかにストークリー・カーマイケルがいる。（ハワード・ジン『反権力の世代』武藤一羊訳、合同出版社）。趣意書はカーマイケルの手になるものではないが、高校時代にマルクスを読んではいたものの、七年前のカーマイケルの思想の水位が奈辺にあったか説明してくれはする。

ところが現在彼は言う。「デトロイトの反乱はアメリカを経済的に傷つけつつある。たとえ当局がわれわれの武器入手を困難にする場合にも、われわれはきっと武器を手に入れるだろう。アメリカに対する諸国人民の共同闘争だけがこの怪物を打ち殺すだろう」（ハバナにて）、武器とは、軍隊から直接かっぱらう兵器だけではなく、諸国人民の団結としても、すでに成熟した国際革命家としてあらわれているカーマイケルによって考えられているのだ。たしかに愛はふかまった！　だから、コルトレーン神学をさして、「神さまのスカートの中に逃げこむ」とちょっと言ってみたくなるのだ。アメリカ黒人の一国的革命は不可能である、世界革命の一環としてのみアメリカン・ニグロの叛乱は勝利しうる、そうカーマイケルは言っているようにみえる。彼はおなじ発言のなかで、つづけて「われわれが、アメリカ国内に分離領土をもつことを受け入れうる唯一の条件は、『黒人と白人』の両領土における核爆弾とロケットの配置だろう」と言っている。これはまさに、黒色排外主義のこけおどしではなく、黒色排外主義がすでにとりのこされたユートピアにすぎなくなったことを強調しているものだ。ここには、マルコムX以来の黒回教の内的エネルギーを一ccもそこなわずに、より国際的な展望にもとずいた革命の路線をどうしたら組織することができるかという努力が結実しているのである。驚くべき急激な成熟である。マルコムXにおいては、六四年三月の黒回教からの離脱と六五年二月の死までの約一年間こそ、今世紀の輝かしい思想的ドラマであったといえる。情ないことに、俺はマルコムの左旋回の意味するものを同時に理解できなかったが、すくなくとも、マルクスの「ユダヤ人問題」およびトロツキーの「同志マッケイへの手紙」(『コミンテルン最初の五ヶ年』)を参照しながら、手探りで書きすすめていた論文「黒回教批判」――このときに俺はブルースの批判は黒人国家論の批判につきすすまねばならぬというかなり青年マルクス的な課題に気づいたのだった――を、マルコムのような大物がでてくればもう不要だとして、ひきだしの奥に投げいれたことがある。マルコム万才！

　これもついでに言っておくが、ファノン、ゲバラ、マルコムの革命第一世代にくらべて、カーマイケルやドブレは、ちょっといやなところがある。奇しくも両人とも現在二十六歳で、俺もおない年だが、いずれもドグマに走る傾向があって、ことにドブレには、カストロやゲバラの経験と心情とを一般理論として代位させる役割のために「あれもだめ、これもだめ」式のカント風の厳格主義がでてくる。やはりヨーロッパ人なのだな。カーマイケルには、白人リベラルに対する態度において時々黒回教の偏狭さが顔を出すようなので、論文、「黒回教批判」をそのうち机のなかからひきだしてみようかともおもう。たぶん俺という男は、日本のジャズのわけしりにとって、いやな奴とうつっているとおもう。そして、せめていやな奴になってやるよりほか、同年代のカーマイケルやドブレに対してわれわれは顔向けができない位置にいる。紅衛兵が在日朝鮮人のなかにいるのだとおもうけれど、いちおう、ドブレとカーマイケルをつなぐ二十歳代のイデオローグの線を東洋にもとめると、ずいぶん見劣りするが、それは俺だということにしておこう。自分をものさしだと仮定したときに、第三世界のエネルギーを直接浴びている革命家たちの、短期間の、急激な成熟の度合をはかることができるのである。安保全学連は、革命の、すくなくとも理論的側面では、世界のどの学生組織に対しても優越感をもっていた。一九四〇年、レオン・トロツキーが死んでから二〇年間、トロツキズムは世界のどこででも大衆闘争ひとつおこしたことはなかった。日本の全学連のみが反スターリン主義革命運動を身をもって開始し、世界革命の旗をかかげる唯一の、そして後続する左翼反対派行動の最初の部隊であると自負していた。アメリカのニューレフトや、イギリスの百人委員会は弟子みたいなもので、自分たちに肩をならべうるものは、かろうじてフランスのジャンソン機関だくらいの気概をもっていた。それが、たかがフランスの青年哲学者や、たかがアメリカの黒人にあっさりぬかれた。ちくしょう！イデオローギーの競合においても、個人の成長の記録においても、歴史の複合的発展の法則は作用しているのである。おくれてきたものが先頭に立つ！

一イデオローグの急激な成長。これは、「優秀なジャズマンはくたばり急ぐ」と「ジャズ宣言」でかつて俺がしゃべったことのパラフレーズである。そして、以上の歴史にかんする記述は、ジャズはアメリカ社会の下層にどんよりと蒸溜されてきたというおくれをもっていたために、世界史的課題の最先端にとびだしたのだ、というテーゼの、その思想的なパラフレーズとなっている。さらに黒人解放闘争の歴史そのものが、複合的な発展の軌跡をえがいている。キング、ボールドウィン、ローマックス、ファーマー、エライジャ・ムハマド、リロイ、マルコム、カーマイケル、ラップ・ブラウンなどが次々と日本に紹介されてきたが、それぞれ後からくるものが、左から割り、さらに左から割って、アメリカ黒人大衆の左傾化に対応していった過程をわれわれは指摘できる。それはここ十年ほどの間に、連続的に生起したのである。

以上の、個人のレヴェルから世界のブロック的理解のレヴェルにいたるそれぞれの複合的な発展の法則と、各レヴェルがそれぞれ世界全体に有機的な関連をもってつきささっていること、および各問題がそれぞれ直接に現代世界の矛盾の最前線でたてられていることの総体を、俺はジャズ永久革命というのだ。これは朝比奈民雄の偏平足の歴史主義からはとらえられない核であり、原動力である。

具体的な政治経済的分析なしのデッサンのために、やや理解しにくい点があるとおもうので要約してみよう。ブルース共同体というものを、アメリカ・ニグロのソウルの堆積だけと考えずに、第三世界の情念の共同体と仮定したときに、文化の問題、暴力の問題、発展の急激性の問題において、ジャズを革命思想に翻訳して読むことができる。このことは、ジャズの基本的な謎のいくつかを解くために有効のみならず、ジャズが、いつか世界を所有するにいたるだろう展望をきりひらく。

ところで、以上の俺のみとおしは、すでにブルースは蒸発してしまったのだろうかという俺のブルーな危惧と矛盾し、ブルース共同体はますます強固になっているという朝比奈民雄の意見に道をひらくだろうか？　けっして！

朝比奈の歴史観をもうすでに十分デコボコにはしたが、おもしれえから、もうすこしやってみよう。「やや錯乱した前衛ジャズのフレーズのつたえてよこすものは」（平岡）――「ジャズ・コンミューンと呼ぶにふさわしい共同体が、むしろ緊密により強化されているということに尽きる」（朝比奈）。尽きる！　だとよ。その理由は、ニグロの闘争が昂揚しているし、アメリカ社会の崩壊は確実だろうから、ってんだ。こういうのをジャズ的に偽装された生産力理論というのである。黒人闘争の昂揚、黒人コミュニティーの強化、ジャズの昂揚、というぐあいに、朝比奈の頭のなかでそれぞれが濡れ紙のようにペチャリとはりついているだろうことは、彼の発想のスタイルからして、純論理的――ことばをかえれば自動的――に推理できることなのだ。しかしここではしばらく彼の論法を見てみよう。

「リンゴを内部から腐敗させるシンが、黒いコンミューンであり、同時的（理想だが）にジャズ・コンミューンではないか」。これを、底辺を共通にし、二つの頂点をもつ重ねあわされた二つの三角型、一方が黒い政治的なコンミューンであり、他方がジャズ・コンミューンであると理解するなら、ほぼ正しい。それで、次に、共通した底辺の実体はなにかが問題になる。

「年ごとにアフロ・アメリカンの自覚をたかめてきた黒人達にとって、彼等の戦闘的テロルは自己解放の表現であり、もう一つのジャズの形式なのだ。ニュー・ブラック・ミュージックの旗に結集した前衛ジャズメンにとって自己表現形式は自己解放の武器にほかなるまい」。

「この身を焼き尽くす黒人大衆の戦闘テロルに示されるもう一つのジャズ形式と前衛ジャズメンの武器が『黒い権力』を突出させていると思われる」(傍点は朝比奈)。いま引用した個所は、朝比奈民雄の論難書のなかでいちばん深い思想である。悪くない。朝比奈は「もう一つのジャズの形式」といい、それは「戦闘的テロル」のことであり、黒人大衆にとっては「自己解放の表現」であり、同時に前衛ジャズメンにとっては「自己解放の武器」だといっている。ジャズの演奏が自己解放の武器である。おなじことを、ベクトルをかえれば、黒人大衆の自己解放の表現としての戦闘的テロルになる。テロルとジャズ演奏をむすびつける環がすくなくともひとつは存在する。ほとんど賛成だ。

ひとつだけ朝比奈に俺が賛成しかねるのは、黒人大衆にとって戦闘的テロルが自己解放の表現となっているという点に、俺はもうすこし直接性をもとめていることである。俺の意見は、〈戦闘的テロル＝自己解放そのもの〉という等式に近しい。この等式から〈テロルは自己解放のためのやむをえざる最悪の手段である〉という意見まで、さまざまの中間の色彩があるけれども、さきにふれた第三世界における死の親しさ、という関係概念を導入してみたときに、俺のハイエナの鼻は等式への接近の道をかぎわけるのだ。が、この点で朝比奈と俺のあいだに対話がなりたったことをみとめる。また、「もう一つのジャズの形式」という表現が、前衛ジャズを定義するために俺が「宣言」で「生活の深部を経て反射された現代というもののそのいくつかの可能な表現」と規定したことに対応しており、可能ないくつかの表現のうち、ブラック・パワーとむすびついていく傾向に朝比奈が力点をおこうとしたものであることも理解できる。ここでも対話は成立した。

これは演説の要旨であるので正確ではないかもしれないが、松田政男が、一つはジャズにいく線、二つはスポーツにいく線、そして六〇年代に入ってあらわれた第三の方向、それが狙撃者となる線だと指摘したこと、および三つの線の底にブルース層よりももっと深い、世界の被抑圧人民と通底するような怨念の塊があるはずだと指摘したことと、朝比奈の理解とが接近していることを俺は主張できる。だから、このもっとも深い点で、朝比奈民雄は決定的にだめなのだ。日本のジャズ評論の水準を突破しているが、まさにその理論の最尖端でだめなのである。ある意味で、これはリロイ・ジョーンズのブルース理解の弱点から発している。

1　これは記憶違い。ジェームス・ディーンの死亡は五五年。

2　日本語で読めるファノンには目下つぎのものがある。みすず書房『フランツ・ファノン集』（現代史戦後篇一六）。「黒人文化論」（太田昌国訳『映画評論』一九六八年七月―一〇月号）。「ルムンバの死――われわれに他の選択の道はありえたか？」（レボルト社『世界革命運動情報』一三）。「わがアメリカは登場する」（レボルト社『世界革命運動情報』一七）。

3　やはり出てきた。ロマンス・グレーながら金嬉老がそうだ。

下方の前衛について

なによりもだめな日本人のために、金嬉老の反撃がするどくきりさいてくる暴力への、こちらからの決定的な回答は、銃をつきつけられたものが解放されるということだけである。

二つ前提がある。まずリチャード・ライト風にいって、金嬉老事件は朝鮮人問題ではなく日本人問題である。

第二に、最初の殺人事件を考察から除外することにする。

地理的にも袋小路の寸又峡を自分で選び、ライフルとダイナマイトと青酸カリで武装して日本人にむきなおった金嬉老から、松田政男は戦後の闇市における第三国人の覇権を想いおこし、俺は高校時代に知った朝鮮人高校生のチョウパン（サッカー選手のヘディングのようにして相手の顎を打つ頭突きである）と内ポケットに入った手から、横なぐりにほとばしりでる自転車のチェーンを思いだした。日本軍隊の崩壊とともに最初の反乱にうってでたのは朝鮮人鉱夫だったし、闇市をささえたものも第三国人の暴力であり、戦後民主主義の初発の地点でかれらが重大な役割りを果たしたと松田政男が最近書いた——あるいは彼から聞いたのを俺が錯覚しているのかもしれない——が、これを補足すると、日本の硬派不良少年と朝鮮人高校生の関係でも、「おれたちは多数民族だから少数民族のやつらには敵わない」という力関係の逆転が畏怖の念とともに知られていたのである。

しかし、「銃をつきつけられた者（の方）が解放される」という決定的な環を見出したものは、松田政男でも俺でもなかった。二月二二日（木）、旧ジャズ・コアの仲間が集まる「木曜会」の席上、会の窓口といった位置にいる佐藤知樹と、状況劇場「由比正雪」に柳生十兵衛役で出演中の谷川俊之がそう発言した。その前後の事情はこうなる。二一日夜、状況劇場では事件を徹夜で討論していた。おそらく、主演女優李礼仙の存在などから、状況劇場の一党は少数民族問題に強い関心をもっているはずだ。同深夜、松田政男達は現場に向っていた。同夜、俺は犯罪——暴力——革命の線をフランツ・ファノンの方向にそって体系化できるという関心にないあわせて事件を分析的に追っていた。われわれの関心と結論とが近似しておりかつ相互補完的だとわかったのは、事件の終った三日後の二七日だった。この小さなプロセスのなかで、もっとも深い認識が、いつでもそれぞれのリーダーにおしこまれ、受身の立場から発想する両名によって提出されたということこそが、松田政男のいう「私のなかの小さな〈暴力〉の音叉と全世界下層大衆の〈暴動〉の巨大な音叉」が共鳴したその小さな実現であり、大衆が蜂起するかたちの鋳型である。

「自首の気配もみせながら、一方では、まだ二、三日はがんばるんだといいはる金。最後の動揺だ」（読売）と報じられた二四日、ライフルと人質は象徴に転化していた。最緊張時の二三日、金の武器は、自殺用青酸カリ——直接的武器としてのライフルとダイナマイト——人質——報道機関と、まるで公理、定義、定理、系のように前へ前へと四段階に順序づけられていた。このとき、暴力ゼロから暴力無限大までのX軸と、犯罪から革命にいたるY軸、および日本人による朝鮮人差別から日・朝下層社会（金嬉老が最後まで手放さなかった六人の人質はいずれも屈強な建設労務者である）の国際的団結までのZ軸に囲繞された立体のどこかで勝負がきまる。革命家の目的意識性はほぼ自動的に暴力、革命、国際連帯に鼻をつっこむが、相補的な象徴と化したライフルと人質のために具体的展望をはばまれる。ふじみ屋旅館の女将は釈放されたのち「金の気持をすこしでも柔げよう」とバリケードに戻っておいかえされたり、「おれが戻らないと金は旅館に残る人質に何をしでかすかわからない」から、人質を送った人質が人質に再度なったりする。ところが金は丸腰で記者会見をし、風呂に入り、ライフルをてばなして眠ったりしている。ライフルが怖いのか。金嬉老のそばの方が居心地がいいのか、「差別という鉄鎖を断ち切ることによって、瞬間の全世界を得た金嬉老」(松田政男)を中心に、脅迫、武装、ライフル等の記号で構成された六人の日本人による幻の共和国が成立した。これでは、すべての人間の犯罪性を一身に体化しているために熱狂的に一犯罪者が社会の象徴にまでたかめられるエンツェンスベルガー的状況か、筒井康隆の「火星のツァラトストラ」的状況かでけりがつく。だから、事件のFBI的解決を考えた報道機関の合理主義よりも、日本的(つまりホッパー前的!)解決を狙った警察の読みが深かった。金嬉老事件はここ数年の情勢の投影ではなく、日本民族の体質そのままが現出した事件である。これをどう破るか——イソップ的表現をおゆるし願いたい。

「背中をライフルで狙われています。おおこわいといいながら、わたしは冷静にダイナマイトを投げました」

金嬉老の反撃は、さらに、略奪と破壊の契機を欠如させたまま自己疎外感を深めていく日本労働者階級に対して、下から前衛がつきあげるという転倒した「前衛主義」が成立しうるか、という問題を投げてくる。

二年間のサラリーマン生活を通じて、経営者に対する憎悪のために、血に酔ったようなことが二度ある。二三日、俺の勤めている会社の昨年暮にできたばかりの小さな労働組合は、大会で目標を賃上げ一本にしぼることを決した。大会翌日、谷川雁は社員をあつめて、会社側の労働組合に対する考え方についで長い演説をこころみ、冒頭に、金嬉老事件を置いた。俺は外出していて聞き逃したが、仲間たちの話では「四一歳の男が単身相手民族の中心部である警察に対してあやまれと言っているのは、相当よくやっていると評価できる。自分もダイナマイトを腹にまいて坑底に坐りこんだ人々を知っているので、金嬉老に話しかけたいとおもう。それも朝鮮語で。しかしそれができないことに苦痛があり、この苦痛を共有するような地点から諸君の労働組合を発想しろ」という趣旨であった。金嬉老から極限状況をひきだし、極限状況からよぎなく暴力を認め、次に暴力と非暴力とのヤジロベエをこしらえて非暴力の側へ逃れる日本左翼の家鴨どもよりも、この鳥には雀ほどの羽根しか残っていないかもしれないが、この瞬間には革命家としての洞察を通過し、高く飛んでいる。だから労働組合につきもののある種の保守主義に対して下からゆさぶりをかける「前衛」というヒントをこちらが考えていたときに、上から（語の正確な意味では経営者から）革命思想の名によって労働者の自己防衛としての保守主義をたたいてくる谷川雁に、どうやら、俺はファシストの顔をみた。経営者であり革命家であるよりも、労働者であり保守主義者であることを無条件に選ぶというのが、二年間働いて得た俺の「関係の絶対性」である。はじめ労働者の精神を搾取し、いま肉体を搾取している谷川雁は論理という人間諸力のうちでも最も冷酷な力を駆使するだけに、なみの資本家よりも性悪に見える。

たしかに、労働組合は放っておいたままでは、賃金労働の廃棄まではつきすすまない。われわれの前衛は下方にいる。どちらがより深く金嬉老をほるか。あるいは金嬉老になるか。この問題は暴力の対極に「やつらの暴力」を設定する次元からだされている。

殺人論

本稿の目的は、ほうっておけばおそかれはやかれ蛋白質欠乏で息ぎれすることになる昨今の暴力論を後退させないために、はやめに[1]殺人論のモデルを提出しておくことにある。完成された理論を「不確定殺人原理」となづけるが、今回はそこまでやらない。本稿において、日本人の血の意識と、革命の問題を犯罪領域を通過させてからプログラムを描かざるをえなくさせた金嬉老事件との、二点が述べられるであろう。

こんな意見がある。第三世界では民衆の暴力がやむをえず噴出するが先進国では非暴力主義が正しい、とか、暴力主義—非暴力主義という問題のたてかたがおかしいのであって革命のために有効な戦術はなにかという観点を保持しなければならないとか。

余の考えはこれとちょうど逆だ。第三世界で有効な暴力論を先進国で保証するためには、殺人を快楽とするまで自己の思想を鍛錬しなければならない。そうではないか、同志諸君！

「さて、二〇世紀に復活したサドの哲学は、いかなる政治的党派に利用される可能性をもっているだろうか」——澁澤龍彦「反社会性とは何か」（『神聖受胎』現代思潮社）

ものずきな余が勝手にやればどうなるか。フランツ・ファノンを第三世界のポール・ニザンだという男もいるわけだから、ひとつ、暴力論を殺人論でのりづけする作業の大半を、「文化」の問題のみならず「芸術」の問題としてやってみる。その方が安全だからな。ところで、発端はれいによって散文的だ。

一九六八年四月二四日未明、余はストライキ突入数時間前の団体交渉の席上にいた。「わずか二時間のストライキなどどうということもないが、二時間でも一日でも一週間でも、ストライキはストライキだという決定的な質も持っている。缶詰のふたに切りくちをつけることは、缶詰のふたを切りはなしてしまうこととおなじなのだ」と専務谷川雁は言った。「むろんちょっとでも外気に触れたら缶詰は保存食品ではなくなるのであるから、われわれは中味を食うつもりだ」と組合側は答えた。

大きな部屋には、五〇名近くの組合員が椅子にもたれて待機していた。かれらはすすんで徹夜し、交渉がうまくいかなければ自動的にピケ体勢に入るだろう。小さな部屋には一五名ほどの管理職が控えていて、どうやらストライキ不可避の前提にたってなおかつ最後まで対立を継続しようとする四人の男（専務対組合三役）の述懐に、耳をすませているらしい。

谷川雁が自分の会社の労働者たちからストライキをくうというのは皮肉な事態であるが、ここにいたるまでの経過と階級対立のデテールについては、会社側が汚ない手でわれわれをたたいてこないかぎり谷川雁の死後までテック・グループ労働組合の外側では発表しないことにする。[2]

六階のオフィスでストライキの朝をむかえ、ビル街のギザギザや高速道路がしだいに立体感をもって漉きあげられてくる朝の不吉なほどのやわらかさのなかで、余は、正面からぶつかっているもの同士の——能くたたかう敵にたいする——信頼感を谷川雁にいだいた。これはその席にでていた者のみなが感じた。問題を避けずに正面から敵対してくる男に感心するが、しかしストに突っこむということではすでに前日の昼に勝負がついている。余は前日の職場会議[3]で、「さやの中でもう仕込みの勝負はついた」と短かく演説していた。同時に、缶詰のふたにサクリと歯をたててしまってからは、敵はあらゆる手段でわれわれを制圧してくるだろうし、こちらも相当の手段でたたきかえすつもりでいることが対立者の双方に了解されてもいるのである。こののち、われわれは静かな確信とともに二四日の二時間スト、二六日の一日ストにはいり、これを成功させた。

　余はこの朝とりもどした反射神経と圧倒的な直感の量にささえられていた。谷川雁は、それを、たわめることを知らぬ早漏と批評してきたが、行動が行動をよび、泥沼に入ったらこっちのものだという自信もある。アドリブになれば勝ちだ。

　暴力論と血のテーマは、こうして、二四日未明、ついに余の実践的課題になったのである。

『週刊読書人』三月二五日号に松田政男が「暴力と非暴力の理念――わたしのなかのテロルの根」と題して金嬉老事件に論及し、同紙四月八日号に武藤一羊が「松田政男氏の〝暴力主義〟論への疑問」を、おなじ号に余が「下方の前衛について」を寄せている。三つならべてみるとこのようなことがわかる――松田政男は金嬉老事件の衝激について、「私の内部を駆け抜けた想念は、おそらく、第三世界の下層大衆と日本の私たちがいかなる関係に置かれているか、というアクチュアルな主題を暗示する」と問題を提起し、暴力の対極は非暴力ではなく、《やつらの暴力》だとする対立概念を提出することによって、暴力―非暴力のこうるさい議論の首をしめにかかった。しかし武藤一羊の指摘を待つまでもなく、松田政男のこの万物照応《コレスポンダンス》がひらかれているわけではない。武藤一羊はそこをついた。
「松田氏にあっては文学的リアリティーの問題と現実の闘争の問題が、松田氏個人の内面世界において統一される」と。松田政男はよくこういういいかたを批判者からされるのだ。たとえば「松田政男における歴史の合理性」としてかつては余によって。しかし余は彼を批判した文書（「r　原点＝終点作戦」、『犯罪あるいは革命に関する諸章』）で、理論の極点で現実《リアリティー》の核を保証する松田政男の思考が、状況主義者にくらべて文句なくダイナミズムを有することを首肯した。彼の金嬉老事件についてのコメントにふれて、ともすれば状況主義者に穴をふさがれがちな立論の根拠を余が問いただしたときに、「現場主義を放棄したはずのおれを寸又峡の現場へおもむかせたものは、恐怖だった。おれの知るかぎり、金嬉老事件の衝迫力を、朝鮮人の恐ろしさから発想したのは『週刊サンケイ』三月二五日号の野坂昭如と、きみくらいのものじゃないかな」と松田政男がこたえたことをつけくわえておく。

　むすんで、ひらいて、てをうって、ぶちこわすべし。武藤一羊のふさいだ穴をはからずも同じ号で余がこじあけたのだ。

　銃をつきつけられた者の方が解放されるという命題がその一つである。極限状況にいたるために暴力をえらびとり極限状況に先行することがその第二である。第三に、一国内の少数民族と多数民族とが正面衝突した局面では、多数民族の方が後退する。そして、極限状況を占取した一個人にむきなおられたときには、「被抑圧大衆の組織」が、労働組合や、また南朝鮮系組織・北朝鮮系組織をとわず、朝鮮人の組織がもろに衝激をうけねばならず、げんに余の所属する小さな民間の企業内組合は、敵側の谷川雁の問題提起も作用はしたが、ショックをうけたというのが第四点である。

　ついでながら二つの朝鮮人組織のコメントをひいておく（『読売新聞』一九六八年二月二四日夕刊）。

「……とくに日韓関係正常後、日本の政府も友好関係に神経を使ってくれている。私の方でも、日韓親善運動をさらに盛り上げようとし〝善良な外国人〟として、エリを正して生きようとしている。もし差別があったとしても、ダイナマイトを振り回し、あんな形で訴えるべきものではありません。これで韓国人はみんなあんな乱暴者だなんて観念でも持たれたら、一歩一歩築いてきた親善ムードも水のアワだ」――民団

「……日本人が、このことと差別問題を結びつけて発言するのは自由だが、私たちが何かいうと、かえって日本の国民の反感を買うだろう。……それにあの人は、総連加盟員でもない」――朝鮮総連

　金嬉老事件と労働組合運動のあいだにはなにか因縁がある。かつて革命家であった時代に谷川雁がこういった。

「……デモの途中で隊員の一人が『おい、この店におれは四人組でどろぼうに入ったんだぞ』と、デモりながら当時の模様を解説しているのには、私もいささか唖然としてしまった。暴力論どころか、どろぼう論が労働運動に必要といえば必要になっているわけで、状況の占取などとは下手に口にすることはできないとおもいしった次第であった。」（「知識人と私のちがい」）

　バカではない谷川雁は過去の一時期、犯罪論と革命論の交叉点で信号待ちしていたし、これはちっとも谷川雁のおかげではないが、ほぼ百年前、バクーニンとネチャーエフがロシヤ民族におけるもっとも革命的な形式として待望した掠奪をいま合衆国の黒人たちが実行しており、またほぼ百年前、国立銀行へおしだすべきだったとマルクスをくやしがらせたパリ・コミューンの借りを、たぶん今年の夏あたり、キング暗殺以後のマーチン・ルーサー・ギャングがはたすだろう。[4]

　小論「下方の前衛について」で、余は、「労働者の自己防衛としての労働組合の保守主義」と、犯罪、暴力、掠奪、未組織大衆の私怨などの姿をもって下方からつきあげてくる「下方の前衛」との接点をもとめていた。

たとえば、年功序列賃金体系に沿ったかたちでの労働組合の――一律的な――要求が、何年後には自分の給料はいくらになっているはずだからと生活を算盤で予測できるような社会と人間活動の停滞の一要因になっているという論点がじっさいにある。たぶん能力給論者がばらまいているのだろう。この理論的根拠を、ストレイチーが分析したような、窮乏化法則に反作用し、そのことによって階級対立の爆発をおさえる方向に作用している労働階級の改良主義的な抵抗素にあるとしてみよう（ストレイチー『現代の資本主義』）。しかし、労働組合の保守主義は、なんのことはない、たたかわないからそうなるのだ、だから腐るのだとしごく単純にいうことができる。

　最初のストライキ以来、セールスマン、事務員、編集者によって構成されているわれわれの組合は、がぜん、秩序逸脱にむかいはじめた。――世界革命の先行部隊たる第三世界の「土地なき農民」の蜂起と、先進国プロレタリアートの階級闘争をどんな環で結びつけるか。永久革命論の今日的課題はそのようにたつ。これでは問題がでかすぎる。しかし、局所的には、ひとたび闘争にたちあがった労働者組織は、下方へ、左翼へと自己組織内の「第三世界」へ接近することによって「下方の前衛」の突出に対応するというスタイルがあらわれるのである。たとえば……

　九州植民地主義者とズーズー弁プロレタリアの衝突である。これはわれわれの労組の委員長が気づいたことであるが、執行委員一二名中、九州出身者が二名、他はすべて関東および東北勢によってしめられていて、他方、会社側は、九州出身者か、あるいは転向左翼――左翼やリベラリストが転向したのであって革命家が転向したのではないというあさましさに御注目――の隊伍をもって労働組合にむかいあっている。むろん、労働問題のプロないしセミプロと平均年令二六歳のごくふつうのサラリーマンたちがぶつかれば、アマチュアのわれわれが勝つにきまっているし、谷川雁以外には問題にもならないが――彼のなかでは革命家と中型経営者が癒着しているのでこちらはやりにくいのだ――問題はそこにはなく、対立が無意識のうちに東日本と西日本の軸をもっているという点に、谷川雁の権力意識のいやらしさがあらわれている。彼の《地方―空間意識》がゆるんだときにそれは薩長藩閥意識につながる。一方、ちなみに、東北地方を日本のA・A地域と称することにも御注目。

またたとえば、労働組合側から感動的なセリフが吐きだされるようになってきたのにくらべて中間管理職の仔猫たちからは、愛と信頼と酒びたりしかネが出ないという現象もはっきりしてきた。超階級的猥談にしろ、職業倫理にしろ、気の利いたきりくずしひとつできはしないのだ。[6]

ところで、階級対立が深刻化してきたときに、愛をかたるとはおよそ危険なのである！　フォイエルバッハみたいに、ソレルみたいに、前期SNCCみたいに。かつて余があきらかにした《傾斜型蜂起論》（「みっともない弁明を一発」『アワー・ジャズ』六号）によれば、愛の斜め下方で暴力が噴出することになっている。第三世界の暴力に対応して、先進資本主義国のはらわたには「愛」がつまっている。労働組合の機関紙第二号にいわく。

――できるなら血を見ずにすみたいとおもう。ちかごろのサラリーマン（ことに管理職）には糖尿病がはやっていて、ベトベトの血がでるそうだから。

また、なぜ労働組合旗に赤旗を用いるのかという討論をめぐって、若い組合員が、

「赤旗をかかげると、あの会社にも労働組合があってたたかっているのだとわかるし、闘争の意味をアピールすることができるという執行部の発言は、現実的かもしれないが、安易すぎる。われわれは、赤旗を、労働者の血に染まったたたかいの歴史をこめたものだと真実をすこしもかくさずに論ずべきである」[7]

ついに、血の一滴が地平線にポツリとあらわれたのだ！　闘争のまがり角で執拗に暴力論のカウンター・パンチを狙い打つ陰謀家の存在が興味ぶかいものになるが、それはおいといて、この血のにおいは闘争そのもののエロチシズムの延長に漂いはじめるとみなすことが正しい。スト権確立の数日後、ちょっとしたこぜりあい[8]ののち、廊下で組合員と会社側のあいだで次のような私的な会話がとりかわされている。


「処女がこのへんで一発やりたいというわけかね」と会社側。

「おお、そのとおり！　大股をひらいてみせるぞ」と組合側。

「処女を相手じゃこちらはやりごこちはよくないだろうよ」

「フン、せいぜいよくしまってみせる。ついでにドッと出血してやらあ[9]」


すべての発想はまず個的であり、神聖であるが、個的な発想を能力給的賃金体系に短絡させることしかできない連中を、われわれはオマンコ実存主義者と罵倒するにいたった。これを破ったのは、全員一律に賃金カットをくい、こちらも損するが敵にも打撃をあたえて闘争をすすめるという決意であった。すべて血は赤いものである。プロレタリア・インタナショナリズムと、日本人における血の意識は、赤旗をめぐって急速に接近してくる。さて、余は、現今の日本の思想が《母親の体系》をぬけずに衰微にむかいつつあることを指摘できる。[10]労働者運動に即していえば、《母親の体系》を突破することは、企業内組合の限界を破砕することを意味する。この壁に必殺の焦点をあわせるためには金嬉老事件の構図を再提出しなければならない。

拙論「下方の前衛について」のなかで、金嬉老事件の終熄を、暴力―非暴力のX軸、革命―犯罪のY軸、差別―労働者インタナショナリズムのZ軸によって限定された時空に余はもとめた。また、寸又峡における極限状況の核ともいえる二月二三日、金嬉老の武装は、自殺用の青酸カリ――直接的武器としてのライフルとダイナマイト――九人の人質――報道機関、の四段がまえであり、前段へ前段へと順序づけられた武装を背景に日本の国家圧力と対峙していることをのべた。この構図は日本と第三世界の環を明瞭にするのである。

極限状況において金嬉老の公理は自殺である。これは寸又峡という地理的な袋小路と青酸カリとによって厳しく自己限定されている。この領域をゲリラの魂――「祖国か死か《パトリオ・オ・ムエルテ》」とたえず問うラテン・アメリカのゲリラ兵士の――にひきよせることができる。金嬉老における、《ゲリラ魂》に対応するものは、《差別》であった。

第二にライフルとダイナマイトが暴力に対応する。《暴力》というタームは、a.暴力から犯罪へという系と、b.暴力から非暴力へという系と、c.暴力から暴動をとおり革命にいたる系とを射程内におくと仮定する。

第三に、二四日以降、事件の性格が、なにものとも規定しえないようになってからライフルとダイナマイトは暴力に対応しなくなり、六人の人質（はじめ九人であったものが、三人去り、残る六人はいずれも建設労務者である）と対応するようになり、ここに、瞬間の共和制が三〇時間ほど現出する。はたしてこれを《幻の共和国》とよぶべきか《瞬時の天皇制》とよぶべきか知らないが、この内的構成については、谷川雁の「私のなかのグァムの兵士」を換骨奪胎して利用することができる。

第四に人質の生命は報道機関に対応する。ここでは《ことば》が武器だ。谷川雁は、事件の感動的な核心を、金嬉老がことばを得ていく過程にみているが、これは商売気をだしすぎた誤謬であって、金嬉老のことばは金嬉老の暴力の疎外形態なのである。在日朝鮮人にとってことばは民族統合《インレグレーション》の入口である。気をつけろ！　もっとも谷川雁は金に朝鮮語ではなしかけたいと言っていたが、[11] そしておそらく朝鮮語ではなしかけるということは金の下意識に語りかけることになるだろうが、そうやすやすと日本語で金の理性に、朝鮮語で金の下意識に、とつかいわけられるはずがないのだから、まあむだなことをするな。労働組合が学ぶべきことは、むろん、金嬉老のことばではなくその暴力である。

つぎにもう一つの関係概念を代入しよう。《差別》の相補的概念として《血の呪い》を、《暴力》の対極概念として《やつらの暴力》を、だ。松田政男に即していえば、これらのタームは、ここ半年ほどくりかえして用いてた彼の暴力論のキー・ワードである。松田政男の第三世界に関する理論的把握を図示すればこうである。

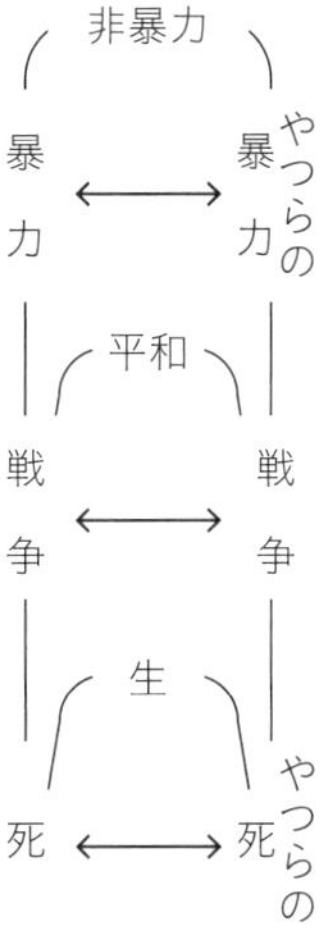

図1

松田政男自身は、あるいは彼によって考えられているゲリラ戦士たちは、死の側を実在的なものと発想している。そして対立の軸は諸階級の非和解性にあって、「平和」とか「生」とか、「非暴力」とかは、中間的ないしは一時的な性格のものにすぎない。この緊張状態は思想としても——同時代の日本の理論家がになっているものと限定してさえも——すごいものである。ここで、青酸カリと袋小路とによって囲繞されている自殺と、差別との、対応から発想した金嬉老の戦術は、当然に第三世界の構図は一ヴァリエーションとしても理解されてくるのだ。

ゲリラ戦士が死の側から発想することは、カリブ海＝世界革命の震源地説にもとづくと松田政男は理解する。レボルト社の『情報』〔『世界革命運動情報』〕9によれば、C・L・R・ジェームズという黒人のトロツキストがおり、一九三八年に、『ブラック・ジャコバン』という革命論を書いた。それによると、スペイン人が、フランス革命前に、カリブ諸島のインディオを皆殺しにし、黒人奴隷の労働力の上に、白人の天国、プランテーションを築きあげた。人種差別が寸分の狂いもなく階級差別であり、白人の天国が文字どおり黒人の地獄であり、インディオの墓であるという対立の露骨さのために。カリブ海の革命は暴力と寸分たがわず対応しているという論旨だそうである。この観念を導入したときに、金嬉老の《差別》はインディオの《血の呪い》と相対的な関係にでて、両者はプロレタリアートの怨念の原型に通底する。

松田政男は、われわれの下意識に第三世界の一般的な標章にかよいあう領域を見るのであるが、それはこう図示される。

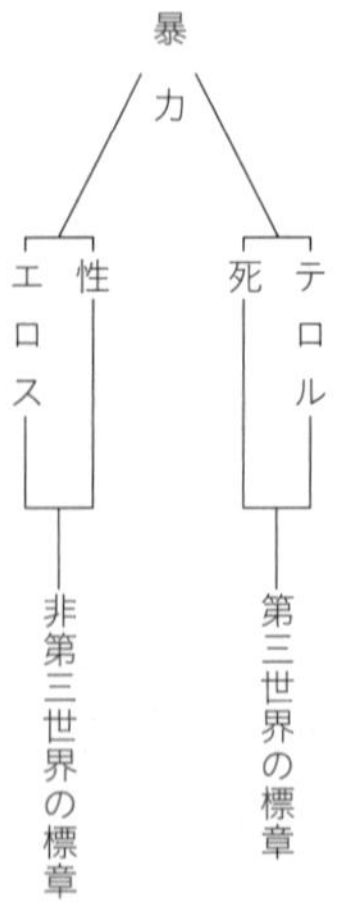

図2

この図でも、自己の死から発想する被抑圧者の暗い暴力の領域――白日のような暴力の論理というものもいくつかあるのだ！――にアクセントが置かれている。[12]

ここ当面の必要においていえば、われわれが極限状況につきすすむためにはさらに負の世界にウェイトをかければいい。精神的飢餓感から発する闘争をさらにつきつめるために文字どおりの飢餓感にいたること、ハンガー・ストライキがそれだ。負の方向性をもったたたかいをその筋の名手である谷川雁にしかけるのも粋なものだ。

そして、金嬉老事件の最大の不可解さ、革命論のタームをもった犯罪というべきか、犯罪のすがたであらわれた革命の回路というべきか――余はかつて犯罪革命論というあまり糊づきのよくない構想をいだいたことがある――そのウッシッシッといった問題はこう図示することができる。

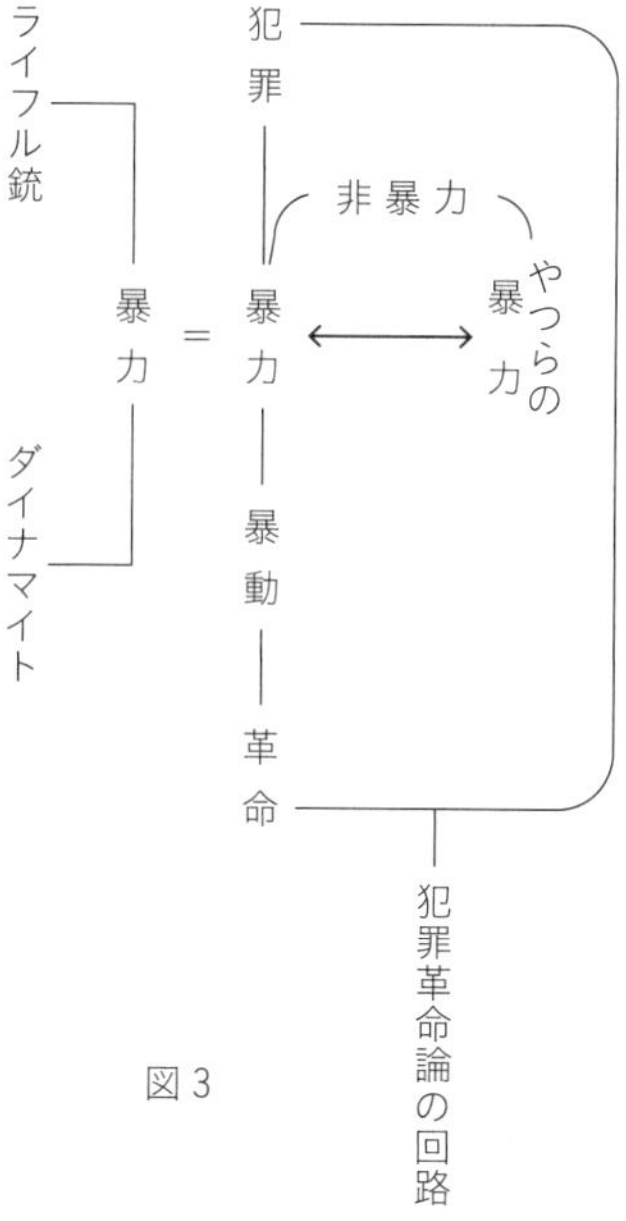

図3

暴力を、いちど犯罪を通過させて革命にみちびく方向づけが、絶対に不可能とは断言できない。マルコムXの伝記などあきらかになるにしたがい、学生時代から余の想念にすえつけられてきた犯罪革命論もまんざらすてたものではなかったという気もする。ひかえめにいって!

金嬉老事件を全体として判断すると、ただ一人の朝鮮人が、日本警察権力のみならず日本社会を敵にまわして、系統的に自分を極限状況においこんでいった個的規模の長征とみることができる。松田政男がここに同志殺しから露帝暗殺にいたるロシア・テロリストの二〇年間の投映をみたこと[13]はまさに正しい。黒人暴動時の掠奪、一九六六年七月のシカゴ看護婦殺し——これが若松プロ作品『犯された白衣』のヒントになった——とともに、金嬉老事件は、六〇年代におけるもっともラジカルな犯罪である。三者とも向きはバラバラであるが、それらの合力は、世紀末を透視して次の世紀を招来する総反乱の予感の方向と合致している。これらをブラック・パワーを補完するクリミナル・パワーと呼びたいくらいだ[14]。

ところで、われわれの理解にひとつだけ危険で、ひとつだけ実践的な契機があるとすれば、これらの犯罪、暴力、掠奪、血などについて、これを知的な課題とみなしている点にある。暴力にいたるにはインテリジェンスが必要なのだ!

ファノンなら言うだろう——非植民地化とはつねに暴力的な現象でありかつ非植民地化の中心課題は文化についてである。

ヴァレリーなら言うだろう——知性が解放する。

ムッソリーニなら言うだろう——暴力がどれほど歎かわしいものであろうとも、われわれの理想を理解させるためには、明らかに、われわれは、手に負えぬ連中の脳天を大きな音の出るほど殴らなければならない。だが、この必要なる暴力は、それ自身明確に貴族的なスタイルと性格とをもつものでなければならない。

ブルトンなら言うだろう――組織的に自己を極限状況においこむこと、そして錯乱を創造すること、そしてやたらにライフルをぶっぱなすことによって金嬉老はシュルレアリストである。

お説のとおりだ。人間だけは本能を獲得するためにも学習がいる。「生理的早産」、つまり種としての人間の「通常化してしまった早産」が他の哺乳動物にくらべてわれわれの特徴であって、本能の学習による習得というテーマを、生物学のレヴェルで証明するデータは無数にある。たとえば、「人間は生後一歳になって、真の哺乳類が生まれた時に実現している発育状態に、やっとたどりつく。そうだとすると、この人間がほかのほんとうの哺乳類なみに発達して生まれてくるためには、われわれ人間の妊娠期間が現在よりもおよそ一ヵ年のばされて……」アドルフ・ポルトマン『人間はどこまで動物か』（高木正孝訳、岩波新書）

二一カ月も胎内にいることはとてもたまらないし、また生物学をすぐ歴史の方向づけに短絡することにたいしてもわれわれはナチスのへまをみてこりているから、どちらもよすが、暴力を人間の獣性にむすびつけるようではけものの方が怒る。暴力は論理的につきつめられねばならない。サドの明晰さもそうであるし、われわれは谷川雁の権力意志の獰猛さと反労働者性の苛酷さが、彼の論理の力からでてきていることをよく知っているのである。敵がそうだから、こちらは下手にでるか？ 冗談ではない！

われわれは鋭い理論的能力と洞察力をみがけばみがくほど、われわれの下意識、本能、暴力の領域に近づく。これこそが、突出する下方の前衛にたいする組織労働者のこたえかたの一つである。だから闘争のターニング・ポイントのたびに、律気に、執拗に、秩序逸脱をねらいつづける狙撃者が一組合に一人は必要だ。彼は暴力論の極北に殺人を快楽とするにいたるまでの感覚の全的転倒をこころみなければならない。このあたりで、「愛と流血のテック・グループ労働組合」というキャッチ・フレーズでも売りに出すか。[15]

われわれは、組合旗の赤である理由をめぐる組合内部の論争を通過するにさいして、世界的な規模での労働者運動の血の歴史と、これまでおおむね土着右翼の方位から発想されてきた日本人の血の意識とが、一度は交錯しあうことを報告した。個的利害から発想し個的利益の檻のなかにとじこめられるオマンコ実存主義を、すべて労働者の血は赤い、という認識がのりこえて進撃したことも報じた。出血もしないくせに貧血しており、企業内組合のなかにうずくまっている実相は、諸般の戦線において母親の体系を突破しえずにいる時代の限界の、その労働者運動における表現であるとも指摘した。したがって必要なのは母系の血の意識を人民の血のシステムに組織しなおすことである。これまで右翼的な手の動きに委ねるにあまんじてきた日本人の血の意識を、第三世界の《血の呪い》に組みかえることはまさに可能であり、われわれがやっておかねばならないのである。

1　本稿の執筆時期は、メーデーをはさんだ五月の連休時である。五月一〇日に始まり一一月一一日に終る次の闘争で、本稿での考察はすくなくとも余にとっての行動綱領の予見になっている。発表を予定した雑誌が刊行されず、「はやめに」という文句は死んだ。

2　敵対者ならびに会社側のシラミ野郎の諸君！　きみらが分相応の汚れ役を演じたのでこちらも約束通りスッパぬいてや

ったのは御承知のとおり。文句があるならもっとやってやろうか。

3　職制を通じたきりくずしである。ストライキは、当日の行動隊の配置、ピケット・ライン、指令部、そして予測しうるラインでの衝突等については、突入前の鞘の中で敵を斬っておかねばならない。組合・会社双方ともに処女ストライキだったため、どちらも熱狂したり急に考え深くなりすぎたりして、この前後のミーティングは多かれ少なかれ双方の宣伝戦になっていた。

4　六八年夏の暴動が回避されたことはいっそう不気味である。六九年夏の黒人蜂起は、大暴動の隔年噴出、キング暗殺による非暴力主義の終焉、SNCCの分裂、そしてベトナム「和平」後に予測される大量の帰還黒人兵の四つの合力である。おそらく、ラップ・ブラウンが中心になれば、アメリカの命運は予断しがたい。

5　無期限ストライキ突入一週間で九州出身の執行委員はゼロ。その間、任務を全うした九州勢は情宣部長一人で、分会活動家でさえもいなくなった。しかも薩長のみならず土佐勢も脱落した。不思議なことに組合の反薩長は笑い話として語られたにもかかわらず、かれらはかなり手のこんだ離脱のしかたをしめしたことである。

6　ここでは、階級対立が憎悪を軸に深刻化しようとする時点で愛と信頼にもとづく職業倫理を思いだしてきたやつらのばからしさを嗤うよりも、職業意識を全力をこめて自分の労働を呪うことによって階級意識に変え、昼食後の一時間を猥談にさくことによって教育産業労働者の「品位」を爆破した余のオルグ本能を、せめて自讃しておく。その後、行動に出た組合員の猥雑さに敵は何度か悩まされたし、大いに同じビルの他社の従業員を愉快がらせたりした。猥褻オルグという方法を余は六〇—六一年の病院ストから学んだ。看護婦が聖職意識から解放されるためには自己の「劣情」を浮上させることが必要だった。

7　この美しい発言をした活動家も後に脱落していった。もと某クリスチャン大学の学園闘争の指導者の一人だった。

8　このできごとは春闘総括書につぎのように記されている。「四月二〇日夜九時七分、東急ビルで、分会を『けちらし』にきた谷川専務と、五十嵐委員長が衝突したときに、組合員は委員長のまわりにスクラムを組んだのに対し、部課長たちは専務を守らず、気まずそうにあさっての方角をむいていたこと……」（テック・グループ労働組合春闘闘争委発五月一五日）

9　さてバラすか。会社側は平原哲平総主事補、組合側は平岡正明書記長である。平原は元炭労書記で、自立学校時代に平岡とスレちがっているはずだ。憎めない男だが、立場上平岡とはしばしばぶつかり、この口は敵味方とも一台のエレベータで降りていくまでのエレベータ待ち時間の口喧嘩だったが、六八年一〇月一七日の衝突では、両者はデモ撮影のカメラを机の上で奪い合って、倒れた平原が額に、平岡は指に、けがをした。守備側の平原が靴下、デモ側の平岡がキャラバン・シューズで、化繊靴下とドタ靴の摩擦抵抗力の差によって平原が倒れ、これら一連のゴタゴタが一因となってサツが出てきたり、ワビを入れたりの喜劇が派生したのであるが、組合の意見では、足下の抵抗力の差は階級意識の差であるとされている。ゲバラによれば、ゲリラ戦士にまず必要なものは、ぴったりと足になじむ靴である。そのくらいのことを知らずに喧嘩をやって、ひっくりかえっても文句はいえないのだ。

10　この時いらい余は「一子宮内社会主義」の批判をさまざまな機会に試みたが、もう一つつけくわえよう。東大闘争における一連の貼りビラの「おっ母さん」シリーズかそれだ。「母親の体系の突破」は寺山修司では「過保護児童よ、町にでよ」というスローガンになるが、その立場からの彼のルポ（『サンデー毎日』二月二日）はなかなか興味ぶかいものだ。エディプス・コンプレックスはつぎには族長たる父親殺しに至るものだから、この類推でいえば、町に出た若者は、「父親支配」構造を破壊すること、つまり機動隊の指揮・命令系統の解体に手をつけるだろうと補足しておく。

11　定村メモというものがある。彼はもと某書評新聞の編集長をしていて、メモの正確さには信頼がおける。谷川演説は二月二四日。労組年次大会は前日の二三日。日付けに御注意願いたい。このことから雁の感度は悪くないことは明らかであり、発言内容も人目を避けるほど悪いものではないが、なぜか彼は隠している。はずかしいのかな。メモ発表をめぐって会社と労組の間にゴタゴタがあり、組合がワン・ポイントとられたということもあって、当メモの公表は谷川雁死後の演説集にでも、ということになる。こちら側の資料はその限りではない。

12　松田政男自身は自分の論文に図形を挿入していないが、この二つの図は彼のノートによる。図1は「私のなかのテロルの根」から抽出できるが、図2については、その理論的展開は「双頭の蛇——性と暴力について」と題して目下（この註記とおそらく並行して）松田政男は執筆していることと思う。

13　「ネチャーエフによる同志イワノフ殺しから始まるロシア革命の……」、松田。

14　エルドリッジ・クリーバー『凍てついた魂』が翻訳されればはっきりするだろう。読書新聞紙上の紹介（六九年一月三日号）によっても。黒豹党情宣部長E・クリーバーの前歴は、婦女暴行と牢獄におけるネチャーエフ耽読などから、大いに気になるというものだ。余がまだ会社の上役にゴマをすっていたころ、社長がどこかの飛行場で手に入れて、土産にくれるといった本が、たしかクリーバーだった。本をもらってからストをやればよかった。やつらの女の手籠めのしかたくらい勉強できたろうから。じっさい、強姦―牢獄体験―革命家としての復活というクリーバーの歩みと、ファノンが『地に呪われたる者』第五章で記述した精神障害の植民地的諸症候とをつきあわせてみたならば、「クリミナル・パワー」も幻想ではなくなるだろう。なお、この文脈での強姦の意味を考察するうえで、リロイ・ジョーンズ「アメリカの性的指標」(『根拠地』65)と、ことに足立正生作品『性犯罪』を推したい。

15

八・二デモを経た後でも会社側は「なんとまあ過激な!」というだろうが、組合側なら「おやまあ、中庸をえた!」というだろう。というのは、ここではまだ「秩序逸脱」と表現されているが、生産点のない労働者は敵のカンパニヤにデモをぶつけて突破口をひらけという認識から実際の突撃を成功させた組合員は、すでに「秩序破壊」につきすすんだからである。五月に陰謀家が予測した最大値は、八月には組合員一般に優にのりこえられたのである。同志たちよ、オーレイ!

谷川雁の不愉快な非転向

本稿の目的は、かつてちょっとした革命家だった谷川雁を狙撃し、ずたずたにすることにある。俺は市民生活の次元で、彼の部下であり、また谷川雁が専務におさまっている民間の小さな会社の、その労働組合の書記長をやっていて、組織の利益のために行動するが、ここではやや組合運動の枠をはずれることはやむをえない[1]。

谷川雁の思想は、徹頭徹尾反労働者的である。老いぼれるにしたがってますます正体があきらかとなろう。五年ほど前まで、彼は筑豊炭田の失業炭鉱夫の意見を代表していたふうを装っていたが、そのじつは労働者の精神を搾取していたにすぎない。彼は非転向者である。もともと人を支配したいという権力意欲によって狂ったように駆りたてられていた一人の陰険な植民地主義者にはかわりなかった。

一九六五年以後、われわれが学ばねばならぬ谷川雁の思想なんてものはない。ただし彼のクソリアリズムにもとづくテクニック、敵対者を打撃する方法、ひとを侮蔑する方法、については、野心の塊りである男から、その男が野心を実現するために左翼の発想にもとづく権力論を用いてきた経験があるために、われわれの権力行使の技術を得るために学んでおく必要がある。俺個人についていえば、彼の本を読んでいるし、先行する革命家たちから受けとる遺産の一小部分として谷川雁のためにスペースをあけておくことができるが、しかしそれだけのことである。彼は放ったらかされたまま腐る。――基本的にはそうだ。彼は非難や憎悪にさらされると、それに支えられて延命する。だから、彼にはなにも教えてやる必要はないし、変えてやる必要もない。

彼からは権謀術数を学ぶだけである。彼の権謀術数のクソリアリズムについての一例はこうだ。彼は自分がロマンチックな人間だというふりをする。臥蛇島やグァム島の日本人兵士から共同体のモデルを拾ってポケットに入れておいたり（「びろう樹の下の死時計」「私のなかのグァムの兵士」）、鹿児島、奄美、沖縄とたどる線と新羅と百済の裂け目からバンツー族のどぎどぎした槍のように走ってくる線とを、九州のどこかでもつれさせたりして（「私の朝鮮問題の核」）、イメージから先にひっくり返して世界を変える術をあみだそうとしたりする。しかし、彼はイメージなんて屁とも思ってやしない。ただ、谷川雁がちょっと風変りなのは、自分で飛ばしたはったりを自分で信用するという能力があることだ。このちょっとした風変りさを一〇年ほどまえ、吉本隆明が、「おそらく、谷川は戦争世代のうち、民族的な幻想を、宝庫のようにだいたまま、戦後にすべりこんだ、数すくない、いやほとんど唯一といってよい詩人であろう」（「谷川雁論」『思想の科学』一九五九年一二月号）と指摘した。しかり、世界をさまざまに解釈してみるのはひまつぶしにはもってこいだ。

名前は雁だが軍鶏みたいな男で、喧嘩を売るとぐぐっと卵形にちぢまる。おもしれえから――うまくいくと脳溢血でひっくりかえせるからな――、一九六八年四月二七日、第二波ストライキ前夜の集団団交で、俺はにぎり飯をがつがつ食いながら彼の目の前にすわってみた。ところが怒らない。損するからな。その後、昼飯ぬきの団交をやったときに、こちらがまんまとチャーシューメンを食われてしまった。出前のチャーシューメンがうまかろうはずがないが、組合側の舌鋒をききながらして、さもうまそうに汁の最後の一滴までのみこんでしまう彼の表情には、にぎり飯に対する階級的復讐とその場での彼の心理的優越とがデモられていて、度胸のよさでは大した男だとわれわれの舌をまかせるのである。こんなときなのだ。工作者なんてプラモデル屋のおやじのような称号が効いてくるのは。こういうデテールが連日応酬されているわけだから、大正行動隊がどうの、戦闘的第二組合こうのといったご遺訓もたちまち双方のクソリアリズムに解消され、録音、再生ののち戦後世代はすぐおれの思想を消しちまう、といった顔つきをなさるわけだ。あたりまえだ。「労働者の魂《プシケー》が発生する過程」(「前衛の不在をめぐって」)がまっすぐであろうと横っちょから発生しようと、そんなことより、こちらは勝てばいいのである。

「もちろん、いま最高の反動思想といえば国家独占ブルジョアの思想であるはずだが、それは思想の非人格化を極端にまでおしすすめた形であるから、反動イデオローグの内部に結晶するよりは、かえって当代の進歩思想家のなかには非結晶的に定着する可能性の方がつよい。なぜなら、かつてファシズムとして顕在化されたそれはブルジョア・デモクラットの反動性よりも弱く短命であったことから、また戦後史がさらにその延長戦の結果を証明したことから、今後のそれは局所的にだけ氷山の一角をあらわしながら、『見えない哲学』としてひろがるほかはあるまい。それは大衆の後衛部分を通過し、半転しながら、一見して前衛のごとく装っている部分にサイフォンのごとく吸いあげられるだろう。」(「知識人と私のちがい」)

ことわっておくが、谷川雁が思想的発展をやめた時点での彼の思想の再検討をするつもりはない。黒田喜夫が「詩と反詩の間のコンミューン」(『展望』一九六七年五月号)で展開した谷川雁批判はだいたいのところ『工作者宣言』までの射程であって、『戦闘への招待』『影の越境をめぐって』の批判およびそれ以後の時代の批判がまとまったかたちでおこなわれておらず、したがって、谷川雁の魔力がまだ通用する世界が残っているのみならず、彼がずるい人間であるために自分の意見を紙の上になすりつけておかないことに対していまどきいさぎよいと思っている連中さえ散見するのである。むろん後期の谷川雁の理論を真正面から問題にした勢力もあって、それはまさにテックグループ労働組合であるが、われわれは組合準備期、結成当初、春闘における二波のストライキの時点で、それこそ実践上の必要から後期の谷川雁の理論を検討したのである。自分たちが組合主義のぬかるみにはまりこまぬためそれが必要であり、喧嘩をふっかけて敵を延命させることが戦術上不利なため学習会とかパンフレットのかたちではそれを残さなかった。そういうことを紙の上でやると、頭の悪い左翼管理職の連中が、階級闘争と分派闘争をまちがえて番頭わらいのひとつもするからな。

なにが現代の最高にしてかつヒン死の反動思想か、そしてそれをになう主体はだれか、という命題をめぐるいま引用した「知識人と私のちがい」からの一フレーズは、現在の谷川雁に対する、はやすぎた、そしてちょっとずうずうしい自画像である。しかしその目ろみどおりいくだろうか。言語産業（エンツェンスベルガー風に意識産業といおうか）の頭目という地位はいい狙いだが、谷川雁は自分と卒伍との関係をいつでもラヴレター式に発想するので――ここで当該意識産業における左翼あがりの管理職名とその職制をずらりとリスト・アップすれば話はかんたんだが、へんにうらみをかうと損するから署名原稿ではやめておく――思想の非人格化を極端までおしすすめることができず、したがって最高の反動思想である国家ブルジョワの思想によってではなく、中型経営者のサイズにあわせた中型反動家の位置に谷川雁はとどまるはずだ。「はずだ」というよりも、俺の谷川雁への愛情からいってもそうはさせない！

『影の越境をめぐって』以後、もっとも興味深い論文は、おそらく『九州大学新聞』六四年九月一〇日号から四回にわたって連載された「わが組織空間」だろう。ここで谷川雁は世界単一国家という最強の公的権力の登場を「内視し」、つまり左目のめやにを右目で見るようにし、革命をおこすことのくだらなさを世界認識の大風呂敷の相のもとに理論的にしあげようとする。

「比喩を用いれば、ここに一つの四辺形があり、それぞれの辺をアメリカ、ソ連、中共、アジア・アフリカ民族主義国家が占め、人民はその閉じられた図形、一箇の密室に内封されているものとみなすことができる。『多極化』とは、ただこの辺が増えていくことでしかなく、増殖するn辺形の密室のどの壁にも扉もなければ、鍵もない。すべてのイデオロギーは世界市場の進行する単一化にしたがって『多極化』しながら癒着した。レーニンにあっては、この資本の包囲から脱出可能な自己組織がつねに外向的に想定されるけれども、われわれの時代にはもはや『国家』論理と重ねあわされた自己組織という理念は絶望的である。ここにわれわれが内視状態を強いられる根拠があり、問題は国家の廃絶か死滅かという観点よりも、いかにして世界市場の単位としての国家の論理から自己を遮断するかという風に樹てられざるをえない。言葉を変えるなら、労働者階級の権力奪取は、それが経済単位としての国家の自己破壊の道に沿わないかぎり、ほとんど無意味とすらいえる。」

この中篇の論文はもっと手のこんだ論理を経ていま引用した中間的結論にたっしているのだが、一九六四年に谷川雁が到達した世界認識の幼稚さに俺はかつてびっくりしたし、読みなおしてみてさらにびっくりしている。世界は棟割長屋のなかに存在していて、ある一国ではじまった革命は国家の死滅につきすすまず――「ＡＢＣ……の一国革命は私有制を一種の国家独占体系に転位させたが、そこから直ちに国家の死滅がはじまるきざしがないばかりか、国家論理の一層の強化のあげく、世界市場を円卓会議然ととりまく国家群の相補的な関係としてある新しい全世界的な呪縛的な体系をうみだしつつある」と彼は明記する――それぞれの、他のブロックとの対立関係にあるブロックのなかでの緊張を生じ、したがってここではまず一民族国家を起点として世界の権力形態は二重になり、さらにそれぞれのブロックが統合されて世界連邦のようなものができるとすれば、それはそんじょそこらのコスモポリタンが言うようなふにゃふにゃしたものではなく、「それはあきらかに一種の恐るべき進歩であるから、人々はこの開化現象を歓呼して迎え、極点に達するまで幻想を棄てない倒錯を犯す」ような「想像を絶した強権となるであろう。」

ビッグ・ブラザーが見ているぞ！　人類の権力意志はまだヒン死かつ最高の段階に到達もしていないのだから、階級史の終点までにはさらに二ステップ以上ある。だから革命なんてやんなとは言わないが――「革命はありえない、真実の空前の動転はありえないとする立場は、皮肉には今日のもっとも保守的な政治思想すら容認しないかもしれない。（中略）これほどまでに革命が通俗的観念の大海にふやけてしまったことはなかった。」――そんな海坊主を水平線のかなたにハッタとにらんでおかないと南の空は飛べねえぞ、とこの雁はおっしゃるのだ。

これこそ反動ではないか。

世界の鼻糞がそのように眺望されるのなら、一主体の投企は革命にではなく「のっとり」にかかる。「なぜなら、未発の私有制の魅惑に嘔吐しながら進むこの軌道は、もとより同位的現在（註―パチンコをはじくことと『資本論』を読むことが等価であるような）の流体化にたいして、その強さと速度においてはるかにしのぐ推力によってしか作れない……」とか「国家権力を奪取しようとすまいと、すべての抵抗体は私有制の時期おくれの戯画となるか、それとも私有制の進行の先駆となるか、どちらかに帰着する運命を持っている」という文章にそれが透けてみえる。

一国の革命において私有財産は国家独占の体系に転位されること、しかし革命を達成した国家は国家の死滅に向かわず世界市場の一単位となって棟割長屋のどれか一つにくみこまれること、やがて全世界の私有財産を一身に収奪した世界の単一公的権力があらわれるだろうこと、その公的権力は私有財産制を揚棄はしているがなおかつ死滅の契機はふくまれそうにもない最強の権力であること、そしてこんな没階級的な図式はみっともないので、人類にとって未発の私有制の領域をメタフィジックに思い描いてみること。理論的には、もちろんこんなものは永久革命となんの関係もない。

かんたんにいってみよう——世界市場における一単位としての国家群による人民の包囲は永久に完了しないし、また永久に破れもしない。なぜなら、人類は地球に住むから。

谷川雁は、国家独占資本主義および国家資本主義の成立過程、そして国家の経済的基底とその権力構造のあいだの不均衡、そして歴史の複合的発展の理論を知らないのだ。象徴的な一例をあげれば、一九一七年一〇月、革命の直前に書かれたレーニンの二つの小冊子『きたるべき破局』と『国家と革命』のあいだの矛盾がそれであり、レーニンは、前者で全国的単一銀行への全銀行の集中、シンジケートの国家による統制、企業の秘密の廃止、消費組合への全人口の強制的な加入などの政策を展望しており、それらの政策がまさに所有関係には手をつけていないという意味で国家資本主義論を叙述しており、一方、『国家と革命』第五章「国家の死滅にかんする経済的基礎」では、資本主義社会の諸カテゴリーが過渡期社会ではどんなかたちで生残るかという問題が考察されている。このズレは、ロシア革命の歴史的な矛盾、および革命の一国的要請と国家死滅に関する世界的一般性とのあいだの矛盾によって規定されている。『裏切られた革命』でトロツキーはこういう。「レーニンはプロレタリア独裁のマルクス主義的理論に完全にもとづきながら、この問題にささげた主著『国家と革命』においても、党の綱領においても、この国の立遅れと孤立から、国家の性格に関する一切の必要な結論をひきだすことに成功しなかった。（中略）さしせまっていたもろもろの困難を、こんなにはっきり過小評価したことは、この綱領が完全に国際的展望にもとづいていた、という理由によって説明される。」一〇—二〇年代においてすでに国家死滅の展望は革命の一国的規模によっては果たされず、国際的展望によってなしとげられるという認識がマルクス主義において明記されており（谷川雁は六〇年代になってそれを発見した！）、かつ、革命による私有財産の国家への転位は、それ自体のうちに二段階革命揚棄の契機を、つまりプロレタリア権力によって反抗するブルジョワの粉砕を一方で行ないながら、他方ではブルジョワ革命の要求を労働階級が遂行するというプロセスをふくむ。後進国革命ではますますそうである。革命がげんに実行しつつある経済的なプログラムと革命権力の形態、国家の形態とが一致しなければならないという認識はメンシェビズムの思想であり、プロレタリアの権力奪取が、そしてその国家が、世界市場の一単位としてくみこまれてしまうという谷川雁のブルースはメンシェビキのブルースである。

植民地、後進国の叛乱・蜂起は、比喩的にも多角形の辺を一つ増やすだけではない。植民本国の労働階級の蹶起をうながすことによって世界資本主義の包囲にゆさぶりをかけることと同時に、そのような第二次的な位置ではなく、それをこえてより直接に植民地の革命は世界革命の主要部隊である。一九六四年、俺の知るかぎりで日本の革命的左翼のあいだに第三世界の衝撃は結晶してはいなかったが、のち、人格的にはファノン—マルコム—ゲバラとたどる革命運動と思想のうちに、第三世界の革命像が灼熱的に浮上してきたし、それは世界という多角形に新たな辺を一つ加えるものではなく、袋を破るものであること、先進国プロレタリア革命という革命論のヨーロッパ的枠組み（世界の多局化論もその一つである）を思想的にも破砕するものであること、という理解が、谷川雁が悲観的なブルースをすすり泣いた時点あたりから徐々に形成されきたったのである。このときに、谷川雁の、日本の下層社会を測るおもりを借り、日本のなかの第三世界を読みとるための翻訳装置として彼の思想は役立った。これについてはサンキューと言って返せばいいが、つぎのようなおまけをつけておく。

国家の死滅は、この、または、あの社会主義国から胎動するものではなく、革命の永久革命的な発展によって規定される。ある社会主義国における第二の政治的・補足的革命と国家死滅の傾斜も一国的規模では自然発生的にはその契機をもたず、世界革命の波動的な総過程の一環として成立し、おそらく第二の補足的革命といえども暴力的な叛乱をともなう。革命は「いかにして世界市場の単位としての国家の論理から自己を遮断するか」というふうには断じて問題をたてず——谷川雁の問題のたてかたは偽装された一国社会主義であり中世的ユートピアである——すでに一民族国家は資本主義国にとっては生産力発展の桎梏になっているのであるから、多辺形の包囲のなかにみずから飛びこむ。それはまさにとびこまざるをえない。どのようにおくれて革命に突出した国家でも、また小さな国でも、このとき一挙に世界史の尖端にとびだす。このときに一国的矛盾は現代世界の矛盾に転位するのであるから、革命は永久的課題たらざるをえない。国家の死滅はまさにこの総過程のなかで眺望されるだろう。谷川雁のように、世界単一権力を蜘蛛の巣のかかったゴエモン風呂の一角から夢み、人類のあみだした権力が最高かつヒン死の段階にたっすればそこではじめて国家は死滅しはじめるだろうし、それまでは獲物がひっかかったら犯せばいいと考えているのは、これだけは永久非転向者＝谷川雁の首尾一貫として認めるが、「当代の進歩思想家のなかに非結晶的に定着」した「国家独占ブルジョワの思想であるはず」の「いま最高の反動思想」である。

ついでまでにいっておくが、谷川雁がどんなに絶望を語っているときでも、自分だけは転ばないような論理構造がちゃんとできあかっているのである。『天山』の「或る光栄」と題された詩のなかにこうある。

焰のなかに炎を構成する
もえない一本の糸があるように
おれはさまざまな心をあつめて
自ら終ろうとする本能のまわりで焚いた

この一節を俺は「他人のあぶらは遠慮なく燃すがテメエはけっしてもえ細らない」と解釈するのだ。「おれは村を知り　道を知り　灰色の時を知った」ではじまるこの一篇の詩が「工作者の自己否定が自己のすぐれた発揚において現われた」（黒田喜夫「詩と反詩の間のコンミューン」）と評価されているにしてもだ。

谷川雁の思想的展開のなかでこの「わが組織空間」が変っている点は、鉱夫の地金から、女群の肉塊から、「個人の実存をよりあわせてきらめきのぼる心理的格闘の曲折」（「私のなかのグァムの兵士」）を焼きつける谷川雁独自のレントゲン写真術がここですっかり消耗していること、および「サークル学校への招待」にある予見的な、「ナショナルにしてインタナショナルな地帯は疎外の極点において存在する」というフレーズが谷川雁自身のうえにダシガラ状で実現していることである。事実の側面で革命のみとおしがきかなくなったのだろうか、それとも一階級がまるごと蒸発したのであろうか。そのいずれでもない。落雁の粉っぽい甘味をまぶした陰惨な詩なのである。それが「わが組織空間」の結論である。

谷川雁が意識産業の重役業をはじめたのは事故みたいなものだ。「分らないとか分りたいとか、へっぴり腰で何かいうよりも腕を組んで冷然と眺めていたらどうです、谷川雁が破滅してゆくさまを」と五九年に「分らないという非難の渦に」でカッコよくもいい、ほんとうは三池、大正行動隊、退職者同盟と生涯のピークを通過して、目測どおりの地点に落っこちたなと考えられなくもないが――たがいの党派性を賭けて長く対立しているうちに相手の無意識が選びとる狡智まで透けてくるけれど――しかし、谷川雁の市民生活に生じた変化については彼の罪ではない。自覚した労働者は職業に貴賤の区別をしないから、重役だからといって差別はしないさ。

しかし社員に労働組合をつくられたことはホワイト・カラー谷川雁の恥である。外には資本主義的、内には超資本主義的（また例の一国コンミューン主義だ！）とか、指導―被指導の軸はあるが資本と労賃の論理はこれを拒む、という惹句を濫発したが、難船前にねずみが海に飛びだすように社員に逃げられたり、無茶な超過勤務、そして春闘前の組合員平均二十七歳で二万九〇〇〇円という低賃金のために、経済闘争中心の労働組合が成立したのである。

おそらく彼のアタマのどこかに「不可能性」の領域が戦術論として凍結されていた。「私の図式」「断言肯定命題」などの三文ＳＦから「わが組織空間」にいたる線、『影の越境をめぐって』前後の「労働者のなかの指導」（『現代の眼』一九六三年一一月号）「袋は袋を破れるか」（『試行』一九六二年一月）などのコントにそれがあらわれていて、見えないものが見えたり、見えたとたんにハレーションがおこったりする不可視の弁証法を彼はあみだす。これなのだ。谷川雁が労働組合に牙をむいてくる戦法は。だがどんな弁証法も、マルクスからの引用も、彼が社員に課した劣悪な労働条件の弁解にはならない。しかし左翼あがりの番頭どもは谷川雁のラジカリズムにかるくちょろまかされる。「労働者」とか「革命」という語が大脳皮質にあって胃袋のなかにない連中にとって、谷川雁といえば神様のようなものだし、一方、経済闘争中心の労働組合というのは豚なのである。「組合幹部」といえば「堕落した」という枕詞をつけるような左翼の反対派サロンのにおいを嗅いできた中間管理職（社会的には中間階級、職制上は中間管理者、思想的には中間主義、体力・知力・迫力ともに中くらいのこいつら）にとって、疑問の余地なくわれわれは豚である。

これに対して谷川雁は、いずれも自分で目撃したわけではないが、本年四月の入社試験のおり、女の就職希望者に結婚したら仕事をやめるかとたずね、相手が、そうなるかも知れぬと答えると、おれなんざ結婚なんて屁でもない、好きなときに女と寝るのさと言ってみせて逃げられたり、取引先の重役と交渉中ラチのあかぬのを、相手が「裸になって話しあおう」と言ったとたんズボンをぬいだり、取引銀行の重役相手に日銀デモの戦術的回顧をはじめて、「わが社」の経理担当者に冷汗をかかせたり、二月二三日の労組年次大会の翌日、そしてまさにあの朝鮮人の抵抗のおわった二月二四日、労働組合相手に金嬉老の戦いかたからおまえたちも学べと演説したり、やることなすことやたらに革命的なのである。ある局面では谷川雁の言動はいまだに感動的であったりする。だから、できあがった当初の労働者組織の鈍重な敵意に対して、左翼あがりの番頭たちが、それは自家製の革命理解の間尺に合わないと黄色くさえずることもできたし、魔王のスカートのなかで小鼠のように階級闘争論を食い散らす自由もあったのである。

労働組合側はその公的文書（たとえば「春闘総括」）でも谷川雁と中間主義者の癒着について、それぞれの人格の問題としてでなく、企業における権力構成の欠陥として把握している。谷川雁はかつての革命行動の火のなかで拾ってきた「不可能性」を抑圧の具とし、かつての理念を金と権力をにぎることによって実現しようとする中型の反動家としてあらわれてきているが、むかし、労働者運動の原質を考察し、自立組織の構想をもって革命的左翼の一根拠をきずき、左翼平和屋や同伴知識人の顔色なからしめたにもかかわらず、ひとたび自分が中小企業の頭目になると、それら中間主義者を手勢とする。これは谷川雁が日和見主義者である証拠だ。最高の反動思想はこのメンタリズムのなかで溺れた。他方、谷川雁の茶坊主と化した転向左翼——これは裏切者という意味の転向者である——には、民衆のたたかいを利用してのしあがるのはこいつらなのだ、という構図があぶらのように滲みでている。テルミドールをくわぬさきに先制熱月《テルミドール》（ホットな夏と読んで下さってもいい）をかけてジュッと蒸発させたいとも思うが、規格はずれの専務＝谷川雁に鍛えられたおかげで、こちらは社長以下課長にいたる相手の二線級投手を容易に打込めるようになった。頼りない「味方」より強い敵の方がこのましいという教訓がこれだ。

組合員平均四二七一円のベースアップはあまり自慢できる成果ではないが、六七年一一月結成になる若い組合の、翌年四月二四日の最初の二時間ストおよび同二七日の二四時間ストをふくむ春闘で、やつらの側の労働運動論が形成されたとみる。

第一に、労働組合は経営者のアタマのなかで向自存在である。すなわち労働者とは——《炭鉱夫、朝鮮人、およびある職種から他の職種にすぐ変えられる単純労働の提供者をいう》。谷川雁における、「サラリーマン流浪のすすめ」「サラリーマン苦脳の商品」いらいの都市労働者蔑視がここに完成する。

この敵の論法に対しては、小さなものだが、マルクスに「労働者調査」と題する一〇〇項目のアンケートがあって、これで自分自身をチェックしてみることが必要である。

第二に、《個々の労働者の個々の条件において問題となる賃金の実体は労組の立場からも組合員の平均賃金問題に先行すべき性質のものだ》という愛情あるダボラをふく。欲望の形而上学とでもいうものからすれば谷川雁の原始キリスト教的発想は一理をふくむが、いいか、飢え死にする子をどうするかという問題は、そんな発言をするのはだれかという反問をただちによびさまし、死んでいくぼくをどうするのかという抗議においてそれが根底的であり、見ている者がいうのならそいつは反動だという党派性の論理が介在しなければならない。これは組合の党派性に経営の党派性をすべりこませようとする反動である。しかし谷川雁はさすがだ。食えなくなったら盗めばいいのですな。

第三に、四月二四日未明、スト突入二時間前の、労組三役との団体交渉であきらかにされたことだが、したがってその時点ではギリギリの状況であって、そのようなときの発言はしばしば感動的なものだが、彼は《新賃金体系》《全人間的な評価》《批評としての賃金》の三つの概念をのべた。《官庁、銀行型の賃金体系は、自分の何年か先の収入を計算でき、社会と人間活動の停滞の一要因になっているから、そのような世間並の賃金相場にもとづく体系から遠ざかりたい》

このご教訓の実際はこうだ!

編集者Sは身体が不自由なためにそれに対して尖鋭な自覚をもっており、特異な能力を発揮できるようだから、九〇〇〇円ベースアップした。——よろしい。

組合委員長Iは組合員の指導がへたくそなので三〇〇〇円だけベースアップした。なんと! 親友の名誉のためにいいそえておくが、彼こそわが闘争の先頭をいまきっている輝やかしい闘士なのだ。

組織づくりマンHは生活に困窮しており、生活苦に甘えているから、今回は四〇〇〇円だけアップして彼の生活意識の変革をうながした。

組織づくりマンIはまだ学生気分がぬけきれず三派系のデモに行っているようだから、ここで他のものより比較的高額の七〇〇〇円のベースアップをして、彼の急進主義がどう変化するかためしてみた。

典型的な四実例をかかげた。これが《全人間的な評価》であり《批評としての賃金》である。これでは全員が気分よくストライキにはいったのも当然である。

谷川雁のネチャーエフ主義とでもいうものは、「女たちの新らしい夜」「女のわかりよさ」「母親運動への直言」など初期の一巡のスケコマシ・シリーズ（『工作者宣言』）にあらわれている。女とは民衆だ。受動的で、曲折した感情のひだを重層することによって平板化し、ある種のナショナルな感情群を表出する女に、男のエネルギーの核をぶちこむこと。そして、その方法は権力的で抑圧的ですらある。この発想地点には民衆とその政治指導部の関係のアナロジーがあきらかにひきうつされている。労働組合に対する谷川雁の態度は春闘の時点では、前衛―大衆の関係の経営者的に倒錯された相をもっていた。

こうした兇悪な恣意性が、未来にあらわれたなら、つまり労働証書制とか、もっと先へつきすすんで、賃金が廃絶され、「必要に応じて・欲望に応じて」の実現しているあさっての世界のできごとなら、世の中もまんざら捨てたものではない、とこちらも批評してやる。しかし、これでさえも、八月二日武道館デモをめぐる一週間に、革命運動における「不可能性」をもって労働組合を抑圧する彼のおそるべき術策と、それに対する労組の反攻にくらべれば児戯にひとしい。

それをドキュメントとして提出するところだ。――

闘争テーマはセールスマンの賃下げ阻止。語学学習機を売るセールスマンは、固定給二万円と、一台販売につき売上げ給がいくらという単純比例にしたがって賃金を得てきた。例年六月と一二月にセールスマンの昇給。六月に新製品への切りかえがあり、販売台数の低下による生産の困窮が予測されたこともあって、組合要求は固定給の四〇〇〇円アップ。これはさきの春闘における非セールスマン（固定給）社員のベースアップが四〇〇〇円強であったことにもとづく。会社回答は、これに対して、八月からセールスマンの新賃金体系を実施したいと発表し、全体としてセールスマンの固定給化をはかりたいが、試案の作成中なので、できあがりしだい回答したい、というものだった。

四〇〇〇円よこせ、といったら、賃金体系をかえるからちょっと待てと答えてきたのだ。

組合はスト体勢を解いて待った。出てきた回答は、移行措置というかたちで六月の定期昇給を流し、それまで全セールスマン一律であった固定給を貢献度に応じて格差をつけ、固定給の平均はアップしたが売上給の歩合率が激減し、組合切崩しともとれる人事異動のプランがひっつき、月間の単位売上げ台数においてセールスマンの賃金総額の一五パーセント減、現在の売上げ台数に沿ってみれば現行賃金体系による賃金支払総額の半分、というものであった。

賃金委員会の組織、一〇数回の団交、ボーナス闘争に入った固定給社員との共闘成立、切崩しと反撃、要求書と警告書の交換……。これでは双方ともにラチがあかない。

セールスマンは固定給で食ってきたわけではない。歩合いで生活してきた。セールスマンの漸進的な固定給化を基調とする新賃金体系への移行は、やつらの総陰謀であるから、これまでの賃金支払基準のちがい、職種のちがう組合員をこえて、われわれも総力戦を準備する。闘争のピークを形成するに足る、全組合員の参加できる闘争の形式をわれわれは必要とした。

このとき、雁がネギをしょってきた。九段の武道館に一万五〇〇〇人の関係者を集めておこなう八月二日の空騒ぎ「大合同パーティ」が登場してきたのである。

七月一四日、やつらはパーティ計画を発表。管理職の中にはこの時点で企画案を発表すれば組合に狙い打たれると心配するものもいた。当然である。執行委員会は、やれるかどうか、情勢判断をつづけ、やれると結論。一六日、八・二フェステバルへのデモを大衆討議にうつした。翌一七日、会社側、組合の情報をキャッチし、ただちに切崩し開始。

この日から組合と会社の総力戦がはじまる。やつらも八・二に命運をかけ、こちらも、組織を真二つか、企業内組合の限界を超えられるか、馘首・逮捕・暴力に耐える決意があるかと勝負に出る。

やつらの宣伝――。

「会社をつぶすつもりか」

「破壊活動だ」

「なにも知らない人々の集まる祭典を狙うのは卑怯だ」

「諸君は執行部とセールスマンのデマに踊らされている」

「子どもたちがケガをする」

組合は、連絡網の整備、闘争委員会結成、アジトおよび防衛隊の用意など、非合法活動に耐えられる準備をおこない、七月二九日までは優勢に部隊をおしすすめた。この闘争に敗けるのは自殺行為である。

企業の命運がかかっているという宣伝から社員のなかに八・二デモだけは回避したいという勢力も

あらわれる。組合内部の討論は肉体的衝突にあと半歩といったポテンツをおび、思想闘争から、一企業の枠内だが、革命運動の相貌さえ呈してきた。副委員長Mを中心に賃金委員会の論客たちについてまとめられた賃金理論を組合はもち、勝利ののちはおそらくそのプランに沿って組合は動くだろう。たしかに闘争は労働者による権力奪取のヒナ型ともよべる質を獲得しつつある。

売上げの低下は不気味なほどいちぢるしく、いまの企業形態ではだれがやっても労働のエネルギーは出てこないし、組合の勝利なしには労働者の生活もそして組合の党派性の貫徹の結果副次的に保障される企業の延命もできないところにきた。

やつらはどうしたわけか、八・二の開催には直接関与しない編集者分会の切崩しに精力をそそいだ。東京のスト権集約の進行をみても組合は優勢であり、切崩しを正確にはねかえしてきたので自信はあったが、執行委員会は、谷川雁があまりにもノーガードで顎をぶら下げているのをみて、ふと、心配になったりもした。しかしわれわれは二段がまえの隊列を敷いており、その第一隊列においても局面を優利に展開していた。

七月三〇日、決起大会。ここでやられたのである。やつらの絶妙の策！

レオン・トロツキーは『過渡的綱領』をこう書きはじめている。「現代世界の危機は全体として労働指導部の危機である。」

腐った労働指導部が敵だ。この歯ぎしりしたくなるような認識をやつらは転用した！

六月、大阪に五三名の組合員をもって関西支部結成。それまでの東京の組織は規約上、自動的に東京支部になる。規約によれば、スト権は全組合員の過半数の賛成をもって成立し、支部規約では条件はそれより厳しく、支部組合員の三分の二以上の賛成をもってスト権成立となる。これをつかれた。

東京では過去つねに七五―九〇パーセント台の高率をもってスト権を確立してきた。また、二九日まで情勢を有利に展開してきた東京の組合は、完璧に規約上の手続きをふんできているので、自分たちの合法性については十分に自信をもっていた。だから会社側の抑圧手段は非合法のものであろうし、行動の直前に執行委員会を急襲してくるだろうから、その時はただちに組織を防衛し、逆襲しうる地下活動の第二列を強化すればいい。

三〇日、決起大会に大阪の執行部三名が出席し、関西支部は五三票の満票でスト権をたてたと告げた。しかし、関西支部では東京の八・二デモを破壊活動と考えるので代表三名をたてて東京を説得にきたとかれらは発言し、大阪は八月一日および二日のストライキとデモをやらないという条件でスト権をたてているといいだした。これは露骨である。ストライキをやらない前提でのスト権などきいたことがない。東京側の説得と、裏切り！　反革命！　の非難のうちに、こうしてテック・グループ労働組合のストライキ権は不成立におわった。切崩しは効を奏した。こんな術があったのだ！　ストライキ突入三〇時間前の逆転である。

ふつうならこれでおしまいである。労働者の最大の敵は腐敗した労働幹部である。大阪の執行部と会社側、つまり谷川雁―関西支社長Sのユダのラインで、このSという野郎は大阪中郵の活動家あがりであり、こいつらと関西支部執行部のボス交を裏づける間接証拠がいくつかでてきた。これをぬけずにいるのが日本労働運動の一大障害である。裏切者をぶつけてくるという転び切支丹いらいの権力論と、会社側が組合規約に依拠してそれまで合法的にすすめられてきた組合活動を「非合法」に転化させるという術策の結合をもって谷川雁は勝利した。組合側の第一列はくずれる。

翌三一日、やつらは勝ち誇っていた。中間職制のテルミドールが露骨になり、谷川雁はノーガードのマヌーバーをかなぐり捨て、右派の大衆集会のなかに浮上した。分散的な切崩しをやめ、《組合員・非組合員を問わず八・二デモに反対する者は集まれ》と公然と檄を飛ばした。右派の集会は、緊急組合大会と平行して行なわれ、公然と敵対的な二つの集会が大衆的規模で進行する。数的には会社側優勢。この情勢で行なわれた組合大会では、全組合員を対象にした再度のスト権投票で、賛成ゼロ、反対一八、棄権三五というこんどは文句なしの大阪の裏切りによって破れ、東京のスト権も二票の差で不成立におわる。組合内部に潜入していた会社側スパイの反撃。スパイのフラクション活動と議場のかけひき。

この日が組合をたたきつぶすためのやつらの絶好の日であった。この時に組合は底力をふるう。東京だけでも闘うことを決定し、スト権なしで敵ののどぶえにかみつくことを決定した。第二列を前面におしたてたのである。

翌八月一日、三たび決起大会。ここでふたたび全情勢がひっくり返る。立候補による五四名の突撃隊が結成され、ついにわれわれは限界を突破した。行動の一〇時間前である。労働者組織はふるいたった。敵がやるならこちらも容赦しないぞ。五四名の突撃隊による戦術会議はほとんど軍事委員会の様相をおびた。この情報を得た会社側は恐怖の色をかくせない。ボーフラのように浮上してしまったスパイたちのおびえが非組合員に感染する。やつらは勝ちに酔ったのだ。組合に比してあまりにも有利な物質的条件のために、やつらは足もとを忘れたのだ。深夜、戦術会議の席に電話がかかり、団体交渉をやるつもりなら会社にはそれに応じる可能性がある、という遠まわしの表現でやつらは半びらきの白旗を見せたりしたが、自分たちがどこから電話をしているかは答えなかった。こんどはやつらが組合の急襲を心配する番だ。しかり。会戦前夜に敵の指揮系統を殲滅するのに遠慮はいらない。

一〇〇名の非組合員と一〇〇名のガードマンおよび二〇名のアルバイト学生、そして若干の警備の警察官による防禦線を突破して、五四名の組合員が武道館玄関口に赤旗をたてた八・二デモの成功については、闘争中のために、その戦術を叙述することができない。トランシーバーをもった会社側斥候の逮捕、自家用車の活用による全部隊の速やかな移動、陽動作戦などの技術的貫徹、および一万五〇〇〇名の参会者を味方につける政治的展望にもとづいてわれわれは成功したのであり、この軍事的勝利を、反フェスティバル運動だけにおわらせず、階級闘争の現場にもどって政治的勝利にむすびつけるぞという宣言のために、デモと宣伝活動の成功後、潮のひくように本社にひきかえし、会社本部を急襲しこれを占拠したのである。

谷川雁の敗北感は深い。「不可能性」の壁の向うから、決定的な、そして恐るべきリアリズムをもって組合を抑圧しようとした彼の術策が破られたばかりではなく、すでに、彼の「思想」、戦術、闘争本能が、彼の会社の彼に敵対する労働組合員によってのりこえられていくことを意味する。われわれは闘争を継続する。

付記――本稿で展開しなかった八・二デモの闘争戦術論については、すでに公表したものでは、「市民座頭市」(『映画評論』一九六八年一〇月)に詳しい。階級闘争としての座頭市殺法について論じた。

1　おかげでクビになった。本稿は雑誌発表時に紙数のつごうで削除した部分を、もとにもどしてある。

昭和元禄水滸伝抒説

一九六九年、俺は血について多く語った。少なく行動し、多く語ったことのなかの、もっとも不吉な観念をうけもち、じっさいには鼻血一滴もださなかったかわりに、ために蒼ざめてこちらがよろけるほどの性悪な想念の噴出をよぎなくされたにもかかわらず、それらの観念の多くは印刷されてかさぶたになることができず、幻想上の血けむりとして百八つの鐘とともに地に失せていく運命にあるらしい。

そのことはくやしいと思っている。

今年、ずいぶんヘマをやった。ここ一番、他人を泣かせて逃げをうつより術はなさそうだが、町角の無頼漢のあらそいに身を投じてこれをもって今年一年はおしまい、もう知らねえよと自分自身の徳政一揆をおこしてみたいくらいだ。鐘が鳴ります、キンコンカン。除夜の鐘がゴーンと一つ鳴りゃ、御破算でねがいましてということにする。よろしゅうござんすね。お身内の衆ならびに現実的諸関係のガラクタよ。

さて、ゴーンと百八つの鐘がなればむろんそれは、梁山泊の、われわれの意識の地平における黒々とした浮上を告知するものでなければならない。われわれは次の歴史的一時期に百八つの豪傑の魂を組織することができるかどうか。

はるかなる梁山泊。乳色の霧に渺とうかぶインターナショナルよ。
一九六九年、俺は血について多くを語った。血を語ることは、心を語ることであり、組織の根を語ることであり、それをゆるやかな、すべての東洋の村のような黄鐘調のしらべで吟じることである。まさに血は流れはじめたのだ。

町角の刃物三昧と戦闘を介在させるものは武器の一語である。

われわれは、まず、武器は六〇年代のはじめのほうで絶望的に語られたのだということを想起しておく必要がある。いくつかの絶望が語られたなかで、その鋭い一つの表現が、民族の史的に形成されきたった悲観論にまで糸をたれているようなその出口なしの表現が、武器の絶望として提出されていたのだ。一例をあげると、堀田善衛『海鳴りの底から』プロムナード5「武器感覚について」がそれだ。この小説は六〇年から六一年にかけて、『朝日ジャーナル』に連載されたものだと記憶する。島原の乱を題材にし、小説の筋に直接関係なく作者のコメントたる「プロムナード」が七つ挿入されていて——ここでとりあげるプロムナード5「武器感覚について」はのち朝日新聞社から発行された単行本の三二〇ページから三二九ページにわたる比較的短い考察である。全体は八ポ二段組四八六ページの長篇だが、このプロムナード5の初出年月日は覚えていない。その内容は——秀吉の刀狩りいらい日本の民衆は徹底的に武器から遠ざけられ、したがって武器をとることを恐怖するというものだ。

このことを論じるまえにわれわれは三池の大喧嘩をはっきりと想起しておかねばならない。日本の六〇年代において、大衆の武器が現実のものとなり、現実の武器について語られたのが、三池第一組合の戦闘を起点としているということである。谷川雁が書いている。それは一九六〇年三月二八日の午後という日付けをもっている。一本のドスが第一組合員の腹へさしこまれたときにあらわれた光景だった。「端緒的ではあるが、大隊単位の部隊編成がなされた。大隊長のいるところ大隊旗をもった労働者がしたがい、くりかえし演習か実施された。三池艦隊とよばれる木造船の海軍が登場した。最高潮時には二万人の第一線戦闘要員と家族をふくむ一万人の補給要員が組織され、炊事から衛生にいたるまで、この三万人の戦時編成師団はほとんど想像もできない滑らかさで活動した。」(「定型の超克」『戦闘への招待』)

戦闘要員二万、補給要員一万。三万の軍団が信じられないほど滑らかに活動した。「滑らかに」だ。この軍団はどこからとりだされたか。

「赤軍や八路軍ではなかった。あきらかにそれは敗戦以前の日本帝国主義軍隊であり、戦中派の体験がその支えとなっていた。

この軍隊はどんな武器をもっていたか。からしを溶いた水入りの一メートルほどの竹筒、穴をくりたばこをさしこむことのできるコン棒、生花用ケンザン、爆竹、水平射撃のできるように改造された打上げ花火の筒、それにおそらく鉱業用ダイナマイト、重油をたたえた壕、たぶん覆面ということに重大なメリットがひそんでいるだろうホッパー前スタイルなど。銃器をとることもおそれられはしなかった。谷川雁は他の論文で報じている。「三池闘争が刺殺事件いらい、どれだけ解放感を九州の坑夫たちに植えつけたか、笑いの種をふりまいたか、数えきれない。『鉄砲をもっていく』といってきかない老坑夫から……」(「私のなかのグァムの兵士」)

いま、都市に住むわれわれも、六〇年代の鼻の頭で爆発したこの決定的な闘争と、谷川雁による決定的に先駆的な発言を、こちらの側からうけとめる地点にきている。

第一に谷川雁は、この論文や、他の炭坑夫の闘争を主題にした彼のもっとも重要ないくつかの論文において、闘争の具体性からひきだすべき技術的な総括を拒否している。彼は政治力学的な分析から思想的教訓をひきだすことに自分の任を限定している。

久保清刺殺を契機として状況は何から何に変ったのか。炭鉱労働者にみられた二重の性格、すなわち坑夫の「地金」と、その表皮たる疑似市民主義の二重性が、グラリと、坑夫の地金の露呈、坑夫の地金の解放へとかたむいた。それが第一組合員におこった。疑似市民主義は、戦前の外地生活の経験、植民地都市生活の経験、熟練坑夫の職能意識などがさらに戦後民主主義のフラスコで暖められて流れこみ、それが労働組合主義の根拠になっていると分析されている。

炭労は中小炭鉱の闘争をすてた。杵島の闘争をすて、二瀬でたたかえず、三池が「ディエン・ビエン・フーのごとく孤立した島宇宙になったのである。」しかし三池の軍隊は、全九州の中小炭鉱の坑夫、失業炭坑夫を吸引した。さきに引用した鉄砲をもって三池へ行くといった老坑夫の例や、たたかわないとダイナマイトを放りこむぞと炭労指導部に迫った人びとの例を谷川雁は報じている。これらはまさに一つの闘争が坑夫の魂の深部をどう組織したのかという組織の質と、闘争の深さの分析にささげられた考察である。

彼はこのような軍隊が消滅していった原因を次のように総括している。「この軍隊の頭部がなお労組の体系に包みこまれていたからである」と（「定型の超克」）。

したがって第二に、このような総括的観点から、彼は、組合主義がいかにして、党がいかにして、市民主義がいかにして、人民の魂を腐蝕させ、窒息させ、それが戦後史の過程でどれほど反革命的なものであり、頭の皮だけを刺激して魂の空気をぬくものであるかを弾劾する立場に移行する。しかし、彼が思想的教訓に重点をおき、技術的教訓をひきだすことをつっこまなかったことは、誤謬ではけっしてない。

体験は継承できない。体験は思想になるいがいに継承するわけにはいかない。これが、荷車いっぱい分の戦争体験論の瓦礫から後代がうけとることのできる唯一の断言である。

六〇年代の当初、日本で支配的な思想は支配者の思想であった。それはブルジョワ・デモクラートの思想であった。この思想は「軍隊」とか「戦争」という語だけでジンマシンをおこし、それらに対し、戦前的とか右翼的とか護符を貼りつけて弾圧したのだ。自己検閲というよりも弾圧といった方がいい。ブルジョワ民主主義の左翼的支柱たる戦後民主主義にあっても事情はおなじである。

第三に、三池第一組合の武装は、つまり第二次大戦後における日本人民の最初の武装は、自己防衛的色彩から発していることに注目する必要がある。青竹は水筒、コン棒はパイプである。覆面は逮捕率をいちじるしく低下させる。ヨヨギ党の焼香デモ、全学連の首相官邸突撃デモ、三池の松明デモの三つのデモをテレビで見たといいながら谷川雁は書く。

「もし警官隊が死物狂いの挑発で安保闘争と三池闘争を同時に崩そうとするならその夜は好機であったから、デモ隊の顔はきびしく緊張し、小きざみな足どりで密集して働いていた。襲いかかられたなら、その瞬間に右手に高くかかげられた炬火の機能が変化するぞといった気合いは一人々々の面にあふれ、警官隊も手をつかねるよりほかになかった。」

おそらく右手の松明の機能変化とは、襲いかかる警察の顔を焙るだけにはとどまらないだろう。さきまわりしていえば、それは、日本人の伝統的な戦闘様式たる焼打ちの引金をひくことになるだろう。

しかし、ここでは「機能が変化する」という文に注意されたい。三池の武器の全過程に機能の変化という太い一本の論理か見出せるはずだ。つるはしからダイナマイトまで、ケンザンから花火まで、道具の機能が武器の機能に変化し、そのとき正当防衛論は武装自衛の環をぐぐって攻撃的電圧を帯びたにちがいない。これが大衆蜂起の端緒であろう。ふたたびさきまわりしていえば、軍隊の銃口を支配者にむけなおしてやること、抑圧の武器の機能を変化させることによって革命の勝負は決する。勝利した革命はそれにとどまらず、正規軍を解体し赤衛軍をもってこれに変えるところまでつきすすまねばならないが。

一般に大衆蜂起は正当防衛論ふうのスローガンを身にまとって現実のものとなる。象徴的な事例を一つかかげると、一九一七年露暦一〇月二四日午後、次のような電報が発信された。

「ソヴェト大会防衛ノタメニ、クロンスタットノ武装部隊ヲ未明ニ派遣セヨ」

防衛ノタメニ、である。冬宮進攻のためにではない。これがスモーリヌイのペトログラート・ソヴィエト軍事革命委員会からクロンシュタットにあてた蜂起指令であることはいうまでもない。ペトログラード・ソヴィエトから各拠点、各機関にあてた指令は、オーロラ号の場合にも、ペトロパブロフスク要塞砲台の場合にも、防衛的な色調がつらぬかれている。そして革命の運命は「派遣セヨ」とか「橋ヲ確保セヨ」とか「出動セヨ」といった動詞の内味で決まったのだ。かくして冬宮は陥ちる。革命なる。これはペトログラード・ソヴィエト議長レオン・トロツキーの絶妙のカムフラージュだけを意味するものではない。

しかし、われわれはまだ武装のはじまりにいる。ここでは一つだけ、六〇年代後半の、ことに日大全共闘のきりひらいた地平からこの一一月までの武器の発展について、三池とほぼ一〇年後の首都の状態について差異性を明示しておくことにする。首都の武器の貧弱さは——量で、質で、決意で、しかしその行使の果敢さでは首都が三池をこえる確信とともに——首都の労働の「貧弱さ」にもとづいているということである。

六〇年の三池では軍隊は見出された。都市の現在においては、軍団は目的意識的につくりださねばならぬものとして語られている。それ自体は単純なことなのだ。われわれには戦争体験がないから。しかも体験の継承は不可能である。首都の戦線に四〇歳代の戦士を得たとしても、彼の体験からひきだす教訓でさえもこれからはますます減少するにちがいない。谷川雁が技術の総括よりも思想的教訓を三池からとりだそうとしたことは正しかった。

逆縁ながら、俺はここで谷川雁から学んでいる。批判は本誌昨年の十一月号(「谷川雁の不愉快な非転向」)に行ない、したがって同じことを二度くりかえすことをしない。どうだ、このおくゆかしさ。

三池闘争で武器は徹底的に現実のものだったにもかかわらず、一年ほど後には、武器は日本の民衆にとってもっとも絶望的なテーマとして語られた。堀田善衛がまちがっていたというようなことではない。首都の情勢が底をつくまでに悪化していたのである。堀田善衛は書いている。

「近代史を通じて、現代にいたるまで四〇〇年間も非武装であった人民などというものはおそらく他にないであろう。日本人民の非武装、武装解除は、天正一八年、一五八八年、豊臣秀吉の『刀狩』にはじまった。(中略)どなたかが、用兵史などではなくて、日本人の武器観、武器感覚というものを中心に据えた歴史を書いてくれることを私は希望したい。」

「武器をもった人々の、事に処して守るべきものを守るための、その根本の発想というものは、もたぬ人々の発想法とは、まったく違うものがあるのであろう。」

「そうして、人民の武装解除は、明治期その他の、いわば革命的な時期においてもっともきびしく完成されている。」

もういいだろう。作家が悪いのではないが、こちらの気分もゲンナリしてくる。これはうらみっぽい文章である。自分は武装論者ではないと前置きして展開し、善悪を論じるわけではないがとことわって書きつぐ。よほどくやしかったにちがいない。そこでは、ある評価のさだまった作家というイリュージョンをこえた地点で、一人の人間が安保ののち地団駄をふんでいる姿がみてとれる。われわれはそれから五年ほどのち、日本におけるフランツ・ファノンの最初の紹介者の一人としての堀田善衛を見出すだろう。

しかし、文中に、堀田善衛はさりげないかたちでギクリとするようなエピソードを挿入している。この地点をわれわれは力だして解明し、批判しなければならない。

戦争中、上海で、彼は特務機関にいた友人からコルトを借りる。その男はいう。

「こいつを一挺腰にぶち込んでだな、そこらをぶらついてみろ。ちょっとは気分がかわるぜ。」たしかに気分がかわった。喫茶店に入った。「その時の感じを私はここに書こうとは思わないが、武器をもった人間の心持ち、存在の髄のズイには、武器をもたぬ人間とはまったく別な、ある異物（それがすなわち武器なのだが）が侵入していて、いわば別人になる……」

書きたくなくてもそれを書いてほしい。武器携行の「骨の髄のズイ」をぜひ知りたいのだ。——このシーンのリアリティーはたいしたものだ。しかしここに武器感覚の小市民的な限度がはっきりと表われている。

それは武器を、火器あるいはできあがった兵器としてだけで語る思想であり、生成しつつある大衆の武器の、その形成途上の具体性であり、媒介物であるとしてはたぶん金輪際ながめることのできない狭い視野なのである。そう思う。そうとしかいえない。

ラップ・ブラウンの檄はわれわれに親しくかつ遠い。ヴェトナム帰還黒人兵に彼は言う。

「君たちは弾丸によって一人前の男になった。そして今や大切なことは、そうすることでできる限り多くの仲間を得ることなのだ。」

堀田善衛のエッセイについては、六三年の暮れか六四年の春、教育大発行の学生誌『現代批評』で、名を忘れてしまったが学生の論客の一人が意見を表明していた[1]。紛失してしまって記憶にたよるが、構改左派から自立派に転位しようとする筆者の位置を、デモの自衛という観点から武器の考察によってはかるといった論旨であった。

つまり、学生の戦列でも、下降する情勢の凹部に武器の絶望がなんらかのかたちでしかけられていたのだ。

強調しておかなければならないことは、武器をできあいの兵器とだけみなすときには、小市民の恐慌を、武器をとってたたかうことへのおそれだけを、ひきおこすということである。

あなたが手にズシリと重いやつを渡されて、さあ射ってこい、といわれたときを想定せよ。

しかし、三池においても、六〇年代後半の首都においても、そのようにしては武器はあらわれなかったのである。階級闘争における武器の発展は大衆の武装の発展のレヴェル、闘争がより高次なものへと発展していく、おそろしく深いたたかいの弁証法の一環である。われわれは武器の絶望をのりこえようとし、げんにのりこえた。

第一の段階は、武器は道具からとりだされる。道具の機能が変化する。このことの理論的考察を、超現実主義のデペイズマンという概念を借用して、俺は『犯罪あるいは革命に関する諸章』第t章「座頭市オゥ・ゴーゴー」および第u章「犯罪と革命」ではたした。そこでは階級闘争の戦闘理論は武器の「自律的な」発展のうえに築かれる戦争史の視点とはちがったものでなければならない、という理解をエンゲルス「強力論」の批判からひきだしている。六五年のことである。ここでは闘争一般と階級戦闘の関係について、さばさばするほど明解な毛沢東を引用しておく。

「戦争の法則――これは戦争を指導するものが、だれでも研究しなければならない問題であり、解決しなければならない問題である。

革命戦争の法則――これは革命戦争を指導するものが、だれでも研究しなければならない問題であり、解決しなければならない問題である。

中国革命戦争の法則――これは中国革命戦争を指導するものが……（以下おなじ）」（「中国革命戦争の戦略問題」）

われわれの経験はこうである。武器を道具からとりだすこと、大衆の武装の第一段階はバリケードにおいて数万名の規模でその実現をみた。机、椅子、ロッカー、プラカードの柄、タテ看板の枠材などの機能が変化した。この観点からのバリケード論を松田政男「バリケードの意味」（『テロルの回路』三一書房）にみることができる。

武装の第二段階は武器を作りだすことである。これは現実の段階である。この段階を大きく特徴づけるものは火薬の使用である。アルベルト・バーヨや、ボー・グエン・ザップや、日共火焔ビン世代のパンフレットが読まれ、研究される段階が現在である。

むろん武器は生成し発展するものであり、武器のより高次の段階のなかにも、すでに「低次」のものとされた前の段階の作業は生かされる。このこともすでに現実のこととして語られている。

ＭＬ派の政治機関誌『赤光』の一一月二二日号は書いている。

「素手で品川を出発した軍団は、戦闘の中で自らの力で武器を手に入れ、武装した。線路上の石、道端の短い鉄パイプ、更には車輛等は格好の武装になった。……蒲田に向かった全部隊が到着時には完全に武装していた。」

瘦せた狼として出発し、虎になって還ってこい。このML派の武装論は絶対に正しい。一〇・二一の国際反戦日にははっきりしたことだが、権力が事前検問でくるなら、武器の現地調達で行けというのは実用的な展望である。

武装の第三の段階は、敵の武器を奪うことである。おそらくはじめは偶発的に、ついで組織的に。独占資本の恐怖によって、ファシスト民間義勇軍の武装は人民の武装よりもはやいだろう。しかし民衆がこの願ってもない武器の供給源をみのがすはずがない。

第四の段階は、軍隊を寝返らせ、軍の銃口を支配者に向けなおすことである。ここまではすべての国民革命が経験してきていることである。人民の側の武器の発展がここまでなら、そのかぎりではまだプロレタリア革命とはいえない。クロムウェルもナポレオンも辛亥革命もロシア二月革命も、ここまではやっており、バブーフから北一輝まで、それを構想した。マルクス主義者は次の展望を実現しなくてはならない。

すなわち第五に、旧軍隊の解体である。全住民の武装によってかえることである。

第一の段階から最後の段階まで——それがいくつのレヴェルをもつかと固定することは誤謬だが——、われわれはここに提出した素描から、いくつかの考察をひきだすことができる。

プロレタリア軍事科学といった比較的抽象レヴェルの高い考察が、デモやピケなどの戦術論から相対的に独立してうまれでるのは、人民の武装が、権力の設定した武器認知のレヴェル、刃物、銃器、火薬に達したときであろう。したがってそれは今だ。これについて述べるのは本稿の任ではないが、各党派で、軍事的研究がはじまっているかはじまりつつあることは周知のことがらだろう。

俺なりの見解をしめせばこうだ。民衆の武装の研究、その戦闘隊形の組織論的研究は、日本における民衆の闘争の歴史的な蓄積と、階級闘争の国際的展望の交点に成立する。堀田善衛の「プロムナード5」の武装解除に関する、誠実な、うらみのこもった史的な列挙は、国際的観点を欠如させているという限界をもっていた。

堀田善衛の執念ぶかい点検にもかかわらず現実に三池の武装が旧帝国軍隊の組織形態として浮上したということは、国際的な展望にもとづかないかぎり理解できない。三池にあらわれたものは軍隊である。それは、土一揆や、うちこわしや、逃散や、焼き打ちや、伊勢まいりという「日本的」な戦闘隊型としてあらわれなかった。当時、戦後二〇年、それはまのびはしているけれども、「帝国主義戦争を内乱へ」というボルシェヴィズムの亡霊がよみがえってきたのである。谷川雁の十分に内的な総括にくわうるに、われわれは三池闘争を国際的な観点から考察し、それは直接には炭坑夫に五島列島出身者、沖縄出身者、朝鮮人がいたという意味でのインタナショナリズムであり、しかもそれだけの理由によっても、沖縄と朝鮮が確実に首都のド真中に登場する七〇年代の闘争にとって、あらためて三池闘争が徹底的に学びつくされなければならないけれども、さらに、それが軍隊とよばれようとコンミューンとよばれようと、ソヴィエトとよばれようと、人民公社とよばれようと、あるいは全共闘とよばれようと、蜂起する大衆の、蜂起する瞬間にあらわれる戦闘隊型は、それ自身で国境をこえて世界の人民の胸をうつという理由によって、視野の国際的ひろがりを要求するのである。

プロレタリアートの軍事理論は、手にした石、手にもった棒切れから、最高の兵器までを一貫したものとみなし、武装の最高の状態においても最低位の武器とそれに対応する組織とが、同時並行するものとする観点において構築されなければならない。極端にいえばそれは歴史の起点と歴史時代の揚棄を内包する。「住民の自主的に行動する武装組織」について、『国家と革命』でレーニンが愉快な比喩をもちいている。――「棒切れをつかむ猿の群れ」と。ここで、どことなく武装の端緒がわがヘルメット部隊にモンタージュされておかしいが、もう一つの極端ないいかたをすれば、プロレタリア軍事理論は、石塊一つと一基の核ミサイルが軍事的に等価であるという観点で構築される。

ここで、それは軍事理論一般と決定的に異なる。武器の優劣および国民生産の経済的力によって、最終的には、勝負が決するという見解にわれわれは組みさない。民衆の武装の発展は同時に民衆の組織の深化・拡大であり、したがって戦闘隊型の発展である。革命戦争のテーマが、軍事＝政治的課題として語られる理由がそこにある。

常備軍は、規律、命令、操典および恐怖によって動く。しかし人民はそのようには動かない。精鋭部隊が機関銃をもちだすころ、おくれた地方やおくれた階級はようやく背広をぬぎすててジャンパーに着換えはじめるだろう。しかし大衆の歯車の一回転は、前衛の歯車を一〇回転させるだろう。たとえばゼネストは、労働指導部の思惑とはことなってどれだけ人民の軍事的組織を前進させることか。

武装蜂起の瞬間においても、人民のあらゆる武装のレヴェルが同時に存在し、機能する。それらはまさに総体的なものである。革命戦争は帝国主義戦争が総力戦といわれる以上に、国民諸階級の全エネルギーをしぼりだすことによって、さらに徹底した総力戦である。

したがって、国民諸階層の武装のレヴェル、決意の状態などの、必然的な内的分裂によって、革命戦争は本質的にゲリラ戦である。ブルジョワジーは自分たちの私有財産のまっただなかへ爆撃機をだすわけにはいかないという理由から、富がますます大きくなり、富の偏在がますます過度になればなるほど、つまり資本主義が発達すればするほど、内乱は、ブルジョワジーの側からもゲリラ戦である。ゲリラ戦は第三世界だけのものではない。

その政治力学は、国民諸階級の政治意識の不均衡発展そのものである。われわれは革命的情勢における三日間は、平時の三年間の政治的教育を大衆にあたえるということを想起しなければならない。不均衡発展のダイナミズムは革命的左翼の試金石である。それはすでに、堀田善衛が十分に語った日本民衆の武装の歴史的な解除を、ことに武器を直接に兵器であると理解する小市民の恐怖を、どうのりこえねばならなかったかというかたちで問題提起されている。また、民衆の武装が発展する諸段階を——本稿ではそれはかりに五つの階梯として素描された——固定的なものととらえるのは、スターリン主義であり、段階論の名による日和見主義である。

補足までに言っておくと、ここでわれわれはフランツ・ファノンの思想にみちびかれるであろう。彼は、宿縁の怨みによる部落境いの刃傷沙汰から植民地支配の顚覆まで、原住民の武装と暴力の発展を、一貫し、段階論化せず、かつ同時並行的なものとしてみごとに記述している。

不均衡発展のダイナミズムに無関心のものは日和見主義であるが、しかし、段階を飛びこすことは北一輝のヘマをくりかえすことである。彼は『支那革命外史』(大正四—五年)で歴史の一階梯をとびこした。『国体論及び純正社会主義』で革命の方法を大衆の啓蒙にもとめていたにすぎなかった、あるいは革命の技術というテーマには問題関心をよせていなかった北一輝は、辛亥革命、武昌の蜂起を現地で目撃することによって、軍というテコを見出す。

「則ち叛逆の剣を統治者其人の腰間より盗まんとする軍隊との連絡これなり。——革命さるべき同一なる原因の存在は革命の過程に於て同一なる道を行く。実に腐敗頽乱して統制すべからざる軍隊は古今東西、革命指導者の以て乗ずべしとする所。」（四章「革命党の覚醒時代」）

また同じ章に彼はケマル・アタチュルクのトルコ革命が中国の革命家にあたえるインスピレーションについても報じている。「支那が革命さるべきならば革命の途は古今一にして二になし。特に当時青年土耳古党の軍隊を味方にせる革命の成効《ママ》は如何ばかり彼等指導者を啓発したるぞ。」

古今一にして二なし。方法は一つだ。軍隊だ。すなわち北一輝は武昌挙兵にクーデタの思想を得るのだが、彼はこの観点から明治維新の軍事的側面にもしばしば論及する。われわれはクーデタの視点から革命を行動する大物の系譜、ナポレオン、マラパルテ、ムッソリーニなどの系譜に北一輝の名をくわえることもできる。

北の主要三著「国体論」（明治三九年）『支那革命外史』『国家改造案原理大綱』（大正八年）における北一輝の思想の展開は「一貫不惑」（大川周明）のものであり、つまり、北の非転向は研究者の手によってあきらかにされていると考えられるが、思想の一貫性のままに「純正社会主義」からはいり「純正ファシスト」にぬける彼の不思議な足跡は、その謎を『支那革命外史』に見出すことができるだろう。断定的なことはまだいえないが、北一輝の屈折点——彼は自分が曲ったのではなく日本帝国の方がまがったのだと『国家改造案』の「第三回の公刊頒布に際して告ぐ」のなかで言いはなっている——は『支那本命外史』全体を通過したときにではなく、『支那革命外史』の構造自体に、ことに第八章「南京政府崩壊の経過」までと、第九章以後の記述とのあいだに、屈折があるような気がする。序文で彼自身が言うところでは、第八章までは袁世凱が皇帝への野心をのぞかせる期間にかかれ（大正四年一一月執筆）、第九章以下第二〇章「英独の元冠襲」の最終章までは袁討伐の運動がおこる第三革命の後、大正五年の四、五月に執筆されたとなっている。

後章になるにつれて北一輝の武断主義は極端なものになり、ついに東洋的共和国の理想をオゴタイ汗の会議（クリルタイ）を見出したりする。おどろくべき想像力が、ロベスピエール、ナポレオン、明治帝、ビスマルク、シーザー、西郷などをめぐって飛びかっているが、おそらくここで北一輝は足下をふみちがえたのだと思う。

内戦において勝利した権力は独裁たらざるをえないが、この独裁ないしは「恐怖政治」を諸ブルジョワ革命のうちに考察する北一輝の脳裡には、それまで、『国体論及び純正社会主義』でマヌーバー的に考察されていた天皇制が、装置として実体化されるにいたった。そのように読める。

クーデタとカリスマによる武断政治。二・二六まではあと一歩である。

北一輝を論じる者がかならず一度はふれるエピソードがある。それは彼が『改造法案』を執筆中の上海での反日帝ストライキであり、彼が断食して法華経を誦し「日本へ帰ろう、日本の魂のドン底から覆へして日本自らの革命に当ろう」と決意するシーンである。「第三回の公刊頒布に際して告ぐ」で北一輝が書いているこのエピソードは、あまりにもうまくできすぎた話という気もするが、彼がクーデタの爆弾で日本をドン底からひっくり返してやろうという決意で帰ってきたことは疑いない。『国家改造案原理大綱』にはあり、『日本改造法大綱』にはない記述——どちらも基本的にはおなじものだ——だが、「巻一、国民の天皇」註の二番目には次のようなクーデタに関する記述が見える。（『北一輝著作集』第二巻、みすず書房一九五九年版、二二一ページ）

「註——クーデターヲ保守専制ノ為メノ権力濫用ト速断スル者ハ歴史ヲ無視スル者ナリ。」以下、ナポレオンとレーニンの例が考察されている。前者の場合はフランス革命がまだ「純革命的時代ニ於テ」新聞と議会の反動を粉砕するためであり、レーニンにあっては憲法制定会議の解散、臨時政府の打倒がそれであると評価されている。十月革命をボルシェヴィキのクーデタと考える北一輝の感覚はけっして鈍くはないのである。

以上の論述で俺は北一輝をクーデタ論を主題に短くかりこんでしまったのだが、すこし風通しをよくしたところで必要な教訓をひきだせばこうである。

北一輝は、支那と軍隊と独裁の問題で、人民の武装の発展過程をとびこしてしまった。大衆の端緒的な、ないしは自然発生的な武装闘争もおこらないうちに北一輝はクーデタにまで、軍の寝返りにまで、かけぬけてしまったのである。米騒動、焼打ちが全国に波及するのは『支那革命外史』の執筆から二年後、大正七年である。軍はまさにそれを鎮圧する。日本近代史において、民衆の叛乱を軍が鎮圧するのは、明治四〇年の足尾銅山ストライキと、この米騒動の二回であった。周知のように、米騒動については当時の左翼も右翼もともに、皆無といっていいほど、評価ができなかった。

われわれはさきに、民衆の武装に対する研究は、闘争の国内的な条件と、つまり独自な蓄積と、国際的展望との交点に成立するという仮説をたてた。北一輝は中国に飛びうつることで、こんどは国内的な条件をおとすことによって、ファシストとして登場してきたのである。では国内的な分析方法とはなにか。

その前に一つ、北一輝が中国でつまづいたということをおさえておく。中国でだ。七〇年代、われわれの血の組織論は、どうやら沖縄にとどき、かろうじて朝鮮にふれることができるだろうが、それだけでは、ふたたび、三度、第何度目かはしらないが、日本の革命的左翼はまた中国でつまずく可能性がある。湯浅赳男のすぐれた研究『トロツキズムの史的展開』(三一書房)によれば、世界の前衛主義の極点たる第四インタナショナルも、中国をめぐってみごとにけつまずいているのである。革命日本と中国の結合、これは日本の近代百年を通じて解決できなかった難問であり、解決できないと戦争につきすすむ難問である。われわれは七〇年代に、その暗礁をのりきれるかどうか。もうひとこと言っておくと、中国でつまずけたら大したものだ。安保世代の優秀な者たちが、たとえばこの人のもう一つのペンネームを明さずにおくが、ニューロックを論じる矢部波人や、宮原安春が、アメリカの白人ラディカルでつまずいているのを見るとは情ない光景である。

さて、国内的観点とは、その民族の喧嘩のやりかたを考察することである。本誌六九年一二月号、谷川健一「祭りとしての〈安保〉」はべらぼうにすごいエッセイであった。だれもそういうふうには安保闘争を語らなかった。

「祭りを興奮の絶頂にもっていくために、あらかじめ定められた一人の少女を殺す例がある。……しかも六月一八日午後一二時というタイムーリミットを、この祭りはもっていた。僅か死んだ翌日からの三日間にすべてが賭けられてよく、またすべての力を賭けるべきであった。それは少女の犠牲の死を契機とした祭りのダイナミズムを、最大限に利用することであった。」

われわれは目を丸くした。このような論文が書かれることによって、われわれは武器への絶望、武器にたいする小市民的な恐れをぬぐいさったのだと告知できるだろう。

この論文の「哲学」はどんなマルクス主義だろうか。カール・マルクス主義だろうか。ハーポ・グルチョ—チコ・マルクス主義ではないだろうか。祭りを民衆のハレの日だという論旨をうけて、われわれはそれをハレハレ革命とよび、ひるがえって、ケ・ケケケケケと笑い、樺美智子の死霊の呪いが岸を退陣においこんだという仮説が重厚な谷川健一氏からとびだしてきたとき、失礼ながら、谷川家の奇怪な血の遺伝をおもったりした。しかし笑いの蛋白質を存分に喰ったのちに、われわれはこの一〇年間にずいぶん前進したらしいこと、そのイデオロギー的な書きかえが当該論文に表白されていることを認知する。この術でやられたら敵側のソウル・ブラザース、すなわち岸―佐藤兄弟もたまったものではない。武器をとることへのおそれは死をおそれぬことによってまさにのりこえられる。

民衆の武装が発展するプロセスで、武器たる媒介物が、火薬、銃器、刃物につきすすんだときが一つの勝負であろう。権力の認知する武器の範疇がそれらのものからであり、まともにそうした武器があらわれたときに小市民は確実におびえ――成田で竹槍があらわれたときの新聞世論の恐慌を想起せよ――、勇敢な戦士のあいだにもためらいが生じるのは、国家という神殿への幻想がぬぐいきれないことと ともに、それらの行使が直接に殺人を可能にするからである。

この一〇年間、警官対学生の衝突では、死者は二対四である。この帳尻がどうあわされるかは予測できないが、権力側の人間も死ぬこと、不死身ではないことは、それこそ秀吉の刀狩りいらい四〇〇年の重くるしい絶望感に颱風のような酸素を送りこんだのである。やられっぱなしの歴史は終りつつある。

そして、刃物と銃器のあいだにはまた微妙なワンクッションがあるにちがいない。刃物についてならば、「武器をもった人間の心持ち」「その時の感じ」を、われわれは喧嘩の内省や、グレていったときの青少年期の記憶によってでも再現できるし、いまナイフをポケットに町に出ることによってでも追跡できる。われわれは、土一揆を研究しなければならない。焼き打ちを研究しなければいけない。囚人暴動を研究しなければいけない。

ところで硬派の少年にあってははじめて刃物をしのばせるときが、軟派の少年でははじめて女を犯すときが、それを契機として、それを媒体にして、ガラリとかわり、「回収不能」になる転機である。

彼はそのときいらい一挙に不良として完成するのだ。

　高校時代、札つきの反抗児だった俺の経験と重ねあわせると、現在の高校生叛乱の速度とエネルギーは、かつてわれわれの世代が不良化していった速度とエネルギーにひとしい。不安定な心理状態に説得や訓話の類が効果のあるはずがない。そこでは具体的なモノをぶつけなければならない。かれらはいまヘルメットとコン棒によって一人前の男になるのである。

　青少年の急激な左傾化の一例をかかげる。高校生の例ではないが、その速度感は理解されるだろう。本人の承諾はとってあるが、匿名でかかげる。

　O君。二〇歳。一橋大学社会科二年。ノンセクト活動家。六〇年安保時、小学生。高校一年時、F・ブラウン、J・ウィンダムのSFと、日本の作家では小松左京と筒井康隆を愛読。高校二年、安吾に傾倒。高校三年『日本の夜と霧』を見て安保に興味。大学入学後、その年六八年の六・一五に参加。以後東京でのすべての闘争に参加。はじめて読んだマルクス主義関係の本は一年生の秋の『経哲草稿』。（この本は六〇年全学連の学習システムでは、最後に読まれる風潮があった。実存主義への埋没をおそれたのである。）アカハタを読んだことがない。

　O君の例など、理論的認知の深化と活動家としての深化が、学習システムの介在による並行ということではもののみごとに崩壊している。彼を動かしているのは圧倒的な現実の力と、そこで彼がえらびだした武器である。

　銃器に移行するとともに、喧嘩の分析ではなく、軍事理論的な把握が不可欠のものになるだろう。武器操作に関する一定の知識と、敵の武装の弱点をみぬく眼力が要求されるだろう。銃には弾丸が、カメラにはフィルムがなければこの恋は成立しない。敵の弱い環はどこか。これらの考察によって、階級闘争におけるもっとも有効な武器は、ブランキのいうとおり、依然として小銃だろうということが、弾丸の供給の容易さや、中学生でもぶっ放せるという操作上の容易さなどから、再確認されていくこととおもう。

紙数がつきたために唐突に結論に近づかねばならないが、われわれは革命を世界革命として語るのであり、その熱源を六〇年代に浮上し、七〇年代にますます灼熱的に世界を吸引していく地上の抑圧の最深部、第三世界に見る。第三世界が先行し、われわれが遅れている。第三世界革命を突破口に先進国の革命が噴火しないままでは、資本主義国の革命がなければ、第三世界単独では、ソヴィエト・ロシアや東欧諸国の第二の革命を起爆しえないだろう。

トロツキズムの批判的再検討を本稿ではなしえなかった。したがって仮説は、教条的なままゴロリと投げだされたままにしておく。

人間の意志、精神、決意といったものは血によって遺伝するかどうかという問題も検討できなかった。したがってこれも除夜の鐘とともにさまよわせておこう。

われわれは兇暴なパワーを必要とする。この地における最強のエネルギーは地球そのものの兇暴なエネルギーである。思想が、下意識へ、肉体へと下向していき、武器を媒介に武器の下方からエネルギーをうけとるならば、われわれはいつか地球そのものの兇暴なエネルギーに直結し、その力を解放することができるだろう。

そのときには国家などひとたまりもない。

1　山本勝三「防御と攻撃―日本人の武器感覚」（教育大『現代批評』二号、一九六四年七月）がそれである。

暴力論

暴力の持続のために革命家は殺人を快楽とするにいたるまでに感覚の全的転倒をこころみなければいけない。

一九六八年の春。わたしは、明示的にそのような認知にたっした。明示的に、ということはとりあえずそのようなテーゼを書いたということだと理解していただきたい。

脱稿後、ただちにとりくまねばならなかった長いストライキ闘争のなかで、わたしは発表の機を失するのであるが、「殺人について」〔「殺人論」〕と題されたその中篇のエッセイが、昨年五月、わたしの所属した小さな労働組合の最初のストライキとメーデーをはさむ数日のうちに書かれたということを強調しておいていいだろう。それは、卵から孵ったばかりの組織が、六八年のどこかで、経営との全面的敵対につきすすむ——それはそのとおりになった——という見通しのうえに立って、暴力論をもって自分を鍛えあげていくという意図をもっていた。たとえば、わたしは戦術の面でこう主張している。

「闘争のターニング・ポイントのたびに、律気に、執拗に、秩序逸脱をねらいつづける狙撃者が、一組合に一人は必要だ。彼は暴力論の極北に殺人を快楽とするにいたるまでの感覚の全的転倒をこころみなければならぬ。」

一組合に一人は、である。繁文縟礼をもっぱらとする労働組合活動に、秩序逸脱のカウンター鉄拳をねらうオルグがいるという光景はそれほど悪くはなかろう。闘争にはエンターテインメントが必要であるから、この組合は機関誌にこんな悪ふざけを掲載したりする。「できることなら血を見ずにすみたいとおもう。ちかごろのサラリーマン、ことに管理職には糖尿病がはやっていて、ペトペトの血がでるそうだから。」

組合の会議で、金嬉老における第三世界型闘争の構造やワッツ暴動やが論じられ、「ゲワルト」が「ゲバルト」といわれるようになったことは六〇年代の革命理論の具象化であること、なぜなら「ゲバ棒」が「ゲワウォー」と発音されるようでは迫力がでないからだという風な冗談がとびかう状態は、じっさい、知的浮楽としても気がきいている。

あとでくりかえすが、ひとつの結論はこうである。われわれが暴力に到達するためには、高次の知的努力を必要とする。プリミティヴな地点では暴力とは圧倒的な論理である。暴力を未開なもの、獣的なレベルにあるものと考えては、われわれは暴力を一週間と持続させることはできない。すでにベニト・ムッソリーニがいっている。

「暴力がどんなに歎かわしいものであろうとも、われわれの理想を理解させるためには、明らかに、われわれは、手に負えぬ連中の脳天を大きな音のでるほど殴らなければならない。だが、この必要なる暴力は、それ自身明確に貴族的なスタイルと性格とをもつものでなければならない。」（ブラムシュテット『独裁と秘密警察』陸井三郎訳、みすず書房版からの再引用）

このムッソリーニの考察において、危険思想は、スタイルにたいするファシストらしい偏見ないしはフェティシズムにまでおとしめられた暴力好みにあるのではない。一般に、ということはムッソリーニを離れてということだが、暴力に関する右翼につきのものの美学的陶酔というものは、かれらの論理の弱さに、すなわちテロルの社会的に拡大された量、革命のとりあげ婆という大きさに耐えることのできないかれらの小市民的想像力の限界に原因するのであって、それ以上ではない。暴力の恐怖すべき理由はそうではない。それが成長するという一点にある。暴力は、中途半端な美学ていどのものには確実に成長するし、また、自戒をこめていうが、自己陶酔的なレベルにまでもたしかに成長する。そして、革命手段における弱者の暴力の総体をプロレタリアートの独裁という。レーニンによればこうだ。「独裁の科学的概念は、なにものによっても制限されない、いかなる法律によっても、ぜったいにいかなる法規によっても拘束されない、直接に暴力に立脚する権力にほかならない。『独裁』の概念は、これ以外のものを意味しないのである。」（レーニン「独裁の問題の歴史によせて」『プロレタリア革命と背教者カウツキー』国民文庫所収）

ところで、わたしがエッセイ「殺人について」をしあげた段階での情勢認識はこうであった。倦むことなく左からたたいていけば労働組合が左傾化できる時点だ、と。

引用した箇所でわたしはひとつの前提に立っている。六八年、うまれたばかりの労働者組織にとって情勢は有利であった。学生の強力な闘争がはじまっていた。街頭の衝突のたびに「市民」が過激化していた。この一般的情勢を背景に、組織内の陰謀家が左へ左へとたたくこと、これは戦前、五・一五、二・二六というぐあいに右へ右へとたたき、個々のインパクトによる奪権には失敗するが、全体としての日本社会の右傾化を軍国主義の完成にもっていくという成功が実証されている手法に範をもとめているのである。

日本人の権力感覚に沿わせてみると《なしくずしにやる》という方法はかなりの効率をもっている。

一八六八年、セルゲイ・ネチャーエフがペテルブルグにあらわれた年、日本は明治維新をむかえる。ロシアのテロリズムと日本の維新期の暗殺とはあるていどまで同時代の平行現象である。「あるていどまで」というのは、日本近代国家の誕生が、おどろくほどあいまいで、おどろくほど頻繁な暗殺手段の血の産湯をくぐってきたことにあり、これが全体としての明治国家の性格にこびりついており、奪権の主体が下級武士にあったこともあって、人格と権力との分離がはっきりおこなわれていない身分制社会の母斑のもとでは、暗殺手段がいちじるしく有効であるという性格が日本の場合にはきわだっているからだ。この問題については、わたしの「セルゲイ・ネチャーエフの貫禄」(『地獄系24』芳賀書店所収)および『犯罪あるいは革命に関する諸章』(·i章テロリズム、現代思潮社)に詳しく展開されている。

個々の政治行動の後の明確なプログラムなしに、そのようなかたちで自然発生性に拝跪しながら、なおかつ全体の方向を自分ののぞむ可能性のちかくにおとすという方法は、維新の暗殺手段から現在まで、安保ブンドの「学生運動起爆剤説＝ショック戦術」のような変形までをうみながら、歴史の転形期に、わが民族に盲目的に自己貫徹してきている。これを活用しないという方法があろうか。

われわれは世紀末にはいった。日本一国民の展望でみたばあいには、この十年間、労働者階級の前衛党をつくりだすことに失敗し、それなしに七〇年代に突入することになり、国際的な見地からしても、もしかすると、ボルシェビズムの時代を最後の機会として人類は統一された労働者の司令部なしに帝国主義とたたかっていかなければならない状態におかれているのかもしれず、そのいずれにしても、われわれはこのまま世紀末につっこんでいくことになったのである。乱戦は覚悟しなければならない。

わたしは商売柄、地球的規模のアドリブたるジャズ革命を空想するけれども、遠からず、「自然発生性」というものについて全面的に再検討しなおさなければならないと考える。すでに第三世界が登場し――六〇年代革命論をきわだたせるのは第三世界の浮上である――それはわがドラゴン氏によれば、人類の無意識部分の夢魔としての浮上であるが（太田竜「第三世界と芸術」、『図書新聞』一九六九年一月一日）、それが問いかけるものは、地底の河のようなおれの眠りを解いてみよ、ということであった。

自然発生性の核心が暴力である。わたしの認知では、暴力の問題は、戦略・戦術論の地平にとどまっていることはもうできない。軍事理論の心理学的な補完物ではすまなくなっている。それは直接に大衆の筋肉と心臓とにむすびつけられた、現代の、革命の中心命題である。ボルシェビズムの時代にも、はやくもレーニンとトロツキーによってこう告知されていた。

――そのまえにひとことつけくわえておくと、ソレルやマラテスタやむろんベンヤミンなどよりも、暴力の問題はレーニンとトロツキーによって徹底的に考察されてきたのであり、かれらは有名すぎて流行の暴力論のなかではあまり名もでてこないが、なおかつかれらのプロレタリア独裁論において暴力にたいする徹底的な考察がおこなわれているのだ。念のため。

「新しい客観的条件に対する……思想と諸関係の慢性的立ちおくれこそは、革命的時期に警官の頭にはたんにデマゴーグの活動の結果としか見えない、思想と熱情の飛躍的連動を創造するところのものなのである。」（トロツキー『ロシア革命史　序文』山西英一訳、角川文庫版第一分冊）

蜂起とは、現実の諸関係にたいする大衆の慢性的立ちおくれからうまれ、大衆は暴力のなかで自己を歴史の主体へと解放する。暴力が大衆の自己表現である。そして、レーニン自身が太字で書いている次の断言は、ブルジョア的日本のうえにますます強調されていい。

「民主主義が発達すればするほど、ブルジョアジーに危険なすべての深刻な政治的いざこざのさいに、ポグロムまたは内乱がそれだけけさしせまったものになる。」(『プロレタリア革命と背教者カウツキー』国民文庫版)

さて、以上の素描のなかに、わたしは暴力に関する軍事的な理解と、形而上学的な理解、たとえば暴力は下意識の噴出であって――下意識を心のレベルで考えても、歴史における民衆の客体から主体への転換のカラクリと考えても、帝国主義にたいする植民地のことだと考えてもここではとりあえずさしつかえないが――したがって直接に民衆の解放そのものであるとする理解との、その双方を統一しようとするものだという観点を挿入しておいた。

昨年春、行動上の必要から暴力について考察し「殺人について」をしあげた時期には、わたしのなかでは、二つの論点は統一されており、したがってリアリティーをもっていたのである。一つの理論がリアリティーをもつかどうかの試金石は、それが組織論を内包しているかどうかということだと理解していただきたい。

その後、今年の春までの一年間に、それにわたしがつけくわえたものは、ひとつは「傾斜型蹶起」の文脈に沿ってハンガー・ストライキを考察したことであり、ふたつは日本人の血の意識を分析したことにとどまる。

「血」についての記述は一切省略する。複雑すぎる。「傾斜型蹶起」とは、「愛」のななめ下方にある「暴力」がもっとも不安定で噴出しやすいものであり、「愛」が「暴力」に転化するためには、ただ社会の一般的状況から速度をとりだして、陰謀家は愛に速度をたたきこめばよろしい――これは超現実主義の『辞典』(ブルトン、エリュアール編、江原順訳、ユリイカ)によれば速度の愛すなわち強姦と記載されている——という概念を意味する。わたしはこの概念をジャズ論として提出した（「みっともない弁明を一発」、『アワー・ジャズ』六号、一九六八年四月）。「本質的な思想、激越な戦闘力は、同一の組織や直接の継承者にではなく、周辺に、他の組織か理論体系との接点に、おおくの場合ななめ下方に、その行動の顕現をみる」というかたちで炎が燃えひろがっていくのだ。たとえば——

フォイエルバッハの「愛」のななめ下方でマルクスの革命思想が成長し、

SNCCの愛の哲学のななめ下方でブラック・パンサー党が成立し、

ジョン・コルトレーンの『至上の愛』（六四年のジャズ・シーンにおける四冠王レコード）のななめ下方でジャズがブラック・パワーに直面してうろたえ、

フーテンの「宇宙との交合」説のななめ下方で群集が新宿暴動を継承した、etc。

「愛」の思想は人間が暴力につきすすむ直前の最後のためらいである。したがってそれはぶっそうなしろものである。

わたしは「愛」から「暴力」をとりだす試薬を、人がより深く憎悪しうる型式、憎悪をより非和解的なものにまでたかめる型式をさがしだすことにもとめた。ハンスト戦術である。ストライキが四四日でおわり、企業から追われたとき、わたしは労働組合に書き残した覚書のなかで述べた。

「革命の権利は、むろん、労働法、労働協約、就業規則などに保障された労働者の権利に先行しているのであるから、その敗北には、法や契約によって縛られている労働者の義務を凌駕するものが含まれている。……一個人の実存を包含し、かつ階級闘争の一表現としてすえつけられる敗北の形態がハンストである。労働者が徹底して憎悪しうる型式をさがすこと。かつそれは個人の実存を昇華してしまう焼身自殺とは別の範疇に属すること。裏返しのテロリズムが自殺なら、ハンストは裏返しの革命

要求である。」（一九六八年一一月二五日付）

基本的な思想はこうだ。富者よりも貧者は弱いこと。権力との対決で人民のまずとる態勢は防衛であり守備であること。この弱さをつうじて人民は権力に勝利すること。アメリカ黒人の非暴力主義がマルコムXの黒人自衛論を通過して三年ほどのあいだにおそろしい速度でブラック・パワーに転化したこと。だからそのプロセスをさらに短縮し、フォックス・トロットで駈けぬけてしまうためには、弱者の抵抗の一つの極すなわちハンストに飛びこむこと。

六八年二月、わたしの知るかぎり、世につたえられたハンストは、ニューオリンズ・パリッシ刑務所におけるラップ・ブラウンの行動だけだった（ラップ・ブラウン「獄中からの手紙」、太田竜訳編『アメリカの黒い蜂起』三一書房）。

六九年とともに、ハンストは日本でも一般化する。京大の一教官や、出入国管理法案反対のために、新宿西口で在日朝鮮人、中国人などによる長期のハンストが記憶にあたらしい。

しかし、わたしがハンストを構想した――みっともない話だがいやがらせのためにボーナス支給日にオフィスで六時間だけ坐った――時点でも、ビアフラの飢えにくらべればハンストにはまだブランデーの香りがする。サラリーマンは一ヵ月以上のストをうてばハンストをやらないでも十分にハングリーになるのだ。したがって、ハンストなんて知識人の戦術さとうそぶかれてもしかたがないのかもしれない。

ここでは一つ、裏返しのテロリズム、自己テロルという概念にふれておく。これを汚職事件のたびに役所の窓から飛びおりる課長補佐用の哲学とは理解しないでいただきたい。

ジャズ論における論敵、朝比奈民雄は、この概念をわたしの「切札」だといやなことをいってくれたが。じっさいにこの観念はこちらの頭では古く、あの愛らしい犯罪者同盟とともに古かったのである。

「オブジェから暗喩への自己テロル……」（「韃靼人ふう」）

語としてはつかっていないが、エッセイ「でべその遺伝に関する諸説・自殺に関するテーゼの5」（自立学校の機関誌『インデペンデント・レヴュー』一九六三年六月）にはこう記述されている。

「5．自己の死滅をふくまぬ純粋の殺意、永久テロリストの永劫の非侵犯性がありうるように、純粋にして無償な自殺欲もまた確実にある。このときかれは死ぬ。瞬間にかれは絶対者であり、永遠である。ところで永遠とは恐怖であるから、したがって妄想が時間の停止した楽園をひねりだすことで、やっと満足した。」

あの当時、われわれは「自殺は煽動されねばならない」という見地から、自分の官能に耳をかたむけながら暴力論の純粋培養をやっていた。初発の地点で、われわれの暴力論の現実的な磁場は、粋なおまわりさんでも、内ゲバでもなく、町角での喧嘩なのであった。

いまの認識では、これらのテーゼは抹香くさく、ドストエフスキーの癲癇描写みたいなものだが、しかし、これをたわごとだと理解してほしくない。のちに、フランツ・ファノンがまさに「自己テロル」を描写していることを知った。「地に呪われたる者・第五章　植民地戦争と精神障害」（みすず書房版ファノン集）の系列B、その症例の2に「二二歳のアルジェリア青年における罪責妄想、および『テロ行為』に擬装した自殺行為」が報じられている。これはフランス人に見まちがえられる自分を殺そうとする行為であった。

形而上学的な、ないしは美学的なひずみをもっていても、わたしが「自己テロル」という語であらわそうとした暴力に関する感性をいまだにすてるつもりはない。それは、私怨という重要な命題につながるからだ。

私怨の概念、これこそはわれわれの暴力論にとって、第三世界がついに下方から吹きつけはじめた熱風の認識である。考えただけで鰐でも退屈する「主体性」論より、どれだけさわやかで、嵐のようにすがすがしいかしれない。どうせ、そんじょそこらにざらにありはしない主体性というものについては、谷川雁からの引用ひとつでかたづけよう。

「……あるいはこっけいな錯覚であろうとも、主体とは主体回復の強さでしか確められないとすれば……」（「インターナショナルの根」、『影の越境をめぐって』）

主体とは欠如による欲望の自覚である。私怨とは限度をこえてまでたたきつけられても消えることのない人間の主体性のことである。ここにフランツ・ファノンの有名なテーゼがある。レボルト社版の朗々たる訳文によれば、

「全力をこめて私怨に身を投じることによって、植民地主義が存在しないこと。すべては以前の通りに進行していること、歴史は続いていくこと等を原住民は自分に納得させようとするのである。」

（『世界革命運動情報』一〇）

鈴木道彦訳のみすず書房版では「私怨」を「報復の行為」としてあり、こちらの方がフランス語からの訳文なので正確とおもわれるが――レボルト社はファノンの思想は革命の情報であるという観点から、とりあえず入手しえた英訳からの重訳をこころみたものだ――両者ともにその一行前の、部族対立による昔からの恨みという文脈をうけており、いずれにしても原住民の内ゲバを論じているのだから、私怨という語でいいとおもう。この方が六〇年代暴力論の歪形態としてやくざ映画が論じられ

る風潮――たとえばわたしの「人斬五郎が町を行く」（『映画評論』一九六九年五月）にはピッタリする。

だが問題はこうだ。私怨を原理的なものとみなすか、正義のたたかいとして昇華する前のものと段階的に解釈するか、どうか。みすず書房版、鈴木道彦による巻末解説はすぐれた論究であるが、植民地秩序によって原住民の筋肉組織のなかにうえこまれた暴力が、まず自己欺瞞的な内部抗争としてあらわれ、次に「全体的過程のなかの一要因として根源的な暴力をうち破る『用具』となり得る」もの、帝国主義の暴力をうち破る暴力になると、わずかながら、暴力の段階論を承認していることに、これもわずかながらの、疑問が生じる。

暴力は成長する。敵がいるから成長する。われわれの暴力はより強力な敵の暴力をひきずりだしながら自己貫徹する。これはまちがいない。この問題は、それぞれ、トックリ胸に手をあてて考えてみないことにはいいかげんなことを言うべきではないが、しかし、この全過程に「私怨」の内容が、ないしは私怨のなかにふくまれている萌芽が貫徹し、私怨は揚棄されるのではなく、それもまた成長するのではないだろうか。

一つは、われわれが敵の権力に近づけば近づくほど、革命の側の内部抗争が激しくなるという事実。一つは、松田政男やわたしのように、ネチャーエフから人民の意志党による露帝暗殺までを一サイクルとして、ロシア・テロリズムを分析したことのあるものにとって、テロルの体系とは、埴谷雄高が「暗殺の美学」（『罠と拍車』所収、未来社）で提出した構図とちょうど逆の順序をたどっているということである。権力者暗殺が階級対立の複雑な様相に沿ってしだいに権力の標的を下向し、党内テロからついにただの殺人と政治的暗殺とが区分できないものになるわけではない。階級対立の複雑さを単純で基本的な敵対にまで肉眼視させていく過程に、「私怨」は不断に公的闘争へくりこまれていくのである。このことは、一八七八年一月二四日の、ザスーリッチによるペテルブルグ警視総監トレポフ狙撃にはじまり、一八八一年三月一日のアレクサンドルII世暗殺にいたる人民の意志党の波状的なテロリズムの年表をつくってみれば理解できるのだ。

政治活動における情念の介在については、こちらの権力のとりかたにかかわるテーマであるから、念のため、老婆心までに——。

ここで暴力に関するモデルを一つ提出してみよう。第三世界の暴力理解をしめすモデルである。これは松田政男が金嬉老事件の分析をこころみたエッセイ「私のなかのテロルの根」(『薔薇と無名者』芳賀書店)その他の文章で展開している考えかたに、わたしの意見をすこしくわえたものである。

ファノンがくりかえして強調している植民地世界のマニ教的な、苛酷な対立の構図では、おそらく、暴力の反対概念が非暴力であるということはない。この図示では、暴力は暴動、革命というぐあいにエスカレートし、成長している。これに対応して、帝国主義の側も、暴力、秩序(秩序とはむろん抑圧の体系であることにはお気づきでしょうね、市民主義者諸君!)、戦争というようにエスカレートしている。そして、われわれが暴力の反対概念と考えるような非暴力、以下順に市民的日常性、平和という概念

は、植民地の側と帝国主義の側との、中間地帯、つかの間の休止、非実在的な概念にすぎず、それは自己の原理をもたないために、エスカレートも成長もしない。

また、全体の構図は、ツィンメルワルトから初期コミンテルンにいたる革命家たちの鮮烈な規定、二〇世紀は帝国主義戦争と革命の時代であるとする規定に一致している。

われわれが、暴力の段階論的理解に不信の念をいだくのは後進国では暴力革命は有効だが、先進資本主義国ではそうではないとする類の、社会主義にいたるさまざまな道をみとめる、みとめすぎる、みとめすぎてプロレタリアートを奪権から遠ざける、多かれ少なかれ全世界のヨヨギ党の発想にそれがくみする可能性を有するからであり、そのために、このようなモデルをもとめ、愛のななめ下方の暴力に注意をむけることをもって、先進資本主義国においても中間主義が幻想にすぎないことを証明したのである。

わたし自身についていえば、このような理解にたっするためには、自分の憎悪を認識の根拠とした。松田政男とわたしは、図示の背景に、第三世界の住民は、根源的に死の側から発想して世界をとらえているのだという仮説を共有しているが、これは風や豹やの精霊と接する世界の神話や、ファノン、マルコムX、ゲバラなどの思想と行動を考察することによって支えられる仮説であり、ここでは省略することにする。モデルの展開とともに、これらに関する成文化された詳細な考察は、近い将来、松田政男と相倉久人によっておこなわれるはずである。

わたしはいま精神が下部構造であるというテーマにひきつけられているのだ。十年ほど前、森本和夫『文学者の主体と現実』によって《小説＝下部構造》説が提唱され、つい最近、読書新聞共闘会議が読書単組と読者・執筆者会議に分裂した日、片岡啓治が〝単組の人々は精神が下部構造だということを知らないのだ〟と述懐したことがわたしの印象にのこっている。たたかいを自分の決意によって持続させてきたものにとって、精神こそが物質をかえていく土台であるようにみえる。

革命論の地平で、決意といった精神の領域を徹底的に拡大し、神話的体系にまで拡大することに耐えられる理論は、これを暴力論となずけることができる。これはオイゲン・デューリング氏的な転倒であろうか。

わたしは憎悪による直観のなかで、暴力の形而上学的な側面と戦略・戦術的な側面とを統一することができたが、おそらく頭のなかが血まみれになりすぎると、暴力論のリアリティを喪失することを数回経験した。たとえば最近では、九月一二日にはじまる都立青山高校の闘争で一女学生が焼身自殺したものとすっかり思いこんでいた。おれもマスコミに毒されたな、ということにしているが、じっさいには、わたしの暴力論の空洞化をそれは警告しているのである。

わたしにとって暴力の問題は第一に反社会性の次元で考察された。それは生産の理論ではなく、破壊の体系である。このとき、価値とは強烈さのことである。

これもほぼ十年前、サドの思想が日本の左翼のあいだに紹介されはじめたころ、ロベスピエールが処刑に倦きたこころを勇気づけるために断頭台の傍でサドに読みふけったというようなエピソードも語られていた。

わたしはサドにあらわれる殺人の単純さと退屈さをこう批判したことがある。「使用価値の使用が交換価値の源泉としてあらわれる商品は労働力商品以外にない、というマルクスの剰余価値説に注目することなしには、世の小説家どもは、サドの水準を抜けないのである。……サドの単純さのひとつはその量概念の単純さである。……これはサドの自然認識の素朴さと対応していて、自然から盗む時のように人間から盗み、人間を盗むのだが（『悪徳の栄え』の）サン・フォンのように無産階級全体の殺戮といった構想があらわれると、ラッコや火喰鳥をとりつくしてしまって、あわてて保護規定を設けるような、その後の帝国主義的商人を連想させる」（「コレクターズ・アイテム」、『梁山泊巻之四』一九六六年一一月、のち『地獄系24』所収）しかし、『食人国旅行記』で述べられているように「人肉食の趣味こそ、人間が人間にたいして武器をもち、互いに殺しあいをすることを余儀なくさせる唯一の原因」だとするのは卓見だ。

破壊というものをいくぶんなりとも原理的に考えるばあいには、使用価値の使用が価値の源泉となる商品の強制的断種、すなわち殺人がその理論の中心にすえられねばならない。

ここで、人間そのものの生産、つまり生殖が論じられ、個体の消滅と類の継承の弁証法が論じられねばならないのだが、この問題を連続─非連続という概念を駆使して考察したバタイユの『エロチシズム』は、また、暴力に関する重要な指摘をおこなっている。

「下級の生物は種類を問わずエロチシズムの作用を活発にする基本的な暴力が欠けている。本質的にエロチシズムの領域は暴力の領域であり、違犯である。」（室淳介訳、ダヴィッド社）

ついでまでに二つのことをいっておくが、第一に、第三世界の思想を解くのにフロイトのシステムは適応できないだろうが、エロチシズムに内在する暴力を洞察することによって、そして暴力とエロチシズムの変換式をみいだすことによって、われわれはセックスの問題を革命論に組みこむことができる。アメリカ黒人の革命思想にあっては、性と暴力の距離は肛門と陰門の距離ほどにも近しく親しい。リロイ・ジョーンズ「アメリカ社会の性的指標」（『根拠地』木島始訳、せりか書房）やエルドリッジ・クリーヴァー『氷の上の魂』（武藤一羊訳、合同出版）を参照されたい。ここでは日本人の発言をひとつ引いておく。

「……ヨーロッパのシュルレアリスムは人間の無意識を相手にすると、全部セックス・シンボルのほうに行ってしまう。ところが、黒い芸術家の手にかかると、必ずしもセックスの方へ行かないで、暴力のほうに分析の目がおりていく。……革命に結合していく」（座談会「キューバとの合作にかける」での松田政男の発言、『映画評論』一九六八年七月）。性と革命の結合については、われわれの時代は、クララ・ツェトキンやコロンタイかレーニンをこまらせていた時代よりも深く考察すべき煉獄に到達しているのだ。

補足の第二は、若松孝二、大和屋竺、足立正生などの映画が六〇年代の状況を鋭くとらえ、映画の他のジャンルにまして六〇年代思想の一翼をになった理由は、これらの作家たちがだれよりも暴力的にセックスを描いたからである。表現の次元においても暴力のない描写は「クリープのないコーヒー」である。

ここで、暴力の、暗示的なないしは絶対的な側面を強調しておく。わたしは暴力の形而上学的な考察についてはマルクス主義からはあまりインスピレーションをえなかった。大別、三つの背景からわたしの発想がはじまってぃる。まず韃靼族の歴史、ついでエロチシズム、三つめにネチャーエフを中心とするロシアのテロリズム研究、この三つである。

第二と第三の論点はすでに素描した。そして、第一の韃靼族の歴史は、梅棹忠夫の文明生態史観というモデルにみられるように、歴史をゲワルト・テオリーによって見ること、まさに暴力論が歴史観ともなり、神話的体系にまで拡大することに耐えられるということへの、好個のエクザを提出する。

「乾燥地帯は悪魔の巣である。暴力と破壊の源泉である。ここから、古来くりかえし遊牧民そのほかのメチャクチャな暴力があらわれて、その周辺の文明を破壊した。」(「東南アジアの旅から」、『文明の生態史観』中央公論社所収)

暴力からの地理的距離に応じて、各文明の史的発展の形態をはかるというこころみは、われわれの暴力論にとっても魅力的なアイデアである。

たとえばこんなぐあいに。資本制社会においては、「内ゲバ」の激しい地域で勝利した権力が世界を制するというようなテーマを、地理学的にあとづけ、空想していくことも可能になる。歴史を空間に翻訳できるならば、文明生態史観がそのようなものならば、である。それによると、北極にひっぱられた地球の虫様突起のようなヨーロッパは、内部対立が激しいために、そこでの勝利した国家が地球を支配した。日本でそのような地域をもとめると、それは九州である。「内ゲバ」という語がきらいついでにいっておくと、九州の例は「横ゲバ」とでもいうようなぐあいになるのだが。

わたしの意見では、ひとたび「内ゲバ」といったならば、それは永久革命論――この語をめぐってかつて「パーマネント・レヴォリューション」を永続革命と訳すべしという提案が対馬忠行からなされている。しかしわたしは、まるで暴力恒常説とでもいった展望に立っているのだから、「永久」という古典的な語感を楽しみたいとおもう――にまでつきすすまなければほんとうではない。これについては後述する。

犯罪や陰謀事件の分析を好むという性向とともに、じっさい、自分の頭骸の芯で黒い炎をあげている暴力的衝動を、現実的な諸情勢のなかに溶解してしまわないために、わたしは原罪論や闘争本能論やをひそかに――坊主じみるまで――純粋培養してきたし、ヒマにまかせていくつかのあらずもがなの浮楽殺人物語をかきとばしたりもした。これらの文書は個人的快楽の具に供されたのだから発表されてはいないが、もうすこし人類が理性から解放され、もうすこし慈悲深くなったとしても、なお、そこでの後代の何人かの革命家に腰をぬかさせる自信がある。それがおれのブルースなのだとうそぶかせていただきたい。

したがって、くりかえすが、わたしにとっては暴力の問題は一義的に反社会性の問題である。それをあえて階級闘争論の地平に連鎖させようとすると、エンゲルス『反デューリング論』の次の二つの本質的な規定を、どはずれに、極端に拡大することになる。

「暴力は歴史上他のもう一つの役割、つまり革命的な役割を演じるということ、暴力は、マルクスのことばをもってすれば、新社会をはらんでいるあらゆる旧社会の助産婦であること、さらに、暴力は、それをもって社会的運動が自己を貫徹し、硬直し麻痺した政治的諸形態を粉砕するものであること……」

「このドイツでは、暴力的な衝突は、なるほど国民に無理強いされることになるかもしれないが、すくなくともそこには、三十年戦争の屈辱の結果民族の意識にしみこんだ奴隷根性を根絶するという利益があるだろうに！」

暴力はまず産婆であり、ついで浄火である。要約すればそうなる。本を失くしてしまったので正確に引用できないが、暴力を浄火であるという認知に右翼も到達していて、マラパルテは『近世クーデタ史論』――わたしの読んだのは伏字だらけの木下半治訳の戦前版だったが――で、ファシズムの立場からナチズムに警告した。

――ヒットラーの党は叛乱の分野で得たものを議会のごみためで失いつつある、いま一度、大衆的暴動の火で議会主義のよごれを焼きすてよ、と。

それで、最後に、暴力における「産婆」と「浄火」の内容を、短く、永久革命論の文脈に沿ってデッサンしておく地点にわれわれはきた。トロツキーは、彼の革命論を最初に構築した(といわれる)『一九〇五年・結果と展望』の第三節でいっている。

「ブルジョア社会が過去の主人たちをいっきょに清算してしまうためには、封建的専制主義に対決する一致団結した国民の力によるか、あるいは、自らを解放しようとするこの国民の間での階級闘争の強力な発展によるか、そのいずれかを通して巨大な力が発揮されなければならない。……第二の場合においては、それは歴史上いまだかつて生じたことがなく、従ってわれわれはそれを単なる可能性として考察するのだが、歴史の暗黒の勢力にうちかつために必要とされる活動的なエネルギーが、ブルジョア国民の中から『相互殺戮』の階級戦争を通じて生みだされる。」(対馬忠行・榊原彰治共訳、現代思潮社)

これは二〇世紀における二重の意味での神聖受胎である。相争う無数の精子のなかの一個が卵子にたどりついたときに受胎の勝負はきまる。遺伝因子もきまる。どんな歴史家もさすがに自分の精子時代の記憶はもっていないが、かりに精子か発言したとすればこうであろう。《おれにとって卵のなかに飛びこむのは第一義の目的ではないのだ。なぜおれがああまで活発に尾をふるわせていたかというと、ほかの奴らに負けたくないからさ。おれのエネルギーはほかの兄弟との競争から得ているのだ。だって考えてもみろよ、たった一人で泳いでいるのでは、卵のなかに飛びこむはりあいもないからね。おれが花嫁を得たのは、結果としてそうなってしまったということなんだ。それを卵のなかに飛びこむためにおれが身をもんでがんばったのだというのは、きみの客観主義ではないかね》

神聖受胎の第二は、後進ロシアで、先進ヨーロッパにおいてさえも第二の展望が、すなわち国民諸階級の内部抗争から労働者階級がエネルギーをとりだしてプロレタリア革命をなしとげるという展望がまだ可能性でしかなかったときに、いちはやく、ロシアのプロレタリア革命を予言していること、そのような驚くべき思想が後進ロシアの胎盤に生を享けたという点にある。

ロシア革命はトロツキーの予言に沿って進んだ。

プロレタリア革命が国民諸階級の「相互殺戮」からパワーをとりだして進撃していくものなら、プロレタリアートが国家権力を奪取していく過程にも、プロレタリアートが反抗するブルジョアジーを打ち倒すために自分を半国家に組織していく過程にも、プロレタリアートの解放はない。解放されるのはプロレタリアートの暴力である。この地のどこか一点にせよ、抑圧が存在するならば、人類の自由と解放とは、プロレタリアートの暴力のなかに屈折して表現される。

わたしはこれまで、状況論として、ある意味では流行の、暴力論についていわず、そこで紹介された暴力論の批判的解説をおこなわず――いくつかの暴力思想のなかでグロテスクということでわたしの考えはきわだっているかもしれないが――そして、国家の暴力についても発言しなかった。ヨーロッパ産の暴力論はこの問題を、マハトとゲワルト、フォルスとヴィオランスというぐあいに使いわけて、こちらの暴力とやつらの暴力を対比するかたむきがあるのだが、それについてはただひとつのことを言っておけばいい。

プロレタリアートの暴力は現在の支配階級と国家の暴力をうわまわらねばならない。われわれはこの暴力を、民衆の魂のどん底からとりだしてみせるのだ、と。

反面同志の死

書きたくはないから書く。このようないいかたをするときにはむろん戦術的な計算を前提しているのである。生きている人間が死人についてしゃべるのはいやなものだ。死人への批判は生者の弁解であり、卑怯であり、死人への敬意は生者の側が損をする。死んだ三島―森田は敢えておこなった。かれらは自衛隊につっこみ、幕僚を逮捕し、七人ほどの幹部に刃をあびせて傷を負わせ、三島由紀夫は演説し、二人は腹を切って死んだ。なにをいってもこちらの勝味はない。そういうときには黙っているにかぎる。一般に俺は人死については黙っている。テロリズムについてはその理論的側面に論及し、猟奇事件は好んで分析し、殺人論を試み、自己テロルとか、犬死とかの概念を展開することについてならば、一般にそのような物騒なテーマの考察を撒布してきたが、具体的な事件の具体的な人死を、固有名詞とシチュエーションをかかげて分析し、ことにその死の意味を問うというような発言はジョン・コルトレーン論などを例外として極力避けてきたつもりだ。むろん自分なりに徹底的に考えぬき、かつ発言はしないというかたちで、俺はそのことに節度をもってきたと自認している。『犯罪あるいは革命に関する諸章』なり『地獄系24』なりの政治論文集を見て下さってもいい。俺はそういう態度をとっているはずだ。なぜなら、自分が殺した場合には発言するわけにはいかないし、死んだ場合には発言できるはずがないからだ。人死というのはそのように深く沈む。そのように沈んだものがおそ

ろしい。したがって

したがって、三島由紀夫と森田必勝の自決については、かならず発言し、たとえ1ミリでもいいから浮上してもらわなければいけないと決心していた。前説はおわり。ごたごたいわずに内容にはいる。

ひとつ。衝撃的諸行動によって階級を形成するものは左翼か右翼か。

今回の三島―森田の行動を二・二六クーデタとの比較において論じる論者の無惨に見落していることは、そのように問題が立てられた瞬間、昭和初期の青年将校の反乱の時点で、左翼も右翼も当時全国を震憾させていた米騒動、火つけ、うちこわしを組織できなかったという痛烈な教訓を想起せねばならないということである。米騒動がぬけている。左翼も右翼もぬけている。急いでいるので精読後再検討するが、米騒動と青年将校の反乱というふうに問題を出しているのは、竹中労「三島由紀夫・残酷喜劇の終焉」(『現代の眼』一九七一年一月号)のみである。この視点が正しく、今回の事件に関する諸人諸説中のいくつかの正しい指摘のなかでも圧倒的に正しい。われわれの眼前に現象しているものは、過去十年間における日本農業構造の変化、農村人口の都市流入化による都市市民社会と都市下層社会の二重化、そのような形態による日本の二重構造の変質、そこに見られる海燕たる犯罪事件の簇生、などである。その意味をなかば比喩的に要約するとこうなる。

1　すでに労働組合に組織されている、あるいは既成の組織的テクニックによって組織しうる、そのような労働組合を下限としまたボーダーラインともし、中小企業主および自民党左派までを包含する都市市民社会に、すでに革命の業火は消えていること。

2　巨大独占およびそれに反発・対立しながら巨大独占の生産力を前提に存在する都市市民社会は人口の少数者であるが、それがまさに日本社会の生産力の中枢であるという意味において、二重構造における主動的な力である。

3　人口の絶対的多数者をしめる都市下層社会は、それが独占資本の巨腕によって、ふだんに解体され、流浪することを自己の生存様式の定在態とするために、ことばをかえればそのような生活を毎日しているために、比喩的には巨大独占の生産関係の位置にたつために、革命のエネルギーはこちらにある。朝鮮人、部落民、山谷、釜ケ崎の巨大スラム街の人々、建築労働者、子請け―孫請け会社で働らき巨大資本と中小資本によって二重に搾取されている労働者、臨時工、商店員などである。

4　これらの個々の職場に働らく労働者を階級としてとらえる客観的な前提は都市にある。想起せよ。安保、三池と結んで日本を揺さぶった十年前の情勢は、日本の二重構造のもたらした二つの環における憤激の奔出である。そしてふたたび、六〇年代後半の諸闘争が、一方に学生反乱、他方にスラムの暴動、三里塚、忍草、そして個に解体された下層社会住民の半蜂起たる犯罪の続出と、日本の二重構造は激震地の二重化をもたらしていることも想起せよ。顔面―ボディ、顔面―ボディとたたきわけなければ日本を揺さぶることはできない。日本革命もそのような方向に成立する。そして――そしてだ！――われわれはいま、安保―三池に比して、全共闘運動―都市暴動に比して、ことさら注目しなければならないことは、種々雑多な、かつ空間的には全国各地にわたる都市下層社会が文字どおり都市を前提に成立しているということだ。このことを四点において補足する。

補足の一。風景論。われわれは風景論を美学として提出したのではない。全国津々浦々が東京のコピーになっているまでに、土着的なるもの、村落共同体なるものが蒸発していて、工場で働らくたると漁港で働らくたるとリンゴ園で働らくたるとを問わず、すでに個に解体された労働者の目には、この世がのっぺら坊の風景に見えるだろうということだ。補足の二。人民の権力奪取を経たものではないが、明治期においてさえ都市下層社会の成立は人民にとって革命的事態であった。すでに明治三一年、横山源之助が『日本の下層社会』で、明治維新の性格規定をめぐって、人民の生活がかわってしまえばそれは革命だと発言していることに留意されたい。

「明治三十年間の経過は歴史の眼より見れば僅少の歳月のみ、然かも此の三十余年の間に在りて日本の社会は輩に種種の事実を示したり、特に明治維新の革命は歴史有りて以来我国にては見ること少なき社会の変動なりき、世人は之を以て単に政治上の革命と為す、余輩は幾多の社会改良家が計営惨憺して打撃を加へたるよりも尚巧妙に改革せられたる社会的革命なりとして之を重もんず、若し政治上の意味を以てせば徳川幕府倒れて王政の古に復りたるのみ、其の政権は徳川てふ一大豪族より薩長土肥の四藩に移りたるのみ、然れども之を社会の方面より見れば、数百年来牢固として因襲し来りたる封建制度は破壊せられ、士農工商の人為的階級は打破せられ、旧来の陋習を破り天地の公道に基く誓文を見るの社会と為りたり、何等の変革ぞや、特に当時何等の権威もなく位置もなき浪士に由りて改革せられたるは、特に注目すべき也」（『岩波文庫版附録「日本の社会運動」傍点原文）。補足の三。二重構造の解消論はブルジョワ・イデオローグのデマである。池田内閣の高度成長経済のもと、格差の是正が云々………なんてとんでもない話だ。搾取と差別を軸にした日本社会の二重構造は、解消しているのではなく、変質され深まっている。補足の四。日本社会の二重構造とは、上層的たると下層的たるとを問わず、社会の隅々に、支配階級的な原理と、嫁のもらいかたから感情の表出のさせかたにまでいたるムラ的な原理とが、二重化されているということだ。そして、一方の村落共同体の原理が都市を前提とし、都会にくりこまれてしまった時点で、反資本主義・反腐敗政党政治の下層大衆の赤裸の心を、天皇制によって集中させるという右翼革命の課題がリアリティーを失った。

5　独占資本によってますます社会の底に沈澱させられ、独占資本の要請によってこき使われ、独占資本のそのときどきの景気循環によって会社から街へ犬のように放りすてられてきた、おおかれすくなかれ百姓くさい人民が、その世界を脱出し、市民社会に登りうる社会的エントツ装置は、軍隊と学校であった。戦前の青年将校の反乱は、兵を通じてつたえられる農村の疲弊と人民の困窮につきうごかされたのであって、ファシストの悪しき意志を体現したものと考えることは代々木的な迷妄である。《七生報国》という概念は七回生れかわって国につくすということだけではない。自分が命をすてることは、とうちゃん、かあちゃん、隣りのお花坊よ、あなたたちの生の表現でもあるのだよ、ということも心情的には兵士のなかで意味していた。

かりに、日本の二重構造の変質がかくまでに兇暴につきすすまず、都市下層社会において個への解体が徹底せず、解体による流動を生活の定在態とせず、下層社会の憎悪が村落共同体的な資本主義への憎悪の共同所有のままに残されていたら、自衛隊を白日のものとせよという三島由紀夫らの檄は、深甚なリアリティーをもっただろう。あぶねえ、あぶねえ。

現状認識としていえることは、全共闘運動によって、社会的エントツ装置たる学校制度の糞づまりであることが十分に暴露され、エントツ装置が物騒装置に転化したということとおなじように、三島—森田が命を捨ててあきらかにしたことは、自衛隊が、大学とおなじように、十分にだめな装置であるということである。

自衛隊解体の叛軍闘争が勝つか、クーデタ青年将校が精兵を割るか、すなわちファシスト軍隊の右翼的純化が勝つか、それとも時々の国際的・国内政治情勢にもまれながら、無方向にもまれることによって生じる軍隊の官僚的存立が強化されるか、七〇年代の闘争は軍隊においても三巴の現実として開始された。

6　都市市民社会と都市下層社会とは、対立において相補的である。相補的な関係においてそれは日本社会の二重構造である。したがって一方での闘争は他方の闘争の眠りを醒ます。そして、下から上への回路たる教育制度がだめ、軍隊がこれまただめ、という事態にあって、上から下に、独占の要請が都市市民社会を串ざしにして都市下層社会をひきつけるものは、情報産業である。今回の事件でもこのエントツはすさまじい活動力をしめした。

三島―森田の自決を、二・二六との類推で語ろうとした場合には、すくなくとも、以上の六点に要約された社会・政治的内容を考察しなければならない。

都市を前提に、都市の内部で、流動のうちに階級形成をとげつつある――あるはずだ！――都市下層階級にとって、左翼のインパクトがより深くつらぬかれるか、三島―森田自決のインパクトがより深くつらぬかれるか。この勝者は敗者を容赦しないであろう。

左翼的綱領と右翼的綱領の、議論の明示的な側面を比較按配することは、その後で、勝手にやればいいのである。現時点の「米騒動」が存在しようとしている。問題の基本的所在はおおむね以上のことだ。個々論にかかる。

ひとつ。現秩序は越境と死によって相対化された。先行するものは左翼か右翼か。

このテーマにおいて、左翼が有利な地位をしめることは、右翼は世界革命の根源地の創造という視点を絶対にもちえないということである。

自分についていうことを許してほしいが、俺は『現代の眼』一月号に「禁断の木の実に関するテーゼ」というエッセイを書き、いま町に出ている。このエッセイにはパワーが入っていない。つまりあまりいいものではない。そこでは赤軍派ハイジャックと三島―森田の自決を避けて通っているからである。そのエッセイで俺は一九六三年自立学校における埴谷雄高の発言「権力の国境」を考察の軸とし、その時点で埴谷雄高によって提起された国家の超えかたの二様の方向すなわち国境の外に出てしまうことおよび死ぬことについて現在の立場から再検討を試みるというふうに議論を展開している。自己限定を付した範囲内では全力をつくしたつもりだ。しかし、一九七〇年の到来とともに、現実に国境を超えた赤軍派と、実際に腹を切って死んでしまった三島―森田については、ただの一言も触れなかったのだ。学生新聞以外ジャーナリズムでは発言しないと決心したのであるから、徹底的に空とぼけてみせたのである。

国家権力とは自己を現存する最高次の権力と倨傲するものであるから、自分を相対化するものに対しては、他の国家たると、自己を越境するものたるとを問わず本質的に非和解的なものである。国家の威信こそ現存する最高次に組織された面子である。過去十年間の階級闘争において国家の絶対性は、越境者によっても、国家の中枢にのりこんでの死によっても、左右の両極から崩れはじめた。ハイジャックおよび自決の二つの事件からうけた国家の驚愕は、まさに二つの事件にたいするわれわれの熱病的な興味と驚愕によっておしはかることができる。

逆にいえばこうだ。二つの事件にたいするわれわれの熱病的な興味は、げんに自分の肉体をもって国境の外に出ていってしまったものと、国家の中枢にのりこんで死んでしまったものの行動を通じて、瞬間的にわれわれが国家の呪縛を相対化し、真空のなかに出てしまった状態の無力感に根拠を有する。われわれの経験したこの逆説は痛烈だ。他人が国境をおしやぶって外に出たときに国家に呪縛された自分をいとおしく思い、三島—森田が国家の中心原理をただそうと右翼的原理の実行にふみきったとき（それは国体を明らかにするとか、軍の存在を明示することと右翼イデオロギー上は表現されるのだが）国家の絶対性が相対化されはじめた。

政治計算の上では、三島—森田の自決は、過去十年間の学生戦線に即しても国家権力との衝突および国家権力との衝突の過程で生じた諸党派間の内紛による死者が、おそらく七人、病死や自殺や外国での焼死や自暴自棄気味の蛮行による事故死の死者をいれずに、そのように左翼が闘争に捧げてきた生命とのバランス・シートをとってしまったかという問題が立つ。いやないいかたになったが、じっさいにそれだけの人死にが出ているのだ。一方、日本帝国主義の方向と左翼の反撃においては、日本帝国主義がその伝統的な朝鮮への野心を南朝鮮—九州—沖縄と結ぶ重工業地域の構想において現に実現させつつあるとき（詳しくは金井正男「韓国侵略の論理と実体」『情況』一九六九年一〇月号をみよ）に、赤軍派が北朝鮮に飛び、いくつかのグループが在日朝鮮人および韓国労働者との結合を実践していることは偉大である。

そしてまさに右翼思想は革命の世界性に到着できない。右翼思想の中軸は国権論（ナショナリズム）である。そのもっとも高水準の形態においても。

ここで詳しく考証はできないが初期玄洋社の維新第二革命論、岡倉天心の思想、樽井藤吉の「大東合邦論」、北一輝の「支那革命外史」など、アジア主義者といわれる系譜の人々のいくつかの例外をのぞいて右翼思想には国境を超える思想がない。[1] 個々の分析は目下『三田新聞』連載中の「あねさん待ちまちルサンチマン」にゆずるが、初期玄洋社の維新第二革命論は俺なりに次のように要約できる。

西郷南洲の西南の役をもって、維新期における政府反対派の反政府武装反乱はおわる。明治四年長州奇兵隊および久留米応変隊の反政府闘争も、前原一誠の萩の乱も、神風連の乱も、江藤新平の乱も、そのように続発した反対派の武装反乱はまさに明治十年、西南の役でおわる。その時以後、反対派ことに福岡玄洋社は、日本一国における武装反乱は不可能と総括し、舞台を東亜革命にもとめる。かれらがことさらに注目したのは朝鮮東学党の乱で、東学党とは中国の義和団に対応するような農民の土俗信仰の結社を中心とする民族主義的運動であるが、のち朝鮮人民の手によっても近代朝鮮における最初の民衆運動と評価されるにいたるこの闘争に、玄洋社の壮士たちは自己の攘夷論の投影を見る。かれらは自由民権党左派大井憲太郎と組んで大阪事件につらなったり、能登半島の漁港から漁船にのって密航するシージャックまがいの手段を講じたりして、朝鮮半島と大陸に進出する。

じっさい、この時代というものは、なにが左翼でなにが右翼かわからず、またなにが革命でなにが反革命かわからないように、いりみだれている。西郷隆盛の評価さえピタリとさだめられてはいない。たとえば最近の、井上清『西郷隆盛』（中公新書上下二巻）では、西郷を右翼の源流とするような左翼的教条がかなりゆらいできている。

玄洋社の壮士たちが大陸に進出する具体的なエネルギー源は筑豊炭田にある。そしてかれらは攘夷運動を、日本の明治維新を起点に東亜の国々に拡大し、連続的に発火させ、アジア革命を還流させて薩長藩閥の官僚政治を打倒しようとする。それが維新第二革命論の構想である。

この構想は右翼的永久革命論といわざるをえない。なぜ右翼であるか。そのメルクマールはなにか。

かれらが民権論を捨て、国権論にとび移った瞬間、この国際主義は日本の侵略政策の走狗となりはてたからだ。

われわれが確認しておくべきことは、国権が主体になったとたんに国際主義は侵略主義に転化するということである。現在なら、国権的国際主義などというものは、たかだかスパイの思想であろう。

以上の短かい考察からひきだす結論はこうだ。第一に右翼の国際主義というものは論理的にあるはずがないこと。第二に右翼の結集環はナショナリズムであること。第三に〈向米・反共〉という、北一輝や内田良平や樽井藤吉や橘樸がきいたら泣きだすような戦後右翼は、そのときどきの国際情勢の日和を見、体制間矛盾論にむこう側で対応し、「国体をあきらかにする」求心的なナショナリズムの結集環をもたないために、ロン・ノルや朴正熙がいらない国のロン・ノルや朴正熙の顔をした自民党周辺のウルトラ派にとどまり、階級的組織論をもてないこと。このことからさらに派生的に――

既成左翼と既成右翼がよく似ていること。

既成右翼が中国における成田発言を攻撃している時に、自衛隊を軍に公然化し、軍を通じて国家の背骨をただすという三島由紀夫の路線は鋭角的であること。

そして軍を通じてのクーデタという日本右翼の伝統的な、戦後右翼的でない方向を踏襲していること。

したがって問題はこうたてられる。

第一に。直接行動をもって右翼が階級形成の論理をもつかどうかはわからない。たとえかれらがわれわれと近似した問題状況をこの時代のなかに感じとったとしても、おそらくかれらはそれをもてないだろう。右翼は伝統的に階級形成論をもたないのだ。しかし、ナショナリズムは国民的結集の環たりうる。

第二に。右翼にはナショナリズムだけでインターナショナリズムがないというい方だけでは無効である。ナショナリズムを、民族主義というふうにではなく、百歩ゆずって国権主義とみみっちく理解してみても、なおかつ、われわれが国家権力の呪縛のなかにいるかぎりナショナリズムの規範力は大である。われわれもナショナリズムを所有している。むしろ、林房雄との対談で三島由紀夫が、戦後、ナショナリズムを左翼にとられたと嘆息したように、所有しすぎているくらいだ。われわれが思想のあらゆる次元で貫ぬくべきことは、階級、階級、階級……階級。

第三に。二、三年の誤差を承知でいえば、明治百年、戦後二十五年、左翼も右翼も秩序から飛びだそうとする現下の情勢は、日本の近代の意味を問う左翼と右翼の第二ラウンドに入ったということだ。近代日本社会の生成期において、右翼と左翼は交錯しあいながら、藩閥官僚政治への反対派として成立した、竹内好の、筑摩版現代日本思想大系『アジア主義』解説によれば、中江兆民―頭山満において混沌としていた両翼の胚芽はそれぞれの弟子の幸徳秋水―内田良平において左右に分極されたと論じられている。現在の局面はそれに似ていないか。似ていると思う。かれらが「昭和維新」というならこちらも「七〇年代維新」だ。俺自身についていえば、「維新」という語に右翼専占の色彩を感じなくなっているからかもしれないが「永久維新」とか「前段階維新」という珍語も一度くらいは使ってみたいとおもっていた。明治百年か戦後二十五年かというばからしい議論を横ざまに転倒させてやろうと考えてきたときにでてきたジョークなのだ。

第四に。ただし、強調すべきことは、左翼と右翼が明治維新の情勢のなかからほぼ同時にうまれてきたことの認定は心要であるが現時点での「昭和維新」とは人民革命に対する右翼の先制クーデタであることを断じて忘れるわけにはいかない。

ひとつ。政治的直接効果の無効性はどこまで深く沈みうるか。

この問が三島―森田事件の謎の中心部をなしている。この問に関する意図的なピントのぼかしかたあるいは真剣に考えた末のとんちんかんをわれわれは費やされた紙の重量単位で計ることができるほどだ。いわく――

キチガイ。

文学者の死。

美意識の倒錯的完結。

男と男の心中。

アナクロニズム……

三島由紀夫の死については、個人幻想を美意識のみごとに完結された体系のもとに紡ぎだしたそのようなタイプの文学者だから、作品論のようなぐあいに論じることはできる。しかし森田必勝はどうなる。


――しかし、神風連はどうする。神風連は政治的直接効果のうえではもっとも無効な方法を選ぶことによって、思想の純粋性を保持しようとした。俺の見るところそのことによって神風連は総括しきれないものとして深く沈み、危機の瞬間に亡霊のようによびさまされ、三島―森田の行動の中にさえ、何十年かの伏流ののち突然にあらわれている。

ただいまこの瞬間における無効性のために死んでしまうような行動は遅効性の毒たりうる。（遅効性の毒のようにまわりはじめたとすでに——すでに！——発言したものは、事件一週間後の『週刊読書人』一二月一四日号「私たちに対する最大の呪咀」の中田耕治である。）情報社会において沈んでいくものが恐ろしいのだということを知らないものは低脳である。あるいは自分の心にきけ。ある日、あるところで自分は裏切ったとか、同志が死んだというようなことは、心に沈み、発言されず、まさにそのようなものが理屈で割りきれないだめづまりの感覚をわれわれにあたえているはずだ。それらの心的効果は、政治的直接的効果ゼロの死を選ぶことによっておさえられてもいる。

もう一例をかかげよう。ハイジャックもそうだ。十人にみたない赤軍派が越境しても、第三世界の、および左翼スターリン主義国家の内部に真のプロレタリア的国際連帯の拠点をきずくとか、朝鮮革命と日本革命の統一司令部をつくるとか、そのような直接的効用は当面はかれるはずがない。しかしあえて自己の組織の成員が国境をこえたことによって、たとえば『構造』七〇年一二月号、花園紀男「自由への道——前段階蜂起の総括」は、感動的ともいえる認識の拡大を、したがって当然にも次の行動様式の成長をも保障するだろう視野の拡大をもたらしている。また川藤展久のシージャックや稲垣幸雄の恋狂いハイジャックもうんでいる。個々の犯罪論は省略するが、松田政男や俺の生得的な弁証法かもしれない「回路」概念においても、日本列島がひんまがる兇暴なエネルギーが、ここでも二重構造の両端で火を噴いたことを感覚しうるのである。[2]

《一粒の麦死なずば》とか《ほんの小さな火花でもやがて》という発想がヨーロッパ的のものだとして、無効性に賭けることはすぐれて日本右翼的な発想とはいいうる。武士道の倫理や、武術のタームを継承している右翼思想は、虚体の弁証法の駆使に長けているのだ。そして、これは三島由紀夫の個人的なイデオロギーだろうが、この無効性への賭けが、たとえば共産主義の脅威が迫っているとか、もっと妙に具体的に政治家のだれが悪いとかのある種の実体性のうちではなしに、それが思想の純度であることはわかるけれども、軍の統帥権ももたず現実の政治過程へも関与しない、日本文化の象徴としての天皇の君臨というレベルにまであがってしまうと、この無効性への賭けは沈まないですむ。天皇の赤子といった情念のありかたが、恣意においてではなく、日本社会の構造の上から蒸発しているからである。それだけは彼の計算ちがいだ。マイクももたず千人に演説するといった配慮までこらされたこの無効性への賭けは、これまでにいくつかふれたように、戦略的にはつぼをついているものと判断しうる。すなわち、ナショナリズムによる右翼的結集環の創出、クーデタの主体を軍（自衛隊）ことに将校クラスに置くクーデタ技術上は正当な、ないしはクーデタのクーデタたるゆえんの設定、そして劇的効果などがそれだ。

これだけ配慮して、三島―森田の行動はどの程度ふかく沈むか。流動を定在態とする都市下層社会にとどくか。おそらく、否。

すばやく、かつ巨大な、反対勢力があらわれたからだ。これがマスコミである。マスコミは、徹底的に報道しまくり、徹底的に論評しまくることによって、行動を大幅に浮上させてしまった。弁天橋で、王子で、成田で、佐世保で、安田砦で、ハイジャックで、ことあるごとに左翼がマスコミからくらった事態がいま三島事件にも襲いかかっている。われわれはこの問題を特殊に分析する。

ひとつ。情報所与的理性はどのていど鎮静的作用をもたらすか。

本テーマは個々のイデオローグの発言を検討するものではない。とてもその時間はない。まず自分のこと。ジャーナリズムが今回の事件にためらいをみせるようなら、俺はいやがる舌をてごめにしてもしゃべるつもりでいた。

事件当日、最初の拒絶反応は現存秩序の人称的代表者たちすなわち政府自民党からきている。そのすばやい反応のなかに、数千の糸を通じて右翼組織とつながる現支配者たちの困惑が投影されているのかどうかはいま実証できない。

そしていちはやく、最初の熱狂はジャーナリズムをおおっている。大衆もその熱狂に感染していて、たとえば、三島由紀夫、森田必勝の首が窓ごしの午後の日射しのなかにうつっている唯一の日刊紙、朝日新聞都内第三版は発売後一時間と経たずスタンドで売り切れてしまった。その反応は、政治的というよりも猟奇的である。

その種のエピソードはいくらでもひろうことができる。書店ではその日のうちに三島由紀夫コーナーができたり、事件について報じた週刊誌はこれまた発売後数時間で売りきれたり、といったようなな。

重要なことはその熱狂である。体験をいくつかフラッシュさせよう。

友人のルポ・ライターは映画『憂国』の主演女優であり、この映画に一度出演したきり忘れさられた女、鶴岡淑子を探し出すために四二時間歩いた。四二時間働いたのではない。歩いたのだ。彼の睡眠は、時間待ちの喫茶店と車中での居眠りだけである。四二時間め、四年間忘れ去られ、住所もわからなかった本人にあい、さてそれから、インタビューし、まわりの人物のコメントをとり、傍証をかため、コンテをたて、ルポを書き、写真を手配し、ゲラを見てから眠っている。この労働量はチームのものではなく、個人のものである。週刊誌の場合、一つのテーマをチームであたり、そののち、いい材料の近くにいたり、行きがかり上か、テーマに個人的に情熱を燃やしたものが単身ことの核心にふみこむわけだ。その間、ひっきりなしにデスクとの電話連絡がつづいている。そしてこれでよしという段階で（どの段階でこれでよしだか一概にはいえないが）彼はチームにもどる。

この労働力の結果できたもの（商品）が女性週刊誌四ページ分、四百字詰原稿用紙にして約十二枚である。

これが今回の事件に報道された週刊誌記事中の三島―森田の行動の派生的なことがらにおける四ページである。新聞社、ラジオ・テレビ局で働いていたことはないからなんともいえないが、その公的な報道の総量に費やされたジャーナリストの労働の総量は天文学的な数字になることは想像できる。ジャーナリスト側の労働がそうである。それに、インタビューされた側と、コメントを寄せたもの――知識人が圧倒的に多かったことも一特徴――の側の活動の量を想定せよ。そのようなジャーナリストの活動は三週間は白熱したままつづいた。興奮の持続がである。

アンカーとして俺は週一回週刊誌で働いている。アンカーとは、記者のあつめてきたデータを、編集部のコンテにしたがって、誌面に掲る原稿のかたちに書き直す匿名のライターである。今回、一九七〇年八月の、三島由紀夫の伊豆下田における家族旅行についてまとめる仕事をした。そこで目にしたデータは――

葬儀屋のコメント、坊主のコメント、三島由紀夫のひいきの洋服屋のコメント、伊豆の本屋店員のコメント、ホテル支配人のコメント、ルームメイドのコメント、ホテル地下売店店員のコメント、磯料理屋のコメント、剣術師範のコメント……などである。

この仕事で得ることがあったのは、知識人の三島由紀夫論ではなく、彼の遺体を納棺した葬儀屋とか、頭の毛を刈りとった理髪師とか、庶民の生の発言を、厖大にそれこそむちゃくちゃな量で知ったことだ。たとえば――

a　彼はビリケン頭で、その部分の髪をうまく刈ることが難かしいが、あまり丸くならずかといって角刈りにならないようにと注意するだけで、あとは鏡の中をじっとにらむとか。

b　十二年間体型がくずれず、肉体的によく練られた身体つきをしているが、身体の線をひきたたせるような仕立てでは、動いたら服が破けるでしょうと洋服屋がいったとか。

c　楯の会の新しい制服に着がえさせて納棺したとき、もりあがった筋肉の肩の刀傷がすごかったとか。

そのような情報が、昼夜をわかたず電話や紙片に書かれて入ってくる。他の取材班は、ことに競走誌との取材合戦をしながら事件の直接的諸結果をあつかっている班はもっとすごい。そのような雰囲気のなかで、すでにテレビ、新聞各紙誌であつかわれている「事実」の山も比較検討のためつみあげられている。

いくらでもあがるがこれでうちきる。こんどは思想的主体としての自分の立場でそのことからいくつかの結論をひきだす必要がある。俺は「革命のジャーナリズム」ということを考えているけれども、ここでは展開しきれないのでレジュメとして投げだしておく。

1　「事実」の束がおしよせてくる瞬間には、どんなすぐれたジャーナリストでも自分の思想の体系に沿って報道の方向性をあたえるようなことは不可能であろう。

2　左右両翼の秩序からの突出をたたくためにとか、この方向の報道は左翼か右翼のどちらを利するか、とかのイデオロギー的判断が事実の集中的な束のなかで成立していたと考えるのは困難である。

3　ジャーナリズムは事実に対しては受け身であり、イデオロギー先行の可能性は、自己の階級的利害の強力な自覚のうえに、したがって党にある。

4　ジャーナリズムにおける一事件への評価の軸は、最初に取捨選択のうちにあらわれる。具体的な一事件に対してジャーナリズムが支配階級のイデオロギーの集中・放射のセンターとなっていく経路は、客観的にはジャーナリズム自体が企業であることに起因するが、一ジャーナリストの心理過程では、事実に対して受身である自己の保守的立場そのものに原因する。

5　一ジャーナリストが労賃を越える熱中とその持続をみせる理由は、一事件に、自己幻想を投影し大衆の熱狂の代行回路となるからである。その瞬間には、一ジャーナリストは、インフォーメーション（情報）の人格化ではなく、擬似的かもしれないがコミュニケーション（相互伝達）の人格化に変位している。

6　擬似的にも熱狂の瞬間にジャーナリストがコミュニケーションの媒介項に変位しうるのは、彼自身が、事実のなかでものを考えながら自分の仕事をつづけるからである。

7　まさにそれが瞬間的にコミュニケーションを体化することによってのみ、それは最下層の大衆の心理に到着することができる。事件を報道した週刊誌が発売当日うりきれという（量的）事態の意味するものはそれだ。

8　コミュニケーションを体化したジャーナリズムは、強力な、現実的な力である。

9　まさにその力を再確認したことによって、支配階級は、「一段落」ついたあとの、マスコミの再掌握に死力をつくすだろう。それは現場の報道員たちの疲労のなかに徐々にしみこむにちがいない。

10　文字、活字による情報の受知は、一般に、鎮静的効果をもたらす。事件の擾騒的効果にのって一挙に行動に出ようとするグループも、ジャーナリズムによる狂乱の代行を浴びて、あたまを冷やされてしまう。それは左翼にとって有利か不利か。まさにそれらのことゆえに、われわれは革命のジャーナリズムがどのように可能か、ということを考慮しておかなければならない。

11　人民の行動力は革命の苛酷な運動量にたえられる。孤立しても数週間、社会的加熱化の進行においては数年間、革命の連続的勝利においてはおそらく無限に。

12　「事実」は頑固者である。かりに、男が倒れていて頭にタンコブがあって、わきに棒のきれはしが落ちているという「事実」でも、その「事実」は哲学的深さとあいまいさをもったものであるが、なおかつ事実の承認なしには、科学も思想もなりたちはしない。俺のみた三島事件の報道現場にあらわれた、そしてどの報道現場でもあらわれただろうコンテとデータの対立という現象は、判断より事実というジャーナリスト主体のある種の根性に支えられていた。

13　したがって、革命的ジャーナリズムの第一の原則は事実の解放である。

14　そこでは言論の自由に関するミルトン的な古典的原則、すなわち開放された情報市場における各情報の自由競走という原理がはたらきうるものとする。

15　プロレタリア革命の高次の段階で開放された言論の自由は、事実への敬意と批判の自由のどのような保障のうえでなりたつものであるか、これから先は難問だらけであるが——

16　ブルジョワ社会で用意された情報産業の力量は、革命のジャーナリズムが要求する物質的水準および大衆の知的水準を準備している。

17　情報の自由市場における自由競走は情報の私企業を前提とした結果する。現存する巨大情報産業は国家管理形態に移行されるとして、そのことはプロレタリア革命における高次の言論の自由とどうかかわるか。

18　巨大情報企業の単一的国家所有形態への移行は必然であろう。革命は宣伝・煽動の正規軍を必要とする。革命後のジャーナリズムの形態について、情報スターリン主義について言うのはあまり先のことまでの心配のしすぎであるが、ここで論じているものは革命のジャーナリズムである。現状において、われわれがマスコミで発言したくないという心的傾向を保持し、ミニコミの創出に力を注いでいることは正当だと思うが――思うからやっているのだ――革命は、パルチザンたるミニコミから、革命の情報の正規軍化を要請するであろう。

19　革命は、革命そのもののなかからうみだされる人民の諸単位すなわち地域の組織、諸サークル、軍隊内フラクション、政治諸党派、労働組合、消費組合などの内部的ないし相互的コミュニケーションを解放しなければならないし、解放するだろう。それらの言論を保障しなければならないし、するだろう。これらのパルチザン的情報の系と革命のマスコミの総体を革命のジャーナリズムとよぶだろう。

20　しかし困難は、革命のマスコミは、そこで働らくものが、職能的、専門的なジャーナリストでなければ担いきれないだろうということにある。かれらの賃金はどうか。かれらが流通機構を掌握することによってそこから官僚制が発生しないか。

21　現在、マスコミ労働者の闘争において困難なことは、どこまでを労働時間とするかがまちまちで賃金形態がさだまらず、かれらの生活の闘争と編集権をめぐる闘争の関連が明確にならず、編集権と管理権が対立し、編集権と営業権が対立し（じつは編集権とかいった権利はブルジョワ法の範疇にもないものなのだが）、といったことがどこまでも継続して、けっきょく思想商品の媒介者たることが労働者にとってなにかを明確にうちだせないことにある。

これらのことどもに関する考察はひとまずうちきる。

三島—森田事件にたいするジャーナリズムの作用は、すでに、次のようなことがいいうるものとなっている。すなわち、三島—森田を統一してキチガイというわけではなく、攻撃するという方向で一致したものでもなく、美化したり、けなしたり、ありとあらゆることをやりながらゆったりと鎮静的な方向にむかわせ、現秩序の維持へとおさめていくという方向づけに成功した。しかし、二人が死んでしまったこと、若い森田必勝も死んでいることによって、沈んでいくものをはばみきることはできないだろう。

ひとつ。エネルギー蓄積論かエネルギー運動論か。

右翼諸組織内部の対立が、三島由紀夫と楯の会を行動に駆りたてたことは十分に考えられることである。

七分間の最後の演説で三島由紀夫は言っている。

「去年の10月の21日には何か起ったか。（「なにいってんだ、このヤロー」の野次。）去年の10月21日には、新宿で反戦デーのデモが行なわれて、これは完全に警察力で制圧されたんだ。おれはあれを見た日に、これはいかんぞ。これでは憲法は改正されない！　と慨嘆したんだ。（「それがどうしたんだ」の野次）

なぜか？　それをいおう。」（『週刊ポスト』一二月一一日号）

この演説は周知のことだから、引用はここでうちきろう。「檄」のほうでは、彼は10・21をこう総括している。

「政府は極左勢力の限界を見極め、戒厳令にも等しい警察の規制に対する一般民衆の反応を見極め敢て『憲法改正』という火中の栗を拾わずとも、事態を収拾しうる自信を得たのである。」

六九年秋の階級決戦および七二年沖縄返還までの、三島由紀夫の情勢判断は正確である。彼は、六九年秋の現秩序の勝利は改憲を不用とし、自衛隊を「護憲軍隊」という矛盾したものに凍結させる展望をあたえたという判断から行動を決した。それは左翼革命に先制する右翼クーデタの構想だということは多くの論者が指摘するとおりである。

この問題意識を、ぜひ、前段階蜂起論の矛盾を自己反省し、人民の軍隊をつくりだす必要を力説する前述の花園論文と比較されたい。

いくつかの問題をここでも箇条書きで提出することにする。
一、檄と演説の比較によれば両者は同一の趣旨を同一の順序で展開したものであるが、演説においては、沖縄返還論を展開しないまま、野次り倒されたかたちで三島由紀夫はおえている。
二、三島由紀夫は演説にほぼ一時間を予定していた。檄によれば、沖縄論は後半の部分であるが彼は演説においてそれを長く展開する予定があったのかもしれない。
三、ハンドマイクをもっていけばよかったという論者がいるがばかをいうな。肉声で語りかけたところに、陽明学の〝無効性〟の論理があり、神風連の精神があるのだ。むしろ、あの肉声は精神主義ではなく、闘争を技術と考えた上で、肉体の訓練を遂行した三島由紀夫の技術的精神（それは行動計画の精密さにもあらわれている）にわれわれは学ぶ必要がある。学んだ上で、われわれは煽動の技術を構築するのだ。レオン・トロツキーは一九〇五年でこりて一九一七年にはのどを大切にし、残忍なほどよくとおるバスで語りかけられたボルシェビキ唯一のアジテーターとなった。

四、感情の面でいえば、野次られていた三島由紀夫はじつにつらかったと思う。演説中の彼の顔写真は、いつものよく光る眼ではなく、泣きべそをかいているようだ。それは、森田必勝に対する楯の会会員の次のような証言と対照的である。「……あのバルコニーでの森田の鬼気迫る顔である。森田は天真爛漫な男で、ふだんの顔にもそれが現われていた。その森田があんな悲愴な顔をして……」

（『週刊現代』一二月一七日「掟を破って楯の会の内幕を明かす」）

五、三島由紀夫を野次り倒した自衛官の反応は二・二六事件を鎮圧した側の兵士の悲愴感とは異質である。それは現状においては右からの秩序突破に対するサラリーマン的な抵抗素たりうる。

六、三島由紀夫は現状において、自衛隊を横からないし外からゆさぶり、純化させることは不可能であることを行動によって証明した。彼はわれわれの反面同志である。

七、叛軍闘争による自衛隊の解体と、人民の軍隊創出の、論理的な同時遂行環を左翼は実践的にさぐりだし、行動しなければならない。

八、七〇年代の展望を行動によってきりひらこうとした点で、彼はまさに反面同志である。おそらく彼が左翼と共有していたものは絶望感であろう。それは、自衛隊への絶望、逆説的だが新左翼への絶望、そして自己幻想への絶望であろう。右翼があそこまで絶望していたのは恐るべきことだ。

九、ヨヨギがエネルギー蓄積論に立つように既成右翼もエネルギー蓄積論者なのかもしれない。われわれが、ヨヨギとの対立、および左翼反対派諸党派との党派闘争を通じてわれわれの行動に出るように、三島由紀夫と楯の会は、既成右翼との内紛を通じて行動に出たのかもしれない。そして既成右翼にはいま、三島—森田の行動を総括しえない困惑がひろがっているかもしれない。それはわれわれに有利か不利か。

十、右翼が、クーデタによる「前段階蜂起」路線の環を三島—森田の行動でしめしたときから、左翼のピッチもあがらねばならない。

十一、右翼テロルは、かれらが組織的結集の環をもちえず、分裂を重ねたときに、一人一殺路線として成立した。しかしいま左翼の方がより個へのそして個の解体に直面している。全共闘運動は解体された個からはじまっている。新左翼対新右翼の対立はここにはじまる。

十二、問題状況の共有のゆえに左翼と右翼の対立は全面的なものとなるだろう。理論的対立も全面的になるだろう。それゆえに、左翼は絶対に行動で勝利しなければならない。

十三、現代においては、個への解体は左翼の方が先行している。右翼の側は、郷党、ＯＢ会、合宿生活など多かれ少なかれ解体への中間項が存在し、これゆえに、まさに「かれらの生活がわからない」のだ。しかし、いずれその中間項も解体され、個となって突出するものをわれわれは新右翼とよぶはずである。

十四、左翼の腐敗地点が思想の「成熟」にあるように、右翼の腐敗地点も、現実の支配者の直接的・階級的利益との結合に、存在する。ようするに金で動かされることだ。新旧対立・左右対立、エネルギー蓄積論とエネルギー運動論の対立、腐敗地点との対立、対立のなかの対立と、無数の軸が生起しながら進行していくものが七〇年代の階級闘争の一つのかたちであろう。

この世に階級闘争が存在することを、支配者も認め、右翼も認め左翼も認める。ただし、存在する階級闘争が労働者階級の勝利にいきつくことを承認することが、左翼の革命思想を他と確然とわかつものである。

ひとつ。武器。左右両翼の衝突は人民の武装をよりおしすすめるか。

関孫六について次のように観察されている。「全長九七・五センチ、刃渡り七二センチ、峰幅手元〇・六センチ、切先〇・四センチ、鞘八五センチ。柄は茶の糸で編んであり、軍刀ふう。無銘だが鑑定書によると『関孫六兼元（後代）』で時価百万円以下。刃こぼれ三ヵ所。介しゃくの衝撃で真ん中より先からS字型に曲がっている」（『毎日』一二月一三日）日本刀もあんがいたよりないとも、人間二人を斬るというのはおそろしくたいへんなことだともいいうる。

ここでいえる二つのことは、階級の武装にとって武器は美的フェティシズムの対象であってはならないということと、やすものでよろしいということである。

棒と刃物の結合を槍という。それは投げることもできるし、大量に作りだすこともできる。左翼にとって、武器の問題は大衆の武装の問題であり、武器は、道具から変化され、生成され、敵から奪いとってやるものである。フェティシズムにおちいる余地はない。公的権力との闘争では、相手がまさに公的権力であるがゆえに、人民の武装は棒と火焔瓶以上にすすまなかった。私闘は人民の武装を深化させる可能性を有するだろう。

ひとつ。死は右翼思想の占有物ではない。奪還せよ。

生命は神聖である。しかし生命を神聖不可侵視することは革命がやれなくなることだ。七生報国の観念は右翼思想だけのものではない。二・二六で銃殺された青年将校磯部浅一は七回生まれかわって革命に殉じる旨の遺書をのこしている。七生報国の観念を、形而上学的に考えれば、七回うまれ変って国家を呪い殺すとも、自分の死が、とうちゃん、かあちゃん、隣り村の花子ちゃんの生活に連続するものだという類概念の提起であるとも理解しうるものである。後者について、二・二六の叛乱兵を鎮撫するためのビラに次のように書かれていたことは類概念による個への解体阻止――すなわち天皇制支配のイデオロギーたる「天皇の赤子」論によるつつみこみとして――とも理解しうるものである。「今からでも遅くないから原隊に帰れ……お前達の父母兄弟は国賊となるので皆泣いておるぞ」

これで利いたのだからいやになる。

現在、この手口は〝事件の蔭で泣く老いたる母一人〟といった女性週刊誌的泣ネタにまで衰弱した。あるいは、最良のものでも、永山則夫を悪しき遺伝因子と貧困の相のもとで解析した新藤兼人の『課の十九才』である。それらのことから個への解体は革命的なことである。そうであるから、三島由紀夫と森田必勝の行動の衝撃が、どのようなかくされた経路をたどって沈澱していくかが容易にはかりしれない。

人は個として死ぬ。彼にとってその死は絶対的なものである。

そうであるから、三島由紀夫と森田必勝を死んでから後も差別するような風潮、ことに文壇文士的な風潮はたえがたいものである。

そしてまさに、人は個として死ぬために、死の形而上学は万人のものである。それは右翼や左翼の占有物ではない。情勢論として言えば、左翼は内紛による死によってくちごもりがちなことに比して、右翼の方が死をより多く語るかもしれないのだが——。

俺の理解では、たとえばエロチシズムに関する本質概念たる、個の死滅における類の連続といった多かれ少なかれ暴力を契機とする類の意識のうえに死の形而上学を考えてきたのであるが、三島—森田が、類への連続を考慮に入れなかったはずはないが、それをたとえばとうちゃん、かあちゃんといった家族的なものや、同志とか階級といったようななんらかの史的ヴェクトルのうえにではなく、無効性、むだ死、犬死のうえに暗示的に、松陰的なタームを用いれば留魂のうえに措定していたことをばかにするわけにはいかない。おそらく死の形而上学が衝迫するものは、生命（ライフ）と生活（ライフ）の分裂である。ヨーロッパ語系統では、生命と生活とは一語に統一されていて、それに対応するものをあえてさがしだせば《いのち》ということだろうが、語義の問題をはなれて、主題はこうである。

生きていることは、なにがなんでも崇高であり、めちゃくちゃに正しい——というような戦後民主主義の一つの売りものは、生命と生活を混同することから生じる。

それはこうだ。《生命なき生活は無意味であり》《生活なき生命は無価値である》という否定形のうえに統一されねばならない。それが《いのち》ということである。この統一された《いのち》が類的存在としての人間の個の構造を保障するであろう。

以上の素描を提出したうえで、三島—森田自決について、その特徴をいくつか考察することにする。

すべて仮定法であるが――

第一に、たたかう者は、かれらの行動をばかにすることは絶対にできない。

第二に、自衛隊への攻撃を、左翼が試みたならば、たとえば一九五三年のフィデル・カストロらのモンカダ兵営襲撃のようなかたちでおこなっていたら、射殺されたであろう。

第三に、三島由紀夫と楯の会行動隊が益田陸将を殺害していたら左翼のうける衝撃は、回復に数カ月を要するほど激甚なものであっただろう。（派生的なことでは、日本刀で負傷させられた七人の高級幹部たちに関する報道は俺が気づかなかったのかもしれないが、その後おこなわれていない。「国軍」の中枢であり、第二次大戦中の〝勇士〟であったかれらが、おもちゃの兵隊の日本刀と特殊警棒で負傷させられたということは、国家にとって名誉なことではないはずだ。）

第四に、三島―森田の自決は左翼にも度胸をすえさせる。

かれらをしてキチガイとして葬るようなまねは秩序の側にまかせればよろしい。われわれはわれわれ自身の勇士を、圧倒的に、大量につくりださねばならないのである。多くを三島―森田の行動から学んだ。三島由紀夫、森田必勝に哀悼の意を捧げる。

1　しまった！　この断定ははやすぎる。満州国の関東軍と内地軍の呼応によるクーデタ構想、すなわち外国のどこかの一点を橋頭堡とする侵略と国内的な右翼政変の同時プランが、関東軍幕僚のあいだに成立していた。詳細を竹中労・平岡正明対談「日中は再戦するか」（『読書人』一九七一年一〇月一八日号）でわれわれは展開している。

2　人民の犯罪と右翼クーデタの競合的状態を分析したこの箇所を、俺の筆の走りすぎであり、不謹慎だと評価した者がいる。その人物は低脳である。三島―森田自決がどこで沈むか、その沈降地点を糞リアリズムで測っていた俺にとって、ほぼ一年後、全日空・自衛隊衝突事件の隅多茂津一尉が登場してきたことは、予測通りにしてかつ驚異的なことだった。俺は川藤展久のシージャックに人民の海軍の幻影を見ることができたが、ドジこの上ない稲垣幸雄の恋狂いハイジャックのなかに人民の空軍の夢をみるべきだった。拙著『あらゆる犯罪は革命的である』（現代評論社）をかならず読んでほしい。この本は、本書と並行して出版されるが、そちらの方では自惚れたくはないという理由で言わなかったことをここでしゃべっておくと、何年か後、日本の人民は当該書を必読のものとする。俺の、犯罪の分析のみによる階級闘争の分析は、そのくらいの内圧をもっている。いずれわかる。空樽は浮き、内味のある樽は沈むのである。

『あらゆる犯罪は革命的である』引首

原理的な諸問題は副次的である。個々の事件が大切である。原理は犯罪学の体系にとって重要なのであって、個々のケースは犯人にとって命がけである。

犯罪学の体系とは国家意志のことだ。それが正しい定義である。すでに意識の私有財産の最高次の形態が体系であることが革命家たちによってみぬかれている。

犯罪学の体系は、犯罪原因の分析、犯罪の類型的分析、犯罪への対策、そして犯罪を未発のものとしようとする本性によってかならず国家意志に吸引される。犯罪を犯罪として認知するものは国家であるから、犯罪の体系的考察が周到に深まれば深まるだけ、犯罪学は国家の学である。

かくして、犯罪の原理的、体系的研究は、ただ一つのことをわれわれに証明する。あらゆる犯罪は革命的であること、これである。

したがって、犯罪を未発のものとしようとする慈悲深い国家の意志は転倒されなければいけない。問題は犯罪にとって未発のものはなにかということであり、それは二つあり、二つしかない。

第一に、未発の犯罪とはまだ行なわれていない犯罪のことである。第二に、世界犯罪シンジケートが未発である。人類はまだ存在していない犯罪を体系的に記述する方法をもたないということからも、世界犯罪シンジケートがときおり海面に背びれを見せるほどの萌芽状態にあることからも、われわれの犯罪に関する論述はかならず非体系的であり、反体系的である。

そのことは本書をなす22のコンポーネントを通じて守られている。それらの記述に、なにごとかの脈絡を見出し、通性ないしは一定の法則性が見出されるにしても、そいつは体系への萌芽ではなく、人民の知恵の兆《あかし》であると理解されたい。

数年間の研鑽ののち、俺は犯罪評論家をなのるであろう。犯罪評論家とはいかに犯罪に相渉るものであるか。

犯罪評論家は、犯罪の創造、深化、波及の過程にあって仕事をし、各犯罪者間の情報の交換、技術の向上、友情と親睦の円滑に力をかすものと位置づけられる。

この真理を発見するまで、俺は犯罪に関して何度かの理論的動揺を経験してきた。わが処女論文は「犯罪の擁護」と題し、それが犯罪者同盟の第一宣言であったが、その中で俺は正しくこう書いている。

「あらゆる犯罪は革命的である！」

この宣言は一九六一年春に提示された（のち『韃靼人宣言』現代思潮社所収第一論文。ただし絶版、再版の可能性なし）。

しばらくして、俺は「でべその遺伝に関する諸学説」（『地獄系24』芳賀書店第一論文）や発禁本『赤い風船あるいは牝狼の夜』における「韃靼人ふう」などの諸稿で、悪の形而上学的瞑想に耽るというぜいたく趣味にとりかかった。これはモダニズムの方向における日和見主義である。犯罪は形而上学的に考察する以前に、刑事上学的に考察しなければならない。

一九六六年執筆の『犯罪あるいは革命に関する諸章』で俺はほんのすこし左にゆれている。こう書いた。
「あらゆる犯罪は革命的であるが、それは魔がさす瞬間である」
このいいかたは文学的な堕落である。
しかし俺はいまそれらの動揺を克服しており、そのことを本書のすべての文章が証明するであろう。

各論の執筆動機は、犯罪現象そのものの非体系性と俺の恣意にある。犯罪の分析にとってデータの入手が第一に必要であって、それが不可能なために見送った事件もずいぶんあるが、本質的には俺の好き勝手に左右されている。俺があの事件はおもしろいと判断し、この事件は分析しないと捨てることに対して他人の容喙はゆるさない。

一九七〇年の夏、俺は大浦光子の置き引き事件をとりあつかうべきか、川藤展久のシージャック事件をあつかうべきかまよった。その時点では大浦光子をとりあげたが、そのことは正しかったと思っている。

犯罪現象の非体系性と執筆動機の恣意性のゆえに、したがって、朝鮮人犯罪の分析があるのに沖縄人犯罪の分析がないといった不満をのべられてもどうするわけにもいかないのだ。それは各自が試みられよ。俺はデカではない。だから、すべての犯罪に律義であるというぐあいにはとてもいかない。

人前で発表する文章では、俺は外国の犯罪と左翼犯罪の分析を遠慮している。前者については異国人の心事がはかりがたいからであり、後者をやりはじめたとたん、俺は夢中になって犯人探しなどを試みはじめるだろうからである。

一言補足しておけば沖縄人犯罪をいくらかまとまったかたちで分析、定着させるプランはある。もちろん、それは日本市民社会の犯罪学の水位でやってはいけないのだ。沖縄における犯罪考察のひのき舞台は太平洋革命である。

俺のアタマがそうなのか、世の流れがそうなのか、本書に収められた諸犯罪をつなげてみたときに一定のうねりがあり、一九六八―一九七〇年にいたる、金嬉老、ハイジャック、川藤展久、そして永山則夫のうちに、人民の陸軍、空軍、海軍、そして遊撃の萌芽がでそろったと判断することも可能である。

犯罪と革命接近し白熱す

永山則夫からはじめられることはうれしい。[1] 彼が獄中で書いた日記が本になった。『無知の涙』（合同出版）という。その迫力は圧倒的である。その全体的な考察は俺の手にはあまる。

「いったい彼等は革命をなんだと思っているのだろう？　小児の泥投げゴッコをちょっと上回った石投げゴッコでしかないと、この私——この『連続射殺魔』である自分——に彼らはそう言われてもグーの音も出ないであろう。それは共産主義革命闘争というのは、私のような単独で単なる強盗殺人的手段をいうのではないのであるが、この貧底のプロレタリアの中からの勇者の行為は、赤軍派の諸君の言語を拝借すれば『前段階的武装蜂起』のその先をゆく行動であると思う（自己批判は後述で……）」（二七五ページ）

この部分の引用からはじめることが正しいかどうかはわからない。しかしこの部分は避けられない。全一〇章中第IX章「嘆く前に憎め！　憎み殺せ！」と編集者によって題された章の「死せる者より・六十六」、日付は昭和四五年八月二一日である。

そして、この日付のある文章は、永山則夫自身によって、《反社会的人間誕生前夜》と記されている。このことが重大である。永山則夫は、ここで、連続射殺魔になる前夜の自分を語っているのではない。自分が革命家にかわる前夜のことを言っているのだ。

前非を悔いる？　冗談じゃない！　それからほぼ二ヵ月後、彼が「反デューリング論」の長いノートをとる行文で、こう言うのは本気だ。「佐藤のPigが四選確実とも見聞するが、あの十二発の弾丸[2]はこのPigに贈呈すべきであったことを、この以降二年間は悔みつづけるであろう、この私は——」（三二八ページ）。

　このような精神は偉大である。このような人物が第六の犯行を不可能にさせられていることが不幸である。

　——これまで永山則夫について発言した自分自身の誤謬をあらためよう。

　七〇年六月末段階、すなわち彼が、それまでの公判で寡黙だった態度を破りすて、とつぜん英語のスピーチ（ボンガーという人の「犯罪と経済状態」という著述の一節でPoverty kills the social sentiments in man……云々というもの。このボンガーという人物について俺は知らないが、永山則夫はこの一節を呪文のようにくりかえしている）をまじえてたたみこむように鋭く語りはじめた第一一回公判前後における永山則夫の回心を、俺は疑問視していた。

　当時、彼がマルクスやフランツ・ファノンを読みはじめているといった話も耳に入るようになった。このことが判断の基礎の一つ。

　そして、二つめに、拘置—裁判—刑罰とつなぐ司法の環は、国家が個人に復讐するための演劇的な形式であるといった判断がこちらにはあった。犯罪が立派なのであって、裁判が二流コメディーなのだという理解が俺のなかで変ったためしがない。

　したがって、公判経過と並行した永山則夫の獄中での読書は、彼に悪い結果をもたらす可能性が大であると考えた。

やつら側のテーゼ＝囚人が罪の意識におののいて死んで行くことが国家的要請である

補足するに、永山則夫自身による四つの深い洞察を引用しよう。引用によって論旨が中断されるのはやむをえない。

「刑務所とは、国家権力の象徴の一種と解釈していいべきものである。刑務所という全体的イメージを意識の奥底へ押しやり、部分的に考察してみると、大して慄然とするものでもないのだ。それは、刑務所を運営するのは国家という巨大さを直感的に連想さすものであっても、直接管理しているのは刑務官あるいは看守またはお先生で、一般人だからである。彼等も、オッカチャンよ夜寝る時は、エヘラ笑いをして例の穴へ例の物をつっこむ人間でしかないのである」（六月二三日「汝、吾輩を視ろ」二二一ページ）

ざまあみろ！　この日の前後、永山則夫はしきりにフロイドの『夢判断』を読んでいる。その結果、俄然、彼はフロイドの夢の象徴主義を、国家と刑務所の関係にこのように適応したのだ。《国家もオッカチャンの穴に入れるときにはニタつく──もったいぶった芝居はやめろ》フロイドをこのように読むことは驚異的だ。さて、もう一つ──

「ぼくが生きたいと思うようになったら、ぼくは破滅だ」（三月二二日付「貧乏人の夢」一二四ページ）

おなじ日の、〈ぼく〉と〈私〉の対話をもって構成される日記で、〈ぼく〉の発言をうけた〈私〉の立場で彼は書く。

「生きようと強く思わせるようにしてから死刑にする手段が、死刑囚には耐えられないそうである」。ふうむ、まるでドストエフスキーのような！

また、彼は被害者家族の「極刑をお願いします」という発言と極刑を課する司法官のためらいとの合力を次のように分析する。被害者家族はその言で「合法的仇討ちと思惟を走ら」せ、司法官は「刑法的にその刑が妥当する事件であるなら、鬼となり、それらの犯罪者に対処しなければならないものである。この時、前述した被害者の家族の思惑が加味され、その司法関係の者たちは金棒をつかんだ心境となり、個々人の主観的心情の呵責は抹殺されるのである」（七月四日付「必要なときに内的反駁」二四四ページ）。

さすがに永山則夫はすごい。観察力がまるで自然科学者だ。

以上四つの、日付と、それぞれのテーマのちがう文章中の引用箇所は永山則夫が国家の芝居にのる意志がないこと、国家の論理を急襲する立場に、今でもいることを証明している。しかし、第一一回公判段階で俺はそのようには理解していなかった。

獄中での読書は彼を観念的に上昇させ、古典的な獄中転向の経過を、すなわち獣として生き、悟達した旧悪人として殺される、という筋書きをふませるものではないかと疑問視させたのである。じっさい、俺はこんなふうに書いたりした。

「たまたま永山則夫という名をもっていた一九歳の少年から、どうしても永山則夫という名称でなければならない一知識人の内面のドラマに転換する。永山則夫の知的資質は大したものである。そして彼の余儀なくされた境遇から、最悪の場合には、永山則人は晩年に『五輪の書』でも書くかもしれないという予測も可能である」

「彼の不幸は、自分の過去の犯行を反芻することに一生を費すかも知れないことにある」(「牢獄は永山則夫を鍛えるか——新藤兼人『裸の十九才』評」、雑誌『構造』一九七〇年一二月)

永山則夫をなめていた。俺もばかだったね！　こうなったら恥じないで威張ろう。俺でさえこのザマだ。うかつな奴がうかつに永山則夫に手を出すとえらい目に会うぜ。自戒をこめて、また引用数発——

「おお、許しがたき者よ！　殺人者の思惑を弄ぶ者よ」(三月四日付「弱き自殺者」一一一ページ)

「それにしても、弁護士から、シナリオライターと聞かされた人が、犬がシッポをまいて逃げるように法廷から出て行った姿ときたら……いったいどんな映画を製作するのやら」(五月二三日付「雲の枕でカント批判を呟くが」二〇一ページ)

おお、おお、だれだ、いま出て行った男は。

「いったいどんな映画を製作するのやら」と永山則夫自身に言われるような痛烈さは、めったにない機心なのだ。

というのは、永山則夫の眼の見ただろう風景というテーマをわれわれは徹底的に討議し、流浪する下層プロレタリアートの目にうつる日本列島の均一的な風景化というテーマを徹底的に討議し、風景による状況ののっとりをたくらみ、そのような映画をつくり(七〇年一月に試写され、その後けっして公開されず、足立正生、佐々木守、松田政男がつくった『略称・連続射殺魔』正式には『去年の秋　四つの都市で拳銃を使った四つの殺人事件があった　今年の春　一九歳の少年が逮捕された　彼は連続射殺魔とよばれた』とトップタイトルがしめされる作品として知られている)、風景論論争の起点となって論敵たちに思想的猛爆撃をくわえているのが、ほかならぬわれわれだからである。

大名行列が写る。風車が写る。永山則夫の生家が写る。汽車が写る。ひまわりが写る。列車の時刻表が写る。青函連絡船のスクリューがかきたてる海が写る……。登場人物も、むろんセリフもない。富樫雅彦と高木元輝のジャズが流れる。モンタージュもほとんどない。それだけの映画だ。

それだけの映画になるために、徹底的な調査と、不器用そのものの、永山則夫の足跡の全踏査と、デカなみの現場主義が費やされた。そのことは松田政男によってこう報じられている。

「それは、また同時に、私たちの旅程でもあったのであるが――。

網走市郊外―網走市内―板柳（家出）―弘前―青森―函館―板柳（家出）―山形―福島―板柳（集団就職のため上京）

東京・渋谷―（退職・密航）横浜―名古屋―香港―横浜―小山（就職）―宇都宮（以下転々）―大阪―守口―東京・羽田―川崎―横須賀―川崎―東京・淀橋および東中野―池袋―巣鴨―小田原―熱海―名古屋―大阪―神戸（密航）―横浜―東京・練馬―西荻窪および東中野―板柳―東京―長野

横須賀―東京・池袋（以下転々）―芝―京都―横浜―東京・池袋―函館―小樽―札幌―函館―名古屋―横浜―東京・新宿および中野―横浜―東京・原宿

第一の流浪の劃期が十五年間、第二の流浪の劃期は三年半、そして第三の流浪の劃期は半年間という、それぞれの時間の幅をもつ。成長と生活と犯罪という三つの相異なる位相でとらえ返すことを得るそれぞれの畫期において、空間の拡大と時間の振幅がすさまじいばかりの逆比例ぶりを示していることに、ひとはたやすく気づくであろう」（「風景としての都市」『現代の眼』一九七〇年四月号）

じつにしつっこく追いかけたものだ。鎌田忠良『殺人者の意思』（三一新書）における事件の調査、報告、研究とならんで、この撮影班の旅程は、事件の本質に迫ろうとする内容においても、執念深さにおいても双璧をなすものである。ちなみに、鎌田忠良は自著の一八〇―一八一ページに、永山則夫の足跡を日本地図の上にしるしている。彼の足跡が神戸から西、山口、四国、九州の地に、すなわち明治維新の原動力となった旧四国雄藩に印されていないのは列島における東西対立という歴史にてらして興味深いが、この地図をじっとみていると、永山則夫の足取りが日本列島をひんまげているといった印象を得るのだ。

永山則夫の足跡における第三の画期、犯罪の位相をもって他の二つの時期と区別される画期について、永山則夫の失敗した二度の密航との関連において、鎌田忠良が次のように発言するのは興味深いものである。

「いうまでもなく、彼の密航の夢は第一犯行と同時に消えていく。まだ残っていたとしても、それはもともと描いたものとはほど遠く、逮捕からの逃走の濃いものとなりだす。（原文改行）したがって、そのどちらにしても可能性を失った密航は、もしあくまでも試みるとしても、もはや国内で実現をはかるほかかない。このあと彼の犯行現場が、京都→函館→名古屋と、場所的に距離的に大きく振幅をみせていくのは、たんなる逃走行としてだけでなく、そのことも意味していると考えられる」

糸は一つの中間的結び目にしぼられつつある。本稿は、永山則夫自身の「貧民のプロレタリアの中からの勇者の行為は、赤軍派の諸君の……『前段階的武装蜂起』のその先をゆくであろう」という発言を引用することからはじめた。

(1)　北海道網走呼人《よびと》番外地に生まれ、青森県板柳で少年期をすごした東国人永山則夫は中国、四国、九州には行かなかった。

(2)　その地域的な境界線の比定、成立、対立の構造の理解などに諸人諸説はあるが、日本歴史には、かならず東西対立の持続低音が聴きとれる。それは天皇制の成立を軸とする日本社会の二重構造のあらわれだろう。

(3) 永山則人は自分の行動を貧窮の底のプロレタリアがする前段階武装蜂起のさらにそのさきがけであると昂然と語った。

(4) 永山則夫におけるプロレタリアートの血の本能は、密航への灼けつくような願いとして、国家の突破を正しく志向していた。

(5) 国境の突破は、永山則夫の行かなかった地図、すなわち、羽田―福岡、ここで九〇度北上して平壌へという赤軍派ハイジャックによって実現されている。

(6) 北方騎馬民族による列島の征服を日本国家の起源とする説に立てば、朝鮮―九州―近畿―東国(鎌倉・江戸・東京・そして今後はおそらく東京―成田―鹿島枢軸)を東漸する線は、権力による東国の征服、解体、吸収の歴史の方向をしめす。したがってこの逆順の反撃が存在する。

(7) 日本近代における西国、ことに九州の地は、一方で維新による近代国家形成の雲源地であり、他方において、琉球弧の搾取と朝鮮侵略の前進基地である。

(8) そこは現在でも朝鮮人密航者の・到着地点であり、大村収容所の所在地である。したがって、犯罪者および革命家は九州のどこかに国境突破の中継基地をつくる必要がある。

(9) 赤軍派ハイジャックは、その空間認知において永山則夫を継承し、極限状況の創出を楯に権力と対峙する技術において金嬉老を継承している。

(10) 国家権力は、下関―釜山フェリーボートの大道を玄海灘にぶちぬいた。われわれは飢えにせまられて小船その他で朝鮮から渡ってくる韓国人民の、必死の、細いルートに学ぶ必要がある。

われわれのテーゼ＝日本社会は二重構造の両端で火を吹く

明治の条約改正と日韓不平等条約＝江華条約の同時成立、安保と三池、安保と日韓条約、七〇年闘争と農民闘争……《連続射殺魔とハイジャッ鬼》

(11) 列島は九州だけではなく北海道でも火をふかねばならない。知床の岬に禿鷹が舞う。北方領土返還で独占資本と右翼がナショナリズムの北端をここでもゆさぶっている。

(12) 左翼反対派のソ連論の混乱が北方問題に関する革命的展望を濁らせている。一国的規模の視点では北方問題は解けない。シベリアからまわりこむルートを、まず思想的に、確立すること。いまだ北方は空白である。

(13) 永山則夫と赤軍派の通底ほど、犯罪と革命を白熱的に吸引しあう事件はない。それは列島に流浪する下層プロレタリアートと革命家との結合の一つである。七〇年代は永山則夫の号砲にも開始されている。

われわれは、獄中の永山則夫の発言を知る前に、ほぼ以上の一三点に要約しうる思想の系をさぐりあてていた。鎌田忠良の努力、足立、佐々木、松田の努力、六九年の秋、自主管理中の青山デザイン専門学校で、永山事件を流浪する下層プロレタリアートの階級形成の観点でとらえた竹中労の授業――『山谷――都市反乱の原点』第三部流砂の列島（全国自治研修協会発行）にその授業要約が掲載されている――、そしてその後の諸論争を経て、『無知の涙』を読まなくともそのようなことがわからなければ、われわれは低脳だ。したがってわれわれはこううそぶいていた。〝永山則夫のことならあいつ自身よりわかっているよ〟『無知の涙』を読んで得たことはこうである。——鎌田、竹中、松田、足立、佐々木などの論者は永山則夫に関する透徹した理解をもっていたが、永山則夫自身はもっと透徹していた。

永山則夫の天皇制理解、赤軍理解、黒人理解、そして朝鮮人理解——李珍宇だ！　金嬉老だ！　彼は二人を友として語っている——を見る前に、永山則夫によって、「おまえだ！」と指をつきつけられた娑婆の場景を検討しておこう。

「いったいどんな映画を製作するのやら」といわれたものは、新藤兼人『裸の十九才』の製作メンバーである、新藤兼人著作集の詳細な撮影日録からもそのことは指摘できるが、むろん新藤兼人のグループを非難しているのではない。その作品を俺は高く評価したし、いまでもそうだ。再録してみよう。

「いいづらい『しかし』だが。しかし、新藤兼人が少年の犯行の理由を、なにごとかの因果関係をば誠実に、粘り強く追及している点が倒錯だと思われる。なにごとかの因果関係とはこうだ。家庭が貧しく、幼くして一家離散を経験し、集団就職の少年にとって都会生活は苛酷であり、父親は放浪癖があり女ぐせが悪く、ガードマンはあくまで憎々しく、同棲中の女がやくざにぶちのめされたゆえに、それらの環境的な、遺伝的な、心理的な理由によって、一九歳の少年は連続して人を殺した。（中略）それらの因果関係を組みあげはじめたとたんに、劇がはじまり、裁判の劇もはじまり、今後、永山則夫自身もそれを考えていくことになるだろう」

そして次の行で俺は失敗する。

「永山則夫の不幸がそこからはじまる。彼の不幸は自分の過去の犯行を反芻することに……」

そうではなかった。

永山則夫は自分の過去のみを牛のように反芻して生きてはいない。

彼は現存在を生きている。闘っている。革命家へと発展している。自分の犯罪の根拠へ、すなわち貧困へと彼の洞察と批判が深まれば深まるほど、彼の根への求心は寸分の狂いもなく彼の社会認識の拡大と一致する
これはすごいものだ。まさに牢獄において発展していった革命家の、それもエルドリッジ・クリーバーのタイプの、いまわれわれの目の前での《大物化》が見られるのだ。現存在という概念を彼は実存主義からとりだして血肉化した。

もちろん、彼はノートのそもそものはじめにこう記している。短く、一片の無駄もないものなので、その全文を掲げよう。


私は四人の人びとを殺して勾留されている一人の囚人である。

殺しの事は忘却は出来ないであろう一生涯。

しかし、このノートに書く内容は、なるべくそれに触れたくない。

何故かと言えば、それを思い出すと、このノートは不要に成るから……。

昭和四十四年七月二日　筆記許可おりる　　永山　則夫

革命家のアンチテーゼ＝牢獄は革命家の学校である

権力の側も牢獄を学校と言っている。「教化」ということに関する永山則夫の批判はすさまじいものだが、やつらが牢獄を学校というのは、善人になって社会復帰できるようになること、および囚人が罪の意識におののくことにおいてである。

しかし、永山則夫にあっては、ノートでは自分の「事件」にはふれないこと、階級社会への憎悪において自分の現存在を貫徹していくことにおいて牢獄は学校である（日記中、中核派のリーダーKとヤーさまをまじえて、討論する感動的なシーンは、字義どおりの学校に近しいが）。

彼は密航によって国家を突破することはできなかった。しかし、牢獄において、国家の論理を、律義に、執拗に、ことごとくはねとばすことによって国家を突破しつつある（とおもう）。彼はムルソーのように死ぬつもりなのだろう。

彼はこう書いている。「実存という言葉の意味をつかんだ。実存とは、私がこのように物を書き綴っていることなのだ」（三月二〇日付、一二三ページ）すばらしいぞ、永山則夫！

彼が本を読んでいること、勉強していること、考えていること、そして永山則夫が書くこと。ぎりぎり決着の闘争がこれだとして彼がそうしているときに、そこをはずして、永山の「過去の」貧困や、父親ののんだくれや……といった因果律に映画づくりの軸をおいた新藤兼人作品のスタッフに、そのシナリオライターが出て行ったときに、永山則夫が、《俺の映画ってなにかね？》と指をつきつけるシーンは、おそろしく鮮明である。

では、こちらからきけば、永山則夫は足立、佐々木、松田の『略称連続射殺魔』に指をつきつけられるか？　彼に〝ゲッ！〟と言わせないだけの思想的なパワーが入っている自信はある。

ついでに言うと、旧聞ながら、「足立も松田もそして平岡も、永山を『無自覚のテロリスト』として錯覚していたのではないだろうか、と私は疑ってみる」と発言した（『映画評論』一九七〇年五月号）福田みづほよ、このオトシマイはどうつける？　女のオトシマイは肉体で支払うかね。

まさに牢獄は学校である。

刑務所を永山則夫のように逆フロイド的に肉眼視した結果、権力につらなる人間どもの劣等感と優越感の複合をしめあげることによって、刑務所全体の牢名主となり、国家をゆすりあげた天才金嬉老において牢獄は学校である。

刑務所という隔離のゆえに、その〝絶対の安全さ〟のゆえに、無警戒に眠っている財貨の宝をつき、まんまと入試問題を盗みだして数億の儲けをした姜旭生グループにおいて、牢獄は学校である。国家の中枢において、国家の中枢であるがゆえに、国家の突破が可能な方向における永山則夫の存在において牢獄は学校である。

ある日の彼の詩の一節――。

とある代のとある日の真夜中
西も東も分かんない馬鹿が
日本資本主義国家へ
たった独りで宣戦布告した。

（六月六日付「独りぼっちの革命家」）

われわれは、最後に短く永山則夫の黒人理解、天皇制への闘争宣言、赤軍派と自己との対応などについてみよう。

彼は中核派のリーダーKについて敬意をもって語る。永山則夫に対するKの行動は立派だった。しかし、七月一四日付「現革命的持論」で彼は書く。

「しかしそれとは別に、彼が属する中核派は語調が強いだけで、全然その戦術は成っていないとはからずも思わなければならない私の立場であるから、彼らのは空論だと、スネて考えねばならない……」（二六〇ページ）

永山則夫が自分の後方に赤軍派を確認し、赤軍が自分の後方に永山則夫を確認することにおいて、事態は、革命と犯罪の本質的な近接たりうる。

活動家諸君が急いで永山則夫を検討しなければならないときには、とりあえず、七一年七月一四日付「現革命的持論」からはじめられよ。ここで彼は、「自分は事件を後悔しない、あくまでこの事件をやってよかった、と思っている」（二六一ページ）と断言し、天皇制を攻撃し、アルジェリアのテロリストを賞讃している。

永山則夫はまさに自分が絶対に国家によって殺されるという悠々たる認識から[3]——形容詞のつけようがない！——現在、だれもが言わなかった路線を提示する。

「テロ行為によって、この阻止薬たる天皇制を破壊しなければならないのである」（傍点永山）

彼は革命の起爆薬の逆に、阻止薬という概念をすら提出しているのだ。

「この事に関しては、勇気ある少数者が選ばれなければ駄目なのである。その者たちは、その目的を遂行したと同時に、死を選ぶのが最良だと思うが、そこまで決意する者が存在するかどうか疑問である」

　そして言う。

「つまり、いわんとするのは、現在の学生闘争の目標物を打倒する大多数の人々より、目標物とするものを必殺する英雄的独りを送れ、ということだ」（傍点永山、二六四ページ）

　彼はアルジェリアのテロリストが貧民窟から出たことをほこらしげに語る。

　……飢えは、死を恐れないという人間の生存原理……

　この永山則夫がファノンを読み、黒人をどう理解しているかは引用するまでもなかろう。

　彼には第三世界がくっきりとみえる。ここでは“The Some Day”（ある日）と題された昭和四四年六月―四五年四月六日に書きつがれた長詩を全文読んでほしい（一三四―一四五ページ）。

　これはほとんど、〝バナナ・ボート・デーオ〟であり、ニグロの囚人歌のように、たくましくうねるようなものである。

　彼は言う。

「私はこれを気に入っている、強く。物語詩のように書いたが、人はこの詩をどう思うだろう」

　心配したもうな。俺はこの詩が好きだ。

　そして永山則夫は六月二五日、李珍宇と書き、『罪と死と愛と』について「この人たち在日朝鮮人の独特な魂」と書きはじめている。

　ラジオで野球が放送され、遠くの房からきこえる。

王貞治がホームランを打った。永山則夫は「怪物！　またホーマーをはなつ、二四号」とノートに挿入しながら、李珍宇に読みふけっていた。

1 『黒の手帖』誌ではじめられたこの連載は、時々刻々の事件の分析ではなく、記録のある、つまり下手人の手記か、法廷記録か、調書かの文字による記録の残された殺人事件を扱う企画である。したがって『現代詩手帖』における連載とは趣を異とすることになるが、このように、文書記録による分析に習熟しておくことは、過去の事件と外国の事件――本書では外国の事件は一切あつかわない――を研究するうえに不可欠のものになろう。『黒の手帖』の連載は、俺のハンストによって中断されたままでいるが、再開したいと考えている。

2 最後の「竹入刺傷――右からのまきかえし」であきらかにするが、このPigは、一〇月初頭現在、一一発まではパンチを喰っている。それはなにか永山則夫の復讐を暗示する。

3 俺は一九七二年には自立派の犯罪理解を黙らせる。こういうばかなことを言った奴がいる。「永山の場合、未成年の犯罪だからいずれムショ暮しかシャバ暮しすると思うが、まったく無惨このうえない。死ねばランボーなのに、国家が許さないとはおこれる」（傍点原文）小林聡「夢と記憶に関する省察」（『陰謀』八号、一九七一年一〇月）がそれだ。ひとことだけきく、李珍宇は死刑になったかならなかったか。

中国人は日本で何をされたか

最初の試論

いま熱海で、東條英機ら七人のA級戦犯の慰霊碑が爆破されたというニュースを耳にしたところで、私は本稿の執筆にかかる。

『潮』編集部の努力によって、六冊（三巻）の貴重な文書を見ることができた。以下書誌を記す。

『中国人強制連行事件に関する報告書　第一編・中国人殉難者名簿』附「中国人行方不明者名簿」中国人殉難者名簿共同作成実行委員会編、一九六〇年二月刊。半紙大用紙にて三三二ページ、9ポ相当のタイプ活字で「本名簿に記録された死亡人員は、六、七三二人である」。記載内容は、まず強制連行事業場別でくくり、その死者総数を記し、船中死亡者数、事業場到着前死亡者数、事業場死亡者数、生存送還時死亡者数、送還後死亡者数に区分され、氏名、年齢、出身地、死亡年月日、死亡原因、備考、遺骸処理状況、遺骨処理状況の順である。

『殉難者名簿別冊』同委員会同月刊。半紙大二七葉の書冊であり、うち四葉は中国人俘虜強制労働の行なわれた地点をしめす列島地図（北海道、東北、関東・中部・近畿ブロック、中国・四国・九州ブロック）であり、他はガリ版刷りの一覧表である。全体は二部に分かたれ、一部は「昭和二十一年三月一日外務省管理局『華人労務者就労事情調査報告書』別冊」の全文であり、二部は『華人労務者就労事情調査報告書』中の「華人労務者移入、配置及送還表」の全文である。すなわちこの書冊全体は幻の文書として知られた、いわゆる『外務省報告書』表の復刻である。『外務省報告書』については後述。

『中国人強制連行事件に関する報告書　第二編・中国人殉難者遺骨送還状況・ポツダム宣言受諾と強制連行事件』附表・事業別中国人殉難者遺骨送還状況一覧表など、同実行委編、一九六一年九月刊。Ａ５判タイプ印刷（９ポ相当）三三二ページ、正誤表一葉。

『日中関係打開の大前提』これは前書冊にはさみこまれた別の小冊子で、三章立て四一ページ。Ａ５判タイプ印刷、「第一章・強制連行と大量致死事件に日中政府の往復外交文書」（国交がないのでジュネーブ経由）「第二章・中国人殉難者の名簿問題」「第三章・劉連仁事件をめぐる諸問題」。同実行委、一九六〇年三月刊。

『中国人強制連行事件に関する報告書　第三編・強制連行並びに殉難状況』同実行委、一九六一年三月刊。Ａ５判タイプ印刷四七九ページ。

『昭和二十一年三月外務省管理局作成・華人労務者就労事情調査報告書要旨編』一九六〇年二月、同実行委による復刻版、Ａ５判ガリ版四五ページ。この書冊も、前項書冊のなかに別冊としてはさみこまれていたものである。

複雑なので、要約しながら話をすすめよう。いまかかげた六冊の書物全体は、いずれも中国人殉難者名簿共同作成実行委員会から、一九六〇―六一年にかけて連続的に刊行されたものだから、全体を「中国人強制連行の記録」と呼ぶことにしよう。

こうすると、朴慶植『朝鮮人強制連行の記録』（未来社）と対になって鮮明になる。そしてわれわれは、そうすることによって、中国はアジアの「宗主国」であるがゆえに猫も杓子もあげておいているが、半島国家朝鮮の民衆と、在日朝鮮人の存在に対しては、ひえびえとしている日本人を撃つ立ち場をより鮮明にすることができる。

第二に、記録全体は、安保闘争の六〇年に連続的に刊行され、殉難者の名簿づくり、遺骨収集状況、そして中国人強制連行をめぐる日帝の政治的経済的な侵略プランをたぐりだす方向へと進んでいく、第一編から第三編への刊行順序をもっていることに注目したい。

だれが殺されたか、遺骨はどうなっているか、なぜ酷使され殺されたかということの追及の順序は、執拗であり、正確であり、司馬遷の『史記』や班固の『漢書』をうんだ中国人の歴史への態度がここにも生かされていて、驚嘆すべきものである。われわれは、ここで記録の第一編～第三編を、それぞれ便宜的に『名簿』『遺骨』『強制連行』と呼ぼう。以下同様に『名簿別冊』、昭和二十一年三月すなわち敗戦七か月後の『華人労務者就労事情調査報告書』を『外務省報告書』、日中政府外交文書を『日中書簡』と略称しよう。

第三に、これら一連の文書の刊行・復刻の時点が安保闘争の年であり、その二年前に劉連仁事件があり、おそらく、その事件を契機に、『外務省報告書』のテキスト・クリティークから作業が始まっていることに注目したい。そして、一九六〇年のこの情勢は、一九七一年の、現下の情勢に似ていることも念頭におこう。なお劉連仁事件とは、一九四四年、山東省の人狩り作戦でとらえられた農民劉連仁が、北海道明治鉱山に連れてこられて強制労働をさせられ、脱出し、単身、北海道の山の中に一三年間穴居生活をしながら抗戦し、一九五八年に狩人に発見された事件である。

われわれはいま、戦争中、日本軍が大陸で行なった蛮行について、いくらかの知識と系統だった理解をもちつつある。一九七一年の夏から冬にかけて、『朝日新聞』および『週刊朝日』で、本多勝一、古川万太郎が行なったレポート「中国の旅」は、中国側の資料、中国の生証人の発言を基礎にしたすぐれた報道で、おそらく一千万人単位の日本人が、それを読んだことと思う。私自身も、四人の友人と組んで、日中戦争およびその戦後過程を調査、取材、研究した。

その最初の果実が『日本人は中国で何をしたか』(潮出版社刊)だった。その後も、この取材グループは独自に研究をつづけていて、グループのひとり石飛仁は、ことさら「花岡事件」および日本列島における中国人、朝鮮人の蜂起に執心しつづけていた。彼は『記録』が私の手に入る二日前、一九七一年十二月八日に秋川県花岡に向かって調査旅行に出ていった。彼は、私の手元にレジュメを残している。まずその一部分をかかげる。

「太平洋戦争突入とともに、すべての日本の島民、労働者を兵士に変え、国内外の生産に、捕虜たちの奴隷労働をもってあてるという政治プランは、昭和十七年十一月の閣議決定で本格的になった」

われわれは『日本人は中国で何をしたか』で、そのような共同の認知に達したのであるが、日本列島における中国人・朝鮮人の奴隷労働、虐待、虐殺の歴史は、きわめて大ざっぱに、つぎのように指摘することができる。

まず、日本人労働者組織、労働指導部の総転向、翼賛体制へのなだれこみを突破口に、学徒、婦女子の勤労体制の確立。この戦争経済体制の確立は、昭和八年、佐野・鍋山の転向をその象徴的時点とする。

昭和十年代の前半は朝鮮人労働者の列島への、大量の、強制連行である。その数およそ二二〇万人。

昭和十七年十一月二十七日閣議決定。中国人がついで連行された。その内容を、いくつか紹介する。

「二、華人労務者ハ訓練セル元俘虜又ハ元帰順兵ノ外募集ニ依ル者トスルコト
前項ノ労務者ハ年齢概ネ四〇歳以下ノ男子ニシテ素質優良、心身健全ナル者ヲ選抜スルコトトスルモ可成《なるべく》三〇歳以下ノ男子ヲ優先的ニ選抜スル様努力スルコト」

「四、華人労務者ハ之ヲ国民動員計画産業中鉱業、荷役業、国防土木建築業及重要工業其ノ他特ニ必要ト認ムルモノニ従事セシムルコト」

他にごたごた書かれているが、優秀な労働力を日本にさらってきて重筋肉労働部門でこき使えということであり、それ以外ではない。なにがごたごた書かれているかといえば、職業訓練所に入れろとか、「二年契約」にしろとか――契約は存在した。ただし、日本軍と日本の工場のあいだで！　これで戦後、「労働契約」が存在し俘虜強制労働ではなかったと、いい逃れようとするのだからあきれる――そんなことが書かれている。これはみなウソっぱちである。

この国家的政策によって連行されてきた中国人たちを、朝鮮人たちともへだてるものは、第一に、敵国の俘虜としてとらえられ、ろくに食事もあたえられず、病人の状態で奴隷労働をさせられたことであり、第二にそれが閣議決定（このなかに商工大臣岸信介、大蔵大臣賀屋興宣の名がみえる）によったということである。日本列島に連れてこられた中国人奴隷労働力は、ざっと四万人。数のうえでは、朝

鮮人に比して約五五分の一である。しかし日本対中国の関係でみれば、日本軍が中国人を満州に連行し、強制労働させた数十万人の存在を見落とすことができない。

私は、ここで中間的な結論にとびうつってしまおう。翼賛体制—朝鮮人強制労働—中国人奴隷労働と、日本列島内部に「大東亜共栄圏」が鋭角的に形成されてくる過程は、戦後過程における日本帝国の解体の姿が、ちょうどそれと逆の姿であらわれ、したがって、日本がアジアの人民の解放から、ますます遠ざかる傾向に一致しているのである。

まず、朝鮮人二二〇万人が連れてこられた。そして現在、約六〇万人といわれる在日朝鮮人がいる。

太平洋戦争突入後、約四万人の中国人が連れてこられた。彼らが連れてこられたときには、すでに衰弱の極に達しており、列島各地一三五か所の事業場で強制労働をさせられ約七、〇〇〇人が死んだ。ほとんどが栄養失調である。そして、日本の敗戦後、一九四六年にはほぼ全員が送還された。なぜか。『外務省報告書』は書いている。「華人労務者ノ不穏行動ハ日ヲ逐フテ熾烈化シ速ニ帰国セシムル以外拾収ノ良策ナキニ至レルヲ以テ連合軍司令部ニ対シ積極的援助方ヲ要請セル結果昭和二十一年十一月二十七日ニ至リ同司令部ヨリ米軍上陸舟艇（L・S・T）ニ依ル長崎県下南風崎ヨリノ送還扱方提示アリ　日本船舶ニ依ル送還ト相俟チテ急速ニ進捗シ十二月ヲ以テ概ネ之が送還ヲ了セリ」

数字を出そう。十月九日に始まる日本船による送還一万〇、九二四人、十一月二十九日より始まるLSTによる送還一万九、六八六人である。

歴史の皮肉があらわれかけた。華北ことに山東省一帯における三光作戦の一環たる「人狩り」「うさぎ狩り」作戦は、対ゲリラ戦争、対八路軍戦争として行なわれた。その結果、日本軍は、八路軍兵士や優秀な遊撃隊員などを列島内部に連れてくることになった。なかんずく、北海道美唄、夕張地区の鉱山に、彼らは強制労働をさせられ、日本の敗戦と同時に各地で反乱が続発する。

終戦で、すべてが終わったのではない。そこから、俘虜たちの反乱、蜂起、革命が開始されたのだ！　八月十七日、すなわち敗戦の二日後、内務省主管防諜委員会は決定した。中国人全員を帰国させること、強制労働をやめること、賃金を支払い、慰霊祭を行なうこと。いかにも奴隷は解放されたようにみえる。しかし、その瞬間から反乱が始まり、われわれに戦後過程がいかに大切かを、その研究なしには日中戦争の評価が下しえないことを教える。

のっぴきならない数字をかかげよう。一九四五年、日本敗戦後の中国人俘虜の死者の数である。

八月中　三六三人
九月中　二七七人
十月中　一八八人
十一月中　七四人
十二月中　　三人

計九〇五人が終戦後に死んでいる！　これは戦争が終わっても、俘虜の待遇がいっこうに改善されなかったことと同時に、そこから暴動が始まったこともしめす。『外務省報告書』にいわく。

「此等紛争ノ発生セル事業場ハ一三五事業場中終戦当時華人労働者ノ就労シ居タル一〇七事業場ニシテ殆ド紛争ナキモノハ一六事業場アリ、之ガ紛争ノ件数ハ主要ナルモノヲ挙グレバ概ネ一〇〇件程度アリ……」

「三井美唄、三菱美唄、三菱大夕張などで、中国人が共同して行った要求は、それにたいして派遣された警官隊四〇〇名、警防団三五〇名によって応えられた。要求の内容は中国人側が手交した要求書によれば、〝百円支給、石けんタオル一人一個宛支給のこと、防寒具を支給すること〟というものであった」（「中国人強制連行の記録」『世界』六〇年五月号）

したがって、こうだ。

なぜ中国人俘虜四万人は、日本の敗戦後半年をへずに、大陸に送還されたのか？　日本の支配者階級が革命をおそれ、それに米軍が反革命軍として介入し、物資的な保証をあたえたからだ。このプランを遂行したのは、占領軍のブルース中将だといわれている。このブルースな（憂鬱な）野郎は、おそらく——まだ文書の証拠を、私は探しだしていないが——北海道の炭鉱で蜂起した中国人俘虜と、樺太のまわりのソ連軍との結合をおそれたものと考えられる。

一九四五年三月二十八日の「木曾谷事件」、すなわち鹿島組御嶽における中国共産党員徐強を指導者とする俘虜の蜂起、および同年六月三十日の「花岡事件」、耿諄隊長を指導者とする、秋田県花岡鹿島組における中国人俘虜の反乱、そして獅子ヶ森にたてこもっての一週間の抗戦は、以後の朝鮮人反乱、中国人俘虜の反乱の先駆として偉大な事件であった。

ここで、暴虐の実態をあかすために、日本人に比較的知られている「木曾谷事件」「花岡事件」などから、当該記録のいくつかの記載を引用してみよう。そのまえに、中国人俘虜たちが強制労働させられ、残酷な仕打ちをうけた地点を『名簿別冊』挿入の地図から列挙する。

北海道——鉄鉱美唄、三井美唄、三菱美唄、鹿島王川、港湾小樽、東日本造船函館など、三〇地点五八事業場。

東北地方——鹿島花岡、三菱尾去沢、港湾酒田、日鉄釜石など、八地点九事業場。

関東・中部・近畿地方——熊谷与瀬、鹿島御嶽、日鉱日立、港運伏木、播磨日ノ浦、古河足尾、間

瑞浪、港運東京など、三四地点三九事業場。
中国・四国・九州地方――三井三池、宇部興産沖ノ山、井華別子、港運八幡、日鉄二瀬、港運博多、三井日比精錬など、二二地点二九事業場。

私は『日本人は中国で何をしたか』で「このような場所は、他に、神奈川県与瀬、福井県七尾、それから新潟と京都にもあるといわれる」と書いたが、とんでもない九四地点、一三五事業場もある！では、そのうち高名な三地点の記録を――。

木曾川水系御嶽水力発電所　一、五〇〇人中四三人死亡。「これらの俘虜の死亡届の出された関係村役場の記録を調べてみると、三岳村四一名、王沌村二名、合計四三名となっており、この書類に現われただけみても、死因は全身衰弱症、慢性胃腸カタル症等食役不足からやってきた死亡や縊死、自殺などが記されている。しかし、これはほんの一部で、記録にのっていない死亡者がたくさんいる。村民の言によると、俘虜が中央線の上松駅に到着したときにすでに一〇名の死亡者があり、この一〇個の死体は、森林鉄道貨物車で工事場方面に運ばれたが、その後どう措置されたかは明らかになっていない」

三菱美唄鉱業所　労組『炭労の生活史』から日本人鉱夫の見た中国人俘虜の通勤風景。
「捕虜となって連れてこられた中国人は小さなマントウ一個の支給で坑内労働を強制され、空腹の余り恥も外聞も捨てて道路に落ちている生大豆や馬鈴薯を拾って食べた。衣類も満足に支給されない彼等は、粗く織った作業衣一枚に痩細った身体を包み、雪のプラットホームにがたがたふるえ乍ら汽車を待っていた姿は痛々しいばかりであった」

最大の虐殺、花岡事件について。捕えられ、共楽館という劇場前の広場に引き出された俘虜に対する虐殺行為。当時、市役所に勤めていた人物の証言。

「全部二人づつ後手にしばられて座らされた。このあつい時、三日三晩も座らされ、たたかれたのだから、たまったものではない。便所へ行くのも二人つながれたまま。死んだ相手をひきずりながら、みな用を足した。出る小便はみな血であった。ところが水ものまされず、のどがかわききった彼等はそれに口をつけてのんでいた。泥水に頭を出して死んでいるのもあった」（以上の引用はすべて『第三編・強制連行』）

膨大な文集たる『中国人強制連行の記録』全体が、この種の具体的記述に満ちているのである。異邦日本での調査がこれである。中国における日本の戦争犯罪記録は、いかばかりか。われわれは、まず事実をくぐる必要がある。

そして考える。炭鉱夫の三割台を朝鮮人がしめていた九州、中国人俘虜数万が集中していた北海道の炭鉱地帯で、中国人、朝鮮人が先頭をきり——事実そうだった——この蜂起が二・一スト寸前まで昂揚しつづけた日本人民の力を誘発することに成功したならば、汎アジア人民革命の一環としての日本革命は勝利していただろう。

石飛仁は私へのレジュメのなかで書いている。「この歴史的記録（劉智渠・述『花岡事件』のこと）の背景を現地調査で裏づけ、資料の収集によっておぎないつつ『戦中には沖縄人を弾よけにして戦後見殺しにし、朝鮮人を戦中には奴隷労働をさせ戦後は差別し、中国人を戦中には虐殺し戦後は敵視するという共通の支配構造にささえられた日本社会の存命によっていまだに継承されている』日本社会の体質にするどくせまる必要がある」

「特に蜂起を鎮圧しようとした鎌田仁八郎特高の直接指揮のもとに動いた警察、憲兵隊、消防団、警防団、在郷軍人会、青年学校生徒の獅子ヶ森包囲戦の事実をあきらかにする必要がある」

そして彼は資料・文献リストのなかに、『外務省報告書』『強制連行』『名簿』『遺骨』『草の墓標』など、今回、私か読むことのできた書冊の名を記している。彼はすでに、それらの資料の存在を知っており、読んでいたものと思われる。『中国人強制連行の記録』の内容詳細は後日に記すとして、書誌的なことがらを明らかにしておきたい。さきに、私は『外務省報告書』をナゾの文書だといった。その事件は雑誌『世界』六〇年五月号に注記されている。

「この『外務省報告書』は作成された当時、若干部数が印刷されたが、今日まで政府の手によって公開されることなく、所在もあいまいなままにされている。しかし、その一部は民間調査の際に明らかにされており、現在、日本赤十字社など帰国三団体は、この報告書を確認している。また、一九五四年以来、国際関係の中で公然たるものとなっている」

政府は戦犯追及の材料にされるからと、この文書を破棄した。そして、現在も破棄されたままでいる。しかし、結局は日本の恥部はあばかれたのだというのが読後の、当面の、感想である。

われわれの関心の方向にそって、要約的にいくつかの問題を提示しておこう。われわれは朝鮮人強制連行の記録と中国人強制連行の記録とを対比的に考えながら、それがちょうど、八月十五日の日本の敗戦を頂点として、中国人俘虜は、その虐待と肉体的衰弱において鋭く日本列島に入り、反乱において鋭くぬけだしていったことをみた。

そして、日本列島内における中国人俘虜の暴動と朝鮮人の暴動との結合から日本革命の発火点を創造するという課題が阻止されたときに、そのとき第二の問題がうまれる。すなわち、戦中、朝鮮人と中国人とはひとしく虐待され、奴隷労働をさせられ、虐殺されたが、その差別のされ方が異なったという事態を手つかずのまま残してしまったこと、これである。

われわれは日本人の心底から差別の重層的構造と、したがって、支配者によって分断された人民の他民族への差別意識を最終的にたたきだす機会も流産させてしまったのである。

われわれはいま中国に対する贖罪意識を動かしながら、在日朝鮮人に対して、差別者である自分についで無知である。あるいは逆に、在日朝鮮人への優越感に無自覚のゆえに中国人に対して劣等感をいだいている自分たちの姿に無知である。そしてつぎの危険は、日本人による中国人と台湾人のあいだの差別だろう。

シンポジウム「犯罪とは何か」を終えて

五月のシンポジウムに対する反芻を十二月に行なうことになった。シンポジウム主催者からの要請をうけたのは五月段階であり、おくれたのは俺が悪いのだから、発言当時から多少論点がずれるかも知れぬことへの責任は負う。ただし、本稿を書きはじめるべく、メモをとっておいたので、極端にピンボケになることはないと思う。

まず事実記載からしめなおしていこう。

「講演」――雑誌『創』に速記訂正稿が記載され、以下、それにもとづく――で渋谷暴動に関して次のように発言している。

「――だいたい警察側資料なんてあやしいものでしてね、昭和二十一年段階で『中国人』も『台湾人』もありゃしないです。国共内戦だってまだはじまっていないんですから」

現在の判断では、警察が「台湾人」と表記したのはそれなりのリアリズムであり、それなりに正しいと訂正する。

訂正するが、絶対の前提がある。警察は帝国主義者の分類基準によって「台湾」を「台湾」というのであり、台湾人が自分を、中国人ではなく、台湾人だと主張すること、つまり民族自決の主張ではないことをかならず念頭においた上で言わねばならぬことは、すなわちこうだ。

第一に、台湾は日帝の植民地だった。

第二に、大東亜共栄圏において、日本に連行されてきた外国人のうち、台湾人は、朝鮮人強制徴用工と異なり、中国人戦時俘虜と異なり（かれらは交戦中の敵国人だった）、数万人の台湾人が日本に詐欺的につれてこられたのである。かれらは一方で日本軍人としてアジアでたたかわされ、他方で学校（主として夜間の工業学校）にいれてやるとだまされて日本につれてこられた一群の人々である。第三に、台湾人、朝鮮人、中国人俘虜は日本によって区別され、相互にまじわることなく、かつヤマト人―台湾人―朝鮮人―中国人という厳重な支配・管理秩序のなかにおかれていた。

したがって、日本の警察は、中国人と台湾人が戦争中の日本で完全に別なグループとしてあつかわれてきた事実をふまえて、「台湾人」を「台湾人」と呼んだのである。

戦後の問題を検討しよう。

第四に、約四万人の在日華僑のうち、世帯主の四分の三は、旧日本軍人として大陸および東南アジアで戦争し、日本に「復員」してきた人々である。「新橋租界」の台湾人はまさにそれらの引揚げ者たちであった。

第五に、中国人たちは、日本敗戦後五か月の一九四五年十二月までに、ほんの百数十人の例外（行方不明者一〇八、極東軍事裁判証人をふくむ在獄者四十数名）をのぞいて、三万数千人が中国大陸に帰国していた

第六に、新橋闇市においては、「台湾人」をなのる中国帰りの日本人が多数いた。三国人に食糧管理令は適用されず、闇市は食物を中心に成立していたからである。

そして、新橋租界の台湾人を台湾人と呼ぶ積極的な核は、台湾省民会の存在である。かれらは武装

していた。武装し、警察、テキ屋、そしてGHQとも渡りあっていた。

高玉樹という人物がいる。近藤俊清『台湾の命運』(一九六一年、みすず・ぶっくす)から引用しよう。

「彼は組織力があるというより、民衆を動かす煽動能力をもっているという方が正しい。

早稲田理工科出身の彼の特性は、戦後間もなく東京でおこった台湾人暴徒による警察署襲撃、渋谷事件によくあらわれる。帰国をまつ台湾人大学卒業生が作ったグループに加わるよりも、彼は予科練帰り、徴用工出身者を糾合し、扇動して事件は起きたのである。」(傍点平岡)

彼は台湾に帰り、反蔣介石運動を展開した。

年表を――

一九四六年五月十日、食糧メーデー、五月いっぱい食糧デモ。GHQ、暴民声明を出す。

一九四六年七月十六日、新橋暴動。

一九四六年七月十九日、渋谷暴動。

一九四七年二月一日、2・1スト、流産。

一九四七年二月二十八日、台湾人、反蔣介石武装反乱2・28事件。

この戦後史の流れのなかで台湾人の存在を見てほしい。かれらは消極的な存在であるか。

深夜である。俺はいまチキータを食った。南米バナナだ。旨くない。サンバは南米だが、バナナは台湾にかぎる。日中国交回復後、うまい台湾バナナが食えなくなった。

さて、犯罪論へもどろう。

犯罪は国家が認知する。したがって犯罪学は国家の学である。したがって、犯罪は、バレなければ犯罪ではない。メンタルな問題はとりあえず別だ。犯罪はうまくやればいいのだということ――これが第一の実践的な結論である。

これが、〝近代社会においてはどんな小さな犯罪にも国家がかかわってくるから、そこから国家をやっつける糸口があると平岡が利用主義的に考えているのではないか〟といった旨の質問への第一のこたえである。「利用」ということについて一言しよう。

国家の弱点、権力の恥部が犯罪によって洗いだされてくるものならば、犯罪を利用することは一向にさしつかえない。しかし、犯罪は、国家権力をひきずりだすために利用されるものではない。

犯罪は攻撃である。

犯罪は直接的である。ゼニ―盗む、女―犯す、いやな奴―殺す……『情況』五月号が憂いて「犯罪者同盟的デカダンとは、市民社会上中層に属するインテリゲンツィヤの虚無的で絶望的な犯罪衝動を何か『革命的なもの』であるかのように錯覚＝自己弁護するものでしかない」と忠告してくれた俺のそのデカダンスまるだしのスタイルで言ってみよう。

『資本論』の第一頁は犯罪論の第一ページである。資本主義社会の富は商品だよとマルクスが書きおろし、ついで改行にしている間犯罪論になるのだ。すなわち、いわく。「商品はまず第一に外的対象である。その属性によって人間のなにかの種類の欲望を充足させる一つの物である。これらの欲望の性質は、それがたとえ胃腑から出ようと想像によるものであろうと、ことの本質を少しも変化させない。」(向坂逸郎訳)

マルクスはここから交換価値に行く。泥棒はここから使用価値に行く。腹が減っているから盗む。すぐ食っちまうから消費される。太田竜の声帯模写をする。「私は一九六二年にこのテーゼを発見していらい、ドロボウになりそこね……」。

盗みは、商品交換の法則とならぶ資本主義の二大法則の一つである。すなわち掠奪である。このテーゼを竜将班が断乎として明言したのがいつだったっけ。またオレを曲解・矮小化したと竜将軍が怒るぜ。オヒゲが目にしみる。

もう一つついでに雑誌『情況』の書評のことを——。

シンポジウム質疑応答で、俺は「たかが『情況』派に足下を見透かされ」とかれらをからかっている。とたんに、後ろの方で女の声で「ナンセンス！」と野次がはいるシーンがある、こういうことだけは打てば響くのである。

正確に引用しておこう。

〈——著者の「犯罪＝革命論」は、犯罪者同盟以来のものであるが、それは金嬉老・永山則夫などの「犯罪的」革命家の出現を部分的には予見し、また逆に金嬉老や永山則夫によって乗り超えられている（永山『人民を忘れたカナリアたち』の圧倒的な思想的迫力をみよ。しかし、このことはむしろ平岡の名誉に属することである）。平岡の「犯罪＝革命論」には、微妙な比重の変化が存在するが、その内に未分化な「二つの魂」を宿している。一つは、犯罪者同盟的デカダンの魂、もう一つは「下層社会論―第三世界論」である。この二つは本質的に非和解的である。〉（山盛光輝）

その通りだ。認める。俺は永山則夫にジェラシーを感じる。あいつはすごいよ。

（おいらが何年かくらいこめば——死刑というのはごめんだぜ——こちらもまんざら捨てたものではなくなるがね、髀肉の歎さ）

認めついでに『人民を忘れたカナリヤたち』から二つだけ引用しよう。

その一。「また、既成の所謂〝政治犯〟を除外した他のすべての（資本主義体制下における）犯罪者は、プロレタリア階級意識の欠如性およびその喪失によって惹起する——ということも提起しておく。」
(傍点太字原文)

これは高岡忠洋というエタイの知れない人物との論争文中に出てくる。犯罪者とはプロレタリアにおけるプロレタリア階級意識の欠如と喪失である、これほど明瞭な定義があるか。

その二。「オレが、たった今ここを出たら、望むものは、一つ、それは——死。勿論敵ブルジョワジーを両手足の指では計算されぬ位殺し、この生命を交換してやる。(儚い、ユメだ……)。テロリストはネ、地下に生きるものだ。グループは、グループらしくしていたまえ。(権力を欲しいと思ったら今すぐ、テロ活動をしろ。——それしかないのだ、人民のために死ぬのだ。)

革命とは、壊滅させることである! 何を、ブル精神の最後の一個の吐息までをも!」

これも論争文だ。「全都定時制高校共闘会議」から、文章をブルジョワ出版に発表することの中止、プチブル層との関係を絶つこと、ブルジョワ出版に発表した文章内容についての自己批判、など五点の申入れがきたことに対し、永山則夫が決然と蹴ったつめの文句だ。

いやらしい五つの申入れを目にしたとき、永山則夫はなんとはねつけるか、読んでいて興味シンシンだった。俺ならこうするが……と。すると永山則夫は言った。わらわせるな、テロをやれ、ディスカッションの必要なし、なんであんたらグループなんぞを作っているのだ、あんたらどこのセクトのまわしものかね、と。彼はひとつも相手の身にならない。

永山則夫の〝貫禄〟に敬服する。いいたいことはそれだけではない。永山則夫が自分自身でズバリと言っていることなので、こちらも胸にしまっていたセリフを吐こう。

永山則夫の不幸は、五人めを殺せなくなったことだ。

彼は両手両足の指で数えきれないだけ敵を殺したいと言っている。彼はぜんぜん後退していない。質疑応答で、永山則夫をどう考えるかという質問が出た。鎌田忠良氏がそれに答えた。俺も一言しゃべるつもりでいたが、話題が飛んでしまった。いまやろう。

かつて永山則夫について提出した意見（主として「犯罪と革命接近し白熱す」）を重要なところで訂正する。その前に、永山則夫に自分が及ばない肝腎の理由を述べておこう。

俺は俗物であり、まだ人殺しをしていないこと——これだけだ。

自分を「俗物」だと言った。これはおいらとくいのブルース精神の発露ではなく、正確な自己診断である。おいらが俗物であること、これは高度に練られ、なかなか洗練され、頑強に鍛えられた保守趣味によってガードされた小市民生活圏と感情をもっているということである。こいつは手強く、徹底的に銭儲けをし、美味い餌をあてがって眠りこませてやらなくてはいけない。こいつのおかげで「義」を喪ったということはまだないが、おいらがこいつにうちかったら、俺はデーモンと一騎打ちをやっても負けない。

さて、俺は『無知の涙』から次の詩を読み落していた。

港の岩壁に浮かぶ巨船から
小気味よくとび込む人
青い青い海に一瞬ながら
白い飛沫の花を咲かせる

低い山伝いをすれすれに
異邦の黒い稲妻は言い現わせない音響を――
ひっきりなしに空にさわぐ

――顔が似ている
話す言葉は所々しか理解できない
俺は笑った
相手も日焼けしたその中に異様に光る歯を見せた
「日本語わかる!!」
数人の笑いがあった
と　赤ブタ船員が川に手をおいた
船室にもどれとのこと――上陸の日をせかせた

――その時も捉えられていたのだ……
四十四年十一月二十二日の新聞を見て思い出す

永山則夫は昭和四十四年十一月二十三日のノートに「沖縄」と題されたこの詩一篇だけを書きつけている。

彼は香港に密航してとらえられた航海で、船の甲板で沖縄を見たのだ。この詩の存在を竹中労に注意されて気づいたのであるが、色彩感覚の弱い者にはは吐き気のするほど鮮烈な琉球の海を、巣鴨プリズンから、流氷の網走の海を知り、霧の多い津軽海峡を知っていた彼はみごとにおもいだしている。巨船から小気味よく海へ飛込む人を見て、永山則夫も海へとびこみたかったのではないだろうか。

（彼は水泳ができたか？）

「日本語わかる！」——ひそかに飛びこみ、泳ぎつき、この異邦ならオレは生きていけると不敵に彼は考えなかっただろうか。彼は泳ぎつく。たとえば那覇の「波の上」（地名である）へ。永山則夫がこうしてムトシンカカランヌーの世界へ入ったなら、と想像させる力がこの詩にはあるのだ。

コザ暴動は、永山則夫がこの詩を書いたほぼ一年後、一九七〇年十二月二十日におこる。ムトシンカカランヌーの反乱である。

コザ暴動と野底土南《ぬかどなん》の思想が結合した時に琉球独立戦争は現実のプログラムにのぼった。

われわれの空間認知は人民の〝流浪〟の認知である。

戦う人民が地図をつくる。

永山則夫における東国のルンペンプロレタリアートのとほうもない移動の振幅、北海道網走呼人《よびと》番外地に生まれ、青森県板柳に育ち、集団就職で上京してから横浜、静岡と流れ……といった彼の振幅が、西の広島までと考えたのが俺の謬見だった。そしてこう考えた。

広島は、永山則夫と川藤展久の接点である。川藤展久も永山則夫のように流転したルンペンプロレタリアートであるが、彼の就職と犯行の地図は、山陰、山陽一帯に限定され、船を奪いながら、ついに広島—四国高松—広島という瀬戸内海の円環におちいり、射殺された。

プリンス丸は、外洋にのりだし、南海にむかうという発想をもたなかった。俺はここから、日本の二重構造を下層から火をつける、日本下層社会の反乱たる犯罪革命が、永山則夫と川藤展久においても日本国家権力に包囲されたままだと判断した。

しかし永山則夫は沖縄に出会ったのである。もちろん、彼の香港密航が沖縄を「通過する」ことは地理的に知っていたが、俺は永山則夫が船にとじこめられ、ただ運ばれたものだとしか思っていなかった。しかし彼は海の上で自由だったのではないか。

ニグロの闘争に関し「講演」でこちらがした発言と、クリーヴァ『氷の上の魂』ノートをとる永山則夫との次の判断のくいちがいは、沖縄を媒介することで同盟しうる。

彼は書く。「一六%の黒いアメリカ人をヴェトナムに送るその意図のなかには世界のジャーナリズムに、〈ニグロは野蛮〉〈ニグロは兇暴な殺し屋〉等々に観念付けさせるところにその重点をおくと察知する、と同時に、(クリーヴァは)それを愁訴をともなって非難している」。そして彼はエルドリッジ・クリーヴァの次の文章を引く。白人は黒人を戦争に駆りだしてぶち殺したいだけではないのだ。白い「アメリカは、黒人部隊をヴェトナム人民の虐殺者にかえることによって、アジア全体に黒人種にたいする憎悪をばらまいているのだ。」

永山則夫の正確なクリーヴァ理解は、彼が新宿のジャズ喫茶「ヴィレッジ・ヴァンガード」(そこのマスターが黒人嫌いということまで書かれている)で、「連続射殺魔」になる直前に働いていたときの経験によって肉づけされている。彼は書く。

「……ヴェトナム派兵を五五万人と見積り、そのうちの一六%といえば(計算した)、八万八〇〇〇人になる——約として九万人の黒いアメリカ人が派兵されて、そして、戦闘の意欲をたかめ、あるいは戦争中の兵士の死活問題たる性欲を癒やす娼婦は、——一体どこに存在したか?

それは、いわずと知れた日本である！」

新宿歌舞伎町の一角、黒人と腕を組む日本女の出入りするジャズ喫茶でよくぞみたり！

そして、この事態は、琉球で、ことにコザであり、現在は金武村、辺野古で、いっそう鮮明になる。

俺はこうしゃべった。米軍人種比率黒人兵一六％（この数はペンタゴンが一六％にしておきたいということであって、現在は二〇％はゆうに突破した黒人兵の反抗によって、将軍たちはヒィヒィ言っているのが実情だ）は、その反革命的意味から革命的内容へ逆転する、と。ブラック・パワーは、ゲットーから、米軍の各戦線へと散ったのだ、と。かくしてブラック・パワーは、「ゲットー・コントロール（黒人自衛）」から転じてすでに潜在的な世界革命戦線として用意されている、と。

二つの行動が行なわれなければならない。一つは軍隊内反乱である。一つは基地住民との交歓——住民との交歓の現在的に実現しうる最高次の形態は武器の横流しである——だ。

第二の行動が実現する磁場があれば、永山則夫が歌舞伎町の一角で経験した黒の悲劇、黒に犯される黄色の悲劇、黒に奪われる黄色の悲劇、黒としてうまれる私生児の悲劇は、黒の福音にかわる。

第二の行動、すなわち米軍と基地住民の交歓が可能なのは、一九七二年末、アジアでは日本か、沖縄である。朝鮮、およびフィリッピンは戒厳令下にあるからだ。

〈われわれ〉——と表記する、〈 〉印は自立派符号にあらず、警戒のためだ——は一九七三年二月九日、コザでジェームス・ブラウンの生《なま》を聴くことができるだろう。彼は「黒いアポロ」と呼ばれ、黒人たちの支持は熱狂的である。以上、ＰＲ。

ここで、鎌田忠良氏にこたえたい。

彼は〝犯罪を分析する、犯罪を分類するという発想をたたきつぶしてくれる〃旨、発言した。そのとおりだ。犯罪のなかに人民を見る彼の態度を支持する。質疑応答では、会場の質問者に鎌田忠良が浴びせた批判であるが、じっさいは俺に向けられたものである。俺は〝沖縄犯罪、在日朝鮮人犯罪については、キチンと分析しておきたい〟旨発言したからだ。

沖縄犯罪、在日朝鮮人犯罪の洞察が必要なのは、日本の刑法と異国人の衝突という犯罪学上の必要からではない、俺には、ぜんぜん。

ルンペンプロレタリアートの犯罪が星火燎原と地をなめ、日本をたたきつぶしてやるための積極的な核として、このディファレンシャル・アソシエーション（差異的接触・サザーランドの用語）が、火中の栗のごとく手づかみにされねばならないからだ。

俺の犯罪理解の基軸は、攻撃である。冤罪論ではない。

犯罪は、階級的人間の復讐行動である。

この復讐において、犯罪は海を渡るのだ。悪事千里をはしるというのは正しい。

一九四五年八月、日帝の敗戦とアジア人民の解放戦争の高揚に自分の犯罪理解の根を置くのもそのためだ。観念ではない。小平義雄も――彼については後日鎌田忠良が渡良瀬川鉱毒の後遺症家族出身という新たなテーマを提出した――「関の小平」も、金嬉老も、西口彰も、加藤治成（軍隊生活で男色を覚え幼児屍姦者となった男）も、ドジ・ジャックのポール中岡もそれら〝貫録ある〟犯罪者たちから、一九四五年およびその後数年の闇市をけしさることができない。

大東亜共栄圏の逆流は、まず犯罪からだ。

ここでもう一つのテーマを。――すなわち、米ソ中三極構造、日中国交回復のさけめから逆流する〝英霊〟たちの進路に、脱走兵横井庄一をぶちおとし、皇居パチンコ事件の奥崎謙三をすえよ、ということである。

一九七一年、七二年を通じて、戦後窮民革命第二幕がゆったりとめぐってきたことを感覚していた。神のごとき吉本隆明でさえも、言った。戦争が露出してきた、と。しかり、しかり！

だから『水滸伝』なのだ。『水滸伝』は汎アジア窮民革命の戦術教程である。ここで竹中労・平岡正明は竜将軍と泣きわかれ。どうせそのうち、アイヌ同胞の反乱が鮮明になった時点で、継続されてきた思想的暗闘は、ついに竹中・平岡の極右民族主義者としての再生としてケリがついたというだろうよ、あの人。つかれた玉竜ドリンクって、キライ。

『水滸伝』に関しては、ここでは、講演および質疑応答につきる。俺が「盗」というと速記ではすべて「党」になっていた。くれぐれもおまちがえなきよう。つまり、いまのところは噛みあわないことを承知しておこう。

われわれが『水滸伝』をというとき、永山則夫の「驚産党宣言」（『人民をわすれたカナリアたち』最終章の、ルンペン革命草稿）がひときわ強調されねばならない。

永山則夫は、ついにここで、ルンペンプロレタリアートの戦闘力を第一等のものとして正面に出した。自覚つきだ。「これによって暫時、私は、完全に、非マルクス主義——脱マルクス主義的人間主義、等々の讒誣を受けること確実であるが……」。

讒誣は受けよう。あきれられもしよう。それでこそ、永山則夫は、左翼反対派諸党派を恐怖させる連続射殺魔（力点は「魔」だ）である。「驚産党宣言」の核心的思想を引用する。

まず復讐について。

「殊に、自覚したルンペン・プロレタリアを刑死させた場合、その時の大臣級の人物の生命を必ずや消滅させるであろう。」

死刑が確定しても、時の法務大臣のハンコがなければ死刑執行はできない。ことに、ハンコをおした法務大臣が消滅させられるだろう。

永山則夫の復讐の〝等量交換原則〟はパレスチナ・ゲリラの行動に現実の姿を見出す。

この考察は、彼のカリヤーエフ的決意と緊張しあっている。「第一次共産革命成功の時には、自覚して死を選択しなければならない——この約束は如何なる時も忘却に重ねてはならないのである。ここまで追いつめられた責任は、もっぱら貴族的プロレタリアートの日和見主義的態度にあるのであるが、われわれはわれわれ独自な革命闘争を前進してゆく以上、それらのものへの愚痴は断じて回避することをここに宣言する。」

ルンペンプロレタリアの「独自な革命闘争」——それはテロだ。一九七一年十月、これを言いきったときに、永山則夫は、〝窮民〟が〝新左翼〟を超えた内実を宣言した。かくして彼は語る。

ルンペンプロレタリアは、エンゲルスのいうところの、と永山則夫は書く、「『賃金を資本家の欲望にかなった低い水準におさえておくための調節器である』というような『調節器である』ことを、断乎拒否し、その止揚の形態として次のことを選択しよう。この『足についてまわるおもりである』ことを、革命精神に利用しよう。ゴミクズの如く『街頭にほうりだされる』この悲劇的な状態を、逆用しようではないか。なぜなら、われわれの被抑圧状態の生活は、ブルジョワジーに比較すれば非常に短命だからである。」

これから次のテーゼがズバリだ。「自覚したルンペンプロレタリアは、あくまでもテロ活動のみにその実存をおくことを決意するものである」。

’45～’72めぐる因果の糸車

『あらゆる犯罪は革命的である』のあらすじにかえて

餓鬼のころから手くせが悪く——というふうに、この白浪物語を書きはじめられるといいが、それでは事実に反する。俺の手くせは悪くない。餓鬼のころから探偵小説が好きだったせいか、立派におとなになっても、やたらに犯罪事件に興味をもつようになっていた。

過去一年、俺は集中的に個々の犯罪事件の分析を試み、二十件二十二項目、このほかに戦争犯罪としての日本軍の三光作戦と、日本戦後社会が国家独占資本主義として再編成される段の犯罪としての造船疑獄の二つをあわせれば、かなりの量の考察をくわえている。かなりの量——ということは、もちろん、質的にもきわめてすぐれたということだが——そういうことを自分でいっては具合が悪いから、だれか他人がいってくれるのを待っている。むろんそのことは、ないしょである。

戦争犯罪および巨大資本の犯罪を除外して、二十件二十二章からなる犯罪時評集『あらゆる犯罪は革命的である』（現代評論社）を編んだ。自立派なら目をむいて怒りだすそのタイトルの本は、七二年一月に町に出た。その内容は次のようなものである。

①「いびきが仇のパチプロ殺し」

七〇年十月、池袋で知りあった四人のパチプロが、意気投合し、飯を食い、池袋西口の旅館に同宿したが、そのうちの一人、高校時代、黒沢尻工業高校の名捕手よと噂された鈴木昭夫という人物が、いびきをかいて絞殺された事件。

②「おかま四人組詐欺罪でパクられる」

性転換手術した〝社長〟を中心とする四人組のオカマ会社が、原宿のコーポに陣取って、四年間で約一億円を稼いでいたが、武運つたなく一斉検挙されたとき、法的には男同士の売春なんてものが成立せず、サギ罪で送検されたという話。

③「ビル荒し仮面のテクニック」

上野で起こった中小ビル荒しの実例。プロレス式覆面をかむり、老女の管理人の口にテープをはりつけて、エレベーターに押しこめるという水際立ったテクニックを駆使して、夜の都会の盲点をつき、流行のきざしをみせるマンション強盗に模範例をしめしている。

④「貧乏夏に炸裂す」

内弟子にといつわってあがりこみ、茶道・華道の教授宅を舞台に五十件の置引をした貧農出身の女、大浦光子の階級的復讐劇。

ハンカチを三枚ご用意下さい。大浦光子のいじらしさに泣けます。

⑤「射殺・シージャック事件の教訓」

東の永山、西の川藤、両雄相呼応せずに立ったが、赤軍派ハイジャックの成功いらい三か月に六件（ふだんは年平均三件）という人質事件の発生に対応して、川藤展久、村上水軍の雄図むなしく瀬戸内海で射殺さる。

⑥「恋狂いハイジャック」

赤軍、ＰＦＬＰもびっくり、稲垣幸雄の恋狂いハイジャック。心中の軸と放火の軸が交錯するとき、日本人はなえマラ男も底知れず過激になれるという実例。
⑦「こども殺し・昭和元禄芽むしり仔撃ち」
〝胎児よ、胎児よ、なぜ躍る、母親の心がわかっておそろしいのか〟
⑧「ヤーさま試論」
六〇年代中期の第一次頂上作戦であげられた親分衆、大幹部クラスの一斉出獄にあたっての情勢論。列島犯罪地図はどのように書かれねばならないか。
⑨「告白衝動」
小平義雄や大久保清ほど有名ではない殺人鬼・高橋正彦が、獄中私記であかす二十年前の北海道旭川市での幼女連続二件惨殺の疑惑。
⑩「獄内犯罪の一つの展望」
阪大医学部不正入試事件であるが、これは学校制度の問題ではなく、核心は殺しだ。四十箇所弱のきり状凶器のつき傷、愛車サンダーバードの中で、えびのように丸くなって死んでいた在日朝鮮人・姜旭生の犯罪を組織する能力は、どこから取りだされたのか。
⑪「イヌが咬む」
イヌが咬むのは飼主の倫理の問題であり、密偵《イヌ》が嗅ぐのは国家の問題である。しかし、今は人が猫の皮を剝ぐ。
⑫「ご存知藤ヶ瀬ドロボウ部落」
筑豊の地に「瀬降り《せぶ》」（キャンプをおくこと）し定住した山窩《さんか》系集団の、戦前戦中戦後にわたる犯罪の発展、および、その八路軍的規律の分析。

⑬「犯罪と革命接近し白熱す」
永山則夫『無知の涙』の書評である。
⑭「阿部定における女陰の成熟」
阿部定予審訓書の解説であるが、性的快楽が女の私有意識の根源であること、生涯の情熱を半年の間に駆けぬけてしまうドラマに注目する。女性解放運動は阿部定を師とすべし。
⑮「不忍池の恋の物語」
定年間際にとつぜん幼い少女に狂った三井物産文書部次長の純情と哀愁。多く、エリート・サラリーマンの転落譜として論じられている「スキャンダル」。ハンカチを一枚半ご用意下さい。
⑯⑰⑱大久保清－小平義雄三部作。
一九四五年と一九七一年に、日本社会の犯罪と革命が内包しているカロリーの分析である。
⑲⑳天才金嬉老に関する二連作。
旧来の犯罪理解を、金嬉老事件の分析を通じて、論難的に転倒させた。させねばならない。
㉑「隈一尉愛国一六二人殺し」
ニアミス事件であるが、北の空の涯で戦後世代の航空自衛官に国体論が再現され、そのように三島事件がしみこんでいたことの指摘。
㉒「竹入刺傷・右からのまきかえし」
狂信的インテリゲンチアだった犯人・矢島孝晃が、山谷、釜ケ崎に入って自己解体を遂げ、永山則夫のように都市下層社会の住人として流浪し、そのようにしてつきあげてくる犯罪のアッパーカットに対して、市民社会のボデーはがらあきであること。矢島の方向は右翼的な一撃であるが、しかし、

六〇年の山口二矢に比して、しだいに標的の狙いは定まってきていること、犯罪の領域における革命と反革命のきわどい角逐が、七〇年代の土俵の中ではじまっていることの指摘。

あらゆる犯罪は革命的であること、これは逆説でもなければ比喩でもない。

いま列挙した各ケースを通じて、具体的、即物的分析を第一とした。原理的記述は犯罪学の体系にとっては大切かもしれないが、個々のケースは犯人にとって命がけである。したがって犯罪の生起が非系統的であるように、どのケースをとりあげるかということも論者の恣意にゆだねられる。

だが、この仕事を通じて、一般論からは遠ざかるべしと、自己規制をしたにもかかわらず、大事件のなかに市井のすぐ忘れ去られた事件と共通する因子を見出し、小さな事件の中に大事件とおなじ力学が働いていることを見出し、すべて犯罪が共通してもつ一般的特性――それは刑事学といったものかもしれない――に気づいてゆくにしたがって、俺の研究はしだいに一点に集中されるようになった。

それは、日本社会の二重構造は、二重構造の両端で火を吹くが、一方の火炎たる犯罪の六〇年代末期から七〇年代初頭にかけての連鎖的な噴火は、現下の情勢が一九四五年に螺旋的に回帰しつつあるということを、これまで戦後社会の水たまりのなかでは、だれも気づかなかったような異様なかたちでしめしていること、これである。

この結論自体は、平凡だ。しかし、力点は「異様なかたち」というところにある。それについて述べるまえに、分析の中間的結論として、六〇年代末期〜七〇年代初頭にあらわれた諸犯罪の、いくつかの特徴を指摘しておこう。

第一に、一般に「広域犯罪」といわれているものの特徴が、ほとんどの事件にあらわれる。それは単に自動車を利用して、警察の管区を越えるというようなことではない。日本の下層社会に流動がおこり、人間流砂がおこり、かれらの空間概念に、極端な変調が起こっているということである。

われわれはその典型例を、永山則夫に見出す。北海道網走呼人番外地に生まれ、青森県板柳に育ち、弘前、青森、函館と転々し、集団就職で東京に出てきてからはますますその振幅が拡大し、二度の密航と、十五日間で東京、京都、北海道、名古屋で連続四件の射殺事件を起こした彼の生活と犯罪の振幅については、鎌田忠良『殺人者の意思』（三一書房）、松田政男『風景の死滅』（田畑書店）が徹底的に論じている。

足立正生、佐々木守、松田政男によって提唱された風景論は、かれらが永山則夫の足跡を忠実にトレースして旅しながら、農村が解体され、すべての地方都市が東京を原基形態として出現する、そのような列島全体の風景の均一化をとらえる下層プロレタリアートの眼として、提出されたのである。

永山則夫型の、圧延された空間のなかでの人間流砂は、郷里の倉敷市から「ヤサグレ」て転々とした川藤展久にも見られるし、中学卒業後、北海道から上京し、店員、看護婦見習と転々し、東京、千葉、埼玉の首都圏の茶道・華道教授宅を五か月に五十軒荒しまくり、ついにその加速度化をとめられなくなった置引女大浦光子に見られる。

ロータリー・クーペを駆って一日百六十キロ、若い娘を漁色、殺害した大久保清もそうである。

そして、このことは家出少年の補導と、ことにバンパク時の学童たちの「万博家出」によって、いっそうはっきりとしめされる。おそらく最少年・長距離記録は、四歳児が府中から松本まで行って保護されたケースだろう。こうなるとほとんど長征《ロング・マーチ》だ。

第二に、永山則夫とシージャックの川藤展久を比較した場合に、ともに転々とするケースは近似しているが、不思議な東西二分線が、両者のあいだにひかれている。永山則夫は広島より西に行っていない。川藤展久は関西より東に行っていないのだ。このことから、俺は日本社会の二重構造の起源を、南方的な原日本に北方騎馬民族の権力がかぶさった時に生じたとする仮説を検討している。

朝鮮―九州―近畿―関西―鎌倉―東海―江戸・東京、そして成田―鹿島、さらに冬季オリンピックの札幌と、千年にわたって中心核が東漸しつつある日本国家権力に抗して、東国人・永山則夫が、「ズン武の東征」を遡行して、国境を突破するという本能は、その実現をはばまれた。彼は生まれ故郷北海道の北端から、樺太に越境するという方向を知らなかった。

一方、川藤展久は、広島―高松―広島という閉鎖回路のなかで射殺され、乗取った「プリンス丸」を沖縄にむけて突破するという本能をもたなかった。

第三に、したがって、われわれは権力の手で現出された全国の均一的風景を、ちょうどカラー写真の色分解をするように、共通のネガとして、何枚かの色のちがった地図をすかし出さなければならない。たとえば、札幌と小樽の間で一枚剝ぎ、遠賀川流域と長崎の間で一枚剝ぐという具合に。それは民衆によるもう一つの列島地図であり、全国諸都市の原基たる東京を逆包囲していく犯罪地図である。この場合に、在日朝鮮人の存在が重要な環である。

第四に、国境を西南に突破しようとした永山則夫の本能、列島をひんまげるまでに――もう曲っていたっけ！――渦動する下層プロレタリアートの本能を実現したものが、赤軍派ハイジャックである。ここにも、下層社会の本能の方向と、市民社会から出たもっとも意識的な、前衛的な集団の方向の合致において、日本社会の二重構造はふたたび両端から火を吹いた。

そして、ハイジャックには、極限状況を武器によってつくりだし、国家権力をその極限状況にひきずりこんで撃つという寸又峡の金嬉老のテーマが、密閉され飛行しつつあるジェット機のなかでの武器による極限状況の創出として継承されていることを、われわれは見る。ハイジャック成功はたちまちのうちに、三か月に五件の人質事件と川藤のシージャック、稲垣の恋狂いハイジャックを誘発させている。

第五に、これらの連鎖を媒介する犯罪戦線が存在しない。起こってしまった諸事件の連鎖を分析することはできるが、能動的に起こしていく力量を、日本人民はまだもっていない。そのことは、日本に職業的な犯罪者集団が組織されていないという背理をもって、表現される。なぜ背理か。日本の犯罪者は本質的にアマチュアであるがために、犯罪手段によって得られる「利潤」を無視して、一挙に国家権力とぶつかるという過激さを内包させているからだ。

川藤展久について、若干の考察を試みよう。彼は（あるいは、永山則夫は）ニヒリストなのだろうか。「ニヒリスト」「ゆがんだヒーロー」といった言い方で、かれらを片づけることはできない。犯罪学者の眷族は述べる。

「私にはこんどの事件の犯人が、日航機乗取りや大阪・万国博で太陽の塔にのぼった赤軍派の学生らと、派手で軽薄な面で共通しているように見える」（元最高検検事・現弁護士、出射鎮夫氏談、『朝日新聞』一九七〇年五月一九日付）

「世間の注視をあびて、テレビや新聞のヒーローとなるだけに、満足感も多い。自分の実力を広く世間に誇示しようという異常なゆがんだ心理が、こうした犯罪に走らせている」（遠藤辰雄九大教授、同）

かれらには、日本の二重構造が両端で火を吹くかたちが、恐怖すべきものであることはわかっている。しかし、犯罪者たちは「派手で軽薄」な生活をしているからではなく、反対に、派手で軽薄な生活から遠ざけられているがゆえに、犯罪手段によって高速度で軽佻浮薄になるのだということがわかっていない。自己顕示型の犯罪者は、犯罪手段をもって市民社会をおびやかすがゆえに、警察と対峙するのではなく、警察と対峙することによって社会の瞬間のヒーローになるのだ――ということが、犯罪学者にはわかっていない。

そして、この倒立した構図こそが、日本の犯罪者たちがアマチュアであるがゆえに過激であるということの内容なのである。

第六に、「太陽のために人を殺した」といったふうの犯罪のニヒリズムは、都市市民社会に成立する犯罪である。いくつかの具体例の検証ののち、虚無的色彩をもつ犯罪は、全体として都市棄民の問題とくくることのできる範疇に象徴化されるという結論を得た。

女性犯罪であり嬰児殺しであり、老人遺棄であり、主として、親―子、夫―妻という最小の単位。でさえも、都市生活の拡大にたえがたくなり、家族の崩壊の先で家庭の崩壊を告げる近親犯罪として現れている。

ここで、逆縁ながら、六〇年に谷川雁が鮮明にうちだした対位的命題、都市における低温低圧のニヒリズムと、辺境(炭鉱)における高温高圧のアナーキズムの、背中あわせの、革命的結合というテーマに、俺は同意するものであるが、その変奏曲が吹かれなければならない。

第七に、大津皓、鎌田忠良、山田正弘、今野勉、池本良司からなる「犯罪研究会」が、雑誌『中央公論』六九年七月号に、過去十年間の大事件の変遷について優秀な――犯罪学者のさぼった分だけますます優秀な――研究を発表している。

李珍宇、雅樹ちゃん殺し、山口二矢の浅沼刺殺、西口彰の連続殺人、通り魔少年事件、三鷹の門上兄弟の弟殺し、三芸プロダクション社長殺し、吉展ちゃん事件、渋谷のライフル少年、古谷惣吉のバタ屋連続殺人、鈴木充の千葉大チフス菌事件、金嬉老、横須賀線爆発、永山則夫、サレジオ高校の首切り事件と「ここ一〇年ほどの大きな事件の様相」を見たのちにいわく。

「こうみてくると、（昭和）三八年ころから少しずつ犯罪のイメージが違ってきているように思える。その前の小原保、本山茂久らは、明らかに自分の身近な生活の中に具体的な犯行の動機があったけれども、通り魔少年、ライフル少年になってくると、そうした生活者の感覚では把えきれない様相を示してくる」

そのとおりであるが、これをもって、犯行のニヒリズムのレベルが上がったものとは論断できない。意味するもの《シニフィアン》・意味されるもの《シニフィエ》の言語学上の概念を駄じゃれていえば、《死にフィアンと死にフィエ》が肉ばなれをおこしただけ——といっては、殺《や》られる方にはすまないが——であって、殺る方の動機が蒸発したわけではない。

そして、この方向で、過日十一月二十九日、深夜の多摩ニュータウンで、泥酔警官が老人を殴り殺すという事件がおきている。死にフィアン・死にフィエの肉ばなれもそれなりに発展の頂に達したが、このことは、権力は人民を抑圧する以前に、よりいっそうひどく権力機能の末端を抑圧するということ、その抑圧によって、警官は不断に社会に対して敵意をいだくようにさせられているという事態を、一センチも変えはしない。

われわれは、都市市民社会における犯罪のニヒリズムが、下層社会の犯罪のアナーキズムと一対のものであり、ニヒリズム犯罪のみを孤立した現象とみなすことを避けねばならない。

以上が六〇年代末から七〇年代初頭にかけての犯罪の階級情勢である。しかし、問題はまさにその一歩先にある。犯罪のニヒリズムとアナーキズムが、日本社会の二重構造の両端の青い炎と赤い炎であると承認したとたん、われわれはその両者を背中あわせに媒介させるものがないということに気づく。それはどこにもとめられるか。ほんのちょろりともらせば、俺にはかろうじて汎アジア水滸伝の賊が見えてきたのさ。

一九七二年に俺は自立派の犯罪理解を粉砕する。

ことに在日朝鮮人犯罪論と、米軍による裁判を日本の刑法によって検討し直されるだろう沖縄の犯罪を、こちらも同時に検討し直さなければならない。この問題は二様にたてられる。

ひとつは、戦後民主主義における犯罪理解の最良のものは、広津和郎の松川事件弁護論や、正木ひろしの八海事件弁護論であり、それらは誠実であるが、冤罪論であり、権力のフレーム・アップによる攻勢に対し守勢である。そして、これまでの多くの犯罪理解は、攻勢をとるとすれば、権力のフレーム・アップを告発するという方向に成立している。この水位は、日本社会の戦後過程が、一九四五年の日本帝国の崩壊に対して、自らを閉ざしてしまったことに決定されている。

いま一つは、敗戦翌年、朝鮮人犯罪の発生件数が、一挙に日本人の犯罪発生件数の十二倍はねあがったことを、日本の犯罪学が解けなかったことの意味の検討からはじまる。

犯罪時評集『あらゆる犯罪は革命的である』所収の「金嬉老同行多数」で、高橋正己「敗戦後の日本における朝鮮人の犯罪」（岩井弘融・遠藤辰雄・樋口幸吉・平野竜一編『日本の犯罪学Ⅰ・原因1』東大出版会）の批判を軸に、在日朝鮮人犯罪論はどのように考えられるべきかを展開した。このテーマは冤罪論を越えて、犯罪の積極性を開放するものである。

最後に、その先の問題、すなわち、一九七〇年の犯罪情勢が、一九四五年の犯罪情勢に螺旋的にたちかえる問題を提示して、本稿をとじる。

中国人殉難者名簿作成実行委編の記録『中国人強制連行に関する報告』全三集を読んだ機会に、つい最近提出したところだ。一九四五年六月三十日、日本の敗戦に先行すること二か月、秋田県花岡鹿島組現場で八百人の中国人俘虜が反乱を起こしている。同様の反乱が木曾谷の水力発電所工事現場にもあり日本の敗戦と同時に北海道美唄、夕張地区に集中していた中国人浮虜が、八路軍としての行動を起こす。時をおなじくして、九州では朝鮮人坑夫の暴動があいつぐ。中国人浮虜の反乱と朝鮮人暴動が結合し、二・一スト流産までは確実に前進する日本人民の昂揚とスパークすれば、日本の戦後過程は確実にかわった。

この情勢に占領米軍が反革命として介入する。一つは中国人浮虜四万人を、敗戦後半年以内にLST（上陸用舟艇）で一挙に送還したことである。いま一つは二・一スト流産後の、下山事件、三鷹事件、松川事件の、先制的犯罪である。かくして、朝鮮人の犯罪は、日本内部における、中国人反乱と切離され、日本人民の革命と切離され、犯罪件数の激発として孤立させられる。

犯罪が革命の起爆剤となる機会が流された。戦後民主主義のイデオローグたちはだれもそのようには問題を立てなかった。かれらは日本の戦後過程を一国的規模でのみ論じた。しかしいま、ふたたびゆったりと輪廻の車が影を落しはじめていることに気がつかないか。出口が下方にある。

あねさん待ちまち水滸伝

菅孝行が、もっと豊饒になり、もっと烈しくなるためには、もっと銭儲けをし、もっと美味いものを食うことが必要である。同志菅孝行よ、僭越ながら貴兄の口にあう料理をすすめれば、犬の肉の甘煮と一角の老酒《ラオチュ》である。つねに菅孝行が食すれば、すなわち——

智深ふと嗅ぎつけたは一陣の肉の香、庭さきへ出て見れば、塀のそばなる土鍋の中に、犬が一匹煮えかかってをります。そこで智深、

「おまへのとこには犬の肉があるではないか。なぜ俺に食はせぬ。」

百姓男、「御出家さまのこととて、犬の肉は召しあがるまいと、おうかがひしませんでした。」

智深、「おいら金は持ってをるぞ。」

と、銀子を百姓男に渡し、

「とにかく半分だけ俺に食はせろ。」

百姓男さっそく煮えた犬の肉を半分とり出し、にんにく味噌をたたきまして、それを智深の前に置きますれば、智深たいへん嬉しがり、手づかみで犬の肉をひきさき、にんにく味噌につけて食べながら、続けざまにまた茶碗十ぱいほど酒をあふり、口がつるつるになるまで飲みましたが、ただ

もう飲む一方で、一から止め度もありません。百姓男すっかりあっけにとられ、

「坊さん、それくらゐにしておきなされ。」

と声をかければ、智深目をむいて、

「おいらただでは飲んどらんぞ。世話をやいてもらふまい。」

百姓男、「まだどれだけ飲みます。」

智深、「もう一本持って来い。」

百姓男やむなく更に一本つけて来れば、智深ほどもあらせずその一本をも飲みほしました。余った一本の犬の足をひっつかんで、ふところへねぢ込みましたが、さて門を出ようとする時、又もや、

「余った金は、明日また飲みに来るぞ。」

（第四回、吉川幸次郎訳、岩波文庫版）

羊頭狗肉というなかれ。支那には「ちょうちょう」という食用の犬が飼われていて、須藤久のような顔をしたこの犬がなかなか美味いのだそうだ。ちなみに言おう。須藤久に会ったことはないが、その顔がちょうちょうのようだということをおいらは彼の文体から推定している。彼は書いている。「私もまた赤軍派を支持し、期待を持った覚えがある以上、それは絶対にそうなのです。もっとも私の期待の賭け方は、私が心から敬愛する今は亡き高橋和巳のそれに近く、あなた方の同志の一人である平岡正明氏の『すべての犯罪は革命的である』にある『殺人が平気で行える感覚を身につけなければ革命家とは言えない』と言った風な物騒極まりない支持の仕方とは正反対の立場ではありました。」（「あやふし！　足立正生」、『映画評論』一九七二年六月号）

なんだこりゃ？

女なら股間の肉のパッキンのゆるんだやつ、男なら尻の割れ目の思想のパッキンのゆるんだやつのしめす典型的な文体がこれだ。まず記載事実からしめなおそう。

「すべての犯罪は革命的である」と俺は言ったことはない。こちらの本のタイトルは『あらゆる犯罪は革命的である』だ。こういうミスは失礼である。そのうえで二つのテーゼを並記してみよう。

オリジナル版。「暴力の持続のためには革命家は殺人を快楽とするまでに感覚の全的転倒をこころみなければいけない。」（「暴力論」、『永久男根16』所収）

須藤久改造版。「殺人が平気で行える感覚を身につけなければ革命家とは言えない。」

この二つ、ちょいとニュアンスがちがっていますね。出典明示と引用くらい正確にやってくれ。これは、ドライバーをつっこんで、キュ、キュ、久、とふたひねりしただけの注意だ。

かくして須藤久の頭のなかに、赤軍支持の二極の構図ができあがった。一つは高橋和巳の、誠実で、清貧の赤軍支持であり、他の一つは平岡正明の、物騒で、畸型で、痙攣的な、絵にかいた外道ぶりの赤軍支持である。

このことから第二番目のイメージか出てくる。俺と親子丼にして、足立正生をも赤軍の精神病的な支持者にしたてようとする。そしてご自分はといえば、高橋和巳センセイにあたし近いの、としかおっしゃらない。これではどこまで行っても芯がない。同志竹中労は須藤久を目してはんぺん左翼と言った。しかしこれはちくわだ。芯に円い穴があいているところはどうみてもちくわ左翼である。

もうすこし微細に見てみよう。彼は、〝私も赤軍に期待した以上それはそうなのです〟旨、発言している。どういう態度が須藤久からすればだめなのか？　彼は一行前に書いている。

「便乗批判者、または便乗沈黙者、または便乗居直り派となるのは、少くとも思想的営為をなす者にとっては恥辱であるからです。」須藤久が「便乗」と書くと、ベンジョウと音がでるのが妙だ。イメージが便器に乗るようなぐあいになるからますます妙だ。批判型、沈黙型、居直り型の便器のまたがりかたというぐあいになるその機微は、彼がちょうちょうのような顔をしているだろうこと、それであり、それ以外に原因は考えられない。

須藤久は足立正生とおいらをコケにした。われわれの赤軍派支持は、精神病的で、物騒主義的だというイリュージョンをあたえるべくこころみた。高橋和巳のほうがいいんだと言った。なんと言おうとあなたの自由。ところで須藤久よ、物騒でない赤軍なんて価値があるのかね？

同志菅孝行よ、貴兄の『にっぽん水滸伝』を見た。おいらの点はすこしからい。須藤久をひきちぎってつけて食べるにんにくみそくらいにはからい。さて、これからが、てまえみそ。

水滸を論じる。水滸を論じることが梅内恒夫に対するおいらの回答のしかたである。『水滸伝』が太田竜、竹中労、おいらの当面の共通テーマである。実践的には、星と星との出会い、邂逅の時ということが現在の一時期の関心事である。

菅孝行『にっぽん水滸伝』、山元清多『チャンバラ』、唐十郎『二都物語』、そして夢野京太郎の出現においらは水滸の影を見る。小説というものに関するおいらの定義は単純である。小説とは美男美女の恋の物語だ。定義のこの単純さをおしなべてもちいれば、長篇小説とは、まず、量の小説でなければならない。悠々と流れる量。『水滸伝』や『三国志』といった支那の小説で、われわれがおどろきあきれるものはその悠々たる流れである。この流れはかならず血管にたまった観念のコレステロールを洗い流す。『水滸伝』の流れについては次の太田竜の見取図をかかげておこう。

第一の世界——山賊、水賊集団の隣行。群盗国中に満つ。

第二の世界——山賊から義軍への転化。
第三の世界——義軍と官軍の戦争。
第四の世界——辺境の反乱拡大。
第五の世界——中央政府と義軍の妥協交渉、義軍の内部分裂。義軍の帰順、官軍化。
第六の世界——義軍の消滅。

（「水滸の義盟と革命精神」、『日本の将来』四号）

そしてそれぞれの段階のなかに、独立した読切講談のようなかたちで、たとえば宋江の閻婆惜殺しとか、黒旋風李逵の峠の虎退治とか、武松の潘金蓮殺しとかのエピソードがおさめられている。これらの説話が生きていて、たがいに触手を出しあいながら前へ前へと構成されていくこと、このことからわれわれは『水滸伝』の成立過程をおしはかることができるし、個々の説話の生命力については、『水滸伝』第二五—二六回の武松の潘金蓮殺しのくだりから男性・暴力の『水滸伝』のむこう側に女性・淫の『金瓶梅』の世界がひょうたん型に吹きだしていることを想起することができる。

これらの、われわれにも親しい説話が多く出てくるのは、太田竜による「第二の世界」系、山賊の義軍への転化までであり、第三の世界系すなわち義軍と官軍の戦争の諸描写はとりわけて面白いというものではない。理由は、その戦争が騎馬隊による正規軍戦だからだ。花和尚魯智深、行者武松、黒旋風李逵といった『水滸伝』中もっとも生彩にとんだ人物たちは、歩兵隊の隊長なのである。騎馬戦にあっては、その陣形、うちもの取ってのたちまわり——ちなみに記せば「武芸十八般」という語は『水滸伝』起源である——よりも、呉用の智謀、戴宋の前線と根拠地梁山泊の往復、時遷などのスパイ活動、後方攪乱工作のほうがおもしろい。かくしておいらは結論する。『水滸伝』の物語的にもおもしろい説話が山賊の義軍への転化段階までに集中しており、かつ魅力的な人物が主として歩兵隊に集中しているというこの二つの集中は、『水滸伝』が、窮民反乱を成立過程の時代背景としてもち、中国民衆のかっさいがゲリラ戦士の形成におくられているのだ、と。

ただし、もう一つのことを言っておかなければ片手落になる。太田竜説による第四段、すなわち辺境の反乱拡大のシーンにおいても、謀叛し、そして天兵になりさがった水滸党にうち平らげられる賊たち、河北の田虎とか、淮西の王慶とか、江南の方臘とかも、それぞれ銘々伝をもっているということである。ここでは二つのことを想定しておこう。第一に山東省梁山泊に拠る百八つの星も、徽宗皇帝治下の北宋朝時代に同時多発した辺境反乱、農民一揆の一つであったこと、第二に賊もまた主体でなければならないという司馬遷『史記』的な歴史観が水滸の世界にも一本スッと通されていること、これである。

同志菅孝行よ、貴兄は『あらゆる犯罪は革命的である』への書評（『週刊読売』一九七二年三月一二日号）でこう書いてくれた。平岡は「〝あらゆる犯罪〟のディテールを、偏執的なまでに細心の注意を払って追跡する」と。しかり。おいらの犯罪論はディテールの偏執狂的追跡のあげくに一犯罪者銘々伝がうかびあがった時に満足する。犯罪者が客体ではなく、主体にならないと『史記』にはならない。あれ、手のうちバラしちゃった。

さて、菅孝行『にっぽん水滸伝』は、ぜんぶがぜんぶ、この逆だ。徹底的に考えて逆立ちしたのだろう。以下が特徴的なことがらだ。

水滸の説話の遠心力を、菅孝行は求心的に、モザイク状に配した。

宋江ははじめから堕落した宋江（天王）であり、権力者の記号であるがゆえに、ある時は太平天国の洪秀全、ある時には徳川家康、ある時にはヒトラーとして登場する。「われこそは共同幻想の最高水準にして……」という皮肉なセリフの類型化がこころみられる。とすると、おいらのアイデアでは、幕切れ、舞台中央上段、ハラリと垂れ下る檄文「しかし、にもかかわらず、それでもなお当面、世界の主な傾向は革命である」という文句をしめして睥睨するのは洪秀全ではなく、毛沢東でなければならない。

宋江、洪秀全、徳川家康などは権力者という観念の具象化であるから、銘々伝をもたない。辺境反乱、農民暴動の背景にもとづいた賊の軍への転化の物語のかわりに、権力の属性はいつでもどこでもおなじという認識――これを佐伯隆幸は「菅の芝居では、遍在するらしい『水滸』は結局のところカテゴリー的な権力の通時性によってのみ喚起されれ」(「ああ堂々の〈文化〉的前衛」、『日本読書新聞』一九七二年七月三日号)とむずかしくいうが、おいらなりに言えば菅孝行における「ニヒリズム」ということである――による、権力者の転向がテーマの一つになっている。

これらの諸特徴は、前作『はんらん狂騒曲』で菅孝行が編みだしたドラマツルギー、すなわち、あらゆる革命の反革命への転落の局面では時と所を問わずバブーフの永久挫折論があらわれるというドラマツルギーの東方版である。これらのことは批判されるべきである。菅孝行は三つのことを見落した。

第一に『水滸伝』はやくざ者の物語である。

第二に、日本現代史で『水滸伝』が成立しうる場は、一九四五年の闇市と、一九七二年の琉球でなければならない。

第三に魔界転生のテーマがない。

以下、個々に素描する。『にっぽん水滸伝』にはただ一人のやくざが登場する。座頭市である。「六〇年代個人主義の最後の残影」「組織の時代の前で死んだ英雄時代の遺物」「物騒事件評論家」「腕のにぶった暗殺者」「遅れてきた青年」「天ごう地さつ百八星と申しますが、実はあっし、百九番目の男でね、一足違いでバスにも乗り遅れちまった、ほんとにドジな、ケチな野郎なんでござんすよ」と人を斬っては自己批判する盲人。「へええ、また突撃か、頑張っとるねえ」と眼を剝いてついていく傍観者。これが座頭市の役割であり、モデルはもちろん平岡正明である。オレはいいよ、でも市がなんと言うかなあ……。

閑話休題。座頭市は、狂言まわしではなく、狂言まわされとして役づけられているのだ。いっぽう黒旋風李逵は「われこそはムハメッド・アリにして真正のブラックマン、ファン・アルメイダにしてフランツ・ファノンだ」という位置にすべりこみ、『水滸伝』における彼の位置、すなわち直進また直進という行動原理をもった無政府主義者たる李逵の役割は、他の人格にうばわれて、ある時は皇道派将校磯部浅一として、ある時は国定忠治として。ある時は真田幸村として、生き返るたびに突撃ばかりしている「あんにゃ」に割振られている。「あんにゃ」のモデルは竹中労にちがいない。百九番目の星、座頭市をくわえることによって、各人の役割のピッチが三十度ずつ狂い、三十度ずつ上に向って堕落しているのが菅孝行『にっぽん水滸伝』の人員配置である。かくしてそれはインテリ水滸伝である。魔界転生の思想なしには知識人の『水滸伝』なんてものは存在しない。水滸の磁場がどだい存在しないのか？　否。

闇市やくざの一九四五年、これについては太田竜「やくざ映画の変革プラン」（『映画批評』一九七二年七月号）を参照のこと。戦後やくざの起点が闇市で復讐に立上った「第三国人」——朝鮮人強制徴用工および中国人戦時俘虜ならびに台湾人引揚げ者——と私的暴力で闘うことにあったこと、および

「敗戦直後の日本革命の最大の課題は、在日朝鮮人民と在日中国人民の盟約の成否にあったと信ずる」とする太田竜の把握は、正確であり、深刻である。興味あるむきはさらにおいらの「一九四五年・中国人俘虜の反乱」（『日本の将来』四号）を参照されよ。まさにここでは『水滸伝』が成立可能であり、げんにおいら、駅の本売りスタンドで販売ができるぐあいにおもしろおかしく『闇市水滸伝』を立案中なのであるから。――『琉球水滸伝』については別途詳論しよう。

同志菅孝行よ、貴兄の劇作に欠如しているものは魔界転生の思想であり、革命と反革命が輪廻転生するのは魔界であって、けっして市民社会ではないという認識もまた欠如している。

『水滸伝』でおいらに解けないことは、なぜ星は百八つかということだ。天罡星三十六、地煞星七十二。この数字に、たとえば百八つの煩悩といったようななにかの寓意があるのかと、おいら、『易経』、気学、やらずもがなの『四柱推命』までも調べてみたが、へたな考え休むににたりだ。天罡星三十六という数は史実にもとづく。『宋史』三百五十一巻「侯蒙列伝」にいわく。

「宋江、東京《とうけい》を冦す。蒙、書を上りて言う。江、三十六人を以て斉魏に横行し、官軍数万、敢て抗する者なし。」

地煞星は天罡星の下位にあり、したがって天罡星の二倍数七十二とされたのだと考えよう。ところでこんなことを調べているうちに、『水滸伝』序章の意味がわかってきたのだ。

天変地異が生じ、疫病、飢饉がはびこり、群盗巷に充ちる一王朝の末期、洪大尉が伏魔殿の蓋をとりのぞくという失政を契機に、百八つの妖魔が飛散すること――この発想は、易学の、帝王学から革命学への転倒なのである。

辺境の反乱、農民暴動のパワーから、賊が義軍に転化する過程の組織論が、易姓革命をひっくりかえす形態のもとに黙示されているのが『水滸伝』序章の意味である。その証拠が、施耐庵・羅貫中本第七十五回「活閻羅　船を倒にして御酒を偸み　黒旋風　詔《みことのり》を扯《ひきさ》いて欽差を罵る」での李逵の発言にある。

「おまえらの天子の姓が宋なら、おいらの兄貴も宋という姓だ。そっちが天子になってやがるのなら、おいらの兄貴だって天子になれないってもんじゃなかろう。きさま、よくもこの黒ん坊さまを怒らせにきやがったな。いずれ詔書を書いた役人どもはひとり残らずぶち殺してやるぞ」

（駒田信二訳）

夢野京太郎が小説「琉球独立戦争・後編」を書く気なら、ぜひこのシーンを改変して、中国大陸からやってくる毛沢東の使者に対して、アダチ・マサオなりのセリフで言ってもらいたい。

「こんな不味い酒で招安されてたまるか。おまえらの天子の姓が毛なら、俺のこの胸毛が帝位についてはいかんということもなかろう。きさま、よくもこのゴリラを怒らせてくれたな」

転生の場たる魔界は辺境最深部をなす人民の深部にある。舞台芸術のうえでそれがどう表現されるべきか見当がつかないが、ぜひ、山田風太郎『おぼろ忍法帖』を読むことをすすめたい。島原の乱に破れた森宗意軒の転生忍法によって、天草四郎、武蔵、荒木又右衛門などが鬼《き》としてよみがえる物語である。鬼——すなわち中国の語法では、さまよい、仇なす死霊である。

魔界転生のイメージは、いまのところ寓意的にうけとり、自分なりのイメージを組織することでいいと思うのだ。そりゃそうだ、「魔界転生」という社会科学の用語があるわけじゃなしなどと投げださないでほしい。風太郎忍法帖と『水滸伝』から、おいらの好むシーンをいくつかかかげ、考察してみたい。

山田風太郎『おぼろ忍法帖』における魔界転生は、死期の近づくのを知った剣豪たちが、自覚的、積極的に死の意志をもって、女の胎内に入って一度死に——したがって風太郎忍法における魔界転生の術はことごとくセックス忍法である——、生前の人格とは逆の人格となってよみがえるのである。よみがえる者たちは、また、ことごとく悪の意志をもっている。この構図は、彼の稀代の失敗作『外道忍法帖』における背教者クリストフ・フェレイラの背教心理に近しい。山田風太郎にはいま一つの転生忍法があって、果心居士の「忍法しずのおだまき」がこれだ。これは時間的セックス忍法である女の胎内を時航機のように旅し、異った歴史時間でもう一度生涯をやりなおすという発想である。

ふたつの転生忍法には共通した因子がある。いずれも外国産だということだ。森宗意軒の忍法はキリシタンバテレン系の妖法であり、果心居士の術は中国大陸系の幻術である。おいら、かつて風太郎忍法帖の世界は『史記』世界に相似してつくられていると論じたことがあるが、明国の幻術者と考証されている果心居士は、山田風太郎の世界では、ことに『伊賀忍法帖』において、東海の凶星（ことに秀吉）の朝鮮——大陸侵攻を未然にふせぐべく支那から渡ってきた人物として設定されている。

おいらのイメージはふくろうのように笑う果心の幻術とともに大陸に飛ぶ。『水滸伝』にいたる。

魔界転生もまた『水滸伝』では成長し、発展するものとして描かれている。罪を犯し、中国社会の法と秩序から落草した好漢たちが、はじめは三々伍々に群れる。自然発生的な過程である。賊が義軍に転化しはじめるにあたって、犯罪が積極的に組織工作として利用される。その典型が天殺星黒旋風の殺人オルグ旅なのだ。

第五十一回「挿翅虎《そうしこ》　枷もて白秀英を打ち　美髯公《びぜんこう》　誤って小衙内《しょうがない》を失う」は、梁山泊が挿翅虎雷横と美髯公朱仝《しゅどう》を獲得する物語である。この段で雷横は白拍子白秀英を殺して梁山泊にいたる。美女はふたたび悪女であり、宋江における閻婆惜のように、好漢に殺されることによって好漢を梁山泊にはしらせる契機として登場するのであるが、朱仝が黒旋風一党に謀られて梁山泊にいたる物語はすさまじい。ここではついに四歳の幼児が李逵に殺される。殺されるのは盂蘭盆《うらぼん》の灯籠ながしの夜八時だ。

朱仝は、知事の四歳になる坊やになつかれ、肩にのせて灯籠ながしを見せにつれていく。水に流れる灯籠を描写する詩がある。意訳する。

鐘の音はおどろと鳴り、灯籠はゆらゆら。炉中に焚くはサイケな名香、ナス、カボチャの精進料理をつんだ灯籠の小船。坊主ムニャムニャ、真言教を誦して幽魂を呼び、人々は銀色の紙銭をつらね、喪服をまとって迷魂の昇天を祈っていた。合掌の功徳は地獄の八難をはらい、地獄、餓鬼、畜生の三道から守りたまえと念じていた。陰々たる坊主たちの合誦は、胎生、卵生、溼《しつ》生、化生の地獄の四つの「魔界転生」をかぞえあげ、天道、人道、阿修羅道、鬼道、畜生道、地獄道の六道をかぞえあげていた。そして迷魂をしずめるべく、柳の枝に浄水をそそぎ、蓮花の池内に燈明《むかえび》を放つのだった。

鐘かゴーンと鳴る。この時、黒旋風が、朱仝と幼児を人垣の後ろでうかがっている。彼はだまして幼児と朱仝をひきはなし、こどもを林につれこんで斧で頭を割る。怒った朱仝が李逵を追い、李逵は戦っては逃げ、戦っては逃げして、朱仝を梁山泊にさそいこむのである。

知事の一人息子をムザと殺されてしまっては、警護の武士たるもの、帰ることはならず梁山泊に投じるのは当然である。

朱仝は、罪を積極的に犯さされ、中国社会のなかにいられないように追いこまれて、落草させられるのである。

天殺星、すなわち殺すことが義。李逵のこの凶星は、あどけない幼児、直情の朱仝、そして鬼をしずめるべきうら盆の灯籠流しのリリックな描写、詩にうたわれる地獄系の――ダンテ風にいえば地獄篇のシステム――の数々によってきわだち、『水滸伝』作者が魔界転生の強烈なイメージをもっていたことはあきらかである。

ここでおいら、魔界転生というのは、宗教的な、ないしは形而上学的な根拠と、それにもう一つ、会《ホエ》的な習俗から発しているように思えてならない。詩中にもすでに「四生」。すなわち胎生、卵生、溼生（おいらの知識では見当がつかないがい溼は「湿」であるから魚類等の生まれ方か）、化生の四つの出生の別と、天、人、阿修羅、鬼、畜生、地獄の六道について語られている。

易学的発想からは、「生」と「死」は「胎」によってつながれ、生―死―胎―生の輪廻が考えられている。李逵のこども殺しというこのミクロなシーンは、出会うために百八つの星が飛散する『水滸伝』の大テーマの解剖学的な一シーンである。

いま一つのテーマは、それは会《ホエ》における、そして会《ホエ》の転生なのではないかということだ。会《ホエ》。すなわち秘密結社であるが、会《ホエ》への「入家」（西欧の民俗学的に言えば「過渡儀礼」）が一つの転生でありそして会《ホエ》自体が賊（匪）に転化することこそが、中国人の魔界転生なのではないかと想像する。会の、暴力を軸として匪（賊）への転化。これはいくらでもある。黄巾の賊であり、塩田車借の乱であり、拳匪（義和団）であり、捻匪であり、そして太平天国であり……賀竜の匪賊から紅軍への転化である。それらはことごとく水滸伝テーマである。

魔界転生に関するおいらなりのイメージが出た。それは、市民社会から、連続的に、なめらかに、トンネルを出ないうちに雪国になるように、辺境にポカリと頭を出すことはなく、契機が旅であるか犯罪であるか暴力であるか、いずれにしても死をくぐりぬけなければ、向う側には出られないということである。

前作『はんらん狂騒曲』から『にっぽん水滸伝』へ、菅孝行がたどった発想の基本は、部分は全体より大なりという確信である。

この確信からドラマの断片化がうまれる。

この確信からモンタージュがうまれる。

菅孝行は歴史を不連続に認知しているのだ。彼は自分の「いま」から発想する。「いま」とは、彼の現在のテーマであり、現在の霊感であり、現在の苦痛であり、現在の闘争であり、彼がかかえこんでいる政治力学である。菅孝行の信仰をセリフにして書きだしてみればこうはならないか。

〈俺の見ているいまのこの光景を、俺は遠い昔にも見た気がする。失敗したバブーフの乱にも、鎮圧されたクロンシュタット反乱時にも、招安をうけてしまってからの梁山泊党の悲憤にも、忠王と別れてゴルドン将軍の軍をうける太平天国起義の崩壊時にも、家康公の御首級を目前にして河を渡って逃げられた六文銭のくやしさにも、雪の二・二六にも、俺は立ちあったような気がする。そのいつでも、俺が敗けたわけではなかった。いつでも味方が敗け、ドジで愚かな味方によって敗けた。俺は知った。

闘いは内部の腐敗によって負けるのだと。それを天運とあきらめることはできない。俺は鳥になりたいのだ。一人で飛び、力つきて、ぽとりと、梁山泊の水のほとりにでも落ちたいと思う。京都四条河原に堕ちればいい、とうそぶくためには、俺はあまりに知恵者すぎる〉

このような感覚を六〇年代に自分の頭で理論形成してきた者はまぬかれることができない。われわれは世界革命運動史を学習してきたつもりで、世界革命敗北史に習熟してしまったのだから。

したがって全面的な転倒が必要である——。

おいらには菅孝行の自閉症的ユーモアがわかる。彼のドラマツルギーもわかるつもりだ。じつはおいらも「韃靼人ふうのきんたまのにぎりかた」というへたくそな小説を書いたことがあってね、時空を超えておなじような政治力学が現出し、そのたびに物語進行がストップモーションで中断し、力学が似たパートのなかに、人称だけが「わたし」「俺」「ぼく」と変化するという、技法的には前衛小説の塊りみたいなものをこしらえた。しかし一度ストップモーションをかけられた物語進行が、あちらでもこちらでも凍結されてしまう無間地獄におちいって、起承転結の結の部分がでないのだ。菅孝行の劇作にくらべればはるかにおいらの方が稚拙だが、関係はよく似ている。

全面転倒が必要である。

同志菅孝行よ。おいらが納得できないことは、日本国のドロップアウトたる「あんにゃ」「プチブル退屈娘」「役人」らが、易者たちから梁山泊行のパスポートと秘密地図を手に入れ、みごと海を渡って水滸にいたるにもかかわらず、水滸の世界もまた、日本の「いま」とおなじような権力のニヒリズムにあることだ。

なぜ認識の転換が行なわれないのか。菅孝行の想像力が水滸伝世界におよばないのではなく、なにが菅孝行の想像力にブレーキをかけているのか。納得できないのはここだ。

彼は『一橋新聞』五月十六日号掲載の「水滸をめざす演劇の出立・反文化の陣形の創出について」で述べている。

「さて、再び、水滸とは何か。『水滸伝』の水滸は、なによりもまず在野の、あるいは脱官僚機構の英雄豪傑の叛乱根拠地であった。それはしかし、決してこの、多くは酒豪にして好色の、荒々しい男たちのハッピーな安らぎの場所ではなかった。この反乱する賊軍の義盟は、社会的な抑圧の所在抑圧の理由をしめしているし、義盟の根拠地は、解放区であるのと全く同じ理由によって、同時に抑圧そのものをも担い切るという矛盾的存在となっている。彼らの戦闘は、決して一瞬たりとも代理告発ではなく、常に『自前の闘争』の緊張を漲らせている。水滸はまさに、ユートピアであると同時に吹き溜りのアンチ・ユートピアなのであり、その矛盾が、水滸派百八星の速度感を保証し裏づけているのである。牽強附会を敢行するなら、水滸派の今日性とは、彼らが確実に手許に引寄せているこの抑圧と解放の重層性のことであるといい切ってしまうこともできる。彼らはこの重層性を梁山泊の陣形の媒介となし、水滸を戦陣として組織するだけでなく、水滸を包囲する外界を、常に己が陣形の脈絡のうちに磁化していた。」

ちがうぞ、菅孝行！　貴兄はなぜ水滸に自分の観念だけを見るのであるか。水滸派の今日性とは、いいかねズバリといいきるよ、ルンペン・プロレタリア革命の戦略教科書だという点にある。組織された労働者階級は反革命の支柱である。

三バカ水滸伝の基本構想をしめす。

その一＝竹中労によるユートピア垂直処女膜八段破り構想。金聖嘆の「六才子書」に沿ってユートピアが落下するのである。すなわち明末清初の文人公金聖嘆は才子たるべきものが必読の六書をあげ、それらは、第一に『荘子』ことに雑篇第二十九「盗跖」であり、第二に屈原の『離騒』であり、第三に司馬遷『史記』であり、第四に『杜詩』であり、第五に『水滸伝』であり、第六にエロ戯曲『四廂記』であるとした。おいら、竹中労にしたがって六才子書をおさらいしてみたが、金聖嘆の言わんとしたテーマは次のようなことどもに集約しうる。

(1) アジアにおける緑林白波の伝統。緑林とは山賊、白波とは海賊のことである。

(2) 金聖嘆は諸侯の命を受けた孔子(儒家)が大盗人・盗跖を帰順させるよう説得に行き、盗跖のアナーキズム(道家)にあって孔子がさんざんに打ち負かされる説話からはじめている。梁山泊党は招安をうけたが、わが盗跖は招安されなかったのだ。

(3) 中国の民衆反乱の歴史に、匪賊および秘密結社=会《ホエ》の伝統を見なければならない。

(4) 金聖嘆は賊と会《ホエ》の伝統にアジアの無政府主義の息吹き、桃源郷思想の生命力を見ている。彼はその実現の一つを『水滸伝』に見た。

ここで竹中労は金聖嘆からハンドルを奪うだろう。すなわちユートピアは階級社会を落下して、荘子に、屈原に、司馬遷に、杜甫に……バリ、バリッと穴をあけながらつきすすむさまを読みとり、おそらく、杜甫から李白、白楽天を一くぎりとしてその裏面に安禄山の乱を浮上させるにちがいない。辺境の守備隊長安禄山(色目人《ペルシア》アレキサンダー)が馬を養い、長駆兵を返して唐朝を倒すクーデタの形態として。これをアレキサンダー・ラグ・タイムという。(私見によれば、安禄山の乱で深手を追った中華思想は、『三国志』における内訌、裏切り、陰謀の万華鏡的複雑さのなかに影をおとしている。)

さらに施耐庵・羅貫中本『水滸伝』の舞台裏に張士誠の塩田車借の乱を現像させねばならない。塩田車借の乱、すなわち製塩人夫と馬匹人夫の反乱である。塩がなく、馬の交通が途絶えれば……しかり、支那中世のゼネストである。

そして、『水滸伝』をつきぬけた無政府の夢は、七度び、太平天国の乱でバウンドし、八度び、井崗山の紅軍起義にドスンとぶちあたる。太平天国および井崗山については、竹中労「毛沢東／青春残侠伝」を参照願いたい。

このことをおいらなりにパラフレーズすれば、『水滸伝』は犯罪革命の濃縮体である。とても「抑圧と解放の重層性」のために水滸を包囲する外界をも水滸的に磁化しているというふうには理解できない。

その二＝太田竜は秦漢帝国の成立と中華思想の呪縛の批判を通じて、『水滸伝』批判をうけもつだろう。秦漢帝国成立の東方海上における余波が日本国の建国である。始皇帝による中央国家の成立は、周辺の少数民族を亡ぼし、自分に似せてつくりかえた中心的な力によってなされたゆえに、辺境と異域を長城をもって差別し、夷をもって夷にあてる中華思想を成立させた。義軍が招安をうけて官軍となり――比喩的にいえば学生党派が機動隊となって在日朝鮮人に威力をふるうようなものだ――ほんらいは同盟してともに宋の中央権力を顚覆するはずの、田虎を討ち、王慶を討ち、方臘を討つ、裏切りの根源には、中華思想の黄色い呪文がある。中華思想の掌のなかの、水滸党のすべての善性、超越的な天命や倒錯された易経によってすら裏づけられている好漢たち相互の「義」という第一原理、忠義剛直さなども、それらが水滸党のモラルの善であればあるほど、英雄好漢たちを苦しめるだけだ。太田竜は、「大義」を中華思想の一国的掌中から解き放ち、世界窮民革命の大義のために、百と八つの妖魔が、ふたたび出会うために、全世界に飛散しなければならないとテーゼした時から、最近の太田竜の水滸論及では、がぜん、『水滸伝』の組織論的再検討にむかっている。おいらなりに理解すればこうだ。

群盗が全世界に満ちることが世界革命の必須の前提である。その兆候は、いま、全世界にはっきりとあらわれている。

この理解は、梅内恒夫の「前段階武装蜂起」論からの訣別を誘導した。群盗世に充てり！　この理解は赤軍派をうみだすまでに先進国日本の労働者階級の革命情勢が成熟しているという共産同赤軍派の情勢判断とは決定的に異り、それはあきれるほどの対極であり、ソヴェト・ブロックではなく、中国ではなく、辺境最深部に、植民地に、群盗が満ち満ちるまで世界革命の情勢がにつまっていて、その余波が先進国における下層労働者の犯罪激発に力を及ぼしているほど、先進国の組織されたプロレタリアートが腐敗している、ということである。逆説ではない。

世に満ちる群盗の義軍への転化はどのようにして可能か？　これが第一段。

義軍の革命軍への転化はどのようにして可能か？　これが問題の第二段だ。

太田竜の回答では、群盗の義軍への転化は、市民社会からドロップアウトしたインテリゲンツィヤ（『水滸伝』では、宋江、戴宗、盧俊義、呉用、公孫勝ら）によって行なわれる。「山賊が横行して、搾取者階級の秩序が麻のように乱れているとき、支配体制内部の不遇な人々、下づみの官僚、行者、軍人たちの一部が、この機に乗じて挙兵し、山賊集団を義軍に転化しようとする。」（「水滸伝とルンペン」、『黒の手帖』一九七二年五月号）。

これを額面通りうけとるのは危険である。これを外部注入論、党的視野の一変種とうけとるな。建党―建軍―建国の順序を、太田竜がまず建国を、そして軍を、しかるがのちに、建党をとひっくりかえしたことを想起せよ。

群盗が世に充ちることは、犯罪者がうじゃうじゃ簇生している状態を前提にしている。犯罪者は、窮民の、ルンペンの、浮浪人の流浪するプロレタリアートの前衛的化身であり、攻撃的な転化である。

この段階で建国せよ。

文明によって殺された「野蛮人」、都市に集中する難民、放りっぱなしの重病人、あらゆる私有財産から見放された人々、これらの窮民の存在を、無条件にわが同胞と感じ、かれらを世界社会主義共和国の同胞とし、この同胞のためにたたかうことを意志表示したもの、これを世界革命浪人という。

幻の国だって？　ありもしない国家だって？――そのとおりだ。

国というか、戦線というか、われわれにしだいに見えるようになるにしたがって、権力や市民社会からはますます見えなくなる幻の国が実在する。

群盗世に満ちるときには幻の世界共和国が背びれを見せている。

したがって義軍は世界社会主義共和国の建軍である。その戦闘隊形はゲリラである。

この建軍過程、賊から義軍への転化には、うたがいもなくインテリゲンツィアが参画するであろう。まず彼はすでに幻の世界社会主義共和国の同胞の一人であり彼の同胞は、全世界の窮民以外にはない。彼はたんに市民社会からドロップアウトしただけのものではなく、魔界転生をとげたものとなっていよう。労働組合から見棄てられた労働者、革命党に裏切られた党員、犯罪をおかした知識人などが群盗の義軍への転化に力をかすだろう。『水滸伝』では、宋江らの知識人が魔界におもむくパスポートは、殺しであり、犯罪である。あらゆる犯罪は革命的であるというおいらのテーゼ、このあたりで出てくれないことには出番がない。

義軍から革命軍への転化は、世界社会主義共和国の、現存する百三十余の民族国家に対する宣戦布告にはじまり、革命戦争をもって遂行される。あらゆる民族国家を征服してから、世界社会主義共和国も死滅にむかうだろう。

これが水滸派の組織論の一端である。「水滸とは、なによりもまず、在野の、あるいは脱官僚機構の英雄豪傑の叛乱根拠地であった」というだけであろうか。

その三＝三バカ水滸伝におけるおいらの任務は、『水滸伝』の生命力の分析が主たるものだ。菅孝行は「多くは酒豪にして好色の、荒々しい男たちの」と言っているが、これははっきりとちがう（ごめんね、しつこくて。）

『水滸伝』は男性の物語であり、暴力のテーマをめぐっている。水滸百八つの足は好色ではない。李逵にいたっては不犯であって、密通する男女は両手の斧で太鼓を打つようにきりきざんでしまうし、閻婆惜とまちがいをしでかし、皇帝の情婦《おもいもの》・李師師《りしし》から情報を得た宋江をこの助平男とののしり。助平ゆえに宋江を殺そうとまでした。

英雄好漢たちの女ぎらいは異様である。そして義の徹底的優先という行動原理も異様である。

ここには『水滸伝』の秘密がないか。

ある。

『水滸伝』における女のありかたは二様である。一方は美女であり、これはかならず悪女であり、英雄を色じかけでおとしいれ、怒った英雄に殺され、その殺人によって英雄好漢が中国社会から追放される契機となっている。他の一つは女豪傑であって、一丈青扈三娘だとか人肉饅頭売りの母夜叉孫二娘だとか、腕力派であるがゆえに善玉としてあつかわれ。彼女らはことごとく地煞星である。このような水滸世界の欠如のうえに、その対極に、淫と快美の物語たる『金瓶梅』を中国人の想像力は吹きだしたのだ。

なぜ武松の潘金蓮殺しをテーマに、『水滸伝』と『金瓶梅』はひょうたん型に対立しあっているのか。答えは一つである。男の暴力と、女の美の力とがぶつかりあった時に、その対立の非和解性は、「殺し」しかうまないからだ。

それは武田泰淳の言うとおりである。いわく。「尖刀は自ら働き、法律以外の場所の不可思議な裁きを行う。『金瓶梅』壱百回の総現実をうしろだてとした濃艶華麗な代表者金蓮を、この霊刀以外、何物が裁き得たであろうか。」

引用文は「淫女プラス豪傑（水滸伝）と淫女プラス淫男（金瓶梅）の世界」（『揚子江のほとり』所収）からのものだが、武田泰淳の比較的短かいこのエッセイを読み、『水滸伝』と『金瓶梅』との引力―排力を論じるテーマで、おいらのやることがほとんどなくなった。

むしろ失敗談を一つ告白しておこう。

おいらかつて杉浦明平『暗い夜の記念に』（一九五〇年、私家版）を読んだとき、その内容を気にし、その対象をまちがえたことがある。彼が『紅楼夢』を論じた文章を『金瓶梅』を論じたものだとばかり思っていたのだ。今回、図書館で『暗い夜の記念に』を読みなおし、おいらが印象にのこしておいた箇所を引用する。

アジアはルネッサンスを経験しなかった。「そのかわり圧しひしがれてもはや死んだ何の反逆の気力も失った人民の疲労困憊した溜息が何拠からか洩れてくるはずである。乱世の外に出て仙境に遊ぶ

という人々でさえ結局その例外でありえない」（「『紅楼夢』について」、『帝国大学新聞』一九四〇年六月三日）

次は、「再び紅楼夢について」というエッセイからの引用――。「まことに東洋の英雄たちは色を好むのみを以て特徴としない。彼らの英雄たる所以が、民を刈ること草を刈るがごときにも存したこと、三千年の歴史がこれを証明している。」

「『紅楼夢』は訳者（松枝茂夫）が解説してゐるやうに、支那の小説としては極めて写真的に描かれて行き、そしてそれに時の上中流社会を極めて適確に写して行く。さうすることによって、それは更に絶対専制の下において人はかくの如くまで醜く薄汚なく、恥知らずになれるものであるといふことを正しく映し出している。モンテスキューはさういふ世界の人間が有徳であることの非常な困難さを説き、安逸を貪ってしかも野心的、傲慢にして下劣、働かずに富まうとする欲望、真理に対する嫌悪、追従、裏切り、不信、一切の責任の放擲、市民の義務の軽蔑等々がすべての時と所とに通じて示めされる性質であると挙げているが、この中には正にさういふ一切のものが、割合胡麻化されない形で現れる。」（一九四三年一二月―一九四五年七月）

杉浦明平のこの私家版の本は、猛烈に保田與重郎をコキ下ろすことではなはだ戦闘的であるが、中国小説を論じてひどくゲンナリした筆致なのに驚いたことがある。彼は戦争中『紅楼夢』に読み耽っていたのだった。

いらい、戦争中の杉浦明平の〝良心的抵抗〟という条件を無視して、『金瓶梅』と『水滸伝』の融合反応的爆発力をとりだす際のタタキ台にこの引用文をするつもりでいたが、こちらが『紅楼夢』と『金瓶梅』を記憶ちがいしていたのだからおかしい。だが、中国の小説を杉浦明平のようにこういう具合にも読めるのかなあ……。

淫もパワーである。暴もパワーである。われわれはここで多くの中国烈女伝を想起することができるが、淫と暴とがはじきあってまっぷたつになるほど『水滸伝』世界の生命力は強い。その生命力は、陳忱の『水滸後伝』を生み、海を渡って馬琴に『南総里見八犬伝』（これは「水滸伝プラス三国志」を発想のもとにすえているが）を生み、下って安政期に『天保水滸伝』の諸ヴァリアントを生じさせ、杉山茂丸『百魔』をもって維新にまで影をおとす。

海を渡るこの生命力の根源は――『水滸伝』が汎アジア革命のイメージの原基であること、これである。

菅孝行が、梁山泊行きのパスポートを手にした劇中人物たちを駆って、『水滸伝』による認識の転換を試みてほしかったのは、ほぼ以上の点だ。しかし、これだけでは思想の全面転倒の半分である。菅孝行の永久敗北論の系譜を転倒してしまわなければならない。

三バカは提唱する。

フランス革命。バブーフの乱。ナポレオンの登場。四月革命。パリコンミューン。舞台はまわってロシアにきて、赤色テロルの時代。一九〇五年革命。十月革命。ポーランド革命流産。ザクセン蜂起流産。ドイツ革命ならず。英露委員会だめ。フランスだめ。スペイン人民戦線だめ。第二次大戦末期のヤルタ体制のなかから東欧諸国と中国の革命が成立……ずっとこんなぐあいになる革命運動史をすてよ。このような地方的見地をすてよ。

世界革命運動史をこの系譜でとらえることは、マルクスをめぐる、第二インター主義とレーニン主義の宿命的な三角関係に足をとられ、レーニンをめぐるスターリン主義とトロツキズムの宿命的な三角関係にねばりとられるだけではなく、事実に反する。

いちいち引用し、出典を掲げないが、太田竜『辺境最深部に向って退却せよ!』所収の、なかんずく「国際世界革命戦争の弁証法」を中軸に、竹中労、松田政男、おいらなどによって、内部的論争をうみだし、若干の異同をはらみながら、世界革命運動史を論じる論文・章句のことごとくをあげて檄されてきたことを、おいらなりにつかんでごろりと放りだしておく。

トゥサン・ルベルテュールのハイチ反乱なしにフランス一七八九年革命を論じるな。

梅内恒夫の言うように、「十五世紀にスペインとポルトガルがアジア、アメリカ、アフリカに植民地侵略を開始して以来、帝国主義列強の植民地支配にさらされた地域は、革命戦争の時代に到達した」(傍点・平岡)のである。しかり。第三世界は革命戦争でこたえた。

革命戦争。まさにここに、帝国主義と植民地の階級闘争が、帝国主義本国内部の階級闘争の上弦たる「武装蜂起」を超える。

ハルトゥーム、セポイの乱、太平天国の乱。ここに、アラビア世界、インド亜大陸、中国世界に、ヨーロッパ帝国主義に対する植民地・半植民地の反乱は、宗教戦争、民族闘争の相をみせながらも、すでに、全世界規模で革命戦争が開始されていることが告知されている。梅内恒夫は書いている。

「一九世紀に帝国主義列強が最後の辺境を分割した時、すべての辺境は革命戦争の時代に到達した。」(傍点・平岡)

すべての辺境が革命戦争の時代に到達したとき、マルクス先生、大英図書館でなにしておった?彼が太平天国をどう評価しているかは、大月版選集第八巻「中国問題」を読むこと。カール・マルクスの無謬性を信奉する読者は、このマルクスをぜひ、まんまと、擁護していただきたい。この問題は自分の頭でやっていただきたい。

補足すれば、おいら、ハルトゥーム、セポイ、太平天国の延長線上に日本の維新を位置づけている。「攘夷論」をそのように見る。そしておいらが内田良平の行動と思想を一範型にしつこく追って論点は、内田良平らの天佑俠が、朝鮮の東学党の乱に朝鮮の明治維新を見出して、革命義勇軍として一度は出かけた――ただし二度目は反革命として――ということである。このことは、唐十郎『少女と右翼』『二都物語』を評価するうえに重要である。

梅内恒夫に。あなたが日本帝国主義論を構築し、日本帝国主義を包囲殲滅するネットワークをアジアに構築するにあたって、福岡玄洋社に日帝の秘密の合鍵を見ることをすすめる。日本浪漫派などははじめから相手にするな。それは三島由紀夫―吉本隆明軸だけで、日本の戦後市民社会の内側で革命と反革命をあれこれ口にする者にまかせておけ。

あなたは八切止夫―太田竜の日本史書き換え作業に出会った。あなたは日本史を原住民と征服者の闘争としてとらえ、アイヌ人、琉球人、部落民の「日本」史をもって、『古事記』から明治官僚の歴史読本（その民間における補完物が講談社文化である）にいたる簒奪者の日本史をひっくりかえすことに同意している。われわれもまた琉球人、アイヌ人、部落民のなかでわれわれの星に出会うための旅、すなわち「よみかきのしかた」を続けていることをあなたも知っていよう。ひとつ報告しておけば、奥月宴は第三作『ジャリ天ロード前半』（近日中に海賊版を出します）で、はじめて、自分が部落民であることを、チラリとだが、のぞかせた。われわれはすこしずつよみかきができるようになっている。

この方向で、あなたは山田風太郎にも出会うだろう。たとえばこんな出会いもあるのだ。

天正十二年四月十六日、日本軍二十万、釜山に上陸。初戦に連勝し、五月二日に京城を落し、六月十五日には平壌を小西行長軍は占領。七月二十三日には加藤清正軍、満州国境の会寧まで進出。「しかるにその年十二月、突如として明軍が鴨緑江をわたりこれに介入した。平壌にあった小西軍は大敗して退却した。爾来、両軍は押しつ押されつの持久戦に入ることになる。そして日本軍は、制海権を失って補給が意にまかせないことと、全朝鮮に蜂起したゲリラのために次第に苦戦状態におちいっていった。

それは、この役から三百数十年を経た後の或る戦争を想わせる。とくに日本軍が、三百数十年を経て、ほとんど何も学んでいなかったことに驚くのである。三つ児の魂百まで忘れずとはこのことか。」

もう一つの文章を引用しよう。

「この朝鮮を第一次中間軍事空間としての戦争の開始は、以後、豊臣秀吉の封建時代の敗北、太平洋戦争で完結した資本主義時代の完敗。最初の戦争である日唐戦争の完全なる惨敗のもつ意味はプロレタリアートの立場からも分析しなければならないこと。」

なにを言ってるのだかよくわかりゃしない。さて、最初の引用文は山田風太郎『忍法破倭兵状』からのものであり、きわめて明晰である。二番目の引用文は、小林ちよじ「軍事ノート(3)」(『序章』七号)からのものだ。小林ちよじが風太郎忍法帖を読んだかどうかは知らないが、すでに、日本の戦争史を左翼反対派が日唐戦争(白村江《はくすきのえ》の水戦)―朝鮮の役―太平洋戦争における日本の共通した敗けっぷり、すなわち、最初の一年間の元気のいい電撃戦と、制海権喪失による補給戦の寸断と、懐深くひきいれられてゲリラ戦でたたかれるという共通因子のもとに総括しようと気づいた時に、『戦中派不戦日記』の筆者でもある山田風太郎は悠々と先にまわりこんでいたのである。

梅内恒夫よ。「朝鮮人民に対する倭奴《ウエノム》の侵略は、秀吉の朝鮮出兵か、またそれ以上に遡る」と書いたあなたはここで別途のテーマがすでに浮上していることに気づかれたと思う。

一　降倭（唐虱《からじらみ》）、すなわち朝鮮軍に寝返った秀吉の侵略軍の存在。「沙也可《さやか》」という名で知られた降倭の存在と、その子孫の朝鮮における実在――天佑俠と東学党――在韓日本人妻――ハイジャック戦士というイメージの系譜。在日朝鮮人の存在と在韓日本人の存在のイメージにおける白熱的衝突のテーマ。この問題は、「天佑俠とハイジャック鬼」（『三田新聞』一九七〇年四月二八日―五月一三日号）と題した長大論文をもって、ハイジャック闘争を全面的に肯定したおいらの、自己批判的再考を基礎に、機会を得てルポをし、そのように責任をひきうける。

二　倭軍水軍に勝利し、制海権を得た、朝鮮水軍の将・李舜臣の存在――金芝河《キムジハ》の『銅の李舜臣』――唐十郎の『二都物語』というイメージの連鎖。

山田風太郎との出会いはそのようなテーマとの出会いでもある。

八切止夫―太田竜の系統での日本史のかきかえと、おいらが端緒的に手を染めはじめた維新の原動力たる攘夷論をハルトゥーム、セポイの乱、太平天国と横に連鎖させる方法とは、あい交わり、日帝の成立・発展・破壊の総過程が、不可避的に、宿命的に、中国、朝鮮、日本の三極をめぐるものだという理解が革命戦略の上に研ぎだされなければならない。

一八世紀をパリとハイチに見、一九世紀をヨーロッパ半島とアラブ、インド、中国に見た革命戦争の歴史は、一九一七年、ペトログラードに世界革命の焦点を結ぶ。ロシア革命は西に向う顔と東に向う顔とを具有していたゆえに世界革命の突破口であった。

海の帝国主義イギリスと並走して、不凍港をもとめ、アラブ世界をうかがって南下し、シベリア鉄道に沿って東進した陸の帝国主義ロシアの帝政顚覆は、しかるがゆえに革命も南下東進し、ロシア帝国の植民地革命をもって東に向う趨性をもっていたこと。このことにレーニンとトロツキーを擁したコミンテルンは目をひらかず、西方に攻撃、東方に守勢の革命戦略をひいたこと。世界革命戦争の軍隊、赤軍を南下東進させアラブ・アジアの植民地における革命戦争をたたかわなかったこと。アジア・アラブにおける英帝、仏帝、独帝、日帝の植民地革命をもって、帝国主義の本城たる西欧の革命をつめるという路線を構築しなかったこと。ことに、レーニンとトロツキーは、ロシア革命の鼻先でたたかわれたメキシコ革命、パンチョ・ビリエラ、エミリアノ・サパタのメキシコインディオ解放軍の革命戦争に無知であったこと。

理論的には、ボルシェビキ党が、階級支配の原基形態は植民地支配にあり、植民地において帝国主義の矛盾が最大限に凝縮されているという認知に立たず、また植民地からの掠奪が帝国主義の最大の経済活動だということを明記しえず、植民地革命を先進国労働者の蜂起の従属的位置におしとどめたことに、これらの現象は起因する。そのことを、これまでだれも言わなかった露骨さで太田竜が『辺境最深部に向って退却せよ！』で檄し、梅内恒夫も第三章4で語っている。同志たちが言わなかったことを一つだけつけくわえて、これ以上の焼き直しを避けよう。

一九一七年十一月はまたジャズ革命の起点である。第一次大戦期、米海軍はニューオルリンズの港に結集し、もっともおくれて合衆国がルイ・ボナパルトから購入したフランス系の町ニューオルリンズの公娼街を廃止した。女郎屋で陽気にやっていた黒人ジャズマンたちは、この時失業し、ミシシッピ河を遡上して北米諸都市へ移動を開始した。かれらは、時あたかも、四百万人の規模で南部農業地帯から、賃金奴隷として北部諸都市——最初はフォード自動車がコンベア・システムを開発したデトロイト——へと民族移動を開始した。第一次大戦を契機とするアメリカ帝国の急激な工業化には、黒人人口のこの移動・都市集中があずかっている。やがて北部諸都市の黒人スラム街を形成したかれらはその地でハーレム・ルネッサンス運動を開始するだろう。そして、この温床の上に、第二次世界大戦を経験し、黒色アフリカの連続的蜂起を見て、ブラック・パワーの勢力がうまれる。黒人大衆の軍隊経験、NATO軍、SEATO軍による黒人兵の全世界的な配置は、やがてというかいままさにというか、ブラック・パワーは黒人ゲットーだけに成立しているものではなく、潜在的に世界革命戦線に転化しうる。黒人解放戦線内部の毛沢東派との抗争を通じて、その転化は開始されるだろう。このテーマはわれわれの手のとどくところにある。すなわち沖縄だ。その出会いは射程内にある。

菅孝行よ、貴兄との「討論」も結論にちかづきつつある。貴兄の明晰と緻密さを前にして、おいら、うかと「三バカ路線」のデッサンを試みたりした。水滸をもって、認識の転倒をはかってほしい。そのことを言いたかった。

水滸はさらにわが同世代の最良の人々のなかに影をおとしている。山元清多『チャンバラ――楽劇天保水滸伝』がそうであり、唐十郎『二都物語』も、彼の小説『少女と右翼』の延長線上にあるならば、ふたたび水滸的な発想をうけついでいる。演劇センターの舞台および状況劇場の舞台を未見であり、どちらも戯曲を読んだだけであるから詳論を避ける。したがって勝手なことを言う。

『天保水滸伝』は、「安政六年四月十五、六十八で没した飯岡の助五郎がまだ存命中に江戸からわざわざ神田伯竜子という講釈師をよんで、これへ話をして拵えさせたものだ。助五郎は目に一丁字もないから子分の野手の熊五郎に聞き朱を入れた。何しろ『英雄伝儀名録、飯岡助五郎一代記』とあって先ず『景図（系図）併出生之事』というのからはじまる。

作者の伯竜子がとんでもない下手っ糞で話がいっこうに面白くない。その上、われわれは昔からどうも判官びいき、弱い者びいきの癖があるから、却って殺された繁蔵へ同情が集って、いつの間にか助五郎を狡猾な狸爺の方へ持って行ってしまった。尤もある程度はそれが真実だ。」（子母沢寛『全歴史エッセイ集3・仁侠の世界』新人物往来社）

菅孝行『にっぽん水滸伝』と異なり、山元清多『楽劇天保水滸伝』の基本構図は、かなりの程度、「史実」に近しい。繁蔵闇討ち後、一の子分（兄弟分）の勢力富五郎が、飯岡助五郎をつけねらったという噂も流布されているし、仇討をおそれて助五郎が富五郎捕縛に意を用いたことも子母沢寛によってたしかめられている。その事情が下敷となって――

富五郎「笹川繁蔵などとは、まっ赤ないつわり。おれぁ、繁蔵の舎弟、万歳村の勢力富五郎だ。飯岡との出入りで、惜しくもねえ命長らえた、ただ一人の生き残りだ。ただ一人、金比羅山に隠れたおたずね者だ。（中略）風車だけがまわっているここで、思案の末に決めたんだ。おれが繁蔵になる。繁蔵になって、真っつぐあそこへ行く」

という演劇センター水滸伝の第一テーマにひきつがれているのである。ただ一人の生残り、勢力富五郎の復讐譚、このテーマは悪くない。（唐十郎『由比正雪』も、島原の乱のたった一人の生残り、正雪の登場というテーマであった。）

本家『水滸伝』と『天保水滸伝』とをつなぐ糸はなにか。

第一に、やくざの喧嘩である。

第二に、水の滸《ほと》りである。水滸の舞台を江戸末期の日本にうつしかえれば、阪東太郎利根の流域、手賀沼、印幡沼、霞ヶ浦によって囲繞された関東平野である。

第三に、大盗・盗跖の無政府主義がここにも落下する。

八切止夫の考証によれば「やくざは戦国武者のなれのはての子孫」であり、別所におしこめられた原住民系の裔であり、この系譜が、香具師と博徒にわかたれるのは文久二年（一八六二）であるとされる。（『切腹論考』所収「やくざ論考」）

香具師はその祖を神農にあおぐ。

「彼らは、はじめて炎を使い、はじめて民に耕作を教え、はじめて百草を集めて薬を使ったという支那古伝説中の人身牛首の帝王神農氏直系の子孫であると称し、これは少々あやしいが、その起源のふるいことにまちがいはなく、おそらく万葉集や古典歌謡、物語本などに登場する傀儡師とか香具売りなどに流れを発するのではないかと思われる。」（山田風太郎『風来坊忍法帖』）

その神農とは、話は遠く『荘子』雑篇第二十九「盗跖」に飛ぶよ――

「神農の世、臥すれば則ち居居、起くれば則ち于于、民其の母を知り其の父を知らず。麋鹿と共に処り、耕して食い、織りて衣、相い害うの心有る無し、此れ至徳の隆なり、と。然り而うして黄帝徳を致す能わず、蚩尤《しゅう》と涿鹿《たくろく》の野に戦い、流血百里なり。」（傍点・平岡）

すなわち原始共産制である。

かくして水滸と天保水滸をつなぐ第四の、現代的な、テーマがうまれる。やくざの革命軍への転化は可能か？　可能だ。どこで？　唯一、沖縄で。ただし、組からドロップアウトし、モトシンカカランヌーの世界で魔界転生をとげたやくざものがであるが。

これにふれる前に、『天保水滸伝』の地、関東平野をいちべつしよう。竜将軍は、蝶恋花舎版梅内論文回答「幻のアイヌ共和国の歴史を書く」を次のようにはじめている。

「一九七三年六月。すなわち、今日からあと十二ヵ月のちに、私は、日本帝国を滅ぼす共和国の幻の首都平将門の志を継承する相馬の国建設の第一段階を終了させるであろう。

左に、相馬の国の所在を示す地図をかかげる。」

地図を見る。川がない！　筑波山を中心に東北に足利、海に面して銚子、西の先端に神田明神を配すこの地図は、将門伝説の点をむすんだものであるが、これでは将門は浮かばれても笹川の繁蔵が浮かばれない。

これはキチガイだ！　相馬の国建国構想はキチガイじみた竜将軍の構想全体のなかでもとびきりキチガイじみている。その内容をおいらなりにパラフレーズすればこうである。

まず東京コンミューンをつくれ、そして東京行動戦線をつくれ、それから自立学校をつくれという一九六三年段階の谷川雁の提案も、あの時代にはキチガイじみており、それを倒立させて自立学校―東京行動隊―東京ソヴェートという順でなら賛成すると吉本隆明にいわせたくらいには新鮮なイメージだったが（自立派もあの時代には生き生きしていたね、おいら塩を送るぜ、松下昇「幻想的ドキュメント遠い嵐」〔『思想の科学』一九六三年六月号〕がこの時の事情をつたえている）、日帝のど真中・首都東京をすっぽりおしつつむヤマト破壊の国家をつくるという夢想は、太田竜にして空前であり、かつ残念ながら絶後であろう。

おいら、風景論の継承をルポによる地図の塗りかえ作業をもって行なうという路線に参画する。地図とは、主体の軌跡のことであり、現存の支配的力関係の均衡をやぶることである。日本列島の地図を、秩父困民党の戦闘演習地図によって一皮剝き、朝鮮人強制連行と中国人俘虜強制連行のあった点を結ぶ地図で一皮剝き、永山則夫の足跡で一皮剝き、義経逃亡ルートで一皮剝ぎ、米騒動波及図で一皮剝ぎ……などして、ちょうどカラー写真の色分解のように、これらをブルジョワジーの国土開発地図といったものに重ねあわせながら、敵の弱点をつかみ、後手にまわることなく敵に先行し——人民が権力に打撃されてからその「悲惨さ」を告発するというルポルタージュのありかたを超えること、闘争の白熱地点にまわりこむという陣型を、かならずわれわれはつくりだす。そのようにして、モダニストのおもちゃにされてから後の風景論のニヒリズムを超えよ。

おいら関東平野に愛着を有す。しかし相馬の国建国というテーマはまだ遠い。

日本列島は南と北の両端から燃やすのだ。沖縄と、北海道である。

それぞれの地方の住民の意識に、そして運動の初期のあらわれに登場するだろう日本の辺境反乱というイメージを、沖縄においては太平洋革命の北端というイメージに転化させる。世界革命から日本革命へ、である。これが路線の根幹である。

同志梅内恒夫。

復帰の時点で琉球人民は北の同盟者としてアイヌ同胞を発見しなければならぬとする太田竜の提案をうけいれたあなたに、竹中労は沖縄買弁層（屋良権力から組織労働者までをふくむ一ドル＝三六〇円読みかえ組）の存在を見落すなと指摘した。そしてもう一つ、復帰の時点で、琉球人民はアイヌ人に同盟者を発見すると同時に、台湾人、台湾独立運動左派との同盟もプログラムにのせる必要がある。沖縄の原基は台湾であり、原基とはプロレタリアートである。このテーゼにしたがって活動するＮＤＵをおいらは支持する。

ＮＤＵおよび布川徹郎の文章で台湾—沖縄の関係を明確にのべた引用箇所がみつからないので、周辺の布石を列挙しておこう。

「そして、季節労働者として沖縄に来、生活圏を沖縄に移してしまった台湾人労働者たち、返還時には、その数パーセントの人達しか、在日許可が与えられないという。」（「裸の第三世界へ」、『日本読書新聞』一九七一年九月二〇日号）

「サア、再び僕らも更なる外部へ出立しよう。離島から台湾へ、フィリッピンへ……アジアはひとつだ。」（「公開質問状に答えて」、『映画評論』一九七二年四月号）

「日本就職者毎年一万人、日本への出稼ぎ労働者六千人ないし一万人、そして、沖縄への台湾人出稼ぎ労働者数千人、生活圏を沖縄に移した台湾人で永住権を持っていない（実数はわからないが）約四千人がいることが、彼（＝新川明）の沖縄から欠落している。」（『映画批評』一九七二年四月号）

「僕らにとって、原爆被爆者が『韓国』にもいるのではなく、『韓国』にしか、長崎・広島で原爆を被った者はいないのであり、原爆の悪を告発しうる主体は、日本国からほっぽり出されている『在韓被爆者』以外にないのだ。僕たちはこの総体を不幸な現実という。さらにいえば、この『沖縄の祖国復帰』過程にあって、『不安の表情』を表す権利は、『在沖縄県台湾人』をおいてほかにはいないのだ。」（「国家を撃つ表現様式」、『専修大学新聞』一九七二年五月十日号）

相馬の国にもどろう。

中部山岳地帯の天険に拠るにしても、日本の中央部での武装闘争は鎮圧される。これが統一赤軍銃撃戦の教訓の一つである。

永山則夫にしめされるような流浪する基底を相馬の国はその同胞としがたい。

相馬の国による首都東京の包囲は、アジア革命戦争による日帝の包囲を前提にする。相馬の国はまだ時をかせがねばならない。

唐十郎もまた『水滸伝』的に発想し、金芝河との出会いによって全羅の東学党を幻視している。ここでは唐十郎に関する決定的な問題を出し、考察しよう。

第一に、唐十郎は朝鮮に対する日帝侵略の先兵となり、「極左」が「極右」に変わる内田良平型反革命の一九七〇年版を提出しているのか？

第二に、六〇年代を全力で並走してきたわが二人の天才児、足立正生のパレスチナでの活動と唐十郎の朝鮮での活動は、相呼応して把握しうるものであるか？

第一の問題に関して太田竜は書いている。

「唐十郎。

私は昭和四十七年三月十日発行の『劇団状況劇場』という『二都物語』のPR新聞（『二都物語』という芝居を、ソウル、広島、京都、岐阜、東京で興業する計画）を読んで、認識した。――この役者および『状況劇場』が、日本帝国のタイコ持ち部隊として登場しているという事実を。

唐は〈これからは（頭山満の）玄洋社でゆくよ、赤テントは〉（『マントップ』誌上での嵐山光三郎との対話）と語ったそうである。玄洋社は、日本帝国の朝鮮、『満州』、中国大陸支配の先遣斥候隊の役割りを果たした組織である。いうまでもなく、この任務を遂行するために、玄洋社は、明治期の日本内地での権力争いに敗れた敗兵たちの怨恨のエネルギーを組み入れた。それを、異民族征服の衝動に転換させたのである。こうして、壮士、大陸浪人たちが生まれたのだ。

唐十郎。

彼こそ、日本の『新左翼』という一国内極左が、極右翼へと転向する総過程の先導者に間違いない。きょう以降、誰であろうと、唐十郎とともに立つ者は、私の敵である。」（「小海さんを自殺させたのは誰か」、『潮』一九七二年五月号）

はたしてそうか？　唐十郎は朝鮮に飛び散り、金芝河と出会ったのではないか？

おいらには一つ見えないことがある。

彼の芝居『二都物語』が韓国民衆にどううけとられたかということだ。ただちに大陸浪人内田良平を連想させる内田一徹が出てくる。この名は『少女と右翼』における内田硬石の尾をひいており、たまたま内田という名であったわけではない。永遠の美少女、不滅のジャスミンたるリーランは、日本でタン壺に投げこまれた百円玉を手でつかみだすという「芸」をする朝鮮の少女である。金芝河との対談「海峡報告」（『映画評論』一九七二年六月号）で、唐十郎は自分の芝居を金芝河に説明する。

「ソウルでタクシーの運転手をしているが、〝日本人だ、日本人だ〟と自分のことを言うんです。そこで、私、思ったっけ。『二都物語』の悪のヒーローはこれしかないと、戸籍を探し歩く元日本人が朝鮮海峡を密航して東京に現われたらどうなるか。それを追って昔、憲兵に父母を殺されたリーランという女がやってくる。この戸籍のない密航者である幽霊民族とリーランの際限のないイタチゴッコが、私のこんどの芝居の中でのモティーフです。大アジア主義の血なまぐさいロマンのように私のドラマもまた、ファナチックなロマンに貫かれています。」この説明を金芝河は「大変興味深い作品ですね」といってきいている。

彼のこの作品は韓国民衆の逆鱗にふれはしないか。日本における韓国人は、下層社会に生棲していて、きたない、と彼の芝居は露骨にしめしてはいないか。

唐十郎のこの挑発的な方法は帝国主義者のものではない。

おいら、状況劇場のPR用新聞を読まなかったが、唐十郎作品一般というよりも微細なレベルで、小説『少女と右翼』、『二都物語』台本、金芝河との出会いを叙した「コロニイに棲む母殺蛇」（『日本読書新聞』一九七二年五月一日号）を読んだ。彼は大陸浪人にたいするロマンチックな肩入れと、内田良平への情を語っている。彼は左翼のタームを用いないし、その語彙とリズムは日本浪曼派的であったり右翼的であったりする。

それは唐十郎にとって本質的なものである。唐十郎のレトリックがなければ、比喩の多い自己韜晦なしには唐十郎のスタイルというものがないという意味で本質的なものである。さらにいえばこうだ。おいらかねてから気づいていた。唐十郎の不吉なリリシズムや異様な比喩は朝鮮的なのだ、と。竜将軍に申しあげる。さて、さてだ。唐十郎が、そのように内田良平を好むとしても、大陸浪人を肯定するとしても、即、彼が日帝の露払いであり、一国内極左が極右に転向するパターンの先導者だとはおいらは考えない。

内田良平びいき、福岡玄洋社路線に興味をもつものが右翼であるなら、唐十郎に先行しておいらが右翼である。

韓国人の心的屈折に近しい表現をもつ日本人が帝国主義者なら、すべての朝鮮人が帝国主義者である。

日韓の密通、それも主としてすくなくとも二世代にわたる「血」の領域の、唐十郎の用語を用いれば「闇だまり」の密通を知り、国籍を朝鮮で失い日本に密航してくる「いかがわしい」人物の日本下層社会における――唐十郎が劇中人物の口をかりて「万年筆、万年筆」と叫ばせると、おいら、維新によって東京に成立した最初のスラムたる下谷万年町を想い出す――ひねくれぶりと、生きざまを知る者が反革命ならば、ゲバリスタこそ最強の反革命である。

おいら自身のことを言おう。千葉県市川市の桔梗塾という差出し人で送ってくる『ステューデント・レヴュー』という右翼学生紙がある。その四月十五日号でおいらの三島由紀夫における維新第二革命論の継承という視点（「反面同志の死」）をかれらは「高く評価」し、「維新は国内だけで済まない。体験からいう。ＡＡでオルグするとは東京で想像するのと異なり大変なことなのだ」といった注記も附されている。本文をちょっと引用してみよう。

「たとえば新左翼の理論家（旧活動家）の平岡正明氏の『反面同志の死』……にみられる三島の行為の〝同感と批判ならびに分析〟にみられる総括には、〝三島・森田両烈士のあとに続く〟と思う戦無派世代がポスト起義の方向を模索するにあたって、かならず通らねばならない問題点が比較的に多く正確に提出されているのである。これらの問題点を自家のものにしえたとき、平岡氏をして『あぶねえ、あぶねえ』で済ましえない変革と体側克服の戦略的な展望が開けてくると信じる。」（神津大輔「クーデタ計画を白日にさらせ」）

バカ。おいらを「新左翼」だなんていうな。おいらはせめて珍左翼。新左翼というのは、イギリス百人委員会系の「ニューレフト」の日本訳でね、構改派のことだ。おいらは新右翼が新左翼に似ているほどには似ていないさ。ここでいくつか確認する。

一　しかしおいらが反面同志にされちゃった。

二　右翼と左翼はたがいの弁別の段階をすぎ、たがいの争奪の段階にはいった。

三　こちらにとって日帝の救済的イデオロギーが自立派をもって代行される段階から、真制右翼を正面敵とするステージに移行しつつある。さあこい、右翼。

おいらは、右翼思想がインタナショナルな展望を持たないとする一九七一年段階の認識をいまは捨てた。そのことを内田良平が教えてくれたのだ。

日本下層社会の住民の生きざまと欲望を知り、韓国（琉球、台湾、香港、シンガポールなど）窮民の状態を知り、両者を密通させ、日本を祖国とする立場で、あなたがたも困窮しているだろうが、韓国の（琉球の、香港の……）民衆はもっとひどいのだから現状でがまんなさいとささやく者を啓蒙家という。日本人並みに努力しておなりなさいという日本人を新植民地主義者といい、韓国人の立場で言うものを買弁という。そのいずれも、さまざまな様態をとった反革命である。唐十郎がそのいずれであるとも言うことはできない。

状況劇場演出部・山口猛が指摘するように、唐十郎が韓国公演をめざしたのは必然であった（「河原者のオテナの塔大作戦」、『映画評論』一九七二年五月号）。血の回路？　本能？　日鮮同祖論？　おくれてきた大陸浪人？　日帝の潮流の波に乗った笹舟？

しかし、紅テントが、日本で知識人相手の商売だけをしているのをやめて韓国に行ったことは正しい。

このことを対比的に、論理の別の系をもってしめそう。しばらく唐十郎を離れる。おいらのハイジャック論を自己批判的に点検しよう。自己批判的に、ということは、北朝鮮ではなく韓国に行くべきだったと指摘する太田竜、梅内恒夫の論理を知ったからというだけではなく田宮高麿らの金日成思想への屈服がさびしかったからである。しかし、決行の段階でハイシャックを全面肯定したのはおいらだ。

おいらは天佑侠をおもいだした。

金嬉老の戦術の赤軍派による継承というテーマを直観し、金嬉老が日帝に、赤軍派が朝鮮に入王《いりおう》として入りこんでいる戦略配置を読みとり、ハイジャックが一般犯罪者に波及する姿と、流動する日本下層社会の起爆剤となっていくさまを予測した。

日帝のタイムテーブルに革命家が追いつく方法と、逆説的表現ながら、革命家における朝鮮問題の欠落の、息をのむような深さをザックリと見た。

そして、左翼スターリン主義国家における国際革命根拠地の創出という赤軍派のテーゼは多かれ少なかれどうでもよかった。ようするに、やればよかった。

この段階でおいらの念頭にあったものは「朝鮮」であって、北朝鮮へハイジャックで行くか、韓国へ密航するか、という問題関心はなかった。

北朝鮮か、韓国か。この問題のたてかたが、世界革命の総路線に直接かかわるものであることを知ってからもなお、「戦争の映画か革命の映画か(2)」(『映画批評』一九七二年一月号)でおいらはハイジャックを肯定している。ハイジャックがなければ、隅多茂津の登場に理会できなかったし、川藤展久のシージャックに人民の水軍の萌芽を見ることはできなかった、と。

しかしこれはおいらの脳みそだけにうつしだされた幻影でね、いいよ、わかっているよ、赤軍派をうみだすまでに革命情勢を成熟させている日本労働者階級を代表する「党」として北朝鮮に行くことの誤謬を梅内恒夫とともに承認する。(にもかかわらずなお、ハイジャック闘争を否定するわけではない、頑固だね、おいらも。)

韓国にこそ、日帝に対するアジア人民の最大限の憎悪があり、そこに日帝がくたばる罠がしかけられねばならないこと。このことを承認するとたん、おいらは前出「戦争の映画か革命の映画か(2)」でかならずしも展開しつくさなかった論点をしあげておく。足立正生を実質上の制作者とする『赤軍―PFLP・世界戦争宣言』における赤軍ハイジャックと、PFLPの四機連続ハイジャックとのモンタージュの、北朝鮮ではなく韓国へという立場からの批判的検討である。

おいらはこのモンタージュにいささかの疑義を呈した。「二つのハイジャックを画面のようにモンタージュすることは正しいか。モンタージュの結果、世界革命戦線の極東とアラブの火が連続しているようにみることは正しいか」と。

いいにくいねえ。しかし、言おう。PFLPにくらべていかにも赤軍派が貧弱なのだ。党の存在以前にパレスチナ難民の強烈な存在感がPFLPの側にはある。難民キャンプがあり、都市のアジトがあり、白人をふくめた義勇軍・志願兵がおり――われわれはつい最近そのなかに三人の日本人兵士もいたのだろうということを知る――、難民居住区におけるこどもをふくめた軍事訓練があり、索敵行動の毎日があり、それらがパレスチナ難民とPFLPをむすぶ赤い糸であり、PFLPが必然であることがつたわってくる。しかし赤軍派側には三里塚闘争のニュース報道とアジテーションしかない。

そのことからは、戦士が忠誠を誓うべきは、党ではなく、窮民であるということが出てこなければならない。（テルアビブの三兵士、奥平剛士、安田安之、岡本公三は党のためにではなくパレスチナ人民のために戦闘した。行きっぱなしの国際根拠地づくり、行って謝るよど号バイシャックの段階から、事態は前進した。）

足立正生はイスラエルの内部にもカメラをもちこむべきであった。（肉弾をもちこんだ三戦士の存在を知ってからこんなことを言いだしたのではない、念のため。）

なぜ足立正生と若松孝二がパレスチナに行き、活動家a、b、c氏がパレスチナへ行くかという個的モティーフだけではなく、日帝を滅ぼす世界革命戦線を構築する論理が、さらに鋭く提起されなければならない。石油問題もその一つである。おいらは端緒的ながら、パレスチナ革命は、汎アラブ革命と、アルジェリア第二革命を起点に汎アフリカ革命へ、植民都市ベイルートを起点にヨーロッパ革命へ、そしてベンガルの反回教運動の一面をもつバングラデシュと結びつくことによってアジアの革命へ波及する四本の方向をもつゆえに世界革命戦線の主要な要であるとする理解を「市民社会・風景・国家権力」（『映画批評』一九七二年二月号）で素描した。

アジア革命とアラブ革命をつなぐパイプはまだ日帝とアラブ石油をつなぐパイプよりもずっと細い。梅内恒夫ものべている。「バングラデシュ独立戦争の時、アラブ諸国は、同じ回教国西パキスタンを支持したが、パレスチナゲリラの中に一部でもバングラデシュの窮民の闘いを支持するものがあったら、彼らは、自分たちが第三世界の窮民解放のための、最重要の戦略的要所に位置していることに気づくだろう。」

梅内恒夫の長期戦略構想によっても、日帝をひきずりだすアジアアラブの地点は、第一に韓国、第二に東南アジア、第三にアラブ世界となっている。ただし、これは順序をしめすものではなく「この三つの地域のうちどれが日本にとってもベトナム戦争になるかわからないが……」と限定されているが、日帝を滅ぼすネットワークにアラブ世界が遠いことはたしかである。その理由は、中国の介在である。

おいらは怪文書・共産主義者同盟赤軍派〇〇地区委員会『赤軍への招待』の筆者は梅内恒夫あるいは現在にいたるも梅内恒夫の同志であるだれか、だと判断する。この文書は太田竜と格闘し、太田竜とこの文書の筆者の思想戦が、最終的には、中国問題の評価いかんにしぼられる。後刻、この問題は内在的に検討されるが、過渡期世界論に立脚した世界革命戦線結成の展望、すなわち中国を大後方とし、キューバ、黒人ゲットー、北朝鮮、北ヴェトナム、パレスチナ、アルジェリアを最前線として放射状に散開されるという展望が、米ソ中三極構造の成立によって蹴転がされた現在、ますます、辺境最深部へ降り、辺境最深部を、世界党やら後方基地やらに投げかえさずに、最短距離で直結する路線が正しい。

キューバ—中国、黒人ゲットー—中国、北朝鮮—中国、北ヴェトナム—中国、という発想を合縦策という。

北朝鮮ではなく韓国を、北ヴェトナムでなく南ヴェトナムを、それらの植民地を深部とし最前線とし、しかしてそれらを横に直結させるのを連衡策という。

われわれは連衡策をもってする。

われわれのみるところ、汎アジアの規模で、連衡が合縦に勝利をしはじめる地点は、台湾独立運動と琉球独立運動の同盟である。

六月、沖縄に遊んではじめて理解できたことだが、日本と沖縄の間にも、日本からは見えず、沖縄からは見える「三十八度線」がひかれていた。

抗日人民戦争を軸に戦中史、戦後史を歩んできたアジア諸国に、米帝が用いた新植民地政策は一国の南北二分割政策であった。この新植民地政策は日帝のアジアにおける失敗から米帝が学んだものであり、その最初の実験がGHQによる日本と琉球の分割であった。

米ソ中三極構造の成立によって、南北二分割国家の緊張は緩和される方向に動き、合縦策はますます無力なものになるだけではなく、反革命的な色彩に転化する。

米中接近の最大の布石は、台湾とヴェトナムの釣代えであった。

太平洋沿岸に、インド亜大陸に、世界革命戦線を構築する連衡策が急がれねばならない。琉球独立戦争がそのテコである。

こんにちは同志足立正生。

おいら、貴兄がパレスチナへむかった必然を、貴兄の戦略構想においても、貴兄の「芸」の本能からも理解しているつもりでいる。「プロパガンダの最良の形態は武装闘争であるというテーゼと、芸術の最高の形態は、したがって足立正生が行くべき地点は、そのテーゼが実現しているパレスチナの武装闘争であるというテーマとが、ぴたりと二枚重ねになっているのだ。ちがうかね。」(「市民社会・風景・国家権力」)そのことをもう一度述べておけばいいだろう。

こんにちは、唐十郎。

おいら、唐十郎が韓国をめざし、海峡を渡った必然も理解できるつもりだ。その理解が、密航でもなく、ハイジャックでもなく、紅テントの列島内流浪が税関から大手をふって出ていったというかたちをとっても、唐十郎は、朝鮮の河原者たる男寺党に出会い、金芝河に出会っている。「私は、この地に来て、出会うべくして出会った男がおります。この地における醜な遊民、つまり男寺党の馬に乗ってこの地の現実原則をしゃ断してしまおうとする一人の詩人でした。彼は背中に五賊の面を背負っており、五賊の悪のエネルギーをたくわえ、それを表現することによって、悪を逆投影しようとしているのです。」(『映画評論』一九七二年六月号)

おいら、唐十郎と足立正生の問題関心の相似を御両所の性理解の近似にも見ている。唐十郎における無限大にひろがる不滅のジャスミンが、彼の少女論の系譜に位置づけられるように、足立正生も、『ゆけゆけ二度目の処女』『噴出所願』『無間地獄』『性輪廻《セクサ・マグラ》』などの比較的新しい作品で、聖なる娼婦のイメージを淫乱性冷感症の女のうえにもとめつづけている。おいらのテーゼにしたがえば、性理解の似ているものの思想はそれぞれ似ているのであり、菅孝行やおいらもふくめて、足立、唐などは似ているのだと断言しておこう。すなわち、一様に助平であるが、あれでけっこうみもちがいいのだ。

視点を変えよう。金芝河は唐十郎に出会ったのか。断定はひかえるが、おいらの見るところ、金芝河が出会う日本の芝居は、菅孝行や佐藤信ではなく、唐十郎だったという気がする。

天佑俠と東学党の出会いの現代版に彼が自分を擬しているそのタームの右翼的色彩にめくらまされてはいけない。『少女と右翼』を検討したが、この小説は、黒竜倶楽部編『国士内田良平伝』（一九六七年、原書房）などに拠る正確な知識と、森川哲郎『血闘天佑俠』（一九五八年、南旺社）の筋運びなどをふまえて、唐十郎独自の幻想世界がつくられている。ことに、水売りの少女の水桶をひっくり返す説話。これは釜山の低地で唐十郎が体験したことがしたじきになっている。「コロニイに棲む毋殺蛇」で彼は書いている。「暗く陽当りの悪いこの家では子供の半分がクル病であり、老婆は結核。もっと陽当りの良いところに移ろうと思っているらしいが、なにしろ水を汲みあげてそれをブリキ缶に入れ、高台に売りに行く商いをしているものだから、なかなかこの地を離れがたい。」そして彼は考える。植民地文化が発展すればこの地の民家はみな水売りになって、人々は川底で水の夢を見るにちがいない、と。いいドキュメントだぜ。この経験が小説では内田良平に仮託され、唐十郎のような内田良平は、熱病を得て、九州筑前に帰る。象徴的であり、唐十郎らしいテーマは一貫している。

唐十郎は、〝おれはこれから玄洋社で行くよ〟と言わず、『水滸伝』で行くよ、といえばよかったのさ。とうに御承知のこととおもうが、おいらが「内田良平と杉山茂丸」（『朝日ジャーナル』一九七二年一月二八日号）でのべたことは、人蔘畑の女傑・高場乱《ただす》の門で学んできた内田良平らは、『水滸伝』と『三国志』を頭に入れており、水滸的な行動パターンを天佑俠に採用したこと、玄洋社が国権論への右旋回をしてからのちは、ことに内田良平の袁世凱への憎悪は、袁が憎けりや水滸まで憎い、辛亥革命の易姓革命への堕落とののしり、放火、殺人の水滸野郎とののしるにいたっていること、杉山茂丸の日本支配層にたいする『水滸伝』の採用のしかたが皇帝の招安をうけて上にむかって堕落した水滸伝の論理に拠っていること、などである。そして、朝鮮問題における、満州とのからみによる中国問題における、対露問題における、内田良平の革命から反革命へのジャンプも、おいらは分析しておいた。

唐十郎は星である。敵にわたすな。

水滸から発想して、現世の水滸をへめぐり、『椿説弓張月』ではないが、われわれもふたたび、みたび、琉球にいたる。あたかも魔のように梅内恒夫が登場する筋書きはできた。そのメフィストを夢野京太郎という。

未知の作家夢野京太郎の〔戦慄の予見小説〕「沖縄人民共和国誕生」（『週刊小説』一九七二年五月二六日号）ほど『水滸伝』の真実に近しいものはない。

琉球弧は高波におそわれる。天変地異である。

盗っ人が世にはびこる。すなわち離島から琉球本島下層にもぐりこんだモトシンカカランヌーであり、非行少年たちの簇生である。

「子年《にんてい》は天下大乱の年じゃ、五年も前からそう予言しとるが……東の方から厄がやってくる、それが日本《ヤマト》よ」と、占星術のテーマが提起される。

『水滸伝』前段の舞台は設定された。

国会前で琉球出身の青年・宮良徳一が焼身自殺する。これで伏魔殿のとびらがあけられたのだ。

そして各地から英雄豪傑が結集しはじめる。どうもこれから先、実名入りでテレくさいが、蝟集する好漢の面々、オオタ・リュウであり、タケナカ・ツトムであり、アダチ・マサオであり、ヒラオカ・マサアキであり、タキタ・オサムであり、シゲノブ・フサコであり、タナカ・ミツであり、ヌノカワ・テツロウであり、これらのカタカナ書き（外国人の証拠だ）の英雄と対になって、琉球の英雄豪傑が登場するのだ。

そして、ウメナイ・ツネオもまた登場する。夢野京太郎は一月後の『週刊小説』六月二十三日号「イスラエル空港襲撃事件」で語っている。

「君の手記を受けとったのは、『沖縄人民共和国誕生』を脱稿した翌々日の夜であったから、偶然の符合におれは呀ッ！　と息をのむ思いだった。」

さらに、夢野京太郎は、京太郎登場の第一作・特別情報小説「赤軍リンチ事件」（『週刊小説』一九七二年三月三一日号）を、最初に殺され、最後まで死体の出てこない粛清の第一号、魔界に、幽鬼として生きる梅内恒夫の口よせであるとして叙しているのだ。これに対して梅内恒夫は書いている。「もし彼ら（森恒夫―永田洋子派）と分かれなければ、夢野京太郎が『週刊小説』誌上で夢想した通り、いの一番に〝粛清〟されることになっただろう。」

この経緯はまるで名前だけが知られていて正体のわからぬ二人の人物、梅内恒夫と夢野京太郎の間に闇の回路があるようにさえみえる。

『琉球水滸伝』におけるウメナイ・ツネオは、冥府から味方を応援する張順——幸田露伴は李逵よりも張順を魅力的だとした——のような、閃光の瞬発力とともにあらわれる。コザのゲイトをつきやぶり、外地に突入する琉球人叛徒にまじって、すきとおるような日本語《ヤマトグチ》で、米兵の死体から銃をとれ、B52を焼け、と叫ぶものは、かならずウメナイ・ツネオでなければならない。このあたり、じつにうまくできた小説だ。

『水滸伝』の魅力は、アナーキスト黒旋風、快楽主義者花和尚、ニヒリスト武松の三キャラクターがたくみに描きわけられていることにある。面映ゆい話であるから、「琉球水滸伝」におけるヒラオカ・マサアキの役割を分析しよう（コワイモノミタサという論理である）。

ヒラオカ・マサアキの役まわりはニヒリスト武松である。天傷星の武松に比して、彼はいささかナルシストの面が強いが、武松もまた『水滸伝』第三十一回「張都監　血は鴛鴦の楼に濺《そそ》ぎ　武行者夜に蜈蚣の嶺を走る」においてはナルシストの一面もみせている。武松はこの第三十一回においていちばんすさまじく登場し、武松の張一族十九人皆殺しシーンとして名高い一節である。

みれば、机の上にあるのは酒に肉、武松、盃をとりあげて、ぐっとのみほし、つづけざまにのんだ三四杯、死体の身辺から、着物の上前を一きれはぎとりますと、それを血にひたし、白堊の壁に大きく衣した八文字は、

殺人者打虎武松也。

（吉川幸次郎訳、岩波文庫版）

人を殺す者は虎を殺す武松なり。この一シーンを、武田泰淳は「淫女プラス豪傑（水滸伝）と淫女プラス淮男（金瓶梅）の世界」で評している。

「この奇文は武松の宣言であり自己告白であり、私小説であった。フーッと長大息した咏嘆かも知れない。私は私以外の何者でもないという自己懺悔より、むしろ八字の何とピタリと身に着いていることとよ。」

景陽岡で虎を殴り殺し、潘金蓮を殺し、張一家を皆殺しにする武松の無神論的な猛進にここで一つのピリオドがうたれる。まさにそれは皆殺しであった。家僕、女中、こども、ことごとく武松の戒刀の一撃で死んだ。そのことを武田泰淳はふたたびみごとに分析している。

「洪水が家屋を流し、旱天が地を裂くような武松の絶対行動のまえにもろくも散ってしまう女中たちの命。あわれといえばあわれ、無ざんといえば無ざん。近代小説ならこのままではすまされぬ倫理判断や感情起伏がありそうである。しかし武松も、百八人の豪傑も、『水滸』の作者も、それにはふれない。ふれていられないのだ。これは金蓮も淫女たちも、『金瓶梅』の作者も武大——註・金蓮に謀殺される武松の兄——の苦悩を取上げない、取上げていられなかったのと好一対である。」

殺戮の部屋の白壁に、殺人者打虎武松也、の八文字の宣言の、かすかな自己陶酔を残して去る武松の虚無主義が、夢野京太郎「沖縄独立戦争」におけるヒラオカ・マサアキの上に揺曳していることを見ることができるのだ。彼はアダチ・マサオとつっこみながらうなずく。「(革命とは、力学の問題であるる……)うむ、また名文句を思いついたと、ヒラオカ・マサアキは一人でうなずいて(一人合点とも呼ぶ行為である)、人間ゴリラのアダチ・マサオに話しかけようとしたが、こっちのほうは興奮の極に達して、他人の言葉など耳に入らない。」

よく似ているよ、足立もおいらも二人とも。おいらなど、夢野京太郎によれば、左翼殺し文句のコピーライターがその本質と考えられているのだろうさ。

彼は非行少年グループを率いて、宜野湾の米軍将校ハウスを襲い、家族を人質にとる。かれらは黒人全家族をまず解放し、ついで子どもと婆さんたちを釈放したが、残った米将校の妻と娘とをことごとく強姦することになった。この時に夢野京太郎はヒラオカ・マサアキにこう述懐させ、やんぬるかなというぐあいに瞑目させた。

「……これでいいのだ、〝永久男根16〟の著者としてはだな、これでいいのだというより他にないのである」

ふむ、とても武松には及ばない。しかしここではヒラオカ・マサアキを弁護してやろう。彼が女たちを犯さなかったのは水滸の豪傑たちの資質に叶うものである。豪傑たちの多くは不犯であり、ことに李逵、魯智深、武松の三人の不犯は筋金入りである。それは『水滸伝』の組織はホモ原理によるのではないかと思わせるほどだ。この三人のなかで武松だけは平気で女を殺す。おいら武松のニヒリズムについて考える。女を殺す武松は女を殺して賊となった知識人宋江と一脈通じるのではないか、と。招安およびそれ以後の物語り展開で、李逵は宋江を批判し、花和尚は独自行動――すなわち天弧星である――をとるが、武松は戦闘で傷つき片腕の寺男として余生を送る。すなわち天傷星である。

だが、京太郎琉球水滸伝のここでの眼目は、琉球人民が米軍と戦うにあたって、将校の家族を人質にとるという発想である。その主力部隊がモトシンカカランヌーたちだという思想である。大いに正しい。

もう一例、快楽主義者・花和尚魯智深役のタケナカ・ツトムについて記そう。これをもっておいら、夢野京太郎は竹中労ではないと判断したのであるが――。

タケナカ・ツトムは、叛乱に数日先んじて、離島宮古の与那覇浜で、〝ウマ〟と生活し、神様になっている。彼は叛乱に間にあわない。辺境最深部の神々の生活にのめりこんでいる。そのタケナカ・ロウをコザの京都ホテルで、世界赤1軍の大将軍、オオタ・リュウが待っている。ちなみに記せばオオタ・リュウは梁山泊の大参謀・智多星呉用である。「(いまごろ、宮古島で……)と、神々の世界にのめりこんでしまった〝戦友〟の消息をオオタは思った。（あの男こそ、まっさきにこの光景を見なくてはならなかったのに）」

呉用は『水滸伝』の政治指導グループのなかで宋江に比してずっと魅力的な人物であって、金聖嘆も呉用を、上の上の人物と評した。いわく。

「定然として上の上の人物なり。彼が奸猾は便《すなわ》ち宋江と一般なるも、只是れ宋江に比《くらぶ》れば却て心地端正なり。宋江は是れ純《もっぱ》ら術数を用いて人を籠絡す。呉用は明明白白に羣力《ぐんりょく》を駆策す。軍師の体あり。呉用と宋江との差ある処は、只是呉用は明白に自家《みずから》は是れ智多星と説うことを肯んず。宋江は定《きっと》自家《みずから》は志誠質朴と説わん。」

ここで金聖嘆の各人物評を上の上の人物と下の下の人物にかぎって紹介しておこう。彼は水滸伝金聖嘆本（第五才子書）を編むにあたって、各人物に評注をくわえていた。

上の上の人物。李逵、魯智深、武松、林冲、呉用、花栄、阮小七、楊志、関勝。

下の下の人物。宋江、時遷の二名のみ。

頭領の宋江を、梁の上に鼠のようにひそんで盗み聴きをするこそ泥（『漢書』にいわく〝梁上の君子〟のイメージそのままの）鼓上蚤《こじょうそう》時遷と同列に扱うあたりに反権力主義者金聖嘆の面目がある。ただし、地賊星・鼓上蚤時遷を宋江みたいな、周恩来型の人物と並べられてはこまる。時遷は金聖嘆によって人物評を加えられたただ一人の地煞星であるが、彼のスパイ活動はなかなかのものである。

『水滸伝』の各登場人物を金聖嘆にならって論じるのは興味深いことであるが、ここでは、順序を遡って、オオタ・リュウ＝呉用、タケナカ・ツトム＝花和尚について素描しておく。琉球水滸伝で、十一月九日午前零時半、オオタ・リュウは消防署に電話をかける。

「もしもし、ああ、消防署ですか？　いま私の家の前で車が燃えているんですがね、え、消防車は出はらっている、自分で消せですって、ハイ結構！」

これは警察、消防署などの機構が、不良少年たちの騒乱でどの程度忙殺され、麻痺しているかを世界赤1軍参謀が探りだし、機はよしと判断したシーンである。


機はよし。エントゥシアスモスからエクスタシスへ、レット・イット・ビーからドウ・イットへ、このあたり竹中労の自然発生性における目的意識理論をかりて、夢野京太郎は群盗の義軍への転化を予測しているのである。

かくして星は街頭に出る。ウメナイ・ツネオはコザゲイトへ、タキタ・オサムは野底土南《ぬかどなん》とともに那覇で集会中の新左翼をコザ暴動をまきこむために、アダチ・マサオは爆弾を投げに、ヒラオカ・マサアキは米軍将校ハウジングへ。

モデル小説としてもうまいものだ。それぞれの役割も、やりそうなことを割りふられている。このことから、おいら、夢野京太郎は竹中労ではないかと疑った。この疑いは、彼が三船敏郎や天地真理をめぐる芸能小説を書いたときにいっそう強まったのであるが……。

ふつう、作家が自分自身を作中に登場させる時にはボケ役と相場がきまっている。宮古の神々の世界にのめりこんで、コザ反乱に間に合わなかったタケナカ・ツトムはボケ役のように見える。しかしよく読むとそうではない。彼の役割はだれよりもカッコよく、作家が自分自身をこれほどカッコよく扱うのはたえがたいものであるから、したがって夢野京太郎は竹中労ではない。はて、だれでしょう？　「芸能の論理」にあかるく、「きれぎれの批判」で、太田竜、松田政男、平岡の悪口はいうが、けっして竹中労と名ざして悪口をいわない吉本隆明じゃないでしょか？

宮古島でルポライター、タケナカ・ツトムは述懐する。

「野蛮なまでに透明な海原は、紺青の波を蹴立て、来間島はすぐ眼前にずっしりと、黒い島影を伏せていた。遠い水平線にふと唐船のまぼろしを見て、ルポライターは立ち昏んだ。（ああ、あの海のむこうには尖閣列島がある！）」

ルポライターが幻覚に立ち昏んでしまっては商売にならないが、よしということにしよう。彼は尖閣列島のかなたに大陸中国を幻視し、頭をめぐらせて、台湾を幻視している。唐船がくる。これは、琉球独立戦争続篇では、かならず、反乱せる琉球―台湾共和国に対し、招安は北京から、毛沢東からくることの暗示でなくて何だろう。

さらに花和尚魯智深役のタケナカ・ツトムの行動は次の一節にも独自である。

十一月十五日、コザ、那覇と同日に、離島宮古でも反乱が起っていた。神女を先頭とした老婆の一団が、東急観光宮古ホテルを焼きうちした。小説にいわく。

「なお、背後の煽動者と目される、本土のルポ・ライター、タケナカ・ロウ（四二）にも逮捕状が執行されたが行方不明、サバニで本島方面に逃走したものと、地元宮古署は推測している。」

このシーンは、タケナカ・ロウがかっこういいだけではなく、琉球革命戦争にとっても本質的なことである。離島をもって本島の権力を撃つこと、モトシンカカランヌーとして本島の下層に沈潜している離島出身者の蜂起と、離島の同時蜂起をもってすること、このことが大切である。これを『水滸伝』にひきつけていえば、タケナカ・ロウはますます、梁山泊の別塞に拠る花和尚魯智深―行者武松組の役割である。

『水滸伝』第五十八回「三山　義に聚《あつ》まって青州を打ち　衆虎　心を同じうして水泊に帰す」は、義軍が革命軍に転化しようとする寸前の物語である。

梁山泊党は、宋江、呉用を陣頭に、敗走する官軍を追って青州に進撃する。すでに梁山泊は根拠地に拠って守備をするだけではなく、砦門をひらいて打って出るところまで成長している。この青州戦で、梁山泊党は、次にのべる反乱者たちの加勢を得て、大同団結にむかおうとするのである。

二龍山宝琳寺にたてこもる賊、花和尚、武松、青面獣楊志たち。

桃花山の李忠、周通たち。

白虎山の孔明、孔亮たち。

この三山が、花和尚のひきいる別塞であり、この三山が梁山泊に合流し、さらに九紋龍史進、神機軍師朱武、跳澗虎陣達、白花蛇楊春のたてこもる少華山の軍をくわえる。

梁山泊と別山塞の関係は、琉球本島と離島との関係に対応する。

魯智深、武松、楊志、史進など、それぞれの活躍する物語をもち、魅力的な天罡星たちが梁山泊本隊と合流するのが第五十八回だということは、水滸伝成立の時代背景としての窮民反乱、辺境反乱の激増を暗示して興味深いが、そのことだけではなく、このなかに、梁山泊諸豪傑中、花和尚魯智深のしめる特異な位置をもしめしている。

花和尚の「花」とは刺青のことである。いれずみ和尚、これだけで彼が無頼の徒であることの察しもつこう。

魯智深は次の諸点で特異なキャラクターである。

第一に、その別行動において、
第二に、その禅的イメージにおいて。

第三に、異族を原型とするそのイメージの成立過程において。

これらのことを小川環樹は『中国小説史の研究』（岩波書店）所収「魯智深とその類例」で詳しく考証している。それによると、魯智深型の悪僧は、元曲「昊天塔《こうてんとう》」に脇役として登場する莽《むほうな》和尚、「西廂記」の傍役たる恵明《えみょう》、そしてそれよりも古い「諸宮調西廂記」の法聡らがそれであり、これらの脇役たる悪坊主の登場は十二世紀ころまでさかのぼれるといわれる。

法聡についてはこんな記述が「暖紅室本二八葉（西廂記）」に残されている。

「もと陝右（すなわちいまの陝西）の蕃部の後《すえ》であり、少《わか》きより弓剣を好み、遊猟を喜び、つねにひそかに蕃国に入って盗掠を事とし、武にして勇あり。」

なるほど、魯智深も遠くは異族から発想されていたのであるか。おいらのみるところ、『水滸伝』には異族とおもわれる何人かの人物が登場する。天罡星では李逵、猟師上りの解珍、解宝兄弟。職人、医者などの、非軍人の多い地煞星では、李逵の副将鮑旭、ペルシャ系の獣医皇甫端、忍びの段景住などは異族ではないかと考えられる。『水滸伝』には辺境反乱の影もそのように濃いのである。

花和尚の別行動については小川環樹はこう書いている。長い引用になるが——

「百八人の豪傑は、その出身はまちまちであり、その大半は帰順後の方臘征伐の戦後において戦死をとげ、〝あわれむべし、すべて南柯の一夢となれり〟というような一二句でかたづけられているのが多いなかで、ひとり魯智深は、賊軍の首領の方臘をとらえて大功を立てながら、主将の宋江が〝このいさおしを朝廷に奏聞するから、還俗して仕官し、妻をもめとり、祖先の名をあげるようにしてはどうか〟とすすめるのに、〝いや役人にはなりたくない、どこかに安心立命の地をえさえすればよい〟と答え、それなら都の大寺の住持になってはというのも断ってしまう。そして凱戦のとちゅう杭州城外の六和寺にとまった夜、銭塘江の上げ潮のすさまじい音をきいて、忽然悟るところがあり、沐浴し椅子によって坐化するという大往生をとげる。かくてかれは他の豪傑とは異った一生の終え方をするのであるが、その死は宋江ら生残りの豪傑たちが一たび光栄に包まれて帰京しながら、まもなく奸臣の毒手にかかって悲惨な最後をとげる直前に語られていることによって、人間の運命について何か考えさせるものを含んでいる。」

魯智深の独自性について小川環樹は言う。

「……水滸伝の作者が禅宗の素養をどれほど有していたかは疑問であるが、少くとも魯智深往生の一段においては、禅宗の祖師たちにまつわる神秘的な伝説の影響を認めるべきであろう。」

さて、宋江、魯智深出会いの第五十八回にもどろう。

この時まで、両者が出会っていないということが『水滸伝』の大きさであり、しかも、花和尚が五台山で大暴れして追放される際に、恩師智真長老——彼は花和尚の禀質を見ぬき、自分の名からこの生臭坊主に「智」を授けたほどであって、花和尚はこの恩師に頭があがらない——が与えた四句の偈《げ》に、魯智深と宋江の出会いが予告されているのである。すなわち——

林に遇うて起り
山に遇うて富み
水に遇うて興り
江に遇うて止まらむ

ここには魯智深の、招安以前の前半生が予言されており、そうなった。林は林冲。二人は義盟を交わした。山は二龍山。ここに山賊の別塞をかまえて彼は富んだ。水は水滸の梁山泊。江は宋江である。そして、魯智深と宋江とを第五十八回でひきあわせたものが武松と青面獣楊志であった。

それだけではない。第九十回、征遼の役に戦勝した宋江と魯智深は五台山に智真長老を訪ね、花和尚はここで自分の後半生を予告する四句の偈をふたたびもらうのである。すなわち——

夏に逢って擒《とりこ》にし
臘に遇って執《とら》え
潮を聴いて円し
信を見て寂す

この予告はふたたび適中する。第百十九回の花和尚大往生のシーンで、魯智深自身は述懐する。

……夏に逢って擒《とりこ》にし
というのは、わたしが万松林でたたかって夏侯成をいけどりにしたことだし
臘に遇って執《とら》え
というのは、わたしが方臘をとりこにしたことだ。そしてきょうは、
潮を聴いて円し
信を見て寂す

というのにぴったりとあう。してみると、こうして潮信に逢ったからには、まさに円寂しなければならぬことになるが、和尚さんがた、円寂というのはいったいどういうことでしょうか。

円寂とは死ぬことだと告げられて、智深、ああそうか、ではいまがおれの死ぬ時だからと椅子をとりだして座禅し、一句を残して死んじまう。

平生善果を修めず
只人を殺し火を放つを愛す
忽地《たちまち》にして金縄を頓開し
這裏《ここ》に玉鎖を扯《ひ》き断つ
咦《い》（おお）銭塘江上潮信来る
今日方《まさ》に知る我は是れ我なるを

（駒田信二訳）

おいら、魯智深大往生の偈の本文を見たわけではないが、その訳文に異種がある。小川環樹、駒田信二は同意の読み下し文であるが、「忽地にして金縄を頓開し、這裏に玉鎖を扯き断つ」という二句の解釈が、金聖嘆本を土台にした新中国定本をテキストとした村上知行訳『水滸伝』（一九五六年、修道社）ではこうなっている。

世のよきことは修め得で、

とかくは火つけ、人ごろし。
まよいはとけぬ、
夢さめぬ、浮き世のほだし、すでになし。
銭塘江の潮信《みちしお》に、
我はいま、まことの「我」を知る。

この意訳はちがうのではないか。悟達して死んでゆく日本型の悪役に魯智深がひきつけられてしまう。施耐庵・羅貫中本第七十五回、阮小七と黒旋風が怒って、招安にきた使者をさんざんにやっつける段のタイトルは「活閻羅　船を倒にして御酒を偸み　黒旋風　詔《みことのり》を扯《ひきさ》いて欽差《きんさ》を罵る」であり、魯智深の「金縄を頓開し、玉鎖を祉き断つ」も、皇帝も招安も知らねえよ、おれは殺人放火のいれずみ知尚さ、そんなおれはおれで満足して死んでいくんだぜ、といったニュアンスにうけとれるのである。後悔なぞはしちゃいない。

彼こそは天弧星なのだ。組織の人《オーガニゼーション・マン》とは類を異にする。このような彼の伝が八句でしめされるところが『水滸伝』のすごいところである。くりかえしてのべよう。

林に遇うて起り
山に遇うて富み
水に遇うて興り
江に遇うて止まらむ

夏に逢って擒にし
臘に遇って執え
潮を聴いて円し
信を見て寂す

花和尚魯智深の伝はそのように一貫したテーマをなし、かつ、招安以前と招安以後とで一ユニットをなしている。したがって、『水滸伝』は七十回で切ってしまってはうまくないのだ。村上知行が底本とした「新中国定本」は、金聖嘆本を基礎に、招安以後の物語を短かく要約してつけくわえたものである。ところで、以上のことから、花和尚を登場させたとたん、彼は物語の最後までみとどけねばならないのである。

　おいら、ここで、別立てのテーマを提出してみたくなった。魯智深は水滸党最大の知識人になりえたのではないか、ということである。

　彼は第九十回までは文盲であった。「夏に逢って擒にし、臘に遇って執る……」云々の偈を彼が第九十回で読むシーンで、駒田信二は注して「魯智深はもともと字が読めなかったのだが、この回以後では読めることになっている」と書き、小川環樹は「平生善果を修せず、ただ殺人と放火を愛す云々」の魯智深の頌《じゅ》を「この無学な荒法師には似つかわしくない」と書き、いずれも『水滸伝』の細かな結構の破れを指摘している。ただし、小川環樹は、禅の「不立文字」という考えから、魯智深の生きざまを無智蒙昧なものとはみなさなくてもよろしい旨発言しているが、ここでは、魯智深はしだいに文字が読めるようになったのだと考えておいてもいいだろう。

李逵もまた文盲である。

武松は、殺人者打虎武松也の奇妙な八文字——中国語を知らぬおいらにも奇怪な文とうつる——を残しているから、文盲ではない。

おいらは夢見る。李逵、魯智深、武松系の豪傑が、ことに魯智深において、知識人として成長することができたならば、あのいやな宋江に梁山泊のリーダーシップをわたさずにすみ『水滸伝』もまた変容することができたにちがいない、と。

花和尚魯智深の変貌、この問題は恣意的に樹てられるだけではすまない。『水滸伝』作者の階級性にかかわる問題であり、したがって、われわれの『水滸伝』は、革命的な人間が『水滸伝』のヴァリエーションをもう一度かき直さねばならないという問題に直結する。その劇中に李逵をインテリ化させた同志菅孝行にも聴いてもらいたい。

小川環樹は、「『水滸伝』の作者について」という論文の注で、金聖嘆を増補した『王望如評論出像水滸伝』という書物の存在をつたえ、王望如が百八人の豪傑の出身階級を次のように分析していることを伝えている。

諸生3、世裔1、平民23、道士1、医師2、胥役《しょえき》12、寇盗44、官弁22。「官弁は正式の官吏、胥役は下級官吏または下役であるが、これに世裔《せいえい》(帝王の末孫)、医師などを加えた四十人あまりが、わたしのいう第一の群に属し、平民、寇盗など六十数人が第二の群になるといってよい。」(小川環樹)

この指摘は『水滸伝』内部の階級対立を意味して興味深いものである。

小川環樹は第一の群を招安派と呼び、第二の群を造反派と呼んだ。「造反」という語が古くから使われていたことを、おいら、はじめて知った。そして『水滸伝』の作者は、第一の群、ことに胥吏階級出身のものだったろうと考証される。胥吏とは、官吏として最下層のものであり、文官試験（科挙）に合格していないものである。そして百八人の豪傑のなかには、科挙を通ったものは一人もいないのだ。「宋江らが、しだいに強大になり、いかなる討伐軍をもおそれないほどの力をもつものとなっても、謀反の一歩手まえで自制し、忍耐づよく招安をまつ心理は、無智な民衆、庶民のものではなく、支配者たる士大夫階級のものである。それは、この小説が民衆のあいだで成長はしたが、その真の完成には、やはり伝統的な教養ある士大夫の一員（あるいはそれに奉仕するもの）の手をかりねばならなかったことを示しているのではないかとおもう。」

おいらすでに水滸党百八つの英雄豪傑内部の階級性を論じた。以下ざっとその諸相を。

軍人たちが職人たちの上位に立つ。これは主として天罡星と地煞星の間の――「主として」であって、天罡、地煞の別は機能におけるヒエラルキーではない――一線である。

政治家たちが軍人の上位にたつ。宋江、盧俊義、呉用、公孫勝たちが政治家であり、招安派である。

軍人たちのうち、騎馬隊の将軍が歩兵隊の将軍の上位に立つ。

そして、百八人の英雄豪傑の各隊に配置される兵卒たちの物語がない。それはただの員数であり、質的にゼロである。それは武松に虫のように殺されていった女中たちが作中に主格をもたないことにもひとしい。しかしかれらは、無数の逃散農民であり、ごろつきであり、捕虜であり、かれらのうちに農民叛乱、辺境反乱が通底されていなければならぬはずであるが、『水滸伝』の結構じたいのうちには、かれらの存在をもって『水滸伝』を書き直す可能性がない。ただし一例だけ例外がある。施耐庵・羅貫中本第八十三回「宋公明　詔《みことのり》を奉じて大遼を破り　陳橋駅に涙を滴《た》れた小卒を斬る」がこれだ。ここで宋江に斬られる小卒が登場する。名前はない。諸葛孔明に泣いて斬られた馬謖《ばしょく》は馬謖という名をもっていたが、彼には名前もない。梁山泊軍が、自分たちの山塞を焼き払い、官兵として最初の出動をする征遼戦にあたり、皇帝から宋江の軍をねぎらうべく下賜された酒と肉を、役人がピンハネした。それを怒った楯の兵の一人が、この小役人を斬り殺してしまうのである。兵、いわく。「おれは梁山泊にいたとき、きさまなんかよりもずっとましな好漢を、何千何万殺したかわからぬほどだ。きさまのような泥棒役人なんか糞でもないわ」（駒田信二訳）。兵の心情は黒旋風李逵とひとしい。この兵を宋江は斬る。理由はこうだ。「わたしは梁山泊にのぼってよりこのかた、いかなる兄弟をも、ひとりも殺したことはないが、いまや朝廷に仕える身として、わたしの思いのままにできることは一寸もないのだ。おまえが気概をうしなわずにいることはさることながら、以前のような気性を出してはいけなかったのだ」いやなセリフを吐いたじゃないか！　党のセリフ、組織指導者のセリフは宋の時代にも今とかわらなくあったのだ。宋江はこうして、自分を成敗してくれと頭をたれる小卒に、存分に酒をのませ、樹下に首をくくらせたのち、これを斬った。

このシーンが、招安をうけ、天兵になりさがり、辺境に反乱する異民族遼（史実では遼はすでに大帝国であるが）を征伐しにいく梁山泊党のうえにはじめて成立したということが象徴的である。われわれはこのシーンで、名前も、伝記も、その活躍の記録も残されず、百八人の星に従って戦った数十万の兵士たちの心情が、李逵に通じる造反派のものであることを知る。李逵は、太田竜の指摘するように、たんに、彼もまた辺境反乱と同盟できず、中華思想を脱却する方法を知らず、それゆえに宋江の掌のなかで踊ったのだというだけではなく、李逵は卒後の雑兵を組織する方法も知らなかったのである。

『水滸伝』は、この示唆的な一シーンをのぞいて、梁山泊軍の「雑兵」たちについて無関心である。それは「差別」とか位づけのちがいといったもの以上に、区別であり、無視であり、員数外である。

ただし、百八つの星たるものとそうではないものの「差別」はそのように確然とし、天罡星と地煞星の位《くらい》づけも明瞭であり、そのように星という超越的な領域における位階秩序のみが整然としているのであって、政治家が軍人の上に立ち、騎馬隊の猛将が歩兵隊の猛将の上位に立つという構図は、ドラマのなかから、ダイナミックに発生してくるという性格に注意する必要がある。

群盗が義軍に転化する時の義の形成において、政治家たちが梁山泊のリーダーシップをにぎるのだ。義軍と官軍との正規戦において、騎馬隊が歩兵隊の上位に立つ。騎馬隊の優位。これは、もう一つの因として、辺境の兵士の不満を胡馬にのせて長駆首都をおとしいれた安禄山のクーデタいらいの、騎馬の民による火傷も『水滸伝』の作者にあるはずだ。

この間、水軍は独自の活動をなし、戦闘の補給線をも荷うというありかたにおいても、騎馬と歩兵の位づけの成立に無縁であって、水軍の将、混江龍李俊は太湖で小結義をなし、のち、陳忱《ちんたん》の『水滸後伝』の主人公として主たる役割を演じる。彼は天寿星である。(うまくできてるよ。)

騎兵、歩兵、水軍の他に、偵察、情報収集、潜入、暗殺、スパイ、後方攪乱を行なう特殊部隊はその存在が、歩兵隊長の李逵や燕青、梁山泊近くに茶店を張り訪ずれる人物の動静をうかがう茶店の主人たる朱貴や孫二娘がその他もかねるというぐあいに未分化のゆえに、またはそれらの任務が犯罪一般とも未分化のゆえに、特殊部隊と他の部隊とのヒエラルキーの確定、特殊部内の階級分隊化にいたらない。おいらの見込みではこの部隊の長は一日八百里を往復する神行太保戴宗であり、彼は生残り、陳忱の『水滸後伝』でも戴宗は李俊と組んで大活躍をするのであるが、『水滸伝』の段階では特務部隊の存在はまだ混沌としている。ちなみに記せば、時とともに戴宗の株は上り、同志竹中労は汎アジア革命の戴宗の位置に立候補するにいたった。

すなわちこうだ。『水滸伝』の階級性は、『水滸伝』作者の階級性の投影のみではなく、『水滸伝』のドラマツルギーによる水滸党内部の階級形成として把握しなければならないこと、これだ。われわれの『水滸伝』の書き直しに、早大露文科中退のおいらなど絶妙の「胥吏」の位置にいるとおもうが、いかが？　だめ？　ああ、そう。

『水滸伝』、群盗の義軍への転化のステージで、ドロップアウトし、魔界転生をとげた下級知識人の介在というだけではなく、造反派たち、すなわち李逵、武松、魯智深たちの歩兵隊の猛将、李俊らの水軍、戴宗らの特殊部隊の兵法者たちがみずから大義を形成する物語がかかれるべきである。どうせ矮小化されて理解されるにきまっているが、おいら、言っちまおう。魯智深のインテリ化をはかれ、と。

一九七二年七月三十一日、おいらは、『水滸伝』には、政治家が軍人の上位に立つという構図は、星の宿命として、先験的に、超越的に予定されていたのではないという一点を手離さずにおく。この日は、林彪の死亡が中国要人によって確認されてから三日後、陳伯達の失脚が報じられた当日だ。この日までに、林彪失脚の原因がこんなふうに並べたてられている。

第一に、反毛クーデタをくわだてた。

第二に、政府要路に反毛クーデタのための部隊を送りこみ、極左盲動主義をマルクス・レーニン主義の断片でおおいかくした。

第三に、対米強硬路線を唱え、対ソ緩和をはかり、ひそかにソヴェート・ロシアと通じていた。

第四に、マルクス、レーニン、毛沢東の全体的な思想をきりきざみ、断片化した。（読者諸君、今すぐ町へ行って毛語録を買っておいた方がいいよ。そのうち、毛語録は林彪のつぎはぎ細工だという理由によって回収されるから。）

第五に、軍部独裁を画策した。

それらの理由によって、彼はペテン師であり、こと露見に及んだのち、ソ連に逃げ出そうとしてモンゴルで飛行機がおっこちた云々。

ナンセンス！

林彪万歳！　おいら、まるで夢野京太郎のように夢想する。モンゴルの空を墜ちながら林彪がなにを考えたかを。

文革の最突出は上海コンミューンである。人口千二百万人の世界最大の都市、上海が根底から爆発すれば、すでに北京のコントロールは効かない。上海コンミューンの圧殺後、林彪は、中国の革命は辺境にはじまるという真理にしたがい、目を北に向けたのではなかったか。彼はモンゴル人民共和国経由でソヴェートに逃げようとしたのではない。韃靼と中華の境い目に、中華帝国をひっくりかえす辺境が存在しているのではないか。林彪はその地点に後退しようとして殺されたのではないか。

おいら人民共和国成立後の中国を論じていない。一九六四年、日本のトロツキストの中国革命論にいやきがさしたからだ。中国が硬派スターリン主義国家であるかどうか、といった議論をする資格が日本人左翼にはないことを、すこし経験的に、すこし伝聞的に、その当時からおいらは知っていた。伝聞的、経験的にということは、兵隊帰りの知人から八路軍の強さを聴いていたからであり、日本軍の中国での蛮行を当時もすこしは知っていたからだ。中国が硬派スターリン主義国家であるかどうかを論じる前に、もっと大事なことを忘れてやしませんか、ということだった。最底限、日中戦争の総括くらい自分の頭にできていないうちは現代中国についての発言は遠慮すること、おいらは自分なりのこの準則を守った。辛亥革命と玄洋社系の大陸浪人の関係。これについては「あねさん待ちまちルサンチマン」でいくらか展開している。皇軍の大陸侵略、三光作戦、そして日本での中国人俘虜反乱の総括。これについても、おいらたち（朝倉喬司ら調査グループ）はいくらか詳しく調査報告した。おいらには、日本、中国、朝鮮をめぐる、近代日本の帝国主義の宿命的な関係を総括することの方が、中国社会の評価や、現代世界における中国の革命戦略上の位置づけやらに先行しなければならないと考え、そのように行動した。（ズバリと、三極構造の成立にむかいつつある中国の位置を予言し、批判した文献を読まれるならば、なによりも太田竜「中国——革命と反革命」（『辺境最深部に向って退却せよ！』所収）を読まれることを。日中戦争における日本軍の蛮行については、『星火燎原』四—五巻、本多勝一『中国の旅』、平岡『日本人は中国で何をしたか』などを参照のこと。在日中国人俘虜問題については、雑誌『潮』（一九七二年五月号）の特集と、平岡「一九四五年・在日中国人俘虜の反乱」（『日本の将来』四号）を見よ。）

まず隗《かい》より始めよ、だ。おいらの場合には安禄山からはじめる。

おいら、安禄山の乱が中国の知識人たちにあたえた衝撃の強さをいくつかの古典によってたしかめている。杜甫の詩や白居易「長恨歌」にその衝撃の深さをうかがい知ることができるし、また、奇妙なことにこれは中国—日本とつらなる回路であるが、夢野久作『ドグラ・マグラ』も、約千二百年前の安禄山の乱を起点とする。小説であるこれらについては詳論を避ける。

『三国志』と『水滸伝』にも、八世紀の安史の乱で受けた中国文人の衝撃が残っているように見える。『三国志』は表題通り漢の大帝国の崩壊後、鼎立した三世紀の魏、蜀、呉、三国の物語であり、『水滸伝』は徽宗皇帝時代の十二世紀の北宋を背景とする作品である。それぞれ背景をなす時代は異るが、いずれも、元の時代にはその原型ができあがっていた小説であって、その時点で、安禄山の乱と、異族・元の征服下（おお、わが愛するジンギスカンだ）の中国という衝撃が両作品には二重うつしになっている。また『水滸伝』においては遼の存在が、『水滸後伝』においては金の存在がそのことを暗示している。

陳忱『水滸後伝』にいたると（国際）政治小説としての性質はいっそう明瞭になる。骨組だけつかんで投げだしておこう。宋、遼、そして北方に新興の金国の三国が鼎立したというのが小説の背景。

この背景は第十三回「海船　翻《くつがえ》りて天涯の知己に遇い　良方を換えて相府の佳人に薬す」にたくみに説明されている。陳忱の時代の地理概念としても興味深い箇所だ。

この回で、高麗王を薬治した帰り難船し、シャム国に流れついた神医安道全と、シャム王となった混江龍李俊が出会う。両者の会話で、朝鮮の王が説いたこととして、国際情勢が語られるのである。

安道全はいう。

「……そこへまた、童貫は趙良嗣（実在の人物）の策を用い、大金国と通じて遼国を挟撃し、幽燕十二州の回復を図って、不日、兵を動かすだろうとのうわさです。」

李俊はいう。

「遼国は、われわれが征服したあと（宋江軍の征遼をさす）、兄弟国の約をとりかわし、たがいに天下泰平であるものを、なんで遠くと交わり近きを攻めて、禍の端をひらくようなことをするのであろう。」

安道全はうなづく。

「その点、高麗王は、末を見とおす見識をおもちだった。王は、わたしに言った。大宋と遼とは百年の好を通じ唇歯相依るのなか、いまさら国の計をあらため、虎を養ってみずから護るごとき策をとるべきではない、足下、帰朝のうえは、陛下をおいさめ申しなさい、とね……。」

宋は遠交近攻の策をとり、遼を滅亡させたが、金に敗北し、徽宗皇帝は「北狩」、すなわち金にとらえられて塞北に幽閉されるにいたる。これ以後、南宋の時代に入る。金はまた、韃靼の蒼き狼、モンゴルに亡ぼされ、南宋もまた勇将岳飛の奮戦むなしく、元に滅亡させられる。

李俊のシャム建国はあたかも中華が朔風におされた時点で南海に成立したかのように見える。そしていまひとつ、国際政治上の第二旋律があるのだ。東シナ海の嵐である。高麗王についてはすでに見た。それだけではなく、日本もシャムに進攻し、李俊ら水滸伝の人々と戦うのである。第三十五回(『水滸後伝』は全四十回)「日本国　兵を借して釁《ひま》を生じ　青霓島　乱を煽りて師を興す」がそれである。日本軍は公孫勝の術で、「関白」以下全員が凍死するが、ここにこんな記述がある。

「関白・倭兵は、いずれも枕をならべて死んでおり、生きている者は一人もいない。数千本のすばらしい日本刀をぶんどったことです。」

ここに「関白」と「数千本のすばらしい日本刀」という語が出てくる。このことから、陳忱は、倭寇――その多くは福建の中国人であり、倭寇すなわちすべてが日本の海賊ではないというのが歴史の知識である――ではなく、日本の正規軍との戦争に関するなんらかの知識を有していたと考えられる。それはシャムの山田長政かも知れないし、秀吉(「関白」である)の朝鮮の役だったかも知れない。清初の文人陳忱はそうした知識をもっていたのだろう。

李俊のシャム国建国について、この小説に関する諸説、諸評価がある。

その一つは、熊基徳の、金軍や統治階級の圧迫をのがれて海外に渡るというのは現実逃避であり、陳忱は明末におこった農民闘争の強靭さを認識していなかったとする意見。逃避説である。またこうも考えられる。戦いやぶれた「中華思想」が化外の地にのがれ、原住民を征服し、君臨する説話であると。自分で言いだし、自分で否定するのもおかしいが、おいらはそうは考えない。この退却は肯定される、ことに、太平天国につらなる天地会の劉永福が、太平天国の敗北後なお越南に渡り、フランスと戦い、さらに台湾に渡って日本の樺島資紀大将の軍と戦ったことによって。

明治時代、劇評論家依田学海は、馬琴の『椿説弓張月』は『水滸後伝』に依るものとの説を立てた。この説は実証されている。

『水滸後伝』（平凡社東洋文庫版）の訳者鳥居久靖は、李俊のシャム国建国には、鄭成功の台湾建国が重ねあわされている可能性があると立説している。明末清初の情勢から推してありうることだ。

これらの問題をおしなべて、おいら、陳忱『水滸後伝』を高く評価する理由は、なによりも、陸の、北方蛮族の暴力と呼応するかたちで、東シナ海を舞台とする海賊たち、広義の「倭寇」すなわち日本の海賊、朝鮮の三別抄（済州島に拠り、元の朝鮮支配と元に屈服した朝鮮買弁王朝に徹底抗戦した海の男たち）、そして中国の青幇《チンパン》たち、海の蛮族の物語を萌芽しているからである。それは、陳忱の筆がかならずしも成功しているとは言わないが、シャム一国、台湾一国の建国よりもひろびろとひろがるテーマなのだ。さて、陸だ。

『三国志』にあっては、作中に揺曳する安史の乱の衝撃の余波は複雑である。小説『三国志』においても、漢帝国の滅亡から三国時代への移行にあたって、群盗が世に充つることが重要な与件となっている。すなわち「黄巾の賊」の乱である。それを鎮圧するものが、曹操であり、劉備である。話変って宮廷へ。黄巾の賊がおこるような原因はなにか。霊帝のまわりの宦官どもが悪いからだ。こいつらを皆殺しにして帝国をさっぱりさせよう。このクーデタの立案者が何進《かしん》という男で、辺境の守備隊長を宮中に招きいれて宦官を殺すというのがそのプランである。辺境守備隊長の将軍たちが到着する前に何進は殺されたが、このプランは、守備隊長の連合軍によって実現された。それは成功した。しかしそのとたん、漢の大帝国の官僚制の中枢であった宦官どもを一掃することによって、官僚制の柱がひっこぬかれ、漢帝国が崩壊する。そして宦官を殺した将軍たちの天下取りへゲモニー争いのうちに三国時代が形成されていく。

ここには、辺境の守備隊長が長駆して一挙に中央権力をくつがえしたクーデタのかたちに、安禄山の乱が、遠い昔の漢の崩壊に重ねあわされているのだとおいらは見た。

漁陽の鞞鼓《へいこ》　地を動《どよ》もして来たり　驚かし破る　霓裳羽衣《げいしょううい》の曲

（白居易『長恨歌』）

七五五年の十一月、安禄山、北京附近の根拠地漁陽に反乱をおこし、翌七五六年の六月には、大唐帝国の首都長安も危機におちいり、玄宗皇帝は四川省成都に逃げだした。

玄宗皇帝四十五年の治世は、開元の治といわれ、唐の国威の最盛時であり、李白、杜甫を生んで花咲ける時代であった。「霓裳羽衣の曲」、この曲をおいら聴いたことがある。玄宗が楊貴妃との婚礼を祝って、彼女の霓（虹）のスカート、羽根の上衣を見て即興したとも、あるいは玄宗が月の世界に遊んで仙人の曲から採ったとも伝えられる。この曲は現存する。ロマンの世界に軍太鼓（鞞鼓）がとどろいてくるのだった。この最盛時の唐帝国が安禄山の一撃でたたかれるということは、中国の士大夫のだれもが想像していなかったにちがいない。

安禄山はペルシャ系（色目人）あるいは回教徒化された突厥系の外国人（胡人）で、アレキサンダーの漢音読みではないかといわれている。唐が世界帝国であったゆえんである。彼は玄宗の信任があつく、楊貴妃の養子にもなった。武将としてもすぐれ、七四五年には辺境の守備隊長として契丹を討ち、ますます玄宗の信を得ている。

古代ローマの軍制が市民皆兵から傭兵制度に移行して帝国の瓦壊を招来したように、中国も唐の時代、七二二年に、国民皆兵の制が失われ——と表現するのは石原莞爾である、歴史書ではこれは「府兵制の崩壊と傭兵制度の成立」と表現されている——、失われたとたんに傭兵隊長安禄山の乱が起っている。きわめてはやい。

安禄山自身も玄宗に信義をかんじ、玄宗の在位中は蜂起をさしひかえるつもりだったとつたえられる。しかし彼にあたえられた広大な自治権のため、河北があたかも独立王国の観を呈し、ためにここに多くの不満分子、反乱者たちが蝟集することとなった。反乱軍は十一月、北の根拠地を進発し、一路南下し、わずか半年で河南を席捲し、東の都洛陽をおとし、首都長安にせまる。これもきわめてはやい。

玄宗の逸楽と楊一族の権門ぶりに民衆の不満が蓄積されていたとしても、最盛時の世界帝国が半年でもろくも首都に迫られるというこの崩壊のはやさを、おいらはこう考える。

第一に国民皆兵の制が破れ、奸人不当兵の風が中国社会にひろがり、軍事力はすべて傭兵たちに集中されていたこと。

第二に安禄山の契丹征伐が七四五年、クーデタが七五五年という十年の時間の幅である。もともと騎馬民族の出身であった安禄山は、騎馬民族契丹との戦闘でますます戦闘における馬の必要を痛感したのだろう。おせん泣かすな、馬肥やせ、だ。

第三に竹中労の指摘では、辺境に封ぜられた中国人兵士たちの、都では歓楽、自分たちは辺境の凍土での戦闘にいやけがさし、帰心矢の如しの心情を安禄山がたくみに組織しただろうこと。

これらの条件において「中華思想」は一大痛撃をくらうのだ。古来、秦漢帝国が成立してから、支那の敵は長城の外にいた。敵は騎馬の野蛮人であった。漢民族は長城によってその侵入を防ぎ、野蛮人どうしを戦わせて自滅をまてばよかった。そして漢民族はおごりたかぶった。長城の内側に色目人安禄山を傭兵隊長として配置し、長城の外側の異族とたたかわせた。色目人アレキサンダーはよくたたかい、契丹の脅威を遠ざけた。長安の宴は永遠につづくようにみえた。その時とつぜん、安禄山は馬を養い、矢のような兵士の帰心を長城にぶつけてクッションボールとし、反乱が長城の内側からおきた。これは漢民族がそれまで知らなかったクーデタの形態だったのだ。

中国における辺境反乱のイメージの端緒をわれわれは安禄山に見出す。

しかし安禄山の乱の終熄もまた唐の世界帝国としてのありかたのうちに胚芽する。

玄宗と安禄山の勝負は、それぞれの息子によってつけられる。

安禄山は洛陽に入城するとともに、国号を大燕となのり、みずから皇帝と称したが、息子の安慶緒に殺された。玄宗は長安脱出とともに帝位を息子にゆずり、新帝（粛宗）は七五七年に長安を回復した。粛宗の政策は、遠交近攻策であって、南方に退却した父玄宗と異り、彼は昼夜兼行で北方の国境地帯におもむき、ウイグル族と結んで援兵を乞うた。そして、ウイグルと漢族の夾撃によって安禄山の軍を破ったのである。すなわち、アレキサンダーのラグ・タイムは、唐土の辺境に起って激烈に勝利し、激烈に敗北した。林彪もまたしかりである。

おいら武松を論じ、魯智深を論じた。李逵を素描しよう。天殺星李逵に関する太田竜、竹中労、おいらは、徹底的に、多岐に、何回も論じた。したがってここではこれまで提出しなかった論点、李逵の人脈について報じる。

虚無主義者武松。

快楽主義者魯智深。

無政府主義者李逵。

花和尚は武松を介して宋江にめぐりあう。この人脈形成は同時に『水滸伝』の悠々たるドラマツルギーでもあった。

李逵は宋江に直結する。宋江（招安派）に対する最大のアンチテーゼが李逵であるが、人脈的には両者は直結している。

これが夢野京太郎琉球水滸伝に、いまだ李逵役の豪傑革命家が登場していない理由である。われわれは宋江が嫌いなのだ。しかし宋江が登場すれば李逵が、その逆も、登場せざるをえない。同時に、天殺星黒旋風李逵こそは、すなわち、殺人が天に仕える道であるタイプの星が、日本の風土、民心からはうまれるはずがない。現在、李逵を登場させるためには汎アジアの磁場がなければならない。

李逵は、李逵を叩頭させるものと、李逵とたたかったものとの二色において、李逵の人脈を『水滸伝』のなかに構成させる。

宋江、彼に反抗しながら李逵は頭があがらない。

戴宗、彼の神行術にひどい目にあわされて李逵は彼にはあたまがあがらない。

燕青、色白で、小男で、かくし矢と角力の名人の燕青に李逵は角力の技で投げとばされて以来、どうも李逵は彼がにが手である。燕青はそれいらい李逵兇状旅のお目付役として行動をともにする。燕青は盧俊義の番頭の出身で、傷をえた主人を背負って旅をするシーンで、その忠義がはなはだ日本人好みのする男だ。

宋江―李逵

盧俊義―燕青

この二組は対応する。方臘征伐から凱戦後、生き残りの英雄好漢たちの身のふりかたがしめされる場面で、燕青は盧俊義にいう。

燕青は盧俊義に「かねてさずけられております官職をお返ししてひそかに身をかくし、名を埋め、ひなびた土地をさがして天寿を全うしたい」が、あなたはどうかと問う。盧俊義は、燕青に、実のない道を行くなといい、妻子にまで余光を及ぼそうと言う。しかし燕青は言った。

「ご主人、それはちがいます。わたしの道にこそ実があるのです。おそらく御主人の道にはなんの実もないでしょう」

燕青は盧俊義と別れ、盧俊義は役人に毒をもられて死んだ。この説話で、燕青は李逵におけるほど激烈に宋江のアンチテーゼをなしているわけではないが、彼もまた盧俊義のアンチテーゼをなしていることがわかる。そして李逵は燕青を通じて盧俊義の系列ともつらなるのである。

浪子燕青もまた重要な人物なのである。宋江―李逵、盧俊義―燕青という対応が、李逵と燕青の凸凹珍道中をなして水滸党全体の運命にかかわるだけではない。彼はかくし矢の名手で、旌耐庵・羅貫中本第百十回「燕青　秋林渡に雁を射ち　宋江　東京《とうけい》城に俘を献ず」に、彼の射手としての腕がしめされるエピソードがある。天兵となった水滸党が、いよいよ征方蠟に赴こうとする時だ。ぬけあがった空に雁が群れて飛んでいた。どんなふうに群れて飛んでいたかって？　雁行していたのさ。兵たちが、燕青の弓の腕前を見せろとせがみ、燕青、こころえたり、一矢をひょうと切ってはなつと、みごと雁を射落した。兵たちがこれをほめそやしていると、宋江がやってきて、憂い顔で言った。要約すれば宋江はこんなふうに言う、

燕青よ、あなたがつねづね弓の腕をみがくのは武人として立派なこころがまえだが、雁という鳥はね、老いたるものを敬い、経験の深いものをたて、あのように一糸みだれず飛んでいくのだ。射られた先頭の雁の悲しい声をきいたかね。われわれ百八人の兄弟たちも、今日まで、一人もかけるでもなく、いっしょに戦ってきた。私はあなたがいま雁を射たのを見て、なんだか、自分たちの兄弟が欠けていくように思え、悲しく、不吉な気持になっている。

この宋江のセリフは、『水滸伝』後半の百八人の英雄豪傑の行く方を暗示して不吉であり、この時の宋江はめずらしく魅力的だ。方臘戦でそれまで一人も欠けなかった百八つの星は次々と討死にしてゆくのである。ただし、と経験則から言っておこう。おいらなんざ、年中、雁に石ぶつけているが、ちっとも不吉じゃない。不吉なのはむこうの運命であって、そのうちポクリと谷川にネギ背負った雁が落ちるだろう。燕青は『水滸伝』中の名傍役の一人である。

『水滸後伝』においては、燕青は、『水滸伝』百八つの豪傑における持続の側面をはっきりとしめす。『水滸伝』終段にいたり、燕青は盧俊義に、「ご主人の道にみのりがなく、私の道にこそ花がある」と言って別れた。これが陳忱に暗示しているのかも知れないが、李逵に対する燕青は、宋江に対する呉用の位置につくばかりではなく、『後伝』に登場する豪傑たちにシャム人の娘をめあわせ、多数の夫

婦をつくる役をひきうける。浪子燕青、浪子とは遊び人の意である。彼は浪子の役をまっとうするのだ。

李逵の人脈にからむ人物はまだいる。

鮑旭。彼は地煞星であるが、李逵にひとしい無頼の徒であって、かつて李逵と互角のたちまわりを演じ、歩兵隊の突撃においては李逵の副将の位置につく。彼は方臘戦で李逵の身代りのようにして死ぬ。

張順。これまたごろつき上りの水軍の将は、かつて李逵と陸で戦い散々になぐられ、水の中にひきこんで散々に李逵をひどいめにあわせた。浪裏白跳張順の名のとおり、彼は水から白い稲妻のように跳躍してたたかう。方臘戦の際、張順は水門に一夜忍び、城門をよじのぼったところで敵兵に矢を射かけられ、はりねずみのようになって水壕に落ちて死んだ。彼の戦死は梁山泊党第一の凄絶なシーンである。このシーンで、張順はキラリと光り、幸田露伴をして張順を李逵以上と評せしめたほどである。

さて、張順、李逵、花和尚には一つの共通点がある。夢占い、幻視、などのエントゥシアスモスの力が、ごろつき上りのかれらに備っていることだ。李逵の死霊は皇帝の夢にあらわれて皇帝の首を斬ろうとする。花和尚はタイムトンネルをくぐって方臘をとらえる。張順は死霊となって味方を援護する。こうした幻術的能力は武松にはない。

じつに水滸全篇を通じて黒旋風李逵のパースナリティーがもたらす運動量は絶大なのだ。彼は喧嘩オルグによって人脈においても最大値をしめるのだ。

人脈とは、おいらのみるところ、司馬遷『史記』で確立している東洋の歴史記述の根幹にすえられるものである。歴史は具体的な人間の行動によって動く。帝王から盗っ人にいたるまでの行動による歴史の形成と、歴史による人間の行動の反作用の統一、このテーマは『水滸伝』のなかにも生きている。この方向を現代に生かすものが、予感の小説であり、夢野京太郎はそのような作家の一人なのだ。これを『水滸伝』に即してパラフレーズしよう。

水滸は、落草《ドロップ・アウト》し魔界転生した英雄好漢が、〝義に血盟し乱をなす〟——すなわち起義である——物語だ。地主が憎い。官僚が憎い。そのようなかれらの義による血盟の内実を、不犯の李逵にてらした時に、その人脈の形成を分析したときに、『水滸伝』の組織原理はホモセクシャルなのではないかと思うくらいだ。ここには『水滸伝』と『金瓶梅』とをはじきあう遠心力の秘密があるように見える。

われわれが汎アジア水滸伝を描く時には、次のキャラクターが厳密に措定されなければならない。みたび菅孝行に聴いてもらいたい。

まず李逵の運動量をひたすら増大すること。彼の知識人化をはかってはならない。

ついで魯智深の「イデオローグ化」をはかれ。かくして宋江を消せ。

そしてニヒリスト武松の独断専行をもって、花和尚をひっぱれ。汎アジア水滸伝の三傑が、国境を越えた別の山塞で活動をはじめ、『水滸伝』の教えにしたがってゆったりと渦動しはじめる日がやがてくる。

やめられない、とまらない、カッパエビセン水滸伝。夢野京太郎にもどります。

彼が李逵役の人物を登場させなかったことは賢明である。タケナカ・ツトムを魯智深役に配したことはますます賢明である。

李逵は宋江のアンチテーゼとして宋江に直結し、李逵の登場は宋江の亡霊を必然とする。

魯智深は水滸の英雄豪傑中、独自の軌跡をもつ人物であった。そのことを、おいら、花和尚が、遠く『水滸伝』の前史的な諸作品のなかに、異族の出であることをたずね、彼の存在の軌跡が、招安以前は「林に遇うて起り、山に遇うて富み、水に遇うて興り、江に遇うてとどまる」という四句に、招安以後は「夏に逢うて擒にし、臘に逢って執え、潮を聴いて円し、信を見て寂す」の四句に濃縮されており、そのように水滸党全体の流れからある程度の自由をもっていることを論じた。したがって魯智深が宋江からもっとも自由な人格であり、彼だけが、知をもって宋江を上まわっていい資格を有するのである。だって、李逵が宋江以上のインテリなら『水滸伝』は別の小説になるではないか。

この魯智深の役割がタケナカ・ツトムに割りふられていること、この一事が、小説「沖縄人民共和国誕生!」が、『水滸伝』プラス竹中労の琉球独立論を骨子として成立していることをわれわれに理解させる。

夢野京太郎の琉球独立戦争プランは、すくなくとも現在は、諸般の沖縄論に比してはなはだ特異である。その特徴を述べる。
一　沖縄人民共和国建国はコザになる。まずコザに、建国を、だ。
二　日帝の諸施設、および琉球買弁の権力の集中された那覇は、革命の聖地にも根拠地にもならず、コザおよび離島に包囲される。
三　蜂起の主体はモトシンカカランヌーであり、窮民革命であって、組織された労働者(全軍労をもふくめた一ドル三六〇円読みかえ組)および新左翼は、革命の補足部隊になればめっけものくらいに扱われている。大いに正しい。

四　琉球の豪傑たちは「右翼」とののしられる野底土南の琉球独立党に存在する。他の党からは豪傑がうまれない。
五　階級意識の形成に音楽が先行し、音楽の方が階級意識よりも革命的・爆発的である。
六　自然発生性の内壁が記述され、自然発生の順序が分析され、すべての領域における発生の順序、が徹氏的に考えられている。たとえば——
犯罪が暴動に先行する（非行少年〝宜野湾グループ〟の強姦殺人事件がコザ暴動に先行）。

非行少年が組織やくざに先行する（山口組に系列化された山原《やんばる》派よりも、非行少年の方が手がつけられない）。

個人が組織に先行する（琉球青年宮良徳一の国会前での焼身自殺）。

離島が本島に先行する（「子年は天下大乱の年じゃ」と予言する宮古島の〝ウマ〟の存在）。

自然が社会に先行する（台風十七号の襲来）。

これらは、総体として、目的意識的な世界、すなわち革命家、左翼、そしてその戦術が登場する世界の以前に存在し、かつ、目的意識の世界からは見えない自然発生的な領域での、発生順序であることが重要である。そのことの意味は大きい。すなわち——

a　辺境最深部にいたる順序と、辺境最深部から進撃する順序の両面を、『水滸伝』序章の黙示録世界と重ねあわせたものである。

b　自然発生的世界の磁場が目的意識をうみだし、ひきつけるのであって、逆ではない。

c　倫理派の〝ミヤリスタ〟と悪鬼派の非行少年が相互を獲得し、独自の〝八項注意〟を琉球人民共和国のなかでうみだす力が、党の指導によってではなく、大衆の自然発生的な行動のなかにすでに前提されていること。なおミヤリスタとは焼身自殺した宮良徳一に拠る。

このことの理解できないものは、革命党員にはなれるかもしれないが革命家にはなれない。そのようなものは百八つの星ではない。
七　琉球独立戦争は反米抗日としてたたかわれる。
八　基地ゲート前での抗議という「本土なみ」基地闘争の限界が軽々と超えられている。
九　対米軍闘争は、一九七〇年十二月二十日の、現実の、コザ暴動の教訓がふまえられており、発展させられている。そのイメージは、コザ暴動プラスゲリラ戦争である。たんに言ってみるだけではない。琉球独立党は、コザ暴動を、武器を運ぶものがいなかったと総括し、前衛とは武器の運搬人でなければならないと主張しているのだ。ゲリラは、軍務中の米兵のみにむけられるのではなく、家族生活中の米人にもむけられ、米軍ハウスが襲われ、米軍の家族が人質とされ、基地は琉球人民の武器弾薬庫として、盗まれる。
十　黒人兵とその家族は解放される。ついで老人、こどもは釈放され、白人の女はけっしてただは釈放されない。強姦後、身代金ひきかえである。
以上の戦略に、おいらは、いま、同意できる。いま？　三泊四日ながら沖縄に行き、泡瀬の劇場で「むかしくやまぶし」（この芝居については『話の特集』一九七二年八月号参照）を見ることができたいまだ。

おいら、一九六九年の春、「理性神たちの深き欲望をめぐって」（『映画評論』三月号）と題する長文の沖縄論を書いた。この論文の存在が夢野京太郎に同意するにあたって、うまくない。今村昌平『神神の深き欲望』をめぐって展開したこの論文を自己批判的に検討し、自分自身にオトシマイをつけておく。

この論文は自立派的である。まず結論からつぶしておこう。

「急進的であることが根底的である地をわれわれは沖縄に見出す。沖縄の批判は日本の批判であり、沖縄の奪還は日本の奪還である。革命論の次元で日本と沖縄の血の因縁を明確に規定しているのは、『プロレタリア軍団6号』の論文『いっさいの復帰路線と訣別し沖縄闘争を日本プロレタリア革命の橋頭堡として打ち固めよ』くらいで、日本が救われなければ沖縄は救われず、沖縄が救われなければ日本が救われないという歴史的な経過を、永久革命の立場から把握したものが少いことを情けなく思う。」

ちがう！　沖縄は日本を救うためにあるのではない。日本をぶっつぶすためにある。

この論文は一九六九年段階のものであるから他人のものなら許容するが、自分のものだからおいらはゆるさない。おいら、なぜこんな奪還路線と自立派路線と一½国社会主義の折衷案みたいな結論にたどりついたのであるか。沖縄に行かなかったからだ。行って、そして……かくしていまおいらはいう。『水滸伝』は論じるより書くほうがおもしろく、書くよりもやるほうがおもしろい。ちょっとレーニン風でカッコよすぎたかな。

太平洋戦争草稿・解説

在ポナペ現闘団の要請をうけて、映画『太平洋戦争草稿』日本語版の解説を行なう。解説的、ということに鍵がある。この作品はミクロネシア独立連絡会議を制作主体とし、布川徹郎（元NDU）、小柳津幸介らが撮影・編集したものであるが、現地版、英語版、日本語版がつくられる。大切なのは現地版である。ポナペ電撃独立論者を中心とするミクロネシア人活動家の、綱領的認識の映画化であると考えていい。そのことがこの作品の難解さを規定している。難解ということをここでは現場性の高密度と受取っていただきたい。おそらく英語版も、白人左翼には難解であることと思われる。英語版は、グアム、ハワイ、カリフォルニアの反戦活動家のチャンネルにのって上映される予定だが、われわれはこれら太平洋地域の米人反戦活動家との連携を、インディオおよび黒人（カリブ海の住人をふくむ）にミクロネシアの現状をつたえる主任務のために必要としている。インディオや南米の人々は理解するだろう。白人帝国主義者の支配は、かれらにおしつけられているのとおなじ愚民化政策をもって、ミクロネシア現住民にたちあらわれていることを。そしてこの愚民化政策が、米帝の、方針なき侵略に規定されているということと、ミクロネシア地域においても、ミクロネシア人民の主体性が、解放闘争のなかの暴力をもってはじめて――神話の再現として、ことによると宗教改革として――形成されるということも理解されると思う。われわれはそのことを単に政治力学の計算によって予測しているのではない。予測ではないのだ。画面に、ポナペ島ウー村の儀式があらわれる。牛を屠り、鶏をさき、犬を殺し、亀を煮、豚を料理して分配するシーンがそれだ。そのシーンで、地廻り風に、料理分配の現場で指揮をしている人物がこの村の大酋長（ナンマルキ）、ジョニー・モーゼスという人物である。

この大酋長は過日、米国に遊んだ。現住民の長としての彼の本能は、あやまたず、自由の女神ではなくインディアン居留区にアメリカを見てきた。インディアンの村で彼は考えた。これがアメリカ化の正体だ、と。この見聞と、日本人現闘団の働きかけによって、モーゼス氏はがぜん独立派に転向したのである。その時点は一九六三年の末である。

ウー村とは、ポナペ語で〝立ち上る村〟ということである。モーゼス酋長は、つい最近まで〈フリー・アソシエーション〉派であったが、ここでがらりと変わったのだ。彼は島内ラジオでポナペ独立の檄をとばした。〈フリー・アソシエーション〉とは、かりに「自由連合」と訳すことができるが、アナーキストのいう自由連合のことではない。アメリカが提示しているミクロネシア近未来の統治形態のことで、ミクロネシアのプエルト・リコ化のことである。内政は住民自治に委ねられるが、軍事・外交はアメリカが握る。もちろん大統領選挙権はない。

ウー村の大酋長モーゼス氏が最近まで〈フリー・アソシエーション〉派だったのは事実であった。豊浦志朗のすぐれたルポ、「ミクロネシア独立のための序章――刺青の舟が曳航される日」（雑誌『道』一九七四年一―三月号）によればこうだ。「ウー村の大酋長ジョニー・モーゼスは、最後までダニエル・ロペス支援に難色を示したが、ついには支援の共同声明に署名することに納得した。彼は、ポナペの大酋長の中で唯一の《フリー・アソシエーション》派であり彼の女婿はポナペ最大のホテル『カセレリア・イン』の経営者で、毎朝、わざわざウー村からコロニアまで出向いていって、そこでアメリカ式の朝食をとった。彼の女婿の親友がレオ・ファルコムで、レオ・ファルコムはポナペ最強の《フリー・アソシエーション》派である。」

レオ・ファルコム、アメリカから任命された行政官である。彼の顔は画面に、ウー村のパーティーの次のシーン、コロニアのアメリカ式フェスティバルで、黒眼鏡をかけ、穴ぐらから外界をのぞく典型的な傀儡政治家スタイルで登場するはずだ。ポナペへの出入島もこの男がチェックする。

ウー村のパーティーと、コロニアのアメリカ式フェスティバルの対比は本質的なことであり、われわれの展望の鍵ともいえる重要事であるが、その分析は、これまでの記述に必要最低限の説明を付した後で行なう。ここでは、ウー村のナンマルキが、ここ数か月間に、アメリカ派から独立派に回心したその情勢展開派のはやさはポナペ島人の思想に革命のはやさが生じていることだと理解されたい。じつにそのとおりなのである。

まずはご案内を——。

ポナペ島はグアムからジェットで四時間、太平洋の真中にある単島である。年間を通じて気温は二十五度。降雨量は世界の三指に入る。ミクロネシアの他の島々が珊瑚礁から成っているのに比し、例外的な火山島であり、人口は、本島に約一万二千、クサイ島などの離島もふくめて約二万四千。はじめスペイン人が〝発見〟し、スペイン領となり、ついでドイツ領、第一次大戦以後、日本敗戦までは日本領であった。現在は国連信託統治領であり、アメリカの支配下にある。

ミクロネシアは、戦前の日本語で「南洋群島」、トラック、サイパン、パラオなどとともに日本軍の巨大要塞基地であった。日本の学校制度に準じた公学校があり、皇道化教育を軸に日本語教育が普及していた。ポナペ人はいわゆる「三等国民」であった。現在人口約一万二千人のこの島に、日本占領時代には、軍人・軍属・民間人ふくめて約十万の日本人と、二万の琉球人労務者がいたといわれる。日本のポナペ島統治はうまく行った。日本が教育を与え、ことばを与え（現在も四十歳代の人々は日本語を話す）、産業を与えた。そして、この島からは、日本軍に投じ、ニューギニア島ブナの戦闘に参加し、散華した十七人のポナペ人決死隊が出ている。この戦闘はポート・モレスビー攻略戦の側面作戦である。かれらは、満蒙の凍土に倒れた朝鮮人軍団や、南海に猛戦しほとんど全滅した高砂族義勇兵などとおなじような〝知られざる皇軍〟であった。

ポナペ人決死隊の存在は、昨年夏、外務省前に、決死隊遺児の一人ダニエル・ロペス・ドサルアが日本政府の謝罪と補償を要求して炎天下二週間の抗議行動を起こしたことによって周知のものとなった。このことに関し、われわれのサイドからつけくわえておこう。あの行動はミクロネシア独立運動の、〝国外〟（すなわちミクロネシア外）における最初の前哨戦である。

日本国内戦に限定して言えば、あの闘争はわれわれのしわざである。外務省役人や南洋を食いものにする連中のご懸念のとおりだ。ポナペ電撃独立を口にしたいま短かく国内前哨戦の総括を放りだしておこう。

(1)　ダニエル・ロペス・ドサルアがつねに前面に出て、代理代行闘争をしなかった。したがって、絵柄の上でも美しかった。炎天下、外務省の並木を渡る風は、サンバのようにさわやかだった。風景が美しいということは思想が正しいということである。

(2)　敵の姿が見えた。独立運動に寄生して南太平洋地域に手をのばそうとする新植民地主義者がこれからの主敵となろう。

(3) 樺太在留朝鮮人（日帝により連行）の人権をかかげて闘争開始した宋斗会氏の戦線と、相互的に接近し、共闘関係に入った。樺太と南洋群島、これをもって、旧日帝最大版図の北端と南端が逆流して人民的結合の端についたのである。宋斗会の戦線に関し、われわれは補助的な手伝いができただけだが、両戦線の共闘は、直接行動の現場同士の共闘である。

(4) 原水禁八・六大会以後の夏の段階で、パラオ独立迎動の闘士フランシスコ・ウルドング、テニアン反米基地闘争の名花フローレンス・M嬢、ハワイ―グアム軸の独立運動、オルグロオ・ヤン氏との結合がなった。かれらは八・六大会のまねきで来日していたものだが、その後ダニエル・ロペス戦線に日本で合流し、ここにミクロネシア独立のイメージが浮上する。

(5) 八月十三日会議で、パラオの対日戦時賠償、マリアナ諸島の反基地闘争、マーシャル群島（ビキニ環礁はこの海域にある）の反核闘争の結合は、ミクロネシア独立の一語にしぼられることを確認。現場でミクロネシア主体の行動が形成されねばならないことと、日本国内では、八・一五政府集会に、ミクロネシア戦線・樺太戦線合同で介入し、それなしに八・一五市民集会に参加してはならないことを決定し、当日の行動隊長の戦局判断の失敗（申し訳ありません、私めです）はあったが、このように行動し、前哨戦をおわる。

(6) この過程で、ミクロネシア独立運動は、かならず琉球独立運動と結合することが必要であり、かつ太平洋をさらに南下東進するラインで、ハワイ、フィジー、サモワなどの諸運動と結合することが展望されている。対日帝へのラインで言えば、クェゼリン、トラック、サイパン、マリアナ海戦、硫黄島、琉球と皇軍を撃破して本土に迫る米帝軍隊の戦跡から、われわれは大いに学ぶものがある。

(7) 九月段階に部隊から二名の〝ルポ・ライター〟が先行偵察に、十月に布川徹郎の映画班が南太平洋に進発。この段階では、PAPPAC（パパック隊）にはすでに、マーシャル諸島をあきらめマリアナ群島を見捨てて、のこりのパラオ、ヤルート、ヤップ、トラック、ポナペなどをまとめての戦後体制的独立（たとえばトワイタイニー氏〔正確にはドワイト・ハイネというドイツ式の名前〕のプラン）とは異質の、国際主義精神をもったプランがわれわれには成立しつつある。このことが映画『太平洋戦争草稿』の思想的心臓部をなして重要である。

すなわち消極的には——

布川徹郎はこの映画で球筋を担って振り切っている。『モトシンカカランヌー』『アジアは一つ』などに関して、布川はツイており、バットを振ったら球があたったという意見を耳にしたことがあるが、この映画は、いささか侵略的・おしかけ的ともいえるまでの独立運動への参加の意志を当初からもっていた。これが、ネイティブの独立運動組織たる〈ポナペ島独立連絡会議〉の要請を容れて、その情宣活動の一環として映画制作を行なった理由であり、内容的には、布川徹郎のドキュメントにはめずらしい〝方針の映画〟になっている根拠である。

積極的には——

ポナペ電撃独立戦のテーゼがそれだ。

ポナペへミクロネシアを集約し、一点から全面へと攻勢に転じること、そして歴代の帝国主義による統治概念の地域名称たるミクロネシアを揚棄すること、これが電撃独立の内容である。警戒してもはじまらない。具体的に、すなわち実行の射程範囲で言うことにしよう。米領グアムを放っておくことはできない。グアムに、すでに階級闘争があり、太平洋民族独立革命にそれはつらなるということを言ったら、横井庄一は二度蒼ざめるだろう。ミクロネシア海域ですでに独立し燐鉱石（鳥の糞）資源をもって独立したナウール共和国があり、この共和国は、白人豪州主義に容認される独立であるがゆえに、まさにそのことによってミクロネシアから自己疎外をした地点であるが、ナウールとミクロネシアの、人民的交流が阻止されたままであっていいはずがない。独立運動とともに生成過程にある映画『太平洋戦争草稿』第一部にはそれらのことは出ていないが、中距離の射程にはグアムとナウールがとらえられているのである。

そして日本国内前哨戦総括の第七番目に、われわれは日帝の過去の侵略に〝感謝〟する。十月段階の現闘団結成は——そのメンバーの一部が、ウー村のパーティーに「サパン降臨的速度」をもって実現した。のち、矢野暢「近代日本における南進の論理」（『中央公論』一九七四年一月）で、〝すめらじあ〟主義者たちが行なった、神話、教育、調査などの工作概念がわれわれに似ており——こういう時には時間の順序を逆にしていいのだ——かつおれたちの方が上手なのではないか、と笑ったこともある。右翼好みもたまには役立つと思いませんか、竜将軍。冗談を一つ。現闘団の一人が言った。「あんなバカでも革命がやれるということを証明したい。世界革命史上、前例のない愛嬌をもって働き、革命が最高の廃品回収業だとおれ自身をもって証明したい。ああ、新宿のバーだけが世界ではない」。


ミクロネシア。

その海域は北米大陸の大きさに匹敵する。

人口約十二万。現住民のチャモロ人は帝国主義者によって絶滅。戦争と疫病。

日米の決戦場。太平洋戦争の舞台。

国連信託統治領。実質は米国が支配。ポスト・ベトナムの米太平洋戦争のキー・ステーション。

行政の中心はサイパンにあり、六つの地域にわかれているが、俺なりの判断では四つ。グアム、サイパン、テニアンを含み、〈コモンウェルス（準州）〉派のマリアナ諸島。フィリピンに近いパラオ地域。トラック、ポナペのあるカロリン諸島。原水爆ミサイル実験場のマーシャル群島。

日本人観光客がグアムまでしかいかない旧日本領。日本統治は三十七年。

独立運動はアジア内陸のフィリピンに近い関係でパラオが最盛であるが、しだいに最深部ポナペに移行しつつあると見る。

さてここで映画解説に入り、この作品は、なぜポナペが主舞台かということを論じよう。画面とナレーション、アジテーションは同調していない。絵が写って、絵とは当面関係なしの議論や宣伝煽動やらが焼きあわされていたりする。絵の説明は不要なのだ。なぜなら、見るものはミクロネシア人であるから。われわれは、日本ではかりに『橋頭堡＝現闘団』と呼んでいるが、ミクロネシア独立戦は日本左翼の国外活動ではない。

ミクロネシア独立に投じた日本人は、もちろん、それぞれの経歴を背負っている。たとえば布川徹郎の場合、NDUに依り、反戦労働者テーマの『鬼っ子』、琉球窮民テーマの『モトシンカカランヌー』、在韓被爆者テーマの『倭奴へ』、そして琉球独立論と台湾独立論の結合を米中会談の時点で底にひめた国境論テーマの『アジアは一つ』の延長線上に、より南方の、旧日帝支配最大版図の最南端、南太平洋諸島で起こっているなにごとかを写した映画、と評せないこともない。延長線上にあり、と判断することも自由である。しかしそれは真実ではない。この作品は今述べた四作とも異なる。

第一に、それほど重大なことではないが、NDU作品ではない。布川徹郎はNDUから追放されたが、われわれがその事由にたちいる必要はない。俺の個人的意見では、NDU作品は日帝の植民地・

勢力圏における植民地支配が、戦後三十年の時を経て異化し、この異化作用が現日帝への反撃に転化しうる地点への執拗な沈降を主として試みてきたが、『太平洋戦争草稿』は、布川徹郎自身がミクロネシア最深部ポナペ島に全ミクロネシアを集約しつつ魔界転生をとげた分だけ、NDU時代よりも作家的力量を増している。

第二は、その魔界転生を積極的に評価することである。内容は次の如し。

その一。旧日帝の最大版図時、最南端は南太平洋諸島であったが、この地点にすえつけたカメラは、告発ではなく、すでに反撃である。映画は、世界史のなかのミクロネシアではなく、世界史をこの場合、形成されつつある世界史が日本をのみこもうとする地点にカメラは出る。

その二。反日帝のみがテーマではない。『モトシンカカランヌー』は、まさしくコザ市で、すなわち琉球人大学生活動家も足をふみ入れるのをためらったコザ市照屋の黒人街で、日本無頼左翼とブラック・パンサーの交歓を描くことによって、反米へ向かう戦線の形成を描いていた。『倭奴へ』では、釜山支部の人々が京城へ向かうことを抽いて、在韓被爆者の存在が、反日のみならず反自国政府へ向かうことを告げていた。韓国の現政権への打撃を捨て、もっぱら在韓被爆者の存在を反日帝のみにきりちぢめようとする太田竜の『倭奴へ』批判にたいして、布川徹郎が「一国主義者め」と罵り返したことによっても如実である。『太平洋戦争草稿』は、国際主義的精神をより一層鮮明にしている。ミクロネシアは日米の戦場であったし、反米反日をもってしなければ独立もミクロネシア人主体性も実現しえない地域である。

その三。決定的なことばが吐かれている。すなわちポナペ電撃独立戦である。この映画をもって、ポナペ電撃独立戦はまさに実行の一端をにぎるのだ。ポナペ島がミクロネシアの最深部である。われわれはそれを三つの指標をもってかかげよう。

(1) ナンマルキ制度の存在
(2) 四次にわたる対植民地主義者反乱
(3) ナンマドールの古代遺跡

ナンマルキ制度（カスタム＝習慣と呼ばれている）の内実を紹介するのに現地経験のない俺は不適任だ。したがって外見的に。

ポナペには五人のナンマルキがいる。ナット村、ジョカージ村、ウー村、キティ村、マタラニウム村である。村で大酋長はポナペ精神の支柱である。

村は行政府のあるコロニアと対立する。コロニアは、米政府→サイパンの高等弁務官→各地域行政府とたどる権力の末端であり、財政はこのルートでやってくる。他に無力なミクロネシアの議会がある。

ナンマルキ制度は歴代の帝国主義統治と対立し、ポナペにおいて、強力に存続してきた。外来支配者とナンマルキ制度の対立は、いま、アメリカのもたらす市民制度と、ナンマルキ制度との二重権力状態をポナペにもたらした。

ナンマルキ制度のもとで、ポナペは四次にわたる対白人植民地主義者に反乱した。スペインと三度たたかい、それにうちかち、ドイツと一度たたかって破れた。革命の聖地ジョカージの人々は、ドイツ人によって、遠いパラオ島（およびヤップ島）に全村流刑された。反乱がポナペ人の主体形成の核である。画面のうち、十三歳くらいの娘たちが乳房を露わに、なめらかに空洞の木の長い太鼓を叩いて歌う歌は、対スペイン戦争の独立歌である。古代ポナペ語で伝承される歌詞内容は、まだ全文がわからない。星が日輪をおおい、月は地にかくれ……といった寓意をもってスペインの侵略を語っているらしい。これは建国神話の基礎となるものであるはずだ。

伝説によれば、古代遺跡（十二世紀といわれる）ナンマドールの巨石文化は、現在のナンマルキたちの十六代の祖、イソケレケルの居城であった。通俗的イメージで言えば映画『キングゴング』の島の巨大城砦みたいなものと思ってくだされればいい。

ナンマルキ制度は封建的民主制（リコール権が住民にある）とでもいった、ヨーロッパ的基準からは奇妙なものであるが、分配の公正さと、サカオを自由にする権限によって、ナンマルキは人々の尊敬を一身にあつめている。サカオとは、一種の麻薬であり、画面に出てくるとおり、サカオ樹の根をたたきつぶし、ドロドロの汁をヤシの実の椀に受けて、野点のようにまわしのみするのだが、この儀式は優雅であり、効果は鎮静的ですばらしいとのことだ。トリップ派もポナペへどうぞ。

五人のナンマルキたちのうち、衆目の一致するところ最大の人物はナット村のマックス・イリアルテ氏（ダニエルの義父）であるが、彼はじつは眼の手術のため、〝ショウェン・トロロレン〟布川徹郎と来日中なのだ。四月末に日本を離れる。彼が現地で布川徹郎をショウェン・トロロレンに任じた。布川徹郎はポナペの位階を授った戦前・戦中・戦後を通じての唯一の日本人である。このことを俗流に理解してはならない。

ポナペ人はかつて天皇の一員とされていた。だから、ナンマルキは天皇にはばかって日本人にポナペ社会の一員である証しをあたえることはけっしてなかった。位階授与は、形式的にも、ポナペ主体が形成されつつあることの放射であり、実質的に独立運動進行の過程でうみだされたものである。

同様なことが、ウー村のパーティー・シーンでもいわれなければならない。このシーンは運動論からも重要なのである。パーティーの日付は十二月十八日である。ウー村でプロテスタント教会の改修記念パーティーがあり、日本人現闘団がナンマルキから招待された。そして〈サパン〉の席と料理があたえられた。パーティーはポナペにあっては重要な経済行為であり市民制度のおしつけた〈市場《マーケット》〉に対立し、つねにマーケットを失敗させてきた。そして異国人がポナペの、観光用ではないパーティー内部に入ることをゆるされたことはこれまでなかったのである。海辺で牛が射殺され、山のような料理が分配され、対スペイン戦争の歌と踊りが写され、まるで『ゴッドファーザー』中のシシリア島の結婚式のように、礼服で盛装し腕を組む精悍な青年たちの人並みをナンマルキが進むシーンは不気味でさえあり、サカオ・パーティーのシーンも収められていて、このあたりは映像的にも興味ぶかい。じつは犬を殺し、ハラワタをひきづりだし、石で蒸し焼きにするヤコペッティイ風のフィルムもあったのだが、これは紛失してしまった。(ポナペでは犬が食われるのです。美味いのです。かつて食用犬ちょうちょうに似ていると俺に評された須藤久さん、お元気ですか?)

これらのシーンは証明する。ポナペでは、旧来の、村のパーティーが生き生きとし、ダイナミックである。

ウー村のパーティにおくれること三日、コロニアで、恒例の〝ステート・フェア〟が三日間ひらかれる。農作物品評会と、運動会と学芸会である。星条旗のもと、ポナペの市民主義制度をあげて行なわれるステート・フェアは、雨にたたられ、青年たちは四百メートル競走で途中放棄し、歩きだすもの続出というやる気のない状態だった。どこからともなく約四十人の米人があらわれ、かれらもフェアを成功させようと必死であり、現闘団と非友好的な出会いをした。米人の平和部隊に対するポナペ人と現闘団の攻勢は画面のとおり。現闘団の告げるところによれば、七四年に入って、えたいの知れない米人が続々と来島中とのことだ。なあに、こっちもやるさ。

ポナペ島における当面の政治的方策はこうだ。ポナペには市民制度とナンマルキ・カスタムの二重権力が存在する。ナンマルキ維新＝王制復古からはじめよ。

ポナペにおいて、独立は島の内的な革命を同時的に必然とする。ミクロネシア内部の革命と独立とを一環に結びつけることが鮮明である。これがポナペのミクロネシア最深部である理由であり、かつ形式的独立論を揚棄する具体的な地点である。ナンマルキ・カスタムのなかに生きた民衆がいるのだ。「方針の映画」は、足立正生らの党の映画＝『赤P』に近しく、かつ異なる。そのことは同時に、なによりもまず建国を、というポナペ革命の性格の投影である。

サイパンに日米両戦車の残骸を見る。バンザイ崖を見る。テニアン島に広島原爆投下機エノラ・ゲイ号の発進地点を見る。じつはわれわれも東京を空襲したい。これはないしょ。さきの太平洋戦史を概説することは避けよう。ただ一つ、クェゼリン島について述べよう。ここに痛烈な逆説を見る。世界最大の珊瑚島たるこの島は、ミッドウェイ以後、反攻する米軍が、真珠湾以前に日本領であった地域におしこんできた最初の戦場であり、日米の大激戦が行なわれ、米軍は艦砲射撃による一万三千トンの砲撃を加えて日本軍を粉砕した。ただちに疑問が浮ぶ。現住民はどうした？　帝国主義者の戦史には、日本軍の玉砕と、一万三千トンの弾丸は出てくるが、クェゼリン島のネイティヴは「記載洩れ」である。現在、この島は全島ミサイル基地であり、観光客はおろか、現住民までも夜六時以降は立入り禁止である。かれらは離島イバイに隔離され、朝、画面に「ミサイル・レンジャー」と大書された船でやってきて、基地で働き、生活品を基地のＰＸで買って、夕刻船でイバイ島に帰る。下船し、港から住宅に向かうかれらの足どりの虚無的な様子はどうだ。イバイ島の風景はどうだ。畑一つ、あったか。ない。あの島の風景がミクロネシアのアメリカ化である。さらにいま一つのことを言わねばならない。クェゼリンの基地にしか、近代的プロレタリアートはいないのである。食い物を自分でつくれ。農業をおこせ。海と自然の宝にめぐまれているはずのミクロネシアに、なんと飢餓感なき飢餓状態が政策的に維持されている。アメリカのかんづめ文化だ。アメリカは金を与え、かんづめを買わせ、また金を与え、またかんづめを売りつけ……愚民のサイクルを持続させる。〝南洋ボケ〟は政策である。ナウール共和国に水が乏しく日照りつづきの時は豪州から水を輸入したり、ミクロネシア全域に、すなわちバナナとヤムイモを以って麦の四大文明に先行して人類史にはじめて飢えない時代と農耕文明を樹立した太平洋民族の島々に、農耕物が乏しいというのは天理に反する。

おでん、焼き鳥、湯豆腐は直接に革命の武器である！

このことを日本で言えば冗談だが、ポナペで言えば真実なのだ。それは次の方針に至る。共同農場をつくれ。自分たちで野菜や果実を作り、豚を飼い、自分たちで料理して食え。その方が美味い。その方が安い。缶詰文化の愚民のサイクルを断ち切るのはそれしかない。ネイティヴたちは、日本占領時代も、アメリカ支配下の現在も自由な飲酒を禁じられている。酒を飲むのには許可証がいるだろう。植民地支配のひどさは一つはそれだ。（大酒を飲む奴は死ねと心底思っている俺の個人意見は、この際、棚上げといたします。）日本時代、居酒屋のにぎわうころ、ネイティヴたちは、おでん、焼き鳥、湯豆腐は憧れの食物だったにちがいない。それらは酒のある店で売っており、かれらは自由に出入りできなかっただろうから。飽食したとしても残る飢餓感は、それも植民地支配の結果である。一年中、果実とヤムイモ、パンの実などの実る自然環境と、石焼き——俗にいうムウムウ料理である——以外の料理法を知らなかったか、あるいは石焼きだけで満足していたミクロネシアの内的な弱さが、味覚の植民地支配を赦したとさえ言える。そしていま、海には魚がごってり泳いでいるのに、ヤムイモと魚肉で豚を飼うのは容易なのに、泥をおこして種子をまけば野菜はくさるほど収獲できるのに、漁業を後退させ、豪州の豚肉を輸入し、ヤンキーのかんづめを食う消極性につながるのだ。極論しよう。美味いと思うことが革命につながるのだ。

よろしい、天象儀館『食卓の騎士』に理論的によだれさえ流した俺だもの、この行文で味覚の政治学を述べよう。現闘団の同志たちはしばらく笑っていてくれ。

第一に味覚は保守的なものである。したがって味覚が変化することは、感覚の深部と生活に革命が起こったことである。かつて俺は開発に狂う鹿島に行ったことがある。広漠たる荒地のどまん中にスーパーストアが建った。婆さんが手さげの中に山盛りにアスパラガスのかんづめを買込んだのを見た。そしてその一帯にはやたらに野犬が多かった。俺は驚嘆した。老いた農婦がアスパラガスのかんづめを喰う。伜夫婦が食うのかも知れないし、その農家はアスパラガスを栽培しているのかもしれない。しかし、その光景はやはり奇妙だった。味覚は乳離れの時の母親の手料理によって決定されるという。そして日に三度食う飯の味は、幼年期に固定された味覚にいつでも引きつけられているものらしい。だからその家の味といったものがあり、これは代々伝承されるものなのだ。ところでアスパラガスなどというものは、この食物が発見されたとき、フランス王党派の食味家の間で、油でいためて食うか、茹でて食うか、長い論争がかわされたという代物である。あれは紅毛人の好むものであって、異国的な味がする。それを鹿島の老農婦が籠一杯買って帰る。そして、野犬の夥しい数は、その一帯に食い物のむだがあるということと、急激に変化する生活に犬を飼う人間の側の旧来の秩序が崩壊しているということなのだ。俺はこの光景だけで、鹿島開発に伴う人心の荒廃はすさまじいと思った。これとは逆に、ミクロネシアにおける文化革命は味覚の変化をふくむのである。

第二に、自家農園をもつ者は、ポナペでは他の島から渡ってきた人、琉球人でポナペに居ついた人たちである。作った野菜を売る〈市場《マーケット》〉がないということも一つの理由だろう、そしてもう一つは、かれらがポナペのナンマルキ・カスタムの外に居るということから、野菜づくりの発想がポナペに一般化しないのだ。しかし、日本人は、他の島からきた人々や琉球人とポナペ島人を結合させうる。現闘団が媒介者になるのだ。媒介者となって、共同農場をつくれ。天孫降臨だって？　かまわねえ。やれ。婦人層に料理を教えろ。そしてポナペの味を、よりゆたかなヴァリエーションをもってつくりだせ――この方面の仕事にもわれわれは手をつけている。われわれは農業技術者、百姓をやりに南洋に行く者を必要とする。

第三に、この方向でミクロネシアに農業革命を。無数の青木昆陽を。これが自給自足の基礎であり、たちまちにして独立の基礎であり、そして中期の展望においては、帝国主義支配による樹造飢餓に対する第三世界〝緑の革命〟の反撃になる。太平洋地域においてはそれは成功する。

俺は夢みる。石油危機が石油独占（ユダヤ系資本）とアラブ右派の筋書きになり、儲けたのはやつらだという目に見える事態を透視して、第三世界の帝国主義本国包囲環の最初の発動という契機があったことだ。石油を干し上げられる恐怖に駆られた日本人を見るのは心よかったし、今年の正月はすがすがしかった。したがってますますアラブ王党派サウジアラビアの石油相ヤマニの来日と前後する時機を狙ってアラブ革命派がシンガポールの石油タンク爆破を敢行したことが鮮明だった。足立正生よ。友よ、同志よ、砂漠のゴリラよ、貴兄の論文「運動映画の終焉」（『シナリオ』五月号）を読んだ。よくない。待て、おこるな、ああ、わかっているよ、これは『映画評論』誌さ、しかし俺のもらったページは俺のものさ、まあきいてくれ。貴兄の文章は次の二点でよくない。

第一に、形式的に言って足立正生が松田政男の引いた線を引用して運動映画の総括を行なうのはよくない。運動映画を論じるということでは貴兄らは同方向にあり、したがってそれでは自分で自分を引用しているようなものだ。俺の文章からでも適当なところを引っこぬいてとぼけてくれた方がよかった。

第二に内容的なことだ。プロパガンダ映画は革命が前進すればピンボケのフィルムでも輝き、革命が敗北すれば、たとえ映画が芸術の香りが高かろうと低かろうとおかまいなしに、糞である。アラブ革命の命運と切れて「運動映画の総括」なんてできるのだろうか。

アッチャン、言いたいことは以上の二つだけだ。反論はいらない。あとは一つ愚痴をこぼし、一つ希望を述べ、一つ考えてみませんか、と言うだけだ。……アッチャンよ、布川の映画はおわっちゃいねえぜ、あなた一人ぎめで「終焉」なんて言ってくれてはこまる。わが巨人《タイタン》たちのUターンがさみしい。あれ、また駄洒落か。Uターンしてひき返してくるように見えるのはさびしいのだよ。果てしなく、どこかへ行っちまわねえか。もっと「侵略」しようぜ。砂漠のかわきのようにがぼがぼすいこんでみようぜ。アッチャンよ、いつか、きっと、また俺たちは組もう。一度一緒に娯楽映画をつくろう。捧げるは今のところ愛のみ。へへ、愛しか捧げるものがないの。じゃあな、またな、きっとだよ。

これはほんの展望といった程度だが、ポナペを突破口とするミクロネシア独立革命の内容には、「緑の革命」と「宗教改革」もふくまれる。南太平洋の緑の革命とは、この語のいいだしっぺの米人チャールズ・ライクとは異なり、第三世界による帝国主義への食糧包囲環の第二次発動になるかもしれない。これは「構造飢餓」への復讐である。日本における空想を南太平洋に託してあまり語ることは避けよう。反論は承知さ。太平洋「緑の革命」は、空想社会主義者たちの中世的ユートピアだとか、カウツキー『農業問題』の焼き直しだとか。しかし、御意見は、われわれが失敗したとしたらうけたまわりましょう。「宗教改革」もそうだ。

画面にポナペ島コロニアの日曜礼拝シーンが出てくる。毒々しいほど濃い木々の緑、鮮明な土と白壁、そこへ原色に近く着かざったネイティヴたちが群れてくる。このシーンは異様だ。われわれの見知っている日曜礼拝の光景に比して、カリブ海の、ブードゥ教化したカトリックみたいに見える。そのものうさは、一言の印象でのべれば、〝奴隷の宗教〟ということである。キリスト教は侵略者の宗教であり、全ミクロネシア挙げてキリスト教化されたのだ。ポナペ独立は反キリスト教宗教戦争からはじまるかも知れない。

最後に、『太平洋戦争草稿・第二部』のプランを――。

それは個人映画・英雄映画になるだろう。小野沢稔彦がこんなことを書いている。「再度言おう。バイオレンスではなく暴力を、正面から描き切る作品が必要なのだ。この印象批評の最後に私たち（私や布川ら）も向いつつある方向、観客と直接取引する真の大衆娯楽映画の流れを意識的に作り始める準備を行なわねばならぬ。」これは『日本読書新聞』四月二九日号に、五社英雄『暴力街』の映画評として書かれた一節であるが、ハハァン、布川徹郎・小野沢稔彦はこんなことを考えていたのだな。オーケイ、俺なりにわかった。布川徹郎と打ちあわせた時、われわれは、個人映画、英雄映画が必要であり、ミクロネシアに、強烈な民族英雄のイメージをたたきつけること、ミクロネシアからタイタンのイメージをたたきあげることが肝腎であるという点で意見が一致した。窮民革命論の本領は、図式ではなく列伝にある。国境の方に勝手に越えられたミクロネシア人に、国境を超える具体的人間を見つけるのだ。その男の気風、言動、所作が、独立精神の鑑であり、革命の威風で、あるような人物が何人かいる。日本にはいないが、創成期の地域には、神と人の中間である巨人《タイタン》がかならずいる。その列伝はかならず手に汗にぎる娯楽映画である。南海の同志たちよ、いま俺が言っておくのは、このくらいのことかね？

この映画は、ミクロネシアにおれも行くという数名の同志を獲得すればよし。闘争の現段階にてらし、出国管理は行なう。到着後、現闘団が具体的任務をあたえるだろう。映画班のみなさん、ごくろうさまでした。では現地へ再出発して下さい。

註――ミクロネシアにおける米軍構想については、前田哲男「アメリカの新西方防衛戦ミクロネシア」(『月刊軍事問題』一九七四年一月号、現代研究社)を見られよ。この資料はつい昨日目にしたもので、ここで紹介する時間がなかった。(この補記は初出版のもの)

石原莞爾試論

おりもおり、満州国建国問題を

手を挙げて過しかたを眺めやれば、絶景かな、ここ二、三年における日本文化の頽廃は目をおおわしめるものがある。ことに官憲の増長が憎い。

こんにちは、PAPPACのマチャアキです。正確に言えば、汎アジア環太平洋行動委員会のわたくしめにございます。このグループは布川徹郎とおいらが双頭のリーダーであって、したがって彼とおいらの関知せぬPAPPACの行動はないのだ。だれがリーダーを決めたわけでもないが、布川徹郎とおいらの男前のよさといい、肌の色艶のよさといい、自らそうなるのだ、オホン……。どこのどいつが指でほったのか、砂山の砂を指でほってたら、ぴかぴか光ったジャックナイフが出てきたと共同通信系の報道がわれわれを報じたりする。パレスチナ革命に投じるアラブ赤軍、アジアの反日闘争、日帝中枢にしかけられた爆裂弾に関係する組織かもしれぬから、その実態解明が急がれる、だと。フン、過激派に人権なしとは名言であって、ぼくらはこの過激行動の下手人ですがあの過激行動には加わっておりませんと名のり出ぬのをいいことに、ポリコとブンヤの言いたい放題なことよ。

スッキリさせるために、善悪で言ってみよう。パレスチナ革命に投じ、あるいは自国の侵略者の元凶をとりのぞくことは、よくないことか？　とんでもない、それは革命家にとって名誉なことである。一つの革命組織が声明を発して、あの行動はわれわれの手になるものではないが、われわれは行動を非難しないし、敵対しないし、敵をやっつけたまだ見ぬ同志たちをたたえるものだというぐあいに語って、その声明が人民的な信頼をかちえるようになる状態にたかまるべきである。

左翼の分裂と相互不信を縫って、官憲が一発、あるいは二発の爆弾の炸裂をとっかかりに、中規模のフレームアップと赤狩りを開始したときに、官憲に、革命行動の理非を踏み絵としてつかわせるわけにはいかない。ダイナマイト・ドン、それはいいことなのか、悪いことなのか、と官憲が問うても答える必要はない。答えるな。内心でそれはジョウトウだと考え、官憲の踏み絵を平気で踏んづけて通る者たちがかなりいるとおいらは信じる。

ところで、ＰＡＰＰＡＣが、パレスチナ赤軍やアジアの反日運動やらの裏で動いたと噂されることは、まんざら悪い気もしないわけではないが、おいらは他人の成果をわけてもらい、官憲のふくらし粉で自分たちのガサを大きく見せることにたいしてはごめんこうむる。こちらは、小さくて、弱い。一九一九年九月、ところはミュンヘン、党員番号五五五の三十歳の男がその党の七番目の委員として入盟したとき、ドイツ労働者党は、ドイツ諸都市のどこにでもあるようなほんのちっぽけな団体だった。五五五番目というのは、じつは党員が五〇一番からはじまっていたからで、総数五十数名、実質的構成八十名程度の極小グループということなのだ。それから十数年、この党が権力についたとき、人はナチ党と呼び、党員五五五番はアドルフ・ヒットラーだったことを知った。これを世界史上のコント55号と呼ばずになんだ。こちらはファシストではないから、ナチスの見本台帳を参考にする必要はないが、党員五五五号が入盟した時点での「ドイツ労働者党」のようにわれわれも弱く、小さく、そしてそのようなものが無数にあるというシテュエーションは似ていると言っていいだろう。

現下、二様の軍事的問題が進行している。一方は米軍の核兵器持ちこみであり、他方は、町やアジトで世界赤軍の萌芽が狩りたてられているという進行形の姿である。一方は極大、他方は極小にみえる。そして三年後、五年後……人類史の方向を決定づける組織体、世界赤軍が成立していたとすれば、その時から遡行して、五年前、三年前……日本の首都で、アジアの都市で、アフリカのどこかで、アパートや迷路で官憲から狩り立てられていた人々がその中にいた、ということは確実であるように見える。

すこし説明しよう。そしてこの説明は常識的なものであって、四、五年前にはごくふつうの活動家にもほとんど月並みな認識の水準であり、それを現在奇矯な言辞とみなされるならそれが衰弱のバロメーターである。

——世界革命戦争という概念、そして世界赤軍という概念は、それが一九六七年だったか八年だったか、太田竜によってこの世ではじめて案出され、彼が特許事務所に申請しようがどうしようが、現下の竜将軍の行動がどうあろうが、やたらに正しく、いまだに生きている。

——一九二〇年代のはじめ、シベリア出兵した日本軍をふくむ干渉戦と自衛軍との国内戦の時代に、軍事人民委員レオン・トロツキーが、世界革命のための正規軍としてのソヴェート赤軍を創出した。正規軍ということが肝腎である。それまで左翼の軍事というものが、パルチザン戦、ゲリラ戦であって、民族主義的なレジスタンス組織か、民兵か、政党の軍事組織であり、それらをもって自国の支配権力や軍隊と闘った。ロシアでも帝制打倒の時期にペテルブルグ労働者を中心の「赤衛軍」が成立したが、それと正規軍としての「赤軍」とはべつである。スターリン支配の時代にソヴェート赤軍は、ソヴェート・ロシア一国を防衛するための現在のソヴェート軍に堕落し、世界革命のための赤軍というトロツキーの問題提起は中断されたかに見えた。（トロツキー『革命はいかに武装されたか』を参照）

——その後の植民地革命の進行は、ますます、各国各地のゲリラ戦を現実のものとした。中国でも、キューバでも、アルジェリアでも、アフリカでも、民族解放戦争はゲリラ戦を基礎とした。かくして、あたかも革命の軍隊はゲリラであるということが一般命題であるかのように語られた。それはけっしてあやまりではない。（各民族解放戦線のドキュメントを参照のこと。）

——しかし、第三世界革命の経験は、ゲリラが正規軍に成長するという現物教育を見せてくれたし、革命の軍事の問題を、正規軍かゲリラかと二者択一に考えるのはまちがいだということをしめした。革命戦争はゲリラからはじまる。戦法がゲリラ戦であり、組織も志願者、義勇兵によるゲリラ隊である。一国の権力が帝国主義者のもとにある正規軍（徴兵による軍隊）から革命がはじまるわけけない。第三世界革命の経験は、民族解放戦線から外国侵略軍との戦闘を通じて正規軍がうまれることを告げている。すなわち「人民戦争」である。（毛沢東『軍事理論選』、ボー・グェン・ザップ『人民の軍隊』、右翼サイドからの研究として市川宗明『反ゲリラ・対暴動論』原書房、など参照）

——そして世界赤軍のイメージがうまれてきたのだ。一国の革命党に属する軍隊ではなく、次々と蜂起する第三世界の、解放戦線結成、革命党のアピール、その共通の敵、共通の利害から、世界革命の軍隊の必要が、徐々に、そして白熱的に浮上してきた。それは六〇年代中期まで、先進国のトロツキストの間で議論されてきた第四インターナショナルの革命的再生か、あらたな、まあ第五インターといったものの結成かといったテーマよりもはるかに生々しく、衝迫的な課題だった。そして、国境を超えて、二か国あるいはそれ以上の空間と地点で、それぞれ別の国籍に属する革命家たちの国際共同軍事行動は実現したのである。例示する必要はないだろう。

さて、世界赤軍がどのようなものかと推論するのはいまのところは形而上学である。

第一にそれは、隣接する民族解放戦線が、共通する、かつ越境する侵略軍とたたかいながら、革命もまた越境し、その成員のなかに各国人をふくみながら、アジア赤軍、アラブ赤軍、太平洋赤軍、アフリカ赤軍、南米赤軍というように、最短距離が結ばれてゆき、先進国内の革命党、左翼を獲得して地球をおおうものなのか。（キューバ革命の南米への波及、ファノンの構想した汎アフリカ革命など、汎××革命ブロックの連衡策がそれだが。）

第二に、人民が権力を奪取したある一国の革命軍が、そのまま越境して革命戦争にうってでるものなのか。（革命的侵略戦争という概念、そのような構想はロシア革命時の、ボルシェビキのポーランド進攻、および左翼エスエルの対独戦争の継続という主張に見られた。）

第三に、侵略軍と対峙する人民戦争が、侵略軍組織の頭ごしに直接に侵略軍兵士によびかけて交歓し、相手国への革命へと波及させてゆくものなのか。（いかにも例外的なケースだと判断できるが、侵略軍を植民地軍が完全に包囲してしまって、帝国主義母国の体制的危機をつくりだし、帝国主義軍をして、解体せず、軍内部の左派のリーダーシップを増大させて、帝国主義国を左翼政権へとおしやること、たとえば最近のポルトガル。しかしこれは革命だろうか？）

第四に、三〇年代のスペイン内乱に国際義勇軍が成立したように、階級闘争、民族闘争が内熱化している地上の一点に、たとえばアラブに、各国からの革命家が結集し、各出身地、出身国の革命の水準や利害にとらわれず、国境をぶちこわして、その地点の革命の利害を先行させる国際義勇軍としてはじまるものなのか。

そして第五に、これはかつての太田竜が鮮明に提示したものだが、まず世界社会主義共和国の建国を、そして世界社会主義共和国に忠誠を誓う世界赤軍を、というようにおもいきり倒錯させてはじめるべきなのか。

そのどのラインをあらかじめ歩むものと設定するのは形而上学である。どれか、といわれれば、その全部だ。世界赤軍をもって人類は最終戦争期に入るだろう——相手はNATO軍、SEATO軍、あるいは国連軍か、それとも一国社会主義の軍隊か？——という確信が、世界赤軍にいたるだろう多くの萌芽のうちに確かにみてとれると同時に、民族の壁も厚く、それはいやというほど堅いことも知っている。全部だ、というういいかたは現代世界の構造からそうなる。アラブが石油封鎖を発動すれば、西欧、ことに日本がどうなるかは先刻ご承知のとおり。これを革命のタームにひきつけていえば、一点を突破すれば全面展開が、この地上のどこでも可能だということだ。あたかも太平洋の楽園のように見えるミクロネシアにも独立革命の気運がかもされていることは先に報じたとおりだ。

さて、ここでテーマを承前する。おいらは、いま「最終戦争」という語を用いた。石原莞爾の語である。先号で、宋さんの青春譜をスケッチし、日帝の南進論から、北へ、満州へ向かうことを予告した。〝あねさん待ちまち〟が、南進論から北進論へと向かうことは、かつての日帝の侵略の逆である。

簡明にくくって行こう。日帝の北進論から南進論への転化にはこんな事情がある。北進は陸軍である。南進は海軍である。南進論は対中国戦線支那派遣軍、対ソヴェート戦線関東軍の昭和十五年あたりまでの完全な行きづまりによって、南洋（東南アジアと太平洋諸島）の資源収奪をもとめて海軍の主唱によって行なわれた。つまり北で中国とソヴェートに頭をぶつけ、南に転じて英米仏蘭帝国主義と鉢合わせをした。昭和七年、北の満州で「王道楽土」というスローガンが叫ばれ、昭和十五年南の南洋で「大東亜共栄圏」というスローガンが叫ばれた。この世のおじいさんたちは、北の戦争を「大東亜戦争」、南の戦争を「太平洋戦争」とよびならわしている。侵略軍は北では中国人、蒙古人、朝鮮人のすさまじい民族抵抗をうけて出血を強いられたが、南では、ことに太平洋の島々では全然と言っていいほど民族的抵抗を受けなかったので、どことなく大東亜共栄圏をノホホンとしたものと理解する風潮がある。

南方では、戦争の初期、日帝は英、仏、蘭帝の植民地派遣軍を比較的あっさりうちやぶった。理由は、海軍を中心とする日本の軍事力がすさまじく強く――これは現地でたしかめたことだ――軍艦、潜水艦、魚雷、零戦など兵器技術が当時の国際水準を上回っており、白人帝国主義を憎むアジア人の抵抗運動・独立運動が日帝の側についたからであり、英仏蘭軍が欧州戦線でドイツの攻撃を受けていたからである。

この緒戦の戦勝が、中国戦線での、泥沼にひきずりこまれたような侵略軍の姿を国民の目からおおいかくした。日本人を最終的に戦争に駆りたてた。そして日帝の敗戦による、アジア革命の一環としての日本革命を遠ざけた。

思想的には、大東亜共栄圏構想こそ、アジア主義の空無化のなれの果てであると竹内好が指摘している。ここでは日帝が南進論に転じた理由は、大陸の戦線でたたかれたのが主因であるということを理解して先へ進もう。

今回、冒頭に述べたことは、石原莞爾の満州独立計画を見るための前提になっている。中間的な結論はこうだ。

日本の革命家が、海外での建国活動に身を投じるにあたっては、かならず、論理的と同時に、日本の現秩序の顚覆をフォローしなくては侵略の先兵になること、石原莞爾の満州建国はまさにそうであったこと、これである。

そして、この問題はますます軍隊の問題であり、革命の軍が、ゲリラから正規軍へ転化するにあたって、国家権力が人民の側にあるトロツキーの赤軍論と毛沢東の人民戦争論の対極に、国家権力が帝国主義の側にある時の二つの右翼の例、一九二三年、ヒットラー親衛隊（SS）およびドイツ陸軍によるレームの突撃隊粛清と、一九三二年（昭和七）統帥権論理をかくれみのにした関東軍の中央軍からの逸脱が好個の例をなしていることを指摘しておこう。

満州国の成立は昭和七年三月一日である。一九歳の宋斗会の渡満は昭和八年九月であり、彼は満州国の波乱の全局面をその地で見てきたはずなのだ。

満州独立にいたるまでの日本の中国侵略史には筆おいおい及ぶとして、満州独立の中核をなす石原莞爾の計画をおいらなりに話す。

石原莞爾は日本近代史上稀な「武装せる右翼革命家」である。たんに軍国主義者、武断派というだけではない。職業軍人であり、陸大出の、ドイツ留学をしたエリート軍人である。職業軍人とはなにか。軍隊組織の内部にいなくてはアホみたいなものであり、軍隊（もっとも明確な階級制度と指揮命令の体系）がなければ無に等しい。これと異なって石原莞爾は、世界戦略をもった軍人であった。

満州国は関東軍のつくった国家である。それは綿密な、目的意識性のたかい軍事謀略をつみかさねてつくった国家である。したがって、満州国建国をめぐる問題は、橘樸、鈴江言一（満鉄調査部）、笠木良明（建国活動に参画した民間団体大雄峯会の頭目）などの思想の検討以前に、石原莞爾の軍事プランからはじまらなければならない。

陸軍参謀本部は昭和六年度の『情勢判断』で、満蒙経綸について三段階を述べている。

(1) 国民党政府主権下の親日政権案
(2) 満州独立案
(3) 軍事占領案

石原莞爾はおそくとも昭和二年にはすでに彼の満州プランを決定しており、それはゴリゴリの軍政をしくということだった。

日本の満州（奉天・吉林・黒龍江、これに熱河省を加えて満蒙と称す）植民地への野心は、第一に中国東北部の地下資源を欲し、第二にソヴェートの極東政策をおそれ、第三に国民党政府による中国の統一をおそれ、ことにその北伐をおそれ、中国東北部に国民党と対抗する軍閥張作霖の政権を温存させるという利害のからみに規定されており、それが「満州は日本の生命線」ということの内容であった。それは、時々刻々の局面変化に流され、関東軍河本大作大佐（彼が昭和三年の定期異動時に石原莞爾を満州に招んだのだ）による張作霖爆殺事件によって、張軍閥の後継者張学良が俄然抗日闘争に立ちあがり、第一段階の親日政権案が実質上ありえなくなった段階で、東京の参謀本部は思案投げ首に暮れていた。

関東軍とはなにか？　一言でいって、植民地軍である。植民地軍はつねに過激なのだ。比較的最近の例ではドゴールの首を狙ったアルジェリア植民者の軍隊ＯＡＳがそのとおり。関東軍は、張作霖爆殺、意図的な独断専行をつみかさねて、一触即発の危機をつくりあげて、参謀本部をひきづっていった。

このような時、石原莞爾が満州にあらわれる。昭和三年の定期異動で石原莞爾は満州にやってくるのであるが、その人事の背後にあったものは〝爆弾男〟河本大佐であり、河本の後任が板垣征四郎大佐である。ここに板垣・石原のコンビが成立するのである。石原のプランは、一言でいって、スッキリしている。ごたごた言わずに武力で満州を取っちまえ、というものだ。日本国内の帷幄、政治家たちには、武力奪取したあとでごたごた言ってもらいたい、という態度だ。したがって、次はどうしたら取れるか、という戦略になる。

いまおいら、引用や例証をはずして論じたのであるが、この武断的な発想――まず武力、ついで政治という発想が、軍人石原莞爾の核心にあることは強調しておく必要がある。満蒙処理は昭和七年、石原の強硬策すなわち軍事占領から一歩後退し、満州国建国におちつき、関東軍軍政と満州国官僚（および中国人買弁）政権との二重権力状態が九年間ほど、すなわち太平洋戦争開始までつづくのであるが、石原莞爾が満州国の政体を、清朝廃帝溥儀をかつぎだして――正確に言えば天津に反日暴動を挑発して日本軍が介入し、どさくさにまぎれて幽閉中の溥儀をつれだす「天津事件」を以って、帝制をしくか、日、満、漢、蒙、鮮、五族協和の共和制にするかという問題にさして関心をしめさなかったことは、彼の主要関心が軍事におかれていたことをしめす。ついでまでに言っておくと、石原莞爾は軍人が政治に口出しするのを嫌悪し、二・二六事件に際しては天皇統帥権を干犯するものと積極的な鎮圧者の側にまわることは、いかにも彼が満州建国という政治的な大スタンドプレーを演じ、独断専行と統帥権干犯の第一人者であることと矛盾しているが、彼の個人的フィーリングの上では、それは武断論として一貫しているのだ。このテーマはのちに詳述しよう。

どうしたら満州をとれるか？　この一点に集約する彼の配慮は具体的なのだ。国際連盟に関しては、あんなの放っておけ、という態度だ。

アメリカに対しては、「極東において、日本進攻への根拠地がなく、日本攻撃の至難なことは、世界軍事界のひとしく認めるところである。とくにアメリカ海軍はいわゆる均整を欠き、日米海軍の実質的比率は決してわれに不利ではない。さればアメリカは渡洋作戦に自信がなく、武力の伴わない経済封鎖によって日本を屈服させようとするが如きは空論に過ぎない。」（横山臣平『秘録・石原莞爾』）

昭和六年段階のこの対アメリカ認識はあたっているのだ。彼は第二次大戦前夜の世界情勢を、ヨーロッパ圏でのドイツの勝利に向いつつあり、ソ連が第一次五ヵ年計画による守備の時代に入り、東洋で日本を盟主とするブロックが形成され、アメリカがモンロー主義を脱して白人世界の覇者になろうとし、四者揃って、世界最終戦の準決勝に進む時代と観じていた。最終戦争は、日本とアメリカの決勝戦となるだろう。それは当時の軍事学の困難な課題、太平洋の渡洋作戦が、航空機の発達によって可能となる段階で行なわれるとしていた。彼の主理論「最終戦争論」にひきつけていえば、準決戦段階では日米の正面衝突はまだない、ということになる。

対ソヴェートの認識は、「日本軍が進攻せば、ザバイカル以東を放棄する決意を有しているものと推定さる。」これは五ヵ年計画に着手し――一国社会主義防衛に専念して、ということだ――、また西方の軍を極東に移送するのに、昭和六年段階ではまだ困難だからだ。これも当っていたのだ。ソ連のザバイカル以東の放棄、放棄したハイラル、チチハル、ハルピンなどのうえに、日本の満蒙植民地はつくられた。そしてドイツのソヴェート進攻とともに、ソヴェート軍は西方にひきつけられてます ます極東では守備の陣形を組まざるをえなくなったのである。

石原莞爾は考える。時は今、チャンスは一度、やっちめえ。独断専行してあとは日本をひきずるまでよ。

昭和四年、「対ソ作戦計画の研究」と銘うって、異常なまでの熱意で将校団を動員して満蒙偵察旅行を組織する。長春、ハイラル、チチハル、ハルピン、満州里などの強行ルポである。〝軍事幻視行〟となづけよう。石原はこの偵察行から、茫漠たる草原での対戦には海洋作戦をとりいれねばならないことを教訓。そして演習の強化。

同年春、長春で「戦争史大観」の講演。世界最終戦論をぶちまくり、満州領有の世界史的意義を煽動する。

当時てうすの関東軍――関東軍の戦線配置は満鉄沿線に疎放されていたが、兵力を一たん奉天に結集――を補うため、満鉄調査部から人材を登用。満鉄調査部はのち、アカといわれて追放されたほどマルクス経済学畑の人材をかかえていた。鈴江言一、あの中西功（週刊誌ふうの強調である）、それから神奈川県革新知事候補の長洲一二も満鉄調査部にいた。また東西青年連盟を国内動員して、満蒙ロマンチシズムの宣伝戦を展開。そして司令部付の佐久間亮三大尉に命じて『満蒙に於ける占領地統治に関する研究』（完成は昭和五年）を捉出させた。この論文を手にして、石原莞爾は「これでよし、あと二年」と意味深長につぶやく。

軍事挑発が昭和六年から続発。五月、万宝山事件。これは長春郊外万宝山に入植させた朝鮮人と中国人の水争いに端を発する軍事介入で、関東軍のしわざ。柳条壽で小爆発をフレームアップし、一挙に満州事変へ。（ついでまでに述べておけば、現代でも都市ゲリラ戦が提起された時点で、銃器か爆弾かということが左翼のサブテーマになったのである。）この時代に、世界的な規模で、権力側による爆弾フレームアップが行なわれており、関東軍の謀略工作はその意味でも再検討に値するのである。満州事変に呼応して朝鮮軍が管轄外の満州へ関東軍救援の名目で独断越境。林銑十郎朝鮮軍司令官〝越境将軍〟の異名をとる。そして、関東軍、計画通りに暴走して、チチハルに進撃し、錦洲の張学良を爆撃し――匪賊征伐の名にかくれて行なっていたものを公然と――、電撃的に満州建国と筋書きがはこばれる。

軍人石原莞爾の本質はこうした謀略と軍事行動を通じての、世界最終戦争へ向けての実力行使であって、五族協和に基づく「王道楽土」の建設、そうした民間右翼的課題のみを強調するわけにはいかないのだ。

一九七五年度から、本誌は一年間ぶっとおして昭和五〇年史の再検討に向かうそうである。〝あねさん待ちまち〟をあらためて、南方論と北方論のバランスなどうっちゃっといて、ぶっとおしで石原莞爾を論じてほしい旨、編集部からたのまれた。乱暴だなあ、文断論的（なんて語があるかしら）だなあ。しかし、それこそおいらむき。したがって、本稿、形をかえての継続となります。思想論というより、日本軍隊論ということにあいなりましょう。本稿に予定していた〝関東軍独立説〟の検討、すなわち満州建国および右翼革命論の海外・大陸拠点の成立（すなわち朝鮮台湾における同化主義とは異質の、協和主義にもとづく日帝支配権の成立）にともなう、第二維新論へのゆりもどしというテーマを、三月事件、二・二六事件における石原莞爾の行動をとおして、独立して考察しなおすことになる。

レベル3＝番外編

手を挙げて過しかたを眺めやれば、絶景かな、ここ二、三年における日本文化の頽廃は……おやン、ふむ、いい。

「殊に日蓮聖人の『前代未聞の大闘諍一閻浮提に起るべし』は私の軍事研究に不動の目標を与えたのであった。」（石原莞爾「戦争史大観の由来記」、昭和十五年京都にて）

デ、デン、デンデン、オドロドロ……叩けば良くなる法華の太鼓、みよ、石原莞爾が露出する。昭和史は爆弾にはじまり、爆弾におわろうとする。次なる劇画風画面をどうぞ。

昭和二年十二月はじめのある日、寒風吹きすさぶ満鉄東支線のはるかなる軌道を眺めわたして、腹に一物の男がいた。「日満支ソ、四国の利害錯綜するこの満蒙の地に、快刀乱麻の刃をふるうものはだれぞ。張作霖軍の反日の気運、このまま放置すればゆゆしき大事。また張作霖は北伐に上る蔣介石国民党軍に敵しえないだろう、どうせ張が蔣に敗けるなら、ここは一発、張氏を吹飛ばして、支那人内部の争いということにし、それを理由に一気に軍事介入。もって後世のフレームアップの手本となさん……」。羽織を脱ぐ。羽織、スルスルと舞台裏へ。「ふむ、陰の黒幕、板垣征四郎―石原莞爾の出番がよろしいようで。」これなん男、だれあろう、満州爆弾男、関東軍参謀河本大作大佐であった。

思いついたことはただちに実行するのが関東軍のとりえ。彼は翌昭和三年のはじめ、北満の馬賊の包頭（日本人中野某）と謀って一月一回のわりあいで二回、東支鉄道東部線と西部線の鉄橋爆破実験を試みたことはあまり知られていない。これは国際、国内世論の打診である。犯人は白系露人か張軍閥に反感をもつ中国人と信じられ、関東軍を疑う者はすくなかった。この時、彼は張作霖爆殺を中国人の犯行に偽装することを思いついたという。

昭和三年六月三日夜、百五十キロの黄色火薬を積んだ荷馬車が奉天日本軍守備隊の裏門を出た。爆弾は張作霖列車の通過する満鉄京奉線橋梁上部に仕掛けられ、仕掛人は河本大佐ほか、朝鮮軍からきた工兵第二十大隊の中尉、および「専門家」の独立大隊中隊長東宮大尉である。そしてもう一つのトリック――。

すなわち、国民党軍の偽造密書とロシア製爆弾をにぎらされた中国人の死体二体。このトリックを実行したものは石炭販売商の伊藤謙三郎という男で、この男が一枚噛んで買弁中国人劉戴明の部下の二人のモルヒネ患者と王某の三人の中国人を「ダミー」にした。この三人のうち、二人は現場で刺殺され、密書と爆弾を抱かされたが、王某は逃亡し、のち、張作霖爆殺が関東軍の仕業と証言。

明けて六月四日午前五時、爆裂団破裂して「満州某重大事件」。その時シラを切った関東軍の陸軍省への打電の一部。

「……㈢　当地日本側ニオイテ張作霖ヲニクメル関係上、日本人ガヤラセタルモノナランナド、不謹慎ナル言動ヲ為ス者アルガ、コノ際、特ニ新聞ノ掲載記事検閲ヲ励行セラルルヨウ、ソノ筋ト交渉願ヒタシ。」当時からサツネタを鵜呑みにするわけにはいかないという証拠がごらんのとおり。

これで田中義一内閣も吹飛んだ。小件後約一年の昭和四年五月、河本大作大佐も退役処分。しかし彼は手をうっていたのである。

石原莞爾中佐、事件後二か月の八月の陸軍定期異動で関東軍参謀に赴任。おくれて昭和四年五月、河本の後任として板垣征四郎大佐が赴任。ここに板垣―石原のコンビ、成る。

「石原の人事はいつも問題となるが、さてしからばこの時石原を満州によんだのは誰か。それはかの張作霖の爆破事件の主謀者として一躍有名になった関東軍高級参謀河本大作大佐であるということである。」（横山臣平『秘録・石原莞爾』）さて、たちまちにして功夫《カンフー》ファイティングのごとき連続業――。

板垣着任直後の七日、「対ソ作戦ノ研究」という名目で関東軍参謀たちの北満軍事視察旅行。ああ堂々の右翼満蒙幻視行。石原莞爾は五月の段階で日記にすでにこんな記述を残していたりする。「欄外注記、資本主義ノ発達セル米国ニ暴力団ノ存在――若シ支那ニ資本主義発達スルトスレバ軍閥ノ存在ニ関スル比較。」これはまるで、まだ半社会主義者だった時代の伊国将校ベニト・ムッツリーニがシチリアのマフィアを研究していた図をおもわせる。

石原莞爾、関東軍満蒙祝察行と並行して、長春で「戦争史大観」を講演。すでに彼の最終戦争論構想は成っている。この時期の彼の理論的眺望は「関東軍満蒙領有計画」「戦争史大観」「国運転回ノ根本国策タル満蒙問題解決案」「軍事上ヨリ観タル日米戦争」などが残されている。これらは角田順編『石原莞爾資料・国防論策篇』（原書房刊）に全文が収められているが、「――満蒙問題解決案」からその思想的特徴をぬきだしてみるとこうだ。

「……国内ノ不安ヲ除ク為ニハ対外進出ニヨルヲ要ス」（革命が先か、侵略が先かのテーマ）

「……満蒙問題ノ積極的解決ハ単ニ日本ノ為ニ必要ナルノミナラス多数支那民衆ノ為ニモ最モ喜フヘキコトナリ……」（ヤマト族への同化侵略政策ではなく、協和主義の萌芽のテーマ）

「……満蒙問題ノ解決ハ日本カ同地方ヲ領有スルコトニヨリ始メテ完全達成セラル」（満州建国ではな

く軍事占領だというテーマ）

「……対米持久戦ニ於テ日本ニ勝利ノ公算ナキカ如ク信スルハ対米戦争ノ本質ヲ理解セサル結果ナリ露国ノ現状ハ吾人ニ絶好ノ機会ヲ与ヘツツアリ」（いよいよ世界戦略発動のテーマ）

理論的展望がバッチリのことはただいまごらんの如しだ。この彼が独断専行の関東軍をにぎった。満蒙視察旅行の途上、彼は司令部付佐久間亮三大尉に命じ、占領地統治法を研究させた。佐久間は主として満鉄調査室の資料に拠って一年間占領統治の方法を研究し、昭和五年九月に脱稿した。その内容抜粋も前掲石原莞爾資料に収録されているが、長いものなのでほんの一箇所だけ——。

「……軍ハ速ニ在満支那軍ヲ潰滅シツツ政治交通経済ノ要点ヲ占領シツツ先ツ満州ノ大部ヲ以テ第一期統治機構トナシ…云々。」

これを見て石原中佐はどうしたと思う。莞爾《ニッコリ》と笑って、「これでよし、あと二年」と言った！

そして二年たった。

昭和六年九月十八日、奉天郊外の満鉄線柳条溝で、いま一度、爆弾ドン、中国軍の仕業だとしてたちまち関東軍軍事介入して、二万の兵をもって二十余万の張学良軍を撃破、石原莞爾の練りに練った電撃戦をもって半年にして広大な満州全土を制圧したことはご承知のとおり。その間、父を日本軍に殺された張学良の反日傾斜いよいよはげしく国共合作の動きも盛んとなること、日本では橋本欣五郎の三月事件が露見に及ぶこと、ソ満朝国境の間島《かんとう》で朝鮮人共産主義者の反日暴動が起ること、スパイ中村大尉の殺害事件が起ること、長春郊外万宝山で入植した朝鮮人と中国人との間に衝突事件が起ること、それらをすべて関東軍が軍事介入の計算にくりこんでいったこともすでに御案内のとおり。ここでは張作霖爆殺—柳条溝とつづく爆弾二発が、石原プランの存在によって次の諸方向に作用していることを認識しておこう。

第一に、外征派板垣・石原と国内革命派橋本・長勇らの呼応によって、三月事件、十月事件、そして五・一五、二・二六と進行する昭和史の起点となっていること。

第二に、満州占領の軍事的成功によって、ときあたかも盛り上りつつあった日本国内の無産運動、左翼運動、反戦運動が一挙に鎮静されてしまったこと。

第三に石原莞爾の電撃戦がナチス将校団に伝授されて、東に満州、西にラインランド占領の、第二次大戦の開始が始動すること。

じつに昭和初年の爆弾フレームアップは、昭和史の起点となり、世界大戦の起点となったのである。海外策源地の存在、その地における独断専行の存在、そして世界戦争プランの存在の三つは、爆弾一発に、これほどの帝国主義的運動量をもたらすのである。

舞台暗転、二幕目。東アジアとは、日、中国東北部（つまり〝満州〟）、蒙古、シベリアの一部、朝鮮、樺太などをばくぜんと指すだろう。台湾以南以西はこれまたばくぜんと東南アジア（旧日帝の用語では〝南洋〟）と呼ばれるだろう。昭和史末期の一迎の爆弾事件は奇しくも「東アジア反日武装戦線」の手になるものとされている。ト、これはナレーション。

官憲がおいらをここらでつぶしておこうと決心したのは、本連載が理由にちがいない。その程度には本連載の理論内容はヤバイ。思想は生きものだ。影響力《インフルーエンス》なき思想は死物である。ただその影響力が香港型ビールスのインフルエンザか、東アジア型ビールスのインフルエンザかを紙に向かって文字を流出させた筆者本人にも予測できず、影響力がどこにあらわれるかということもわからず、それからさきは御仏のお心のまま、というよりない。

七五年五月十九日月曜日朝九時四五分。七人の刑事が拙宅を襲い、家宅捜査して何点かの〝証拠品〟を押収していった。この時刻は東アジア反日武装戦線事件の容疑者たち逮捕とほぼ同時である。拙宅捜査の理由は斎藤和氏との関係ということである。彼はおいらの友人だ。

当日、十一時頃のテレビ報道で、連行される和さんの姿を見た。あの男だ、と刑事は言った。知らん、とおいらは言った。それが心得である。しかし蒼ざめてはいるが端正な表情を崩さずパトカーからひき出された彼の胃には、あの時青酸性毒物が服毒されており、あれが信頼した友との今生の別れであったのか。

押収対象は、第一に窮民革命論関係の著作物。文筆業者の家から自著を押収して何の手柄になるのだ？　見当ちがいの家宅捜査——ということはただちに過剰捜査ということだ——で見当ちがいの物品押収を行なったということは、いずれ、ブルジョワ法範囲内でケリがつこう。

押収された窮民革命論の著述とは、竹中労・平岡共著・梅内恒夫論文をあわせて収録した『「水滸伝」窮民革命のための序説』（三一書房）、平岡『闇市水滸伝』、蝶恋花舎版梅内恒夫論文、同『汎アジア窮民革命特集号』である。これらはいずれも町で堂々と売られている。窮民革命の思想が押収されたこと、これは修辞ではなく、公文書（家宅捜査令状）上の事実である。このことの、法的な意味、つまり思想・表現への弾圧ということについても反撃は行なわれるであろうし、その抗議行動においらがくわわることにいささかの異もない。しかし、ここでは先へ進もう。

そうならば、とおいらは言い、これも持っていけ、と『中国人は日本で何をされたか』を提示した。そうしよう、と刑事は言った。しかしかれらは拙宅からひきあげるに際しこの本をとりさげ、「間組、鹿島建設などの（東アジア反日武装戦線の攻撃目標となった企業の）旧悪についてはこの本がいちばん正確に暴いているから」というおいらの言い添えにもかかわらず、「この本については知っているから」と言って、押収を拒否した。このように判断した人物は公安部総務課木村善勝警部である。彼の態度は紳士的であって、固有名詞をかかげるにはしのびないが、しかたなかろう。

「知っている？」——何を？　逃げたな、官憲！

朝鮮人よ、あなたがたは断腸のおもいであろう。朝鮮人は強制連行事件の全体からも差別されたのである！　サツネタにもとづく各種報道は、容疑者たちが朴慶植『朝鮮人強制連行の記録』（未来社）を読んでいたことをもって、まるでこの名著がきたないものであるかのように報じる。なにを言うか！　この本を読まない日本人の方が軽蔑されてしかるべきである。

東アジア反日武装戦線が間組を攻撃する時、サツネタにもとづく各種報道は、あたかも朝鮮人が強制連行されたことが悪く、韓国やマレーシアがこの企業に経済侵略されているのが悪いかのように世論の誘導を試みる。

和さんが何度か韓国に渡航し、黒幕が韓国にいて、そのXなる人物から指令を受けとっていたらしい、などということが猟奇的に報じられもする。またまた俎上にのせられるのは朝鮮人だ。世人はありそうなことだと暗い目でうなずきあったりする。しかし韓国でこそ、日本帝国主義の過去および現在の悪業と矛盾とを見ることができるというのは絶対に正しい。韓国に注目せず、すでに社会主義国として祖国を建設したかあるいは建設しつつある中国、北朝鮮、インドシナ三国との友好のみに精を出し、反共国にはあたかも反共政治家だけがいて人民がいないかのように見る「左翼」は、左翼としてもかたわである。

在日朝鮮人よ、韓国人よ、北朝鮮人よ、『腹腹時計』の理論的記述が、朝鮮人、台湾人、中国人の強制連行を一体のものとしてふれ、日帝の併合が台湾、朝鮮、琉球、アイヌ・モシリに行なわれたことを指摘し、日帝の過去・現在の侵略が東洋全体に行なわれたことを明確に述べているにもかかわらず、なぜ朝鮮人だけが、サツネタにもとづく報道でかくまでにクローズアップされているのか。

在日朝鮮人が法的に無権利にひとしい立場におかれ、祖国が統一されず、南半分が日本経済の傘の下に置かれているということ、このことから、朝鮮人よ、この言辞があなたがたの民族的誇りを傷つけぬかとおそれながら言うが、日帝は弱い者いじめをしているのである。

事件を通じて見せる日本官憲の朝鮮問題への異様な集中は、日帝が汎アジア規模の再侵略の勝利的展望をすでに喪い、勝利しつつある東南アジア各国の人民の反日闘争から身を避けて、韓国―日本同盟のみの守勢にまわっていることの反映である。すなわち、経済の面において、韓国経済のより一層の日本経済への依拠、政治の面において、日本国家権力の「韓国化」、この時、もう一度、日本にファシズムの影がやってくる。おいら、最近、ちょっとファシズムのやってきかたも分析しておいた。

窮民革命論において、強制連行事件の分析と暴露は不可欠のパートである。強制連行されたのは、ひとり朝鮮人のみではない。台湾人、中国人も強制連行された。おいらの編著『中国人は日本で何をされたか』は、中国人、台湾人、朝鮮人を強制連行した日本帝国主義の政策総体、その本質を見おとさなかった。その点において、この本はヨヨギ的見地のみならず、日中友好協会的見地をも超えているのである。

『腹腹時計』は書いている――。

「日帝は、三六年に及ぶ朝鮮の侵略、植民地支配を始めとして、台湾、中国大陸、東南アジア等も侵略、支配し、『国内』植民地として、アイヌ・モシリ、沖縄を同化、吸収してきた。われわれはその日本帝国主義者の子孫であり、敗戦後開始された日帝の新植民地侵略、支配を、許容、黙認し、旧日本帝国主義者の官僚群、資本家共を再び生き返らせた帝国主義本国人である。これは厳然たる事実であり、すべての問題はこの確認より始めなくてはならない。」

そのとおりだ。正しいではないか！ この思想を、〝爆弾犯人〟の文書であるがゆえに否定されるべきだなどとおいらが言ったら、おいらは自分の全著作を捨てよう。読者たちに石もて背中を撃たれよう。

ところで、拙宅から抑収された書物の相互関係はこうである。『闇市水滸伝』は、『中国人は日本で何をされたか』のデータを基礎に、労さんとの共同研究『「水滸伝」窮民革命のための序説』で獲得された内容とよりあわされて成立したものだ。いま言うのではなく、『闇市水滸伝』引首にその旨、明記されている。したがって官憲は『中国人は日本で何をされたか』を押収するべきである。

なぜそうしなかったのか？——中国人強制連行事件に触れるのがこわいからである。その理由は？——直接には、中国がこわいからである。毛沢東思想は革命思想である。中国革命の経験と思想は各国の人民、革命家、左翼に影響をあたえている。

むろん日本でもそうだ。『腹腹時計』の理論を追いこんでいくうちに、官憲が中国革命の思想とぶつからざるをえなくなり、アホな右翼などが、〝影で糸をひく狂犬毛沢東〟などと言いだしたらどうなるか。じつはすでに四年ほど前から、日本の急進左翼の事件が出るたびに、新聞報道は、毛沢東の人民戦争論を引きあいに出すのをやめるようになっているのだ。

そのかわりアルベルト・バーヨや、ゲバラや、マリゲーラやらが悪者あつかいにされている。サツおよびサツネタ報道陣の腰抜けめ！　この度の事件で、朝鮮人強制連行問題が紙面に登場しても、中国人強制連行事件がひとつも顔を出さないのはその理由による。

しかし、第二の理由は、強制連行事件総体からの朝鮮人強制連行事件の分断である。その手を、日帝権力およびGHQは一九四五―五〇年の闇市時代に使った。

『水滸伝』は、それがどんなものかを知るべく、いまごろ官憲が目を光らせても、じつは三年おそいのだ。もうおそい！　春四月、米ソ中三極構造の堅氷をたたきわってインドシナ革命が勝利したとき、アジアにおける革命と反革命の勝負はついたのである。日帝を軸とした東洋の反革命は壊滅の坂道をころがりはじめた。

日帝は、すでに全アジアにおいて守勢である。東亜連盟に及ぶ構想力もない。ある夜、石原莞爾将軍がわが夢枕に立って、デ、デン、デン、「大闘諍、帝国主義中央に起るべし、ファシズム対アジア窮民革命の決戦来るべし……」と言ったとか、言わなかったとか……。

派生的なことだが、『水滸伝』を押収して官憲が得ることは、三バカの内部対立が深刻であるということだろう。労さんとおいらを目して、「日帝のイヌ」と呼ぶ太田竜との対立が、「内部対立」かどうかは疑問だが、すくなくとも――

(1)　たかが官憲が出てきただけで手をとりあってしまうほど、愛しの竜将軍との対立はちゃちなものではなく、

(2)　松田政男をふくめて、権力は、それぞれの「内部対立」におかまいなくいま四者をたたきつぶそうとしており、四者はその敵を共通しており、四者はそれぞれ官憲との対立に真剣であり、なんとも腹だたしいことだが、太田竜が労さんやおいらを「日帝のイヌ」とののしる権利も人民の権利とし

て防衛しなければならぬのであるから、

(3) したがって、(1)(2)の、国家権力におしつけられた条件のもとに各自ががんばれば、三バカがひとまとめに一網打尽になるよりも、運動量はむしろ増大するのである。

さて、ここでわれわれは石原莞爾研究のレベル3に入るのだ。おいら、東アジア反日武装戦線事件において、官憲が中国人強制連行事件に触れられず、物騒なテーマを朝鮮人問題だけに切りちぢめようとすることは、弾圧がいかに大がかりであろうとも、日帝が国家百年の大計たる帝国主義的征覇プランを持ってない証拠とみなした。いま一度言う。昭和史は爆弾にはじまり、爆弾に終ろうとす。

いま、侵略と反革命の昭和初年に見られたドラスチックな展望は日帝にない。展望のこの差は、国際情勢の相違、歴史状況の相違、生産力の相違などを無視して、ズバリ、一言でつくしてみよう。

軍があるか、ないかだ。

石原莞爾は職業軍人である。空想的な右翼イデオローグではなく抜群の実務家である。軍は最高の暴力装置であり、鉄の男の集団である。この軍から天才的なプランナーであり実務家である石原莞爾が出たことによって昭和初期の革命と反革命はかくまでにダイナミックな展開をしめした。

おいら本連載を通じて、石原莞爾研究のレベル1が、現日帝が石原莞爾に学ぶとしたらその限定戦争論ではないのか、という理解をしめした。

三島自決とその一年後の航空自衛官一尉登場の時点で、われわれの石原莞爾への関心がレベル2にいたったことも告げた。

一九七一年十月の竹中・平岡対談（『週刊読書人』八九七号）から労さんの発言を再録しておこう。

「ボクら世間で三馬鹿といわれている太田竜、平岡正明、竹中労が、ここ三年ぐらい、ソウル、コザ、台北、香港、マニラ、シンガポール、さらにはオーストラリア、太洋州、パキスタンをおさえ、ベイルート、アフリカ諸国と連環し、ラテン・アメリカまでを呼びこんで、日本帝国主義を押しつつむ、汎アジア＝第三世界人民運動の連合、それはもちろんそれぞれの態様に応じてということですが、人民の軍隊を創出して日帝を袋のネズミとうち滅ぼさねばならない、という考え方をしてきたのは、決してそれは新左翼のイデオロギーの崩壊から始ったのではなく、われわれの場合であるならば、明らかに石原莞爾を射程に入れ、さらにずっとつきぬけて、里見岸雄から三島由紀夫まで垂直落下してくる汎アジア右翼思想――（中略）――といったもろもろに、新たな汎アジア人民戦争論を対質させないかぎり、出口なし、われわれはこの国で逆に押しつつまれて殺される、という危機感から発したわけです。」

これは七一年段階の認知である。その後四年を経過した現状は、一方でおしつつまれることにおいては、左翼党派間の相互殺戮というもっともいやなかたちが進行し（内ゲバと自供は日本新左翼の二大宿病である）、他方おしつつもうとする努力も着実に進行している。

あぶねえなあ、七一年ないしは七二年段階に日本国家権力が石原莞爾のような人物をもっていたら〝三バカ〟なんぞはいまごろ鬼籍に入っている。

しかし三バカが、その相互の対立とは別に、存在しているということは、日帝の救世主的プランナーの登場を阻止しているということであって、おいらに限っていえば対右翼思想方面でのおいらの奮戦が戦後版石原莞爾の登場をくいとめているのであって、逆ではない。そうだな、竜将軍よ。

本連載を通じて、おいらが「関東軍」というとき、その対極に論理的レベルにおいて「世界赤軍」が想定されている。そのように、日本帝国主義の最大・最良・最強・最硬質のプランを、石原莞爾の行動と思想において読みぬき、その対極を構想するという本連載の作業を官憲はつぶしておきたいはずだ。おいら、自分を防衛しようとしているのか、宣伝しようとしているのか……まあいい、次の四つを語ろう。

軍。

警察。

爆弾。

銃。

軍隊の前に警察はイチコロである。首都を制圧せんとする機甲師団の前に刑事が逮捕状をもってとびだしても何にもならないし、空襲しにきたパイロットに向かって機内を家宅捜査すると叫んでみても相手にしてもらえない。

本質的に警察は女性的な装置である。したがって警察国家はヒステリックである。それは住民を疑いぶかく常時看視しているのであり、密偵、逮捕を本分とする。警察が革命側に寝返ったなどということは一度としてない。革命の瞬間、警察は雲散霧消するか、たたきつぶされるか、そのどちらかである。おいら、警察を過小評価しているだと？　いいや、展望のないわりにはようやるとほめとるの。

軍隊は現存する最強の暴力装置である。人民の運動を弾圧することにおいても、軍隊より強いものはない。しかし軍隊は革命の側につくのだ。軍隊は一般社会から隔離された兵営における男の集団である。市民の日常生活とはきりはなされている。

この社会生活一般からの隔離と、軍隊そのものの厳格な階級性によって――兵と士官の間の階級性は、階級社会の凝縮された投影である――、政府軍でさえも、革命の側につくことがあるのだ。

したがって、革命の観点からは、軍隊と警察とは相容れない。軍も警察もひとしなみに民衆に対する弾圧装置というだけでは、それは改良主義の立場である。

みよ、「革命家」は政府軍をひきつける工作を開始した。

はやまらないでほしい。おいら、三月事件、十月事件、五・一五事件、二・二六事件など戦前のことを言っとるのよ。

過去十五年、日本の階級闘争は警察の一線でケリをつけられてきた。無残にも、運動内部で相互に首をしめあってもきた。自衛隊の治安出動すらもなかった。

軍をなのるものがおり、兵士と自らを名ざすものがいても、それは警察的手段をもって鎮圧されたのであり、警察に負ける軍というのも奇妙であった。

この機会にふれておきたいが、他の日本左翼に比してアラブ赤軍が強いのは、正規の軍事訓練を受けているだろうからである。パレスチナ革命の大義の輝き、日本とは比較にならぬであろう現地の苛烈さ、眼前に存在するパレスチナ窮民の状態とコマンドの生活、といった条件をさしおいても――さしおいてはならないのは言うまでもないが――、ゲリラ戦争のなかで正規の軍事訓練を受けているだろうことがその一因であろう。であろうであろうのことよ。

いやだね、サツに狙われていると、そこはかとない余情のただよわせかたが長くなり、チクショウめ、おいらにより多くの原稿料を稼がせるつもりか！

にもかかわらず――。

逆転がはじまるようにおもわれる。警察手段によって革命が絞殺される一時代がおわり、革命に対して、警察手段をもって対応するしかない状態の一時期が日本を訪れようとしているのを見よ。

インドシナ三国革命の突破を契機として、自然発生的にアジア各地に散っている日本人青年たちが時の流れの容赦ない力によって、これまた自然発生的にアジア赤軍を形成したら？

この日本の現状の彼方に、海外策源地に「赤色関東軍」があらわれたら？

おいら、もちろん、東アジア反日武装戦線と関係はない。したがって良識ある市民としてこの問題に論及すると――

東アジア反日武装戦線事件は、過去十数年間の日本国内の左翼事件の最後のあらわれというよりも、反日包囲環の最初の発動と理解する方がより妥当である。

その場合、日本国家権力は自衛隊のイデオロギー的動員のピッチをあげようとするであろう。

自衛隊は日本最高の暴力装置である。自衛隊は強いか？　弱い！　軍の強さは精神にあり。戦闘経験の蓄積なき軍隊は張り子の虎である。

自衛隊はその兵器、戦力ではアジア最強の軍隊の一つにまちがいない。短期・局地戦争ならおそるべき破壊力を外国軍隊に対して発揮できよう。

しかし、軍隊経験をもたぬおいらがこんなことを言うのはまちがいかもしれないが、自衛隊には、戦前の日本軍をして一度は世界征覇を夢見させ、一度は世界を敵にまわしてたたかわせたその強さの秘密、たとえば下士官と兵との家父長制的な結束、死んだ戦友への想い、自己の能動性・侵略性を肯定させるような聖戦イデオロギー、といったものが感じられないのだ。

このことは意味する、自衛隊は、現状においては、というよりも一歴史的時代の性格規定においては、革命の側に転化しうるような政府軍ではけっしてなく、警察手段の延長として想定しうるということを。

すなわち、革命の側も反革命の側も、日本一国的見地からはドラスチックな展開を行なう条件をもたない。世界の大勢は人民の勝利に向かいつつある。以上が軍と警察の問題である。

爆弾。一般に、明治以後の日本史は、爆弾の政治的利用法には、権力ならびに右翼がはなはだ長じているという事実をしめしている。

明治二十二年大隈首相爆殺未遂事件。日本最初の近代的テロリスト来島恒喜は玄洋社社員であった。明治四十三年大逆事件。この爆弾フレームアップをもって幸徳秋水らの日本の初期社会主義運動は壊滅させられた。左翼を壊滅させるために爆弾フレームアップを行なうことは官憲の常套手段とさえいえる。

一方で、客観的には、世界的規模で都市ゲリラは爆弾闘争として出現するようになってきている。北米諸都市、プエルトリコなど、銃器が比較的自由に入手できる地域においても爆弾闘争が激化しているのは特徴的な事態だ。

銃。石原莞爾将軍は国家間戦争における戦争の法則を体系化した。同様に階級戦争においても独自の法則があるのであって、門外漢のおいらには詳しくはわからないが、都市ゲリラにおける武装は何かという問題のたてかたも、階級闘争の法則法の研究によって決定されるべきであって、連合赤軍の「唯銃主義」への回答の一つが『腹腹時計』であったのかもしれない。

次回、石原莞爾の敗退過程に筆がすすみます。むろんそれは革命の内動のかたちに筆が及ぶということも意味するでありましょう。ごきげんよう——。

解説

犯罪者革命と窮民革命

友常勉

思想家・平岡正明は六〇年安保闘争の敗北によって生み出された。戦中・戦後の日本の革命運動において、時に黒幕であり、時に公然たるオルガナイザーであったアナキストの山口健二は、六〇年安保の後、全学連被告団の裁判闘争を参照し、「公闘と私闘」、「労働とは盗みである」というテーゼを提起することで、安保闘争も資本制・商品制社会との闘いも私闘＝私怨の領域で遂行されることを〈発見〉したが、それは、ポスト六〇年安保が、個的な身体のパラダイムにもとづく文化闘争＝革命運動の幕開けとなることを示すものであった（山口健二「おまえの敵はおまえだ」、『白夜評論』二号、一九六二年七月）。平岡はそのパラダイムの正統な後継者である。

驚くべきことは、一九六一年の犯罪者同盟の結成から、『韃靼人宣言』（一九六四年）、『犯罪あるいは革命に関する諸章』（一九六七年）、『ジャズ宣言』（一九六九年）、『石原莞爾試論』（一九七七年）にいたる、本書に収録された論考が、二〇二〇年代の現在においてもまったく色褪せることのない明晰な論理と闘争性、そして予見性に溢れていることである。

一九七〇年一一月二五日の三島由紀夫の市ヶ谷駐屯地での決起にあたって、平岡は正しくも、米騒動と二・二六事件と、日本近代化の二重構造の参照を求めている。二・二六事件の皇道派は窮民革命を意識していたからである（「反面同志の死」）。窮民革命論＝「汎アジア窮民革命論」の文脈で書かれたこの省察を、二〇〇八年に秋葉原の路上で七人を殺害した加藤智大の死刑が二〇二二年七月二六日に執行されたこと、それに先立つ同年七月八日に山上徹也が前首相の安倍晋三を射殺したこと、そして翌年の二〇二三年四月一五日には木村隆二が現首相の岸田文雄に爆弾を投擲するという状況において読んでみよう。平岡の窮民革命論の先駆性はここに明らかになるだろう。マルクス主義の乗り越えをめざして、浅田彰や柄谷行人らによって書き継がれた日本のポスト構造主義は、二〇〇〇年代に東浩紀の「データベース革命論」――「動物化」する消費主体の散種――に落着し、二重構造も窮民も、そして当然ながら日本資本主義論争も忘却されたが、二〇〇〇年代の現実は、かつても現在も、犯罪者革命と窮民革命のパラダイムに私たちが規定されていることを示している。しかも重要なことは、加藤智大は獄中で美学的革命を遂行していたことであり、山上も木村も自らの行為についての思想的根拠を確立していたことである。〈犯罪〉とは一個の思想である。平岡が実践したように、私たちはそのひとつひとつに向き合わなければならない。とりわけその向き合い方について、私たちは平岡に学んでおく必要がある。平岡は言う。「あらゆる犯罪は革命的であるが、それは魔がさす瞬間だけである」（「犯罪あるいは革命に関する諸章」、本書一三三ページ）。

平岡の犯罪者革命論は、「魔がさす」という、犯罪行為における身体的かつ刹那的で、なおかつ〈魔〉＝他者性に魅入られるさまを重視していた。それは窮民革命論の条件でもある。

窮民革命論の検証作業にあてられている平岡の石原莞爾とその「最終戦争」論を考えてみよう。石原莞爾の関東軍と満州建国は、アジア人民・ルンペンプロレタリアートの解放と国家廃絶を目標に据えている窮民革命の真正な意味での対立物である。だがそれは赤色関東軍と世界社会主義共和国の構想と背中合わせでもある（「石原莞爾試論」）。もちろん石原の構想を赤色革命化するためには、倫理的なパラダイムの転換を必要とする。「日本の革命家が、海外での建国活動に身を投じるにあたっては、かならず、論理的と同時に、日本の現秩序の顛覆をフォローしなくては侵略の先兵になること、石原莞爾の満州建国はまさにそうであった」（同上、本書四九〇頁）。だがこの倫理的革命化は、倫理道徳を対置するのではなく、身体の他者性にもとづく組織論を徹底することによって可能となるのである。

繰り返すが、犯罪が革命的暴力である条件は、「魔がさす」という他者性に心を奪われることにある。主体の身体が他者に触発される条件を、平岡は、夢野久作『犬神博士』と『座頭市関所破り』によって例証している。少年＝少女のチイ少年が大人の痴態を演じる被差別民の大道芸「アネサンマチマチ」と、仕込み杖の逆手斬りで気配に触発されて敵を斬り殺す座頭市（『るろうに剣心』までも参照するならば、ルサンチマンの物語に「受け身」「逆手」は鉄則である）。他者の言説に憑依することで権力の秩序を転覆するチイ少年と、外からの触発こそが身体規範である市。加えてこの系譜に明確なイメージを与えてくれるのは、『水滸伝』の魯智深である。チイ少年や座頭市と同じく無頼の世界に属する花和尚（＝花いれずみ）魯智深は、他者との交わりを通して変容し、成長しながら、ルサンチマンには程遠く往生を遂げる。『水滸伝』中の漢詩林に「林に遇うて起り／山に遇うて富み／水に遇うて興り／江に遇うて止まらむ」は、林冲らとの出会いによって変容する魯智深の詩情豊かな描写である（「あねさん待ちまち水滸伝」、本書四三七ページ）。しかも他者による触発を通して、群盗は義軍へと変容し、世界社会主義共和国を形成するプロセスがあることを平岡は発見する。ここに太田竜や共産主義者同盟赤軍派の梅内恒夫らとの対決を通して、平岡が構想した汎アジア窮民革命論がある。「群盗が全世界に満ちることが世界革命の必須の前提である」（「あねさん待ちまち水滸伝」、本書三九九ページ）。

なお、『水滸伝』の魯智深は、上田秋成の「樊噲」（『春雨物語』）の原案であるが、秋成の悪漢と領域侵犯的な物語が、村上春樹の『海辺のカフカ』や『騎士団長殺し』で国民主義の物語に横領されていることには言及しておきたい。村上春樹が平岡正明を参照したかどうかは定かではないが、革命の物語である『水滸伝』の世界を的確に翻案した秋成文学は、村上春樹によってそれと真っ向から対立する商品として物語化されている。加えて村上春樹が消費するジャズが、平岡においてどのような参照項であったかについても触れておこう。ブルースの共同体を「第三世界の情念の共同体」と仮定したうえで、平岡はジャズの実践を〈戦闘的テロル＝自己解放そのもの〉ととらえ（「ジャズにおいて理論の先行は可能か」、本書二〇八ページ）、さらに、「アメリカというどでかい実験室のできごとであり（…）黒人文化の「国家」（…）にもなりかねない可能性を秘めた、ちょっとした実験」として理解していた（「コルトレーン・テーゼ」、本書一八四ページ）。村上春樹がジャズをアクセサリーにすることと、上田秋成―『水滸伝』の政治的な系譜を抹消することは同じである。思考の起源において革命の問題を消去し、同時に国家の問題を忘れる――それが今日の事態であることを確認しておきたい。

ところで『平岡正明著作集』上に収録されたテクスト群は、一九七〇年代前半には、当時、現在進行形であったテック闘争のための戦術の書として、実践的にも書かれ、読まれるべきものであった。戦後日本革命運動の麒麟児であった谷川雁を専務として迎えたテック（株式会社ラボ教育センター）の争議において、平岡は組合書記長として谷川雁らの経営陣と渡りあった。国家の廃絶と資本制・商品制の止揚を放棄した革命家・雁は、革命の論理を組合潰しと搾取の政治技術に転用したが、テック闘争における谷川雁との闘いは、平岡にあっては、稀代の革命論・組織論・暴力論を生み出す条件となった。一九七〇年代初頭に、テック闘争、元台湾出身日本軍属・楊明雄軍事郵便貯金支払要求闘争、ロペス支援・ミクロネシア独立運動、東アジア反日武装戦線と、すべてが一度に到来するなかで、『日本人は中国で何をしたか』(一九七二年)『中国人は日本で何をされたか』(一九七三年)が生まれたのである。テック闘争で平岡ら組合は経営陣の組合切り崩しと多数派工作の前に敗北した。しかし、スト権が確立されないまま、会社側の大衆集会が開かれていた武道館に五四名の突撃隊が登場し、さらに会社を占拠することで、軍事的に勝利した。組合による争議を敵の拠点の実力占拠へと展開することで成功したこの戦術の飛躍は、革命運動にかかわる稀代のテクストである「暴力論」そのままに進行した。「暴力論」から引用しよう。

プロレタリア革命が国民諸階級の「相互殺戮」からパワーをとりだして進撃していくものなら、プロレタリアートが国家権力を奪取していく過程にも、プロレタリアートが反抗するブルジョアジーを打ち倒すために自分を半国家に組織していく過程にも、プロレタリアートの解放はない。解放されるのはプロレタリアートの暴力である。この地のどこか一点にせよ、抑圧が存在するならば、人類の自由と解放とは、プロレタリアートの暴力のなかに屈折して表現される。(本書二九三ページ)

この論考は次の結句で締め括られる。「プロレタリアートの暴力は現在の支配階級と国家の暴力をうわまわらねばならない。われわれはこの暴力を、民衆の魂のどん底からとりだしてみせるのだ」(同上)。ここにおける〈暴力〉の把握はドゥルーズ/ガタリの「逃走線＝飛翔線 [ligne de fuite, line of escape/line of flight]」に等しい。安保闘争の敗北のあとに発見された私闘の系譜は、こうして、逃走＝飛翔線としての暴力論へと昇華されたのである。暴力は継続する。しかもこの逃走＝飛翔線は革命の地図をつくる。この革命地図を永山則夫の軌跡によって確認して本稿を終えよう。

永山は、獄中ノート（『無知の涙』）の一九六九年一一月二三日に「沖縄」と題した詩を書き留めている。「港の岩壁に浮かぶ巨船から／小気味よくとび込む人／青い青い海に一瞬ながら／白い飛沫の花を咲かせる／／低い山伝いすれすれに／異邦の黒い稲妻は言い現わせない音響を――／ひっきりなしに空にさわぐ／／――顔が似ている／話す言葉は所々しか理解できない／俺は笑った／相手も日焼けしたその中に異様に光る歯を見せた／「日本語わかる‼」／数人の笑いがあった／と 赤ブタ船員が肩に手をおいた／船室にもどれとのこと――上陸の日をせかせた／／――その時も捉えられていたのだ……／四十四年十一月二十二日の新聞を見て思い出す」（本書三六一―三六二頁）。平岡はこの引用に続けて書いている。「彼は香港に密航してとらえられた航海で、船の甲板で沖縄を見たのだ」。永山が最初の密航を企てたのは、網走を出て、家族とともに住んでいた青森から上京した一九六五年、一六歳のときである。獄中で書かれた詩はそのときの経験にもとづいていると思われる。犯罪者革命を遂行し、汎アジア窮民革命の祖型をつくった永山は、しかし「五人目」を撃てなかった。だが永山の逃走＝飛翔線は、川藤展久によるシージャック事件（一九七〇年五月）に、さらには一九七七年の「阿蘇赤軍」による長崎バスジャック事件、さらに一九八〇年五月光州にまで延長されるだろう。一九七二年あさま山荘における連合赤軍と警官隊との銃撃戦も、この革命の逃走＝飛翔地図・年譜のなかに置こう。ただし連合赤軍の場合は、支配階級と国家の暴力をうわまわる暴力を構想できずに敗北した。寸又峡の金嬉老や永山則夫の暴力に結びつかなかったからである。あるいは、群盗たちが義軍に変容する「半」国家を構想できなかったからである。一九七〇年代に本格化した新左翼諸党派の「内ゲバ」にも同じことがいえるだろう。

暴力革命は私たちの日常において、常に同時にどこかで、しかも想像以上のエネルギーの振幅で進行している。暴力が生まれるとき、そこには必ず弱者への抑圧がある。弱者が抑圧から解放されるためには、弱者に加えられている暴力をうわまわる暴力が生み出されなければならない。この闘争をつないでいる見えない逃走＝飛翔線を、革命知によって明るみに出すこと。平岡のテクストはそのためのバイブルなのである。

（社会思想）

解題

本書は平岡正明（一九四一―二〇〇九）の全著作から、そのラディカルで多様な思想の全体を見渡すために重要と思われるテクストを精選して二巻に分けて配置したものである。もとより一二〇冊余に及ぶ全著作の精髄を上下一〇〇〇ページに切り縮めることはどのような視角からであろうと偏向の誹りを免れることはできない。この二巻は平岡正明という混沌にして壮烈な大海への導入にすぎない。

上巻には最初期から一九七七年までの著作からの選を集めた。平岡の著作は一九七七年までに二九冊があり、七八年以降の著作は一〇〇冊に近い（下巻「著作一覧」による）。時期と冊数の比から見れば今回の配列は公正を欠くように見えるが、「生涯を世界革命に捧げた」（「赤色残俠伝」、下巻所収）思想家としての平岡の形成と展開を見るためのやむなき不均衡としてご容赦いただきたい。

「犯罪の擁護」「黄昏からのあいさつ」

一九六〇年の安保闘争に早稲田大学第二文学部の学生であった平岡正明は共産主義者同盟の一員として参加する。この経緯は下巻所収の「赤色残俠伝」に詳しい。共産主義者同盟は安保闘争敗北後、その総括をめぐって分解するが、平岡は分派闘争においては革命的共産主義者同盟への合流を拒否した「革命の通達」派に属した後、六一年一一月に犯罪者同盟を結成する。この犯罪者同盟のイデオローグとしての活動が平岡の書き手としての始まりである。その端緒となるこの二つのテクストは「犯罪者同盟宣言」として、六二年三月二八日─二九日の二日間に書かれ、ガリ版刷の機関紙『犯罪の赤い風船』の一章、二章として発行された。その後、現代思潮社で刊行されていた『白夜評論』一九六二年九月号、一〇月号にそれぞれ掲載され、最初の著書『韃靼人宣言』(現代思潮社)に収録された。同書は一九七二年に平岡の友人・浦充伸によってユー・エンタープライズ出版局より復刊されており、今回はそれを底本とした。平岡を決定づける「あらゆる犯罪は革命的である」はこの「犯罪の擁護」に登場する。非合理の復権を告げる「黄昏からのあいさつ」とともに、いずれも六〇年代思想の最深部と平岡思想の原点を示して、いまなおその輝きを失わない。

「韃靼人ふう」

一九六三年八月刊行の犯罪者同盟による単行本『赤い風船あるいは牝狼の夜』に収録。一二月に同書は掲載された吉岡康弘の無修正ヌード写真がわいせつ物頒布等の罪として摘発されて平岡ら犯罪者同盟のメンバーは一斉に逮捕された。本稿は平岡によるシュルレアリスムやビートニクなどを連想させる詩的・理論的実験であり、すでにジャズが論じられていることをはじめ先の二編とともに平岡思想の原基を示す重要なテクストである。ここでもまた「あらゆる犯罪は革命的である」というテーゼが最後に鳴り響く。一九七一年刊行の『永久男根16』(イザラ書房)に一部改訂して収録され、さらに一九八〇年、最初期のテクストを集めて仮面社より刊行された『韃靼人ふうのきんたまのにぎりかた』に収録された。その「あとがき」に「きんたまゆえに十六年間陽の目をみなかった処女作である」とある。ここでは後者を底本として、初出を参照した。

「犯罪あるいは革命に関する諸章」

犯罪者同盟の結成を追うように、異端的な政治集団として六五年には東京行動戦線が、また京都では洛中党が結成される。同書は犯罪者同盟の実践から生まれたテクスト群の集成だが、同志的組織である東京行動戦線の総括、早稲田大学学費闘争の考察などを含む。その多くは洛中党発行の『梁山泊』に掲載されたものと推察される。一九六七年に現代思潮社から初版が、七三年に大和書房から新装版が刊行された。本書では大和書房版を底本とした。同書はいまだに読み尽くすことのできないほどの衝撃的な問題提起に溢れており、同年にフランスで刊行されて、六八年五月革命を準備したと評されるドゥボールの『スペクタクルの社会』に比してもその先駆性は劣るものではない。ここではそのエッセンスとなる九編を収録した。最下層に思想の根底を見出す「自立か征服か」、安保闘争を都市蜂起の問題ととらえた「地域インタナショナルあるいは大江戸混沌党」、犯罪革命論の新段階をしめす「犯罪と革命」など、どれもがその後のラディカルを先駆ける。ドゥルーズ＝ガタリの生成変化論を想起させる「序説　ねずみの夢」では「百八匹の豪傑諸兄に檄す」と謳われて、平岡の核心となる『水滸伝』が胎動している。「ねずみの夢」は『梁山泊』巻之三（一九六六年四月）が初出、他は不明である。

「座頭市オゥ・ゴー・ゴー」

平岡は座頭市を偏愛した。これは「座頭市ア・ゴーゴー」のタイトルで『梁山泊』巻之三に掲載され、先の『犯罪あるいは革命に関する諸章』に収録されたテクストだが、その後、最初の映画論集である『海を渡った座頭市』(イザラ書房)、さらに『座頭市　勝新太郎全体論』(河出書房新社)にも収録されており、本人も愛着のあるものとしてあえて別項にした。平岡が大衆文化を革命論として最初にとりあげた論考でもあり、初の映画論でもある。道具と武器をめぐる考察ではこの後の一連の暴力論—武装論へ引き継がれる。

「ジャズ宣言」「コルトレーン・テーゼ」

「ジャズ宣言」は「どんな感情でもあらゆる感情を持つことは絶対に正しい」の冒頭のフレーズによってあまりにも有名になった名テクスト。これをもって平岡は生涯にわたるジャズ評論家としての活動を開始する。感情をめぐる洞察は(本人が読んだ形跡はないが)スピノザ的でさえある。ジャズと暴力と革命とは同時期に書かれたエッセイのタイトルどおり「腹違いの双生児」であり、それ自身、永久革命である。『ジャズ批評』一号(一九六七年六月)に掲載。その後、『ジャズ宣言』(イザラ書房)に収録。同書はアディン書房から一九七九年に一編を加えて二版が、その一編を差し替えて現代企画室から一九九九年に三版が刊行されている。『ジャズ批評』二号(一九六七年一二月)に掲載された「コルトレーン・テーゼ」は、一九六七年七月のコルトレーンの死を受けて書かれたジャズ革命の現在形に迫る短いが凝縮した名エッセイ。平岡は、二〇〇七年の『毒血と薔薇　コルトレーンに捧ぐ』(国書刊行会)で渾身のコルトレーン論を発表して、四〇年の時を跨いでその偉大さを寿いだ。それぞれイザラ書房版を底本とした。

「ジャズ・シーンにおいて理論の先行は可能か」

平岡にとってジャズの受容は同時期に世界を揺るがしはじめていた第三世界革命を情動において受容す

ることであった。東京行動戦線のメンバーであった山口健二、松田政男、佐々木祥次、太田昌国、および太田竜による『世界革命運動情報』は一九六七年に発刊されていたが、すでに谷川雁などから下層と暴力の黙示を受け取っていた平岡は、それらの衝撃をジャズにおいて融合させた。この論文はその受容の過程を生々しく伝えるものである。ここではその核心となる二章の「ジャズ革命の理論的根拠」を収録したが、これに続く章「中間空位期の理論的眺望」では相倉久人の「ジャズの平行四辺形理論」が参照されており、相倉久人とはジャズ批評における同志的関係を深めていった。この章の初出は『ジャズ批評』三号（一九六八年四月）、ここでは『ジャズ宣言』（イザラ書房）を底本とした。なおこの受容の同時代性と世界性については六九年に平岡自身によって「ジャズにとって日本60年代思想とはなにか」という総括的文章が書かれている（『ジャズより他に神はなし』三一書房）。

「下方の前衛について」「殺人論」

平岡は一九六六年に谷川雁が経営の一角を占める言語教育会社「テック」に入社し、六七年に組合を結成、初代委員長となって激しい争議を闘うことになる。経営サイドには現代思潮社の石井恭二らも加勢し、この争議は新左翼創成に関わった世代に対するその後の世代による訣別の闘争という様相を呈した。一九六九年に刊行された『地獄系24』（芳賀書店）はそのさなかで書かれたテクストを集めたものである。六八年、金嬉老が朝鮮人差別を告発するため寸又峡の旅館を銃を持って占拠した事件は第三世界革命がこの足下で開始されたことの黙示として平岡に大きな衝撃を与える。この金事件に震撼されて書いたのが「下方の前衛について」「殺人論」である。ここには「犯罪の擁護」以来の思想がファノン、ジェームズらの理論や金嬉老の実践を受けて激しく研ぎ澄まされていく過程が見える。「下方の前衛について」は『週刊読書人』一九六八年四月八日号が初出、「殺人論」は六八年五月に執筆され、『地獄系24』が初出、それぞれ同書を底本とした。

「谷川雁の不愉快な非転向」

「谷川雁の最良の思想は、恩を仇で返した俺にひき継がれた」(「赤色残侠伝」)。テック闘争は最も深く谷川雁に学び、誰よりもその詩と思想を血肉化した平岡にとって、「恩を仇で返す」闘争であり、谷川の影響を自己総括する過程でもあったはずだ。谷川雁の一九六四年の論考「わが組織空間」の世界単一権力論に正面から向き合って、雁から触発された第三世界的視点を対置する展開は緊張感に溢れるが、団交の席でにぎり飯を食った平岡に対抗して「うまかろうはずのない」「出前のチャーシューメン」を汁も残さず完食する雁を描写しながら「プラモデル屋の親父」みたいな称号として「工作者」を想起するユーモアも忘れない。それこそが谷川雁と訣別しつつ継承する最高の手法である。『現代の眼』一九六八年一一月号初出、『地獄系24』に収録、同書を底本とした。

「昭和元禄水滸伝抒説」

このテクストは短いながらも三つの意味で重要である。まずはじめてタイトルで『水滸伝』を掲げて、その後の展開を予示していること、そしてそれまでの暴力論を踏まえながら、武装＝軍事の問題へと踏み込んでいること、そしてその際、北一輝を取りあげてアジアと右翼という問題系を射程に入れはじめたことである。平岡にとって武器とは下方への降下によって獲得されるものなのだが、そこで解放されるのは「地球そのものの凶暴なエネルギー」なのだ。『現代の眼』一九七〇年二月号初出、『地獄系24』に収録。底本は同書による。

「暴力論」

『地獄系24』と同系の書として刊行された『永久男根21』（イザラ書房）収録の一編。底本は同書による。先の「下方の前衛について」「殺人論」をさらに深化させた論考で、反社会性としての暴力を階級闘争の地平と連鎖させるための思考実験を展開する。清水多吉編『反体制の思想』（自由国民社、一九七〇年五月）のために書かれた。

「反面同志の死」

右翼思想研究のプロジェクト「あねさん待ちまちルサンチマン」を開始しつつあった一九七〇年一一月二五日の三島事件は三島を直撃する。これを全身で受け止めた渾身の一編。『一橋新聞』一九七一年一月一日号に掲載され、『永久男根16』に収録、その後、『戦後事件ファイル』（マガジンファイブ）に再録、ここでは『永久男根16』を底本とした。平岡にとって三島の決起と自決は同年の赤軍派による「よど号」ハイジャックと共に現秩序を越境する衝撃的な実践であるとともに左翼に対する挑戦でもあった。

「『あらゆる犯罪は革命的である』引首」「犯罪と革命接近し白熱す」

寸又峡で蜂起した金嬉老と「連続射殺魔」永山則夫は平岡の犯罪革命論に新たな次元を開くものであった。平岡も加わって六九年に結成された「批評戦線」の足立正生、松田政男らは永山逮捕を受けてただちに永山が見た風景だけを撮った『略称・連続射殺魔』を製作、一方、永山は逮捕後、獄中で自身の「罪」を問うなかから膨大な知識を吸収して急速に革命家に転生し、逮捕から二年後には「自覚したルンペンプロレタリアとは、政治的諸目標を徹底的に破壊するテロリスト集団である」(『人民を忘れたカナリアたち』勁草書房)と告げる「驚産党宣言」が書かれる。この変貌に触発されながら、平岡は「時評」として犯罪の「研究」を始める。『黒の手帖』一九七〇年六月に掲載された「犯罪と革命接近し白熱す」はその過程を伝える重要なテクストである。『黒の手帖』と『現代詩手帖』に連載された犯罪時評は『あらゆる犯罪は革命的である』(現代評論社)として刊行された。平岡が「犯罪の擁護」以来の犯罪論を総括したものとしてその序文である「引首」を収録した(なお、編集者への謝辞などである後半は省略した)。「犯罪を犯罪として認知するものは国家であるから、犯罪の体系的考察が周到に深まれば深まるだけ、犯罪学は国家の学である」(本書三二三頁)という洞察は平岡犯罪論の極点を示す。底本は同書による。

「中国人は日本で何をされたか」

中国における日本軍の大量虐殺をあばき、また日本への中国人の強制連行とこれに対する花岡蜂起などの抵抗を紹介したことは平岡の大きな功績の一つである。これらの作業は単著『日本人は中国で何をした

か　中国人大量虐殺の記録』（潮出版社、一九七二年）、編著『中国人は日本で何をされたか　中国人強制連行の記録』（同、一九七三年）にまとめられた。以降も平岡は、花岡事件への関心を失うことはなかった。これを開いたのは『水滸伝』の読み直しと汎アジア窮民革命論の提唱である。これは同時に戦後革命の可能性としての「闇市」を復権させることでもあった。ここにはそのエッセンスとして「中国人は日本で何をされたか」の導入部を収録した（収録にあたって小見出しは削除した）。なお同書のために北海道・室蘭における中国人強制労働の調査を担当したのがテック闘争で出会った若き友人・斎藤和である。斎藤は東アジア反日武装戦線「大地の牙」の中心メンバーであり、逮捕時に自殺する。この文章の冒頭は熱海の戦犯記念碑が爆破されたことを伝えているが、これは東アジア反日武装戦線の別部隊「狼」の前身となるグループによるものだった。この時点で平岡にはそれらが自身に深く関わることになることを知る由もなかった。

「シンポジウム「犯罪とは何か」を終えて」「’45～’72めぐる因果の糸車」

「『あらゆる犯罪は革命的である』引首」で「これから俺は犯罪評論家を名乗るであろう」と書きながら、平岡の犯罪論は一九七三年の『犯罪・海を渡る』（現代評論社）の後に書き継がれることはなかった。「〈都市市民社会における〉犯罪のニヒリズムと〈下層社会の犯罪の〉アナーキズムが、日本社会の二重構造の両端の青い炎と赤い炎であると承認したとたん」「その両者に背中あわせに媒介させるもの」として「汎アジア水滸伝の賊が見えてきた」からだ（「犯罪・海を渡る」同書）。ここに収めた『犯罪・海を渡る』収録の二つのテクストはそのプロセスをあきらかにするものである。「シンポジウム「犯罪とは何か」を終えて」は『犯罪・海を渡る』のための書き下ろし。「’45～’72めぐる因果の糸車」は『朝日ジャーナル』一九七二年一月七日号に掲載された。後者は前著『あらゆる犯罪は革命的である』の要約を含む。ともに『犯罪・海を渡る』を底本とした。同書には「赤色犯科帖」として連合赤軍事件の銃撃戦と同志粛清とアラブ赤軍によるテルアビブ銃撃戦の総括も収められているが、それらもまた平岡にとっては『水滸伝』＝汎アジア窮民革命を導くものであった。

「あねさん待ちまち水滸伝」

一九七一年、平岡、太田竜、竹中労の三者の共同執筆で『水滸伝』研究を一冊とする計画がはじまる。『世界革命運動情報』に参加し、六七年に刊行された『世界革命』（栗原登一名義、三一書房）で第三世界革命を辺境からの反攻として論じた太田竜は、七一年、その路線をさらに過激化した『辺境最深部に向って退却せよ！』（三一書房）を刊行し、辺境への退却による「世界社会主義共和国」建設から始めるという衝撃的な革命路線を提起した。第三世界革命論を谷川雁的に血肉化していた平岡はこれに共感を表明し、これに竹中労も加わって、三者による汎アジア窮民革命論の提唱がはじまる。吉本隆明によって「三バカトリオ」と罵倒されながらも、三人の蜜月は長くは続かなかった。太田は平岡と竹中を「極右翼日本帝国主義のイヌ」と罵倒して訣別し、そのために三者の『水滸伝』研究の集成となるはずだった『「水滸伝」窮民革命のための序説』（三一書房）は平岡、竹中の共著として刊行されることになった。七二年五月、指名手配を受けて地下潜行中の赤軍派活動家・梅内恒夫より「共産同赤軍派より日帝打倒を志す全ての人々へ」が発せられ、そこでは汎アジア窮民革命への支持が表明されていた。ここに収めた「あねさん待ちまち水滸伝」は「梅内恒夫論文の出現を受けて一挙に」（同書「蓋をあける前に」）書かれ、前半部のみが『映画批評』一九七二年八月号に掲載された。これが書かれたのは太田竜との決裂前だが、決裂の予兆は唐十郎に対する太田の批判への反論に見てとることができる。このテクストはそうした生々しい現実と格闘しながら、菅孝行の『はんらん狂想曲』への同志的批判を糸口として、『水滸伝』の革命性を縦横無尽に展開したものである。この後、戦後闇市における戦後革命の可能性を問い直す小説『闇市水滸伝』（第三文明社）、歌謡論の端緒である『歌入り水滸伝』（音楽之友社）が立て続けに書かれるが、『水滸伝』研究の影響はそれにとどまるものではないことは下巻の展開がしめすだろう。

「太平洋戦争草稿・解説」

この時期、もう一つ重要なのが台湾、ミクロネシアとの関わりである。七二年、楊明雄の戦時郵便貯金支払いを求める闘いを経て、七三年にはポナペ決死隊の遺児であるダニエル・ロペスの遺族補償を求める闘争を開始し、その過程でミクロネシア独立運動とも出会うことになる。これは日本ドキュメンタリーユニオン（NDU）の一連のドキュメンタリーによって平岡が高く評価していた布川徹郎との共同作業として行われる。二人はPAPPAC（汎アジア環太平洋行動委員会）を結成して活動し、この関わりは「あねさん待ちまちルサンチマン」の第二シリーズとして書かれた『南方侵略論』（アディン書房）としてまとめられた。ここでは布川の映画『太平洋戦争草稿』の解説として書かれたテクストを収めた。初出は『映画評論』一九七四年七月号、底本は『南方侵略論』。単行本刊行時に補記が付されたが、ここでは略した。

「石原莞爾試論」

「反面同志の死」の解題で書いたように平岡は「右翼思想の換骨奪胎をくわだてて」七〇年一一月『三田

新聞』に「あねさん待ちまちルサンチマン」と題する右翼思想史論の執筆を開始し、これは『西郷隆盛における永久革命』として七三年に刊行される。太田竜はこの右翼研究をもって平岡に「日帝のイヌ」と批判を浴びせたが、平岡の意図は「真の帝国主義批判」にあった。「我々の日帝批判には百年の単位が必要だからだ」。そのあとがきには「右翼思想の左からの活性化とは、人民の底部へと下降しつつある右翼思想が権力側によって再組織化される前に、こちらが奪う作業である」（以上『西郷隆盛における永久革命』）とも書かれているが、これは後年、こう言い換えられる。「新右翼形成途上の鼻づらへの左翼の先制攻撃」（『お兄さんと呼んでくれ』情報センター出版局）。右翼思想史論の第二弾が右の『南方侵略論』であり、第三弾が七四年一二月に『第三文明』で開始された「石原莞爾試論」であった。なぜ「世界最終戦争」論者である石原なのか。太田竜が提唱し盟友足立正生らを含むアラブ赤軍（日本赤軍）が実践しつつあった「世界革命戦争」、そして前年来社会を震撼させていた東アジア反日武装戦線の企業への連続爆弾闘争が第三世界革命の展開として時代の前線にせり上がり、「世界最終戦争」論との対決を要請したと考えられたのである。そしてこの連載のさなかの一九七五年五月一九日、平岡は東アジア反日武装戦線一斉逮捕の同時刻、その関連者として家宅捜査を受ける。逮捕者にはかつてテック闘争を、そして中国人強制連行の調査を共にした斎藤和が、そしてテック闘争・ポナペ闘争を共にした浴田由紀子が含まれ、斎藤はその場で服毒自殺する。東アジア反日武装戦線と汎アジア窮民革命論は同義ではないが、両者がともに第三世界革命の極限として近親的であることはあきらかであった。この弾圧は平岡にとってのターニングポイントとなった。ここではその衝撃を伝える「レベル3《スリー》＝番外編」、およびそれを自ら予告したかのような序章を収めた。『石原莞爾試論』（白川書院、一九七七年）を底本とした。

下巻目次

平岡正明（ひらおか・まさあき）
一九四一年東京に生まれる。一九六〇年の安保闘争に共産主義者同盟員として参加、六一年、犯罪者同盟結成、この機関紙に「犯罪の擁護」などを執筆したのを端緒に著作活動を開始。谷川雁とわたりあったテック闘争や、ミクロネシアのポナペ（ポンペイ）独立運動、横浜・野毛の大道芸イベントなどに積極的にかかわりながら、革命論、犯罪論からジャズ、歌謡曲、浪曲、落語まで、多数のジャンルを横断的に論じ、その全てにおいて新たな世界を開いた。二〇〇九年没。著作は生前だけで一二〇冊余に及ぶ。
【詳細は下巻収録の年譜を参照】

平岡正明著作集《ひらおかまさあきちょさくしゅう》　上

著者　平岡正明

編者　平岡正明著作集編集委員会
（向井徹＋阿部晴政）

二〇二四年四月一〇日　第一刷発行

発行者　神林豊
発行所　有限会社月曜社
〒一八二－〇〇〇六　東京都調布市西つつじヶ丘四－四七－三
電話〇三－三九三五－〇五一五（営業）〇四二－四八一－二五五七（編集）
ファクス〇四二－四八一－二五六一
http://getsuyosha.jp/

装幀　中島浩
印刷・製本　モリモト印刷株式会社

ISBN978-4-86503-184-3

谷川雁の本

詩人にして思想家、オルガナイザーである谷川雁の初期重要作全4冊。雁研究の第一人者、坂口博による厳密な校訂に、解題・著作リストを付す新訂版。

原点が存在する

「下部へ、下部へ、根へ、根へ、花咲かぬところへ、暗黒のみちるところへ」。「工作者」の原点である第一評論集(初刊 1958 年)。本体価格 2,400 円

工作者宣言

60 年代以降の大衆論・組織論を予告する軌跡と結晶であり、筑豊の炭坑町に住みこみ独自の労働運動を組織した「サークル村」運動の開始を刻印する第二評論集(初刊 1959 年)。　本体価格 2,200 円

戦闘への招待

1960 年のふたつの闘争から擬似市民的ニヒリズムと土着アナーキズムの断層を透視し日本の二重構造を描きだす実践的批判の書、第三評論集(初刊 1961 年)。　本体価格 2,400 円

影の越境をめぐって

生を賭した大正行動隊の闘いのさなかから黙示した生と政治の根源を探究する第四評論集(初刊 1963 年)。　本体価格 2,200 円